수학 문제해결 교육

백석윤 지음

KM 경문사

머리말

우리는 생활하는 가운데 여러 유형의 문제 상황에 처하게 되며 이에 대처하기 위한 해결 능력과 노력을 필요로 한다. 생활 속에서 마주하게 되는 문제 상황을 구성하는 요소 중에는 수학적 요소가 큰 비중을 차지하고 있음을 알 수 있다. 특히, 요즘과 같이 복잡, 전문화된 사회 환경에서 학교 수학교육의 실제적이며 궁극적인 목표는 학생으로 하여금 그들이 대하게 되는 문제 상황을 수학적으로 대처, 해결할 수 있게 하는 수학적 문제해결력을 키워주는 데 있다 해도 과언이 아니다. 학교수학에서 교수·학습 활동의 중요한 부분을 차지하는 것이 수학과 교육과정 내 설정된 각 내용 영역 관련 수학적 사실, 기능, 개념, 원리 등을 이해하고 습득하는 것이라고 할 수 있다. 한편, 문제해결 활동은 이와 같은 내용 영역에서 이루어진 학습 결과를 이와 관련된 문제 상황의 해결을 위해 종합, 분석적으로 가능한 보다 높은 수준에서의 수학적 사고 활동 과정이라 할 수 있다.

문제해결에 대한 수학교육계의 관심은 사실상 수학교육이 시작된 이래 항시 잠재되어 있었던 것이다. 수학을 가르치고 배우는 중요한 이유나 목적은 결국 우리 인간이 생활하면서 부딪게 되는 문제 상황을 수학적 방법으로 극복하는 데 있기 때문이다. 수학 문제해결에 대한 관심이 구체화되고 연구 노력의 집중이 시작된 것은 20세기 후반 들어서 미국의 수학교육계로부터이다. 실용주의 생활철학을 바탕으로 하는 미국에서 우선적으로 문제해결이 갖는 실용성 측면이 부각된 것은 당연한 현상이다. 그렇지만 이제 수학교육에서 문제해결이 갖는 의미는 수학을 단순히 문제해결의 방법으로서 활용하는 실용적 측면에 그치는 것이 아니다. 수학 교과 내용의 학습과 지도에 있어서도 문제해결을 통한 방식은 일반적 수학 학습과 지도의 방식에서 얻기 어려운 문제해결 방식 고유의 효능과 장점을 갖고 있다고 할 수 있다. 문제해결의 방식으로 수학을 학습하고 지도한다는 것은 결국 학생의 자발적이며 자력에 의한 수학적 사고 활동을 숙련시킴을 의미한다. 즉, 수학적 문제 상황의 해결 과정을 통하여 학생은 수학에서의 합리적 사고를 체득하게 되는 것이며, 이는 요즈음 수학교육이 지향하는 바와 일치한다.

수학교육계에서의 문제해결에 대한 관심은 이미 범국가적으로 제일의 관심 대상이 되어 있다. 우리나라에서도 제5차 수학과 교육과정부터 시작하여 현재 2015년 개정교육과정에 이르기까지 문제해결 교육이 학교수학에서 가장 중요한 위치를 차지하고 있다. 그리고 수학 교과서를 비롯하여 다양한 교수·학습 방법을 통해서 문제해결 교육을 학교수학에서 효과적으로 실천하기 위한 많은 노력이 구체적으로 경주되고 있다. 한편, TIMSS(Trends in International Mathematics and Science Study)나 PISA(Programme for International Student Assessment)와 같은 세계 주요국가의 초·중등 학생의 수학 성취도 비교 연구를 살펴보면 우리나라 학생들이 최상위권에 위치하고 있음은 잘 알고 있는 사실이다. 하지만 그 내면을 들여다보면 여전히 수학의 개념적 지식과 과정적 지식 사이의 학습력 불균형이 존재하고 있음을 알 수 있다. 예를 들어, OECD에서 주관하는 PISA 2006의 결과에 의하면, 우리나라 학생(만15살)이 65개 국가 중에 수학분야에서 종합적으로는 1, 2위를 차지하고 있지만, 수학적 과정영역[1] 내에서 독창적이며 고등의 사고력을 요구하는 문제해결이 들어 있는 하위영역인 '연결'과 '반성'에서는 상대적으로 저조함을 보이고 있었다. 그리고 우리나라 중학교 2학년 학생에게 실시된 TIMSS 2007의 결과에 의하면 수학분야에서 종합적으로는 2위를 차지하고 있지만, 인지영역[2] 내에서는 문제해결력과 같은 고등 사고력을 요하는 하위영역인 '추론'에서 상대적으로 낮게 나타나고 있음을 볼 수 있다.

이제, 학교수학에서의 고등사고 능력과 밀접한 관련성을 유지하는 문제해결력의 향상은 수학교육계에 정착된 중요한 이슈일 뿐만 아니라, 문제해결을 수학 교수·학습의 또 다른 방법론적 개념으로 파악하고 관심과 연구를 집중시켜야 할 상황에 놓여 있다. 즉, 문제해결 교육은 이제 문제해결이란 협의에서 수학교육의 한 부분을 차지하는 것으로 거론됨에 그치는 것이 아니라, 수학 교수·학습의 중요한 이유나 목표가 됨과 동시에 수학 학습과 지도의 새로운 방법론으로 자리매김하고 있을 만큼 그 차지하는 비중과 의미가 증대되었다. 따라서 수학을 가르쳐야 하는 교사로서 수학 문제해결 지도의 역량을 제고하는 것은 교사 개인에게 있어서는 수학 교사로서의 중요한 수업 능력을 축적하는 셈이고, 학교수학 현장에서는 우수한 수학 교사를 확보하게 되는 것이다.

이와 같은 생각에서 수학 문제해결에 대하여 수학 교사교육의 과정에서 다루게 될 내용을 정리해 놓을 필요성에 따라 본서를 집필하게 되었다. 본서는 학교수학에서 문제해결을 지도하거나 대학원 이상의 과정에서 수학 문제해결에 대한 연구를 하는 데 필요한 내용을 정리

---

1) PISA 2006에서의 수학 평가틀은 '상황과 맥락', '수학적 내용', '수학적 과정'의 세 개 차원으로 구성되어 있고, 그중 수학적 과정 차원은 '재생', '연결', '반성'으로 구성되어 있다.

2) TIMSS 2007에서의 수학 평가틀은 '내용영역'과 '인지영역'으로 구성되어 있고, 그중 인지영역은 '알기', '적용하기', '추론하기'로 구성되어 있다.

하여 제시하는 것을 목적으로 하고 있다. 수학교육학의 관점에서 볼 때, 문제해결이란 주제는 수학교육학의 대부분의 분야와 밀접한 관련성을 갖고 있으며, 수학 교수·학습 이론과 관련된 기능적 요소에 대한 거론이기 때문에 문제해결이란 제한된 주제 내에서의 체계적 이론 구성은 어려울 뿐만 아니라, 한편으로는 불필요하다고 생각한다. 이러한 연유로 본서에서 설정한 내용 구성의 방법은 각 단원의 주제와 관련이 있다고 생각하는 하위 주제를 정하고, 각 하위 주제별로 주류에 해당하는 일반적 연구의 내용을 본문으로서 서술하고, 그 내용의 특정 부분과 관련이 있는 중요한 연구 결과나 의견, 이론 또는 사례 등을 본문의 내용과 구별하여 일종의 참고자료로 활용할 수 있도록 제시하였다.

독자 여러분의 수학교육 분야에서의 교육과 연구에 왕성한 발전이 있기를 진심으로 기원하면서 본서가 여러분의 수학 문제해결 교육이나 연구에 일조할 수 있기를 기대한다.

2015년 12월 31일
서초동 연구실에서

차례

1 문제해결의 이슈

20세기 후반 수학교육계의 핵심 이슈로 등장한 '문제해결(Problem Solving)'은 당시 "학교에서 수학을 왜, 어떻게 가르쳐야 하는가?"란 수학교육계의 기본적 화두에 답하기 위함이라고 할 수 있다. 수학 교과는 전통적으로 정신 수양의 장으로, 일반적 추론 능력 연습의 수단으로, 외부 현상에 대한 추상적 해석의 방식 등과 같이 다양한 쓰임새로서 자리매김해 왔다. 특히, 20세기 후반에 들어 우리의 사회생활 현장은 증강된 수학적 문제해결 능력을 필요로 하게 되었으며, 대부분의 직업 분야에 있어서도 복잡난해한 일을 수행하는 데 수학적 문제해결 기능이 갖는 효용성과 효율성에 대하여 호평되고 있다.

국내외를 막론하고 수학적 문제해결 능력에 대하여 점증하는 교육적 관심에 따라 수학교육계에서는 당연히 문제해결에 대한 교육과 연구에 관심을 집중시켜오고 있다. 즉 수학의 학습과 지도에 있어서, 학생으로 하여금 실제적인 수학적 문제 상황에서 해를 구하는 문제해결 활동에 참여케 유도하는 방식으로 교육과 연구의 양 측면에서 시도가 이루어진 것이다.

본장에서는 '문제해결의 이슈'라는 주제하에 '문제해결에 대한 관심'과 '문제해결과 수학교육'에 대하여 살펴보고자 한다.

1.1 문제해결에 대한 관심

문제해결에 대한 교육적 관심의 출발

수학교육계에서의 문제해결에 대한 초기 관심의 진원지로서 물론 미국을 지목하게 된다. 미국 수학교육계에서의 문제해결에 대한 관심의 시작은 1930년대로 거슬러 올라간다. 그 이후 존 듀이(John Dewey, 미국, 1859~1952), 게오르게 폴리아(George Polya, 헝가리, 1887~1985) 등에 이르기까지 여러 연구자는 인간의 문제해결과 같은 지적 활동의 최종 산물을 학교 교과 내용으로 삼기보다는 지적 활동 자체로서의 문제해결을 교과 교육의 대상으로 삼아야 함을 일관되게 주장하였다.

듀이의 반성적 사고

존 듀이(John Dewey 1933; p.107)에게 있어서 반성적 사고(reflective thinking)는 문제해결 과정과 같은 것으로, 반성적 사고가 학교교육의 목표나 지도 방법에 있어서 핵심이 되어야 한다고 주장하면서 반성적 사고 과정을 다음과 같이 5단계로 제시하고 있다. — (1) 암시(suggestions, 가능한 해로 막연하게 느끼는 단계), (2) 지성화(intellectualization, 해를 발견하는 과정에서 어려움이나 당혹감이 분명해지는 단계), (3) 가설(hypothesis, 해를 찾아내기 위해 가능성 있는 가설을 설정하는 단계), (4) 추론(reasoning, 가설에 따른 생각을 정교하게 이끌어 가는 단계), (5) 검증(testing, 가설이 맞는지를 명시적인 행동을 통해 검증하는 단계). —

미국 내에서 수학 문제해결에 대한 교육적 실행의 경과

미국 내에서 수학 문제해결에 대한 관심은 오래 전부터 시작되었지만 이에 대한 교육적 관심을 구체적으로 실행에 옮긴 것은 NCTM(National Council of Teachers of Mathematics)이 1980년 발간한 《An Agenda for Action》에서 수학과 교육과정의 핵심 사항으로서 문제해결을 최우선으로 지목한 것으로부터 시작되었다고 할 수 있다.[1] 그 후 1988년 미국의 NCSM(National Council of Supervisors of Mathematics)에서 발간한 제2차 의정서(position paper)에서는 필수적인 학교수학의 내용으로서 문제해결을 첫 번째로 제시

1) "1. Problem solving must be the focus of school mathematics in the 1980s."

하고 있으며, 문제해결을 "수학을 학습하는 근본적인 이유"로 기술하고 있다.

이어서, 1989년 NCTM에서 발간한 《Curriculum and Evaluation Standards for School Mathematics》에서는 유치원(kindergarten)부터 12학년까지 '수학 교육과정의 핵심 사항[2)]'으로 문제해결[3)]을 설정해 놓고 있다. 21세기를 대비하여 NCTM에서 2000년 출간한 《Principles and Standards for School Mathematics》에서는 유아원(prekindergarten)부터 12학년까지의 학생이 학습해야 할 과정 규준(process standards)으로서 문제해결을 첫 번째로 제시하고 있다.[4)] 최근 2010년대를 위한 미국의 학교수학의 규준 격에 해당하는 것으로 2010년 출간한 《Common Core State Standards for Mathematics(CCSSM)》에 의하면, 유치원부터 고등학교(highschool)까지의 모든 학교급별 학생에게 지도해야 할 '수학적 실천 규준' 8가지 안에 문제해결에 해당하는 요소들을 분산시켜 설정해 놓고 있다.[5)]

20세기 미국의 수학과 교육과정의 변천

윌리엄과 캐닝스(William & Cannings 1981)는 타이에크 외(Tyack et al. 1980)의 연구에서 20세기 초 미국의 학교교육은 당시 복잡해져가는 산업 사회가 학생에게 특별히 요구하는 내용을 교과 교육과정 전반에 걸쳐 반영시키기 위해서 노력하였던 시기임을 지적하고 있다. 이러한 일반적인 교육과정상의 변화는 20세기 이전에 강조되었던 소위 3Rs와 시민윤리 내용으로부터 중대한 내용적 변환이 일어났음을 의미하며, 학교는 학생을 국가적 요구에 따라 사회인으로서의 각자 특정 역

---

2) Problem solving is not a distinct topic but a process that should permeate the entire program and provide the context in which concepts and skills can be learned(p.23).

3) The first three standards in each section(저자 주: grades K-4, 5-8, 9-12) are labeled Problem Solving, Communication, and Reasoning, although details vary between labels with respect to what is expected both the students and of instruction(p.11).

4) The Process Standards — Problem Solving, Reasoning and Proof, Communication, Connection and Representation — highlight ways of acquiring and using content knowledge(p.29).

5) Mathematical Practices
   1. Make sense of problems and persevere in solving them.
   2. Reason abstractly and quantitatively.
   3. Construct viable arguments and critique the reasoning of others.
   4. Model with mathematics.
   5. Use appropriate tools strategically.
   6. Attend to precision.
   7. Look for and make use of structure.
   8. Look for and express regularity in repeated reasoning(p.6-8).

할 수행에 적합하도록 선발, 훈련시키는 기관으로서 탈바꿈했음을 의미한다. 이와 같은 학교교육 개량의 움직임은 20세기 중반에 전개된 현대화로 이어졌다. 레빈(Levin 1976)에 의하면 당시 현대화의 시기에 학교의 주된 역할은 주 정부나 사회단체의 정치적 요구에 따라 부과된 책임을 수행하는 것이었다. 즉, 학교교육의 현대화가 시작되면서 미국의 교육은 사회적 요구에 맞추려는 실용주의적, 도구주의적 경향을 강하게 표출하기 시작한 것이다.

한편, 굿래드(Goodlad 1978)에 의하면 미국의 교육과정과 교육적인 변혁의 과정은 다양한 변화의 현상이 나타났다가는 사라지고, 일부 수정 후 다시 나타나는 주기성을 가지고 있음을 지적하고 있다. 그에 의하면 미국의 교육과정상의 철학적 기초는 "hard and tough"와 "soft and tender" 사이에서 왕래하는 패턴을 보여 준다고 한다. 이와 같은 일반 교육과정의 변화 패턴은 수학과 교육과정의 변화에도 그대로 적용 가능하다고 볼 수 있다. 20세기 후반의 미국 수학교육의 특징은 슬로건이나 구호를 내세우는 단순화된 상징적 목표를 지향하는 형태를 취하게 되었으며(Krulik & Reys 1980), 학교수학이 그 적용의 용도와 영역 면에서뿐만 아니라 내용적 범위에서도 급진적으로 확장 상태에 있다는 점이다.

국내에서의 문제해결에 대한 교육적 실행 경과

한편, 우리나라의 수학과 교육과정상에서 문제해결은 제4차 교육과정에서부터 논의되기 시작하여, 제5차 교육과정에서 문제해결 교육을 위한 구체적인 시도가 있은 이래 제6차, 제7차 교육과정에서는 물론, 2007년 개정 교육과정이나 현재 시행 중에 있는 2009년 개정 교육과정에서도 여전히 중요하게 다루어지고 있다. 이와 같이 우리나라의 수학교육에서 문제해결에 대하여 기울여온 관심과 실천은 이미 30여 년이 경과했으며, 앞으로도 상당 기간을 예정해놓은 상태라고 할 수 있다.

한 나라의 교육과정은 그 나라의 역사적, 사회적, 철학적 제반 교육 환경을 바탕으로 현재와 미래에 필요로 하는 교육적 요구에 부응하는 방식으로 일종의 필연적 방향성을 갖고 구축되어야 한다고 본다. 따라서 실용주의, 도구주의적 생활철학과 사고방식을 견지하여 온 미국인을 위한 수학과 교육과정이 수학적 문제해결에 그 뿌리를 두고 있다는 것은 당연한 일이다.

미국 수학교육과 실용주의

미국 수학교육계가 20세기 후반, 즉 1960년대부터 2010년대까지를 위하여 각각 제시해온 수학교과의 교육과정적 슬로건은 시행착오적인 면을 다소 포함하고 있지만, 그 기본적인 맥락 속에는 미국인의 사고방식이나 생활철학을 이끌어온 실용주의적 요소가 뿌리 깊게 자리하고 있음을 알 수 있다. 즉, 'New Math', 'Back to Basics', 'Problem Solving', 'The Standards', 'New Standards', 'Common Core State Standards'로 요약되는 21세기 초까지 미국의 수학 교육과정의 흐름은 'New Math' 이전부터 거론되어온 문제해결을 원류로 하여 자국의 시대적, 국민적 요망에 따라 그 방향을 다소 달리한 경우도 있었지만 결국 주류를 형성해온 것은 '문제해결'임을 부인할 수 없다.

한편, 20세기 중반 이후 우리나라 수학과 교육과정의 내용이나 방향의 변천 과정을 살펴보면 미국의 수학과 교육과정을 약 10년 정도의 간격을 두고 답습해왔음을 알 수 있다. 그러나 우리의 교육 풍토를 지배하여온 숭문주의적 생활철학과 현학적 학문의 태도와 맞물려 상급학교 진학의 여과적 수단으로서 영합한 우리나라의 수학교육은 미국 수학교육의 환경적 여건과는 사뭇 다른 성격을 갖고 있다. 이와 같이 수학교육의 환경적 기초를 이루는 요인이 서로 다른 입장에서 초기 문제해결의 생성적 의미에 대한 숙고나 다루는 내용에 대한 분석, 음미의 과정 없이 외형적인 면에 치중하여 받아들인 20세기 후반의 미국 수학교육은 우리의 보수적인 교육 풍토의 영향 체계 속에서 변질된 형태로 진화하게 되었다. 따라서 1982년에 시행된 제4차 수학과 교육과정부터 논의되기 시작한 문제해결이 30여 년이 지난 지금에도 우리의 수학과 교육과정과 실제 수학교육의 현장에서 문제해결에 대한 실천적 의지가 미온적일 뿐만 아니라, 그 본질적 의미에 대한 해석도 왜곡된 형태로 남아 있다(백석윤 1993).

한국의 수학과 교육과정 변화와 문제해결 교육

■ 제4차

목표: 수학의 초보적인 지식과 기능을 익혀 일상생활의 여러 가지 문제를 합리적으로 해결할 수 있는 능력과 태도를 기른다.

가) 여러 가지 생활현상을 수리적으로 고찰하는 경험을 통하여 수량과 도형에 대한 기초적인 개념, 원리, 법칙을 이해하게 한다.

나) 기초적인 계산의 기능을 익혀 이를 일상생활에 적용할 수 있는 능력을 가지게 한다.

다) 일상생활의 여러 가지 사실을 합리적으로 처리하는 생활 습관을 가지게 한다.

■ **제5차**

목표: 수학의 초보적인 지식과 기능을 배우고 익히며, 이를 활용하여 합리적으로 문제를 해결할 수 있는 수학적 능력과 태도를 기른다.

가) 여러 가지 생활현상을 수학적으로 고찰하고 조직하는 경험을 통하여, 수량과 도형에 대한 기초적인 개념, 원리, 법칙을 이해하게 한다.

나) 수학의 초보 기능을 익히고 이를 일상생활에 적용할 수 있게 함으로써 여러 가지 문제를 합리적으로 해결할 수 있게 된다.

다) 수학에 대한 흥미와 관심을 지속적으로 가지게 하고, 수학적 사실을 간결, 명확하게 처리하는 생활 대도를 가지게 한다.

■ **제6차**

목표: 수학적 지식과 기능을 습득하고 이를 생활에 활용하여 문제를 해결할 수 있는 수학적 능력과 태도를 기르게 한다.

■ **제7차**

목표: 수학적 지식과 기능을 습득하고, 수학적으로 사고하는 능력을 길러, 실생활의 여러 가지 문제를 합리적으로 해결할 수 있는 능력과 태도를 기른다.

■ **2007년 개정**

목표: 수학적 지식과 기능을 습득하고 의사소통하는 능력을 길러, 여러 가지 현상과 문제를 수학적으로 고찰하고 합리적으로 해결하는 능력을 기르며, 수학에 대한 긍정적 태도를 기른다.

■ **2009년 개정**

목표: 수학적 개념, 원리, 법칙을 이해하고, 수학적으로 사고하고 의사소통하는 능력을 길러, 여러 가지 현상과 문제를 수학적으로 고찰함으로써 합리적이고 창의적으로 해결하며, 수학 학습자로서 바람직한 인성과 태도를 기른다.

■ **2015년 개정**

목표: 수학의 지식을 이해하고 기능을 숙달하며 수학적으로 추론하고 의사소통하는 능력을 길러, 생활 주변과 사회 및 자연 현상을 수학적으로 이해하고 합리적으로 문제를 해결하며, 수학에 대한 바람직한 태도를 갖추고 실천하는 능력을 기른다.

수학교육에서의 문제해결에 대한 시각

1980년대 이래 국내외 수학교육계에서 주목하고 있는 주제인 문제해결은 지식의 통합성과 구성주의적 인식의 관점을 바탕으로 하고 있다. 문제해결은 자연스러운 복합적 문제 상황에서 시작된다는 점에서 지식 통합적이다. 또한, 문제해결은 학습자가 주어진 문제 상황에서 자신의 지식을 동원하며, 이에 탐구 노력을 가하여 해를 발견해 나가는 과정이라는 기본 가정에서 볼 때 다분히 구성적 학습 과정이라 할 수 있다. 따라서 문제해결을 위한 상황은 다양한 관련 지식이 결합되어 학습자로 하여금 그 상황을 극복코자 하는 능동적인 노력으로 유인하고, 지속적인 도전 의지를 작동시킬 수 있기에 알맞은 만큼의 문제적 요인과 특성을 포함하고 있어야 한다.

미국 수학교육에서의 문제해결에 대한 초기 관심

1970년대 중반부터 제기되는 문제해결에 대한 논의가 60년대까지의 일반적 논의와 구별되는 점은 문제해결에 대한 구체적인 방법이 고려되기 시작했다는 점이다. 트라우트먼과 리히텐베르크(Troutman & Lichtenberg 1974)는 그동안 많은 사람들이 문제해결을 강조했으면서도 수학교육 현장에서 나타나는 현상은 문제해결과는 상반됨을 지적하면서 구체적인 방법론적 관심을 촉구하고 있었다. 베글(Begle 1979)도 당시 실제 수학교실에서 문제해결을 위한 구체적 자료가 거의 없음을 지적하고 있다. 메이어(Mayer 1981)는 학생들의 문제해결력 부족은 부적당한 문제해결 교육 프로그램에 그 책임이 있음을 지적하면서 학생들의 문제해결력을 신장시키는 구체적인 수업 방안에 대한 연구가 필요함을 주장하고 있다. 이런 점에서 체계적인 방법론을 제시하고 있는 폴리아(Polya)의 문제해결에 대한 논의가 1970년대 이후에 각광을 받게 된 것은 당연하다. 특히 이 시기는 1970년대 미국 수학교육의 기본 사조인 'Back to Basics'의 공과에 대한 본격적 논의가 시작된 시기로 수학교육자들은 일반적인 철학적 심리학적 논의보다는 수학교실에서 바로 적용될 수 있는 실제적인 방안을 찾고 있었다. 즉, 1980년대 이후의 수학교육자들은 일반적으로 수십 년 전 폴리아(Polya 1945)가 제안한 4단계의 접근방법(이해, 계획수립, 실행, 반성)을 문제해결 과정의 기본으로 받아들이고 있다.

1.2 문제해결과 수학교육

수학적 사고 교육으로서 문제해결 교육

수학교육의 근본 목적은 고대 그리스의 플라톤(Platon, B.C. 427~347)으로부터 20세기의 폴리아에 이르기까지 일관되게 수학 학습을 통한 사고력 도야, 즉 수학적 사고 교육에 초점이 맞추어져 있었다고 해도 과언이 아니다. 그 이후 21세기 초 현재까지 그리고 가까운 미래에 있어서 수학교육에서 사고 교육을 통하여 이루고자 함은 궁극적으로 학생으로 하여금 사회생활 영위에 필요로 하는 수학적 합리성의 체득이라고 할 수 있다. 사회생활에 필요한 수학적 합리성의 기능은, 실제로 수학 문제 상황에 처했을 때 그 상황과 관련하여 타당하고 적절한 수학적 지식이나 근거 위에서 형성한 논리적 판단이나 확신을 통하여 주어진 문제 상황을 해결하고자 계획을 궁리하고 실행해 나가는 일련의 사고 능력이다.

이와 같은 시각에서의 문제해결은 학교수학에서는 수학을 가르치고 배우는 방법이 됨과 동시에 그 활동 자체가 수학적 사고 활동의 본질이며, 수학을 가르치고 배우는 목적이 되며, 따라서 학교수학 즉 수학교육의 요체가 된다. 학생이 수학을 배운다는 것은 결국 수학적인 문제 상황을 직·간접적으로 극복하는 것이며, 학교수학은 수학적 문제를 통해서 그 해법을 탐구, 추측, 검증케 하되, 학급이란 소사회의 기능을 활용하여 효율적이며 효과성 있게 이루어지도록 문제해결 과정에 활발한 토론과 반성적 활동의 장과 기회를 제공할 필요가 있는 것이다.

수학은 정신력 도야의 수단

플라톤은 "수학이 영혼의 눈을 뜨게 한다."고 주장하였으며, 페스탈로치(Pestalozzi, 스위스, 1746~ 1827)는 "수학을 학습하는 것은 정신 체조를 하는 것이다."라고 강조하였다. 즉, 플라톤과 페스탈로치에 따르면 수학을 학습하는 것은 사고력을 도야하는 과정으로, 수학은 생각하면서 배우고, 배우면서 생각하는 데 가장 적합한 교재가 된다.

문제해결은 수학 학습의 목표, 수단

문제해결은 해결 방법을 미리 알고 있지 않은 과제의 해결에 참여하는 것을 의미한다. 학생은 주어진 문제의 해를 찾기 위하여 자신이 소지하고 있는 지식에 기반을 두게 되는데, 이 해결의 노력 과정에 해당 관련 수학 내용에 대하여 새로운 이해가 수반되기도 한다. 따라서 문제를 해결하는 것은 수학 학습의 목표일 뿐만 아니라 수학 학습의 주요 수단이 된다. 학생은 상당한 노력을 필요로 하는 복잡한 문제를 스스로 제기해 보고 이를 해결하기 위해 시도하고 해결의 경험을 자주 가져야 할 필요가 있으며, 이 과정을 통하여 자신의 사고에 대한 반성의 기회를 가져야 효과적인 수학 학습이 된다(NCTM 2000).

사고 교육 면에서 폴리아, 듀이, 피아제

폴리아(Polya 1980)는 1980년 제4차 수학교육국제회의의 총회 연설에서 "수학은 지성을 증진시킨다. 단, 적절히 가르치고 배운다면…"이라는 요지의 연설을 통해 20C 후반의 수학교육의 목적이 지성의 증진에 있고, 이를 위한 적절한 방법론이 문제해결의 교육에 있음을 역설한 셈이다. 듀이는 문제 상황 속에서 출발하여 그 해결을 위한 도구 개념으로 스스로 발견한 것이어야 필요할 때 적용할 수 있는 길을 열어 놓게 된다고 문제해결의 기능성에 대하여 설명한다.
사고 교육에서의 반성적 사고의 중요성은 듀이에 의하여 강조되었지만 근래의 수학교육에서 강조되고 있는 피아제(Piaget) 이론에 근거한 활동주의 교육 원리의 심리학적 배경 또한 아동 자신의 대상에 대한 행동결과의 반성과 그에 기인하는 '반영적 추상화'의 강조에 있다.

문제해결을 통한 수학교육의 효과성

NCTM(1990)의 《Curriculums and Evaluation Standards for School Mathematics》에 의하면 수학적 문제해결은 넓은 의미에서 '수학을 하는 것(doing mathematics)'과 동의어이다. 특정 수학 내용에 대한 초기 학습 단계에서는 개념적 목적, 절차적 목적, 문제해결의 목적 등을 구분하는 것이 유용하지만 학생이 수학적으로 성숙해감에 따라 그런 구분은 의미를 잃게 된다. 즉, 앞서 학습한 문제해결 전략은 이후 학습 내용과 관계없이 수학을 하는 방법의 바탕이 되어야 한다. 이러한 관점에서 문제해결 교육은 특별한 해결 전략이나 방법을 문제에 적용하는 행위 이상이어야 한다. 다시 말하여 문제해결은 수학을 조직, 구성, 강화하는 절차인 것이다. 개인 학습자에게 있어서 수학적 사고가 세련되어감에 따라 사고의 상대는 실세계의 문제 상황에서 수학 내의 문제로 향하여 발전된다. 즉, 문제해결 교육은 일상생활이나 과학, 상업, 기술 등의 전문 분야에서 발생하는 문제 상황뿐 아니라 수학 내에서의 이론을 확장하거나 상호 간 관계를 형성하는 문제에 대한 해를 구하는 데 도움을 준다.

수학학습에 있어서 문제해결과 응용의 과정은 새로운 수학 내용을 도입하고, 관련 개념을 이해하고 수학적 절차를 능숙하게 수행하는 데 도움을 주며, 이미 학습한 내용을 적용, 복습하는 데에도 유용하다. 이러한 발전적 과정에 수반되는 '반성'의 과정은 보다 효과적인 해법이나 문제의 확장, 심화로 이어지게 되며 학습의 질을 수학적으로 더 풍요하게 만들 수 있다. 문제해결 교육의 과정에서 학생의 탐구력, 협력, 의사소통을 격려하는 수업 방식은 학생의 문제해결 활동을 발전적이며 역동적으로 이루어지게 할 뿐만 아니라 문제제기와 같은 고등 사고 기능을 키워준다.

문제해결식 접근의 효과성

문제해결은 새로운 수학적 아이디어와 기능을 학습하는 데 촉매제와 같은 역할을 한다. 수학을 가르치는 데 있어서도 문제 기반의 접근 방법은 학생의 흥미를 유치하고, 잘 고안된 문제를 도입부에 제시함으로써 학생의 주의를 유인할 수 있게 된다. 이러한 방법을 통하여 의도하는 새로운 수학적 아이디어, 기능, 관계성을 제시하고 이에 대한 논의를 야기할 수 있게 된다. 좋은 수학 문제는 중요한 아이디어를 불러일으키고, 다양한 전략이나 수학적 특성과 관계를 사용하고 이해하려는 노력을 강화시켜준다(NCTM 2000).

2 문제

문제해결에 대한 응용적 연구나 교육적 논의는 문제의 존재를 전제로 하여 이루어지기 마련이다. 따라서 문제해결에 대한 논의에 앞서 선행되는 것은 당연히 '문제(the problem)'에 부여할 개념이나 정의에 대한 논의의 필요성이다. 그러나 수학교육에서 이루어지는 대부분의 논의의 경우처럼 문제해결에서 거론코자 하는 문제에 대한 합의된 개념이나 통일된 정의는 존재하지 않을 뿐더러 불가능하다. 단지, 수학교육에서 문제해결에 대한 학문적 연구나 교육적 실천에 관심을 갖는 입장에서 대체적으로 문제에 대하여 설정하고 있는 공통적인 의미가 잠정적으로 합의된 상태이고, 그 의미에서 크게 벗어나지 않는 범위에서의 문제나 문제해결에 대한 개념에 터하여 문제해결에 대한 연구와 교육적 논의를 전개할 뿐이다.

본장에서는 문제해결에서 다루는 '문제'라는 주제하에 '문제의 의미', '문제의 구성 요소', '문제의 유형', '문제의 기능'에 대하여 알아보고자 한다.

문제에 대한 다양한 정의

'문제'라는 용어에 대한 정의가 문제해결에 대한 본격적인 연구 이전부터 연구자의 필요성에 따라 다양하게 정의되어 심리학적 문헌에 등장하는 것을 볼 수 있다. 예를 들어, 덩커(Duncker 1945)에 의하면 문제는 그것을 다루는 주체자가 목표는 가지고 있지만, 어떻게 그것을 달성할지 모를 때 발생하는 것으로 보고 있다. 한편, 스키너(Skinner 1966)는 '현재 답할 수 없는 질문이 문제'라고 간단하게 정의하고 있기도 하다. 그 외에도 "사람은 어떤 것을 하고 싶지만 그것을 이루기 위해 어떤 일련의 행동을 취할 수 있는지를 즉시 알 수 없을 때 문제에 직면한다."는 뉴얼과 사이먼

(Newell & Simon 1972)의 정의도 찾아볼 수 있다. 또, "문제란 유기체가 준비된 반응을 가지지 못한 자극 상황이다(Davis 1978)."나 "문제란 결과에 즉시 도달할 수 없는 상황이다(Radford & Burton 1974)."라는 정의도 참고할 필요가 있다.

2.1 문제의 의미

문제의 기본 의미

일반적으로 '문제'라 하면 주어진 상황을 해결할 방안을 구하고자 노력하지만 당시에는 그 해결 방안을 구하기 위한 접근 방법이나 무엇을 어떻게 해야 할지 잘 알지 못하는 상황 자체를 의미한다. 즉, 수학교육에서 문제해결에 대하여 논의할 때 주어진 수학적 상황이 문제가 된다는 것은 그 문제적 상황을 타개할 수 있는 해결책을 구하기를 요구하고 있으나, 당시에는 그 해법을 구할 수 있는 분명한 접근 방안이나 수단이 부재함에 처해 있는 상황이라 할 수 있다.

문제가 갖추어야 할 요소

1982년 찰스와 레스터(Charles & Lester)가 〈Teaching Problem Solving: What, Why & How〉에서 문제에 대한 정의를 문제가 갖추어야 할 세 가지 요소를 제시하는 방식으로 대신하고 있다. 즉, 문제란 그것을 맞닥뜨린 사람이 다음의 세 가지 요소를 갖고 있는 상황이나 과제이다.

(1) 과제에 맞닥뜨렸을 때 그 해를 구하기를 원하거나 필요로 해야 된다.

(2) 해를 구하고자 하지만 당장에 가능한 해법을 갖고 있지 않아야 한다.

(3) 해를 구하기 위해 시도를 해야 된다.

문제의 개인적 속성

한편, 주어진 수학적 상황이 최종적으로 개인 학생에게 과연 문제가 될 수 있는지의 여부는 지극히 개인적인 것으로 그 상황에 처해 있는 학생 개인의 인지적 능력과 정의적 태도

여하에 달려있다고 할 수 있다. 즉, 주어진 상황이 내포하는 수학적 내용 요소에 대하여 기억하거나 이해하고 있는 정도와 그 상황을 타개하고자 하는 의지나 대하는 태도 여하에 따라 문제가 될 수 있는지의 여부가 결정된다. 즉, 문제해결에서 가장 핵심이 되는 측면은 해를 얻는 데 대한 관심이나 흥미, 그리고 이제까지 해보지 않았지만 할 수 있다고 믿는 것을 시도해보는 도전이라고 할 수 있다.

질문, 연습, 문제에 대한 구별

개인 학생에게 있어서 주어진 상황은 시간에 따라 더 이상 문제가 되지 않을 수도 있다. 즉, 크룰릭과 루드닉(Krulik & Rudnick 1995)에 의하면 개인 학생에게 초기에는 문제였던 것이 일단 그 문제가 해결되거나 익숙해지고 나면 더 이상 문제로 성립하지 않고 단순한 질문(question)이나 연습(exercise) 정도가 될 수 있다고 하며, 각각에 대하여 다음과 같이 구별되는 의미를 부여하고 있다.

(1) 질문(question): 단순한 회상만으로도 풀릴 수 있는 상황
(2) 연습(exercise): 앞서 학습한 기능이나 알고리즘의 강화를 위하여 필요한 연습이 포함된 상황
(3) 문제(problem): 해결하기 위해서 기학습된 지식을 종합하거나 사고가 요구되는 상황

이와 같은 의미로써 문제라는 용어를 문제해결에서 받아들일 때 종전의 학교수학에서 주로 사용하던 문제, 즉 교과서나 참고서에 등장하는 여러 유형의 문제에 대해서도 개념 정리가 필요하게 된다. 이들 문제 중에 단순히 수식 위주로 만들어진 문제의 경우는 미리 교사의 설명을 통해서 이해한 알고리즘이나 공식을 적용하면 풀릴 수 있는 경우가 대부분이라 문제해결에서 말하는 문제라고 말하기는 어렵다. 물론, 해당 알고리즘이나 공식에 대한 이해가 부족해서 수식으로 만들어진 문제라도 풀기 어려운 학생에겐 여전히 문제가 될 수도 있다. 반면에, 수학적 상황을 배경으로 하는 문장제나 이야기 문제의 경우라 하더라도 앞서 교사가 관련 수학 내용에 대한 설명이 있은 후, 해당 내용과 특정 유형의 문제를 푸는 원리나 모델을 적용하여 풀이 과정의 시연을 통한 설명이 있었기 때문에 동일한 원리나 모델을 단순히 회상하여 적용하면 풀 수 있다면 해당 학생에겐 더 이상 문제가 될 수 없다.

즉, 어떤 문제가 진정한 문제인지 아니면 단순한 연습문제에 불과한지는 그 문제를 다루는 사람에 따라 다르게 된다. 그리고 현재 특정 학생에게 문제가 되는 것도 얼마 뒤에는 문제가 되지 않을 수도 있다. 또한, 같은 학급의 어떤 학생에게 문제가 되는 것이 그의 동료 학생에게는 문제가 아닐 수도 있는 것이다(Reys et al. 2012).

문장제의 의미

크룰릭과 루드닉(1995)에 의하면 교과서에 주로 등장하는 문장제(verbal problems)의 경우 대체로 연습문제이거나 일상적 문제로서 문제해결에서 말하는 문제에 해당되지 않음을 강조한다. 그렇다고 하여 문제해결 교육을 위해서 이러한 문제들은 배제해야 됨을 의미하지는 않는다면서 그 이유를 몇 가지 제시하고 있다. 즉, 교과서의 일상적인 문제들은 성공적인 문제해결의 수행을 위해서 문제 자체에 대한 경험을 하게 해주며, 필요한 수학적 기능이나 알고리즘을 숙달할 수 있는 기회를 제공하는 등 수학과 교육과정상 나름대로의 목표를 충족하기 때문에 필요하다는 것이다.

일상적 문제와 비일상적 문제

때때로 문제해결 교육에서 다루는 문제를 그 틀에 익숙해진 문제와 그렇지 않은 문제로 크게 구분하기도 하는데, 그 틀이 익숙한 일상적(routine) 문제는 이미 학습된 것과 동일한 방식의 수학적 절차를 사용하는 문제이고, 그 틀이 익숙하지 않은 비일상적(nonroutine) 문제는 문제해결을 위한 수학적 절차를 생각하는 것이 쉽지 않기 때문에 학생으로 하여금 다양하며 풍부한 사고를 요구하는 문제가 될 수 있다.

충분히 예상되는 바이지만, 레이스 외(Reys et al. 2012)에 의하면 많은 수의 학생이 분석과 사고를 요하는 비일상적 문제를 해결하는 데 곤란을 겪는다는 것을 보고하고 있다. 일반적으로 학생들은 교과서에서 자주 등장하는 일상적인 문제나 간단한 절차를 거쳐 답을 구할 수 있는 단순한 문제는 잘 풀어 보인다. 그러나 복잡한 절차를 통해 해결되는 문제나 비일상적인 문제를 해결하는 것은 상당히 어려워한다.

2.2 문제의 구성 요소

인지-정의적 요소

앞서 논의한 바 문제해결 교육에서 다루는 문제가 갖는 의미는 그 문제를 해결해야 하는 학생을 염두에 둔 것이 아니라 문제 자체의 조건에 대한 것으로 주로 인지적인 측면에서 고려해야 될 요소에 대한 논의라고 할 수 있다. 그러나 문제해결이라는 인간이 보이는 정신적 행위는 인지적 요소만에 의해 작동하는 것이 아니라 정의적 요소와 긴밀히 연계되어 이루어진다. 예를 들어, 앞 절에서 말한 의미에 적합한 문제가 제시된다 하더라도 이에 대한 해결을 위한 학생의 적극적 의지가 없을 시는 의미를 상실하게 된다. 이러한 맥락에서 크룰릭과 루드닉(1995)은 주어진 문제가 학생 개인에게 문제로서 성립되기 위해서는 일련의 문제해결 과정에 다음 조건들의 필요성을 주장한다. — ✢ 학생이 처하게 된 문제 상황이나 학생에게 제시된 문제가 자신이 해결하겠다는 적극적 의지와 함께 받아들여져야 하는데, 이와 같은 정의적 요소가 작용함으로써 문제해결 행위는 비로소 시작될 수 있기 때문이다. ✢ 문제해결의 의지와 함께 시작된 문제해결이 즉시 해의 발견으로 이루어지거나 기억으로부터 가져온 내용에 의하여 해에 도달한 경우는 앞서 논의한 문제의 의미에 벗어나기 때문에 해당 학생에게 문제의 의미가 살아나도록 문제의 해에 접근하는 과정에 장애 요인의 존재가 필요하다. ✢ 문제의 해에 접근하는 도중에 나타난 장애 요인을 타개하려는 탐구 노력이 해당 학생이 감당할 정도로 요구되어야 한다. —

'문제'가 갖는 의미

폴리아(Polya 1962)는 학생이 어떤 문제를 분명히 인식하고는 있으나 그 즉시에는 도달할 수 없는 목표를 달성하는 데 필요한 방법을 의식적으로 찾고자 할 때 비로소 그 문제를 자신의 문제로 받아들인 것으로 본다. 이와 같은 폴리아의 생각에 의하면, 문제가 되기 위해서는 도달 목표, 장애 요소, 해결 의지가 있어야 한다. 여기서 도달 목표는 문제가 의도한 상태나 문제가 해결된 상태의 내용을 말한다. 장애 요소란 앞서 말한 목표에 즉각적으로 도달할 수 없게 만드는 요인이다. 이 장애 요소는 개인에 따라 다르게 작용할 수 있으므로 어떤 문제가 개인에 따라서 문제가 될 수 있음의 여부를 결정하는 중요한 요인이 된다. 문제가 된다 하더라도 그 장애의 중대성 정도는 개인에 따라 다르게 나타날 수 있다. 주어진 문제의 해결 의지 역시 학생 개개인에 따라 정도나 방식 면에서 다르게 나타날 것이다. 즉, 문제가 포함하는 의미에는 개인적으로 정도나 방식 면에서 다양한 인지, 정의적 요소가 중요하게 작용하는 것이다.

문제의 조건

문제해결 학습 지도에 있어서 중요 매체는 문제이기 때문에 충실한 문제해결 학습 지도를 위해서 적절한 문제의 준비가 선행되어야 함은 물론이다. 문제해결 학습 지도에 적합한 문제가 되기 위해서는 대체로 다음과 같은 조건을 갖출 필요성이 있다(Krulik & Rudnick 1995). — ✢ 문제의 해나 해를 찾아내는 과정에 그 문제의 해결을 통하여 지도하고자 하는 수학 개념이나 기능에 대한 이해를 분명히 포함하고 있어야 한다. ✢ 일단 문제가 해결이 되었다 하더라도 '만일 … 이(아니)라면'과 같은 질문을 통하여 처음의 문제 상태를 변환,

확장, 발전시켜서 보다 확장, 심화된 내용을 학습할 수 있어야 한다. ✢ 문제의 해법이 한 가지로만 정해지지 않고, 다양한 해법의 가능성을 갖고 있어서 학생으로 하여금 다양한 해결 방법을 시도할 수 있도록 해야 한다. —

문장제

크룰릭과 루드닉(Krulik & Rudnick 1995)에 의하면, 문제해결 지도에 적합한 문제를 준비하는 교사의 입장에서 다음과 같은 생각이 필요하다. 즉, 문제해결 지도에 적합한 문제는 내용 영역 면에서 볼 때 수학의 거의 모든 내용 영역에 거쳐서 구안될 수 있으며, 외형적인 면에서 반드시 문장제나 이야기 문제일 필요는 없고, 소재나 배경 면에서 볼 때는 우리 일상생활의 여러 장면에서 쉽게 찾아볼 수 있어야 한다.

문제, 연습, 질문

문제해결에서 다루는 문제는 전형적인 학교수학에서 강조되는 연습(exercise)이나 질문(question)과는 구별된다. 일반적으로 학교수학에서 강조되는 연습은 보통 교과서에 나오는 개념의 숙달을 위한 것이며, 질문은 단순히 주어진 개념이나 사실을 알고 있는지를 확인해보는 것이다. 문제해결에서의 문제는 다음의 조건을 충족해야 한다(Krulik & Rudnick 1995). — (1) 관련 수학적 개념이나 기능을 복합적으로 이용할 수 있어야 한다. (2) 일반화로 발전시킬 수 있어야 한다. (3) 즉시 해답이 떠오르지 않는 것이어야 한다. (4) 다양한 해를 갖는 것이어야 한다. (5) 학생에게 흥미와 도전감을 줄 수 있어야 한다. —

한편, 벨(Bell 1987)이 제시하고 있는 문제가 되기 위한 조건을 알아보면 다음과 같다. — (1) 어떤 상황이 자신에게 문제가 되기 위해서 우선적으로 필요한 조건은 그 상황 자체에 대해 인식하는 것이다. (2) 인식된 그 상황이 해결을 위한 활동을 요구하고 있음을 알아야 된다. (3) 그 상황을 해결하고자 하는 활동을 스스로 필요로 하거나, 원하고 있어야 된다. (4) 그 상황을 해결하기 위한 초기의 시도에서는 해결 방안이 분명하게 나타나지 않아야 한다. —

2.3 문제의 유형

정형 문제, 비정형 문제

문제해결 학습 지도에 사용할 문제를 유형화해보는 것은 문제 유형에 따라 문제해결 지도의 성격이나 방법이 달라질 수 있기 때문에 의도하는 문제해결 지도의 세부 목적에 따라 적절한 문제를 선정, 구성하는 데 필요하다. 문제의 유형을 구분하는 방법은 문제의 어떤 측면에 초점을 맞추는가에 따라 다양해진다.

문제해결 이슈의 등장과 함께 수학교육에서 문제해결을 들여올 때의 핵심 의도가 수학적 사고력의 강조에 있었기에 문제해결 교육 초기에는 문제를 대체로 정형적(routine)인 문제와 비정형적(nonroutine)인 문제로 구분하였다(Reys et al. 2012).

정형적인 문제는 이미 수학 수업에서 학습한 해결 방법에 맞도록 선정하거나 구성한 문제로 그 해결 방법을 그대로 사용함으로써 풀릴 수 있는 익숙한 형태의 문제를 말한다. 즉, 정형적인 문제는 문제의 변수에 특별한 수치를 대입하거나, 이미 학습된 일반적인 알고리즘을 회상하여 적용함으로써 단순히 해결될 수 있는 문제, 또는 이미 학습된 전형적인 예제의 해법에 따라 해결될 수 있는 연습문제 등으로 교과서에 등장하는 문제 유형을 말한다. 정형적인 문제를 해결하는 데에는 탐구의 과정이나 창의적 능력은 특별히 요구되지 않으며, 이미 학습한 수학 개념이나 원리에 대한 숙지나 특정 문제 풀이의 기능이나 알고리즘을 익히는 과정에 필요하게 된다.

정형적 문제

정형적인 문제는 결국 번안(translation)의 문제이며, 이들은 번안의 단계가 2단계 이상이므로 다단계 문제로 구분되기도 한다. 여기서 번안의 과정은 다음의 예에서와 같이 대체로 '상황적 제시 → 언어적 제시 → 모델화(modeling) → 상징화(symbolizing)'의 단계를 거치게 된다(Reys et al. 2012).

언어적 제시

포도 한 상자의 무게는 380g이다. 이 포도 24 상자를 사면 모두 몇 g이 되겠는가?

↓ 모델화

$$\underbrace{380 \quad 380 \quad 380 \quad \cdots \quad 380 \quad 380}_{24\ \text{상자}}$$

↓ 기호(symbol)의 변환

$380 \times 24 = 9120$	→ 언어로 표현	포도의 총 무게는 9120g이다.

비정형적 문제는 대부분의 경우 이를 해결하기 위한 방법이 분명치 않거나 문제를 해결하는 학생 입장에서 그 문제해결의 알고리즘이나 답을 구하는 방법을 잘 모르기 때문에 다양한 문제해결 전략의 사용이나 공식화되지 않은 독자적 해결 방법으로 탐구해야 하는, 즉 다양한 사고의 시도를 요하는 문제를 말한다. 이와 같은 형태의 문제를 해결할 때는 주어진 문제의 해 자체보다는 해결 과정을 보다 중요시한다. 이러한 문제의 해결을 위해서는 특정의 수학적 공식이나 알고리즘 등에 의존하기보다 해법에 대한 학생의 자구적 노력이 필요하다.

레이스 외(Reys et al. 2012)는 어떤 문제가 비일상적 해결 방법이 사용되는 경우라면 비정형적(nonroutine) 문제로 간주한다. 이런 유형의 문제해결에서는 새로운 접근 방법이나 다양한 전략, 발견술의 필요성을 지적하며, 비정형적 문제가 갖는 특성 몇 가지를 제시하고 있다. — ✣ 필요 이상의 자료가 들어 있거나, 자료가 부족하다. ✣ 필요한 자료를 직접 수집해야 한다. ✣ 프로젝트형이다. ✣ 문제의 문맥이 비일상적이다. 특히, 비정형적 문제를 통해서 학생으로 하여금 문제가 갖고 있는 자료와 구하고자 하는 것 사이의 관계에 주의를 기울이는 연습을 시킬 수 있는 장점을 가지고 있다. —

비정형적 문제

레이스 외(Reys et al. 2012)는 비정형적 문제의 하위 유형으로는 변형된 번안(modified translation) 문제, 과정(process) 문제, 열린(open-ended) 문제, 프로젝트형 문제 등을 설정하고 있다. 변형된 번안 문제는 필요 이상 또는 이하의 정보나 자료를 갖고 있는 문제이거나, 구하고자 하는 것이 제시되어 있지 않은 문제이다. 이러한 문제에서는 학생 스스로 무엇을 구하는 문제로 마무리지을 것인가를 결정하는 과정에 주어진 자료나 변수들 사이에 어떤 관계가 있는지 파악하는 학습을 유도해준다. 과정 문제는 비표준(nonstandard) 문제라고도 하며, 하나나 그 이상의 일반적인 과정적 전략을 필요로 하는 문제이다. 열린 문제 또는 프로젝트형 문제는 학생의 탐구 활동을 유도하는 문제이다. 이러한 문제에서는 정답이 여러 가지로 나오며, 해결하기 위한 접근 방법도 다양하며, 동료 간 의사소통이나 협동학습은 물론, 성취감 고양, 서로의 해결과정을 비교 논의하기 등 풍부한 문제해결 경험의 기회를 가질 수 있다.

연습문제, 실생활문제

수학 학습지도의 목적 면에서 문제를 구분할 때, 연습문제와 실생활문제로 구분하기도 하는데, 연습문제는 기존의 교과서에서 흔히 보아오던 문제로 특정의 수학적 사실이나 기능의 습득을 그 목적으로 한다. 반면에, 실생활문제는 실제를 문맥으로 하여 만들어진 문제로 다루는 소재가 학생의 실제 생활에서 얻어지는 것이 대부분으로 그 해결 방안은 정형적, 비정형적 방안을 모두 포함한다. 실생활문제는 이미 학습한 수학적 지식과 문제해결 전략을 실제 생활 주변에서 부딪히는 문제를 해결하는 데 적용해 보거나, 실생활문제를 해결하기 위한 노력을 하는 가운데 그 안에 포함된 수학적 내용이나 전략 등의 학습에 활용할 수도 있다. 즉, 실생활문제를 통하여 수학의 적용 가능성을 확인하고, 수학 학습의 의의를 이해하고, 수학 학습의 흥미 유발과 같은 정의적인 효과도 거둘 수 있는 문제가 되는 셈이다.

결정 문제, 증명 문제

폴리아(Polya 1962)는 어떤 대상을 작도하거나 만들거나 찾는 문제를 '결정 문제', 어떤 주장이 옳고 그른지를 결정하는 문제를 '증명 문제'로 구분한다. 결정 문제의 주요 부분으로는 구해야 할 것, 주어진 것, 조건 등을 들고 있으며, 증명 문제의 주요 부분으로는 가정과 결론을 들고 있다.

인지과학 분야의 문제 유형화

수학교육 분야 이외의 인지과학 분야에서도 문제해결에 대한 연구가 활발한데 이런 분야에서 이루어지는 문제해결에 대한 연구 의도에 따라 문제를 유형화하는 방법은 나름대로의 특색을 갖고 있다. 우선, 문제가 갖고 있는 정보 구조에 따른 분류로서 구조가 분명한 문제와 분명하지 않은 문제의 두 유형으로 구분한다. 정보 구조가 분명한 문제의 전형적인 예로는 하노이탑(Hanoi tower) 문제[1)]를 들 수 있고, 구조가 분명하지 않은 문제의 예로는 마이어(Meier)의 두 줄 문제[2)]를 들 수 있다.

그 외에도 연구자마다 연구를 위한 목적으로 문제를 다양한 유형으로 구분하고 있다. 예

---

1) 다음 그림과 같이 세 개의 막대가 세워져 있고, 한 막대에는 크기가 서로 다른 세 개의 원반이 큰 순서대로 꽂혀 있다. 이 세 개의 원반을 한 개씩 다른 막대에 꽂아 옮겨서 세 개의 원반이 큰 순서대로 오른쪽 끝에 있는 막대에 꽂히도록 하면 된다. 단, 한 번에 원반 한 개씩 옮기되 가운데 막대를 편의상 중간 지점으로 사용해도 된다. 그리고 옮기는 과정에서 큰 원반이 작은 원반 위에 놓이면 안 된다.

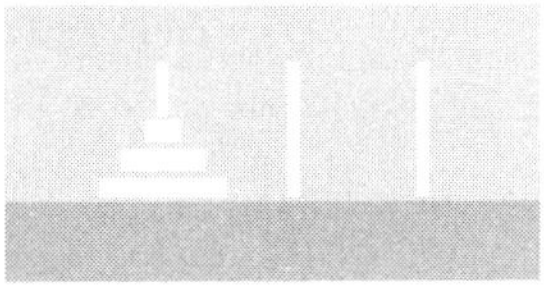

2) 방의 천정 두 곳에 각각 줄이 매달려 있다. 이 두 줄의 길이는 서로 이어 매기에는 충분하지만 한 줄을 손에 잡고 다른 줄을 잡으러 가기에는 각 줄의 길이가 짧다. 방에 있는 도구는 가위뿐이다. 이 두 줄을 이어 매는 방법은 무엇인가?

를 들어, 그리노(Greeno 1977)는 '구조 유도 문제', '변환 문제', '배열 문제' 등으로 구분하고 있다[3]. 찰스와 레스터(Charles & Lester 1982)는 초등학교 수준의 수학 문제를 '연습(drill) 문제', '단순 적용 문제', '복합 적용 문제', '과정 문제', '응용 문제', '퍼즐 문제' 등으로 분류하였다. 그리고 찰스 외(Charles et. al 1996)는 문제해결 전략을 사용하는 정도에 따라 '1단계 문제', '다단계 문제', '과정 문제', '응용 문제' 등으로 분류하고 있다.[4]

2.4 문제의 기능

다양한 문제의 기능

문제의 유형이나 특성에 대한 파악은 교사로 하여금 특정 수학의 지도 목적에 세부적으로 맞추어진 문제를 선정하여 이에 대한 지도를 가능케 해준다. 예를 들어, 과잉 정보가 들어 있거나 과부족 정보로 이루어진 문제의 경우, 문제에 들어 있는 정보나 조건이 해를 구하는 과정에 문제의 해가 다른 정보나 조건과 서로 어떻게 연결되는지를 보다 분명히 인식하게 만들어 문제의 구조에 대한 분명한 이해를 하는 데 도움이 될 수 있다.

어림산은 특히 초등 수학에서 큰 수나 작은 수 또는 혼합된 수가 포함된 문제의 해결에서 답에 대한 예상이나 대략적인 검산 등을 위한 방법으로 사용되며, 실제 생활에서는 물건값

---

3) 그리노(Greeno 1977)의 구조유도(귀납적) 문제란 몇 개의 단서를 제공하고 그 안에 포함된 법칙이나 유형을 발견하는 문제로서, 예를 들어 언어 유추 문제, 관계 탐색 문제, 수열 완성 문제 등이 있다. 변환 문제는 목표에 맞게 상황을 주어진 조건에 따라 변형하는 조작 단계를 찾아내는 문제로서, 하노이탑 문제와 같은 것이 있다. 배열 문제는 주어진 기준에 맞게 구성 요인들을 다시 배치하는 문제로서, 그림 조각 맞추기, 낱말순서 맞추기, 문자산술(crypt-arithmetic) 등의 문제가 있다. 문자산술 문제의 예는 다음과 같다. "DONALD+GERALD=ROBERT라는 덧셈식에서 각 문자는 0에서 9까지의 어느 한 숫자를 나타내고, 서로 다른 문자는 서로 다른 숫자를 의미한다. 각 문자가 나타내는 숫자를 구하여라."

4) 1단계 문제는 이야기 상황을 사칙 연산에 관한 수식으로 바꾸는 경험을 하게 한다. '이야기 문제'라고 하기도 하며, 초등 수학 내용의 많은 부분을 차지한다. 1단계 문제를 푸는 주 전략은 연산 선택하기이다. 1단계와 다단계 문제의 차이는 답을 구하는 데 필요한 연산의 개수이다. 다단계 문제를 푸는 주 전략도 주로 적절한 연산 선택하기이다. 과정 문제를 풀 때는, 추측-점검-수정, 그림 그리기, 표 만들기, 규칙 찾기, 거꾸로 풀기, 단순화하여 풀기, 목록 만들기 등과 같은 전략을 사용한다. 계산도 포함되지만 단순히 연산을 선택하는 것만으로는 풀 수 없다. 때로는 상황문제라고 하는 응용문제를 해결하려면 문제에 제시되지 않은 정보도 필요로 한다.

의 예상과 함께 거스름돈에 대한 대략적이지만 신속한 계산이나, 특정의 일을 하는 데 걸리는 시간, 날짜 등의 계산에 활용된다. 즉, 다음과 같은 어림 계산을 요구하는 문제의 해결을 통해서 실질적인 어림산을 연습할 수 있다. — ✢ 사회생활에서 소비자나 시민으로서 수학을 사용하게 되는 상황에서 적절한 계산이나 판단을 하는 데 필요한 능력을 문제해결을 통해서 연습할 수 있다. ✢ 학교수학에서 배우는 큰 수나 작은 수에 대한 실질적인 감각을 느끼거나 연습할 수 있는 기회를 문제해결을 통해서 가질 수도 있다. ✢ 생활의 여러 상황에서 자신이 사용한 논리, 추론, 추측을 검증하거나, 제공받는 수학적 정보의 합리성 등에 대한 판단을 문제해결을 통해서 연습할 수 있다. —

열린 문제는 하나만의 정답을 가지고 있는 것이 아니라, 어떤 접근 방식을 따르는가에 따라 해가 달라질 수 있는 문제이다. 그러나 각각의 해답은 합리적인 해결 과정을 통해서 도달해야 하므로, 열린 문제를 통해서 소집단 내의 협력 학습을 연습하는 데 적합하다. 소집단 내에서의 열린 문제의 해결 과정에는 구성원 간의 의사소통이 뒤따라야 하는데 이러한 의사소통을 통해서 열린 문제의 해에 접근하는 과정에 다양한 수학적 아이디어와 사고가 제안되고 이에 대한 평가, 검토 등의 양질의 사고 활동을 경험하게 된다.

3 문제해결

20세기 말부터 문제해결이 범국가적으로 학교수학의 목적론이며 방법론이 되어 있는 상황에서 문제해결은 우리나라의 수학 교육과정에서도 최우선적으로 다루어져야 될 당위성을 충분히 갖고 있다. 문제해결이 우리나라 수학 교육과정의 우선적 목표로는 이미 정착되어 있긴 하지만, 수학교육의 방법론으로서 의도하는 성과를 온전히 거두기 위해서는 학교수학에 도입하는 방식 면에서의 숙고와 반성이 필요하다. 문제해결이 수학교육의 온전한 방법론이 되기 위해서는 도입 방식 면에서 문제해결 능력이 수학교육에서 학생이 갖추어야 할 또 다른 단편적 수학적 지식이나 기능이라는 오류적 관념을 극복해야 함은 기본이며, 문제해결은 수학교육의 전반적 목표가 될 수 있으며, 수학교육을 하는 근본적 이유가 되며, 수학을 가르치고 배우는 궁극적인 방법론이라는 인식을 필요로 한다. 문제해결의 수학 교육과정상 도입과 정착이 이와 같은 관점에서 이루어질 때 그 실행 과정에서 나타나는 의미의 축소나 변질 또는 왜곡 현상을 피할 수 있다. 즉, 문제해결이란 이슈는 미시적으로는 주어진 단위 문제 상황의 해결을 위한 올바른 노력의 과정과 관련된 제 측면에 대한 거론이지만, 거시적으로는 수학교육의 목표와 수학을 가르치고 배우는 방법에 대한 담론이라 할 수 있다.

본장에서는 '문제해결'이란 주제하에 문제해결이 수학교육에서 갖고 있는 '의미'와 '기능' 그리고 '문제해결의 활동'에 대하여 알아보기로 한다.

3.1 문제해결의 의미

문제해결의 수학 교육과정상 의미

문제해결이 수학 교육과정에서 갖는 의미를 알아보기 위해서 수학교육에서 문제해결에 부여하고 있는 일반적인 의미부터 살펴보고자 한다. 30여 년 동안 문제해결은 수학교육에서 보여준 기능이나 역할 등의 면에서 볼 때 간단히 논의될 수 없는 복합적인 성격을 갖고 있을 뿐 아니라, 문제해결이란 개념에 부여하는 의미도 사용자의 용도나 연구자의 의도에 따라 다양하다. 그러나 수학교육이라는 테두리 안에서 문제해결에 부여해온 공통된 의미는 대체로 다음과 같이 정리된다(Branca 1980). — ✢ 수학교육의 이유나 목적으로서의 문제해결, ✢ 수학교육에서 학습, 지도되어야 할 과정적 지식으로서의 문제해결, ✢ 수학 학습에서 필요로 하는 핵심 기능으로서의 문제해결 등이다. —

먼저, 문제해결이 수학교육의 이유나 목적이 될 수 있다는 관점에서 갖는 의미를 알아본다. 일반적으로 수학 교과의 내용은 수학적 행위 과정과 그 결과물이라는 양면성을 갖고 있는 것으로 받아들인다. 즉, 수학교과를 구성하는 내용은 학습자가 이루어내는 수학적 행위의 과정 자체와 그 과정을 통해 습득하게 되는 수학적 지식의 조직체나 구조물로서 받아들여진다. 따라서 수학교육을 하는 이유나 목적은 수학적 지식인 수학의 기능, 개념, 원리 등을 수학적 실제 상황에서 익히게 하는 것뿐만 아니라, 이 지식을 활용하여 학습자가 부딪히게 되는 문제적 상황을 합리적으로 해결케 하는 학습 경험을 시키는 데 있다.

1980년대 미국 수학교육계의 문제해결 이슈

1980년대를 전후로, 특히 미국의 수학교육계에서는 수학 학습 목적의 최우선 순위에 문제해결을 위치시키는 것이 일반화되어 있었다. 예를 들어, 베글(Begle 1979)은 수학을 가르치는 당위성을 수학이 유용한 교과목일 뿐 아니라, 특히 다양한 문제의 해결을 도와준다는 데서 찾고 있다. 이외에도 많은 연구(NCSM 1977; Braunfeld 1975; Lester 1977)에서 문제해결을 수학교육의 핵심으로 여기고 있었다.

NCSM(1977)의 표현과 같이 문제해결은 "기습득된 지식을 새롭고 생소한 상황에 응용하는 과정(p.2)"이라고 할 수 있다. 따라서 문제해결 교육에서 중시하여야 할 측면은 학습자가 문제해결의 과정에서 필요로 하는 일반적인 해결 방법인 전략이나 발견술 등이 되며, 바로 이와 같은 문제해결의 과정적 요소가 1980년대 이후 수학교육의 핵심 위치를 차지하게 되었다(Krulik & Reys 1980).

문제해결을 수학교육의 목적이나 이유로 생각한다면 그 다음에 고려해야 할 것은 그러한 문제해결을 어떠한 방법으로 가르치고, 학습해야 되는가이다. 이에 대한 일반적이며 기본적인 견해는 문제해결의 이슈가 내포하고 있는 실제적이며 적극적인 지식관에 따라 수학을 실제로 경험하고 적용하는 과정을 통해서 가르치고 학습하는 것이다. 수학교육에서 가르치고 배워야 할 내용적 영역으로서는 수학의 단편적인 사실이나 기능, 개념, 원리 등과 같은 개념적 지식 외에도, 학습자 개인이 부딪히게 되는 다양하고 새로운 문제 상황을 극복해 나가는 과정에 필요로 하는 과정적 지식이 더해져야 한다. 즉, 수학 학습에서 얻고자 하는 이와 같은 과정적 지식의 핵심이 바로 문제해결 능력이 된다는 의미이다.

1970년대 'Back to Basics'의 움직임 이후 미국의 수학교육계에서는 수학에서 학습되어야 할 기본 기능이 무엇인가에 대한 논의가 지속적으로 중요한 이슈가 되어 왔지만, 1980년대 이후부터는 문제해결이 수학교육에서 최우선의 기본 기능으로 자리를 잡았다. 1977년 NCSM이 준비한 〈Position Paper〉에서는 수학적 기초 기능으로서 문제해결을 첫 번째로 꼽고 있으며, 1980년 NCTM의 연보 서문에 의하면 문제해결은 "수학을 가르치는 이유가 되며, 학생이 생활 속에서 항상 같이 하여야만 되고, 학교를 졸업한 후에도 지속적으로 사용되어야 할 기본적인 기능(Krulik & Reys 1980, p.xiv)"이다.

문제해결이 수학 교육과정에서 갖는 의미를 수학교육의 이유나 목적에서 찾을 때, 다양하면서도 구체적인 수학교육의 목적을 구현할 수 있다. 그리고 수학에서 가르치고 학습되어야 할 과정적 지식으로서 문제해결의 의미를 생각하는 경우, 수학교육에 있어서 학생이 다양한 문제 상황에 부딪혔을 때 이미 배워서 알고 있는 개념이나 수학적 지식 또는 기능 등을 어떻게 서로 관련을 짓고 활용할 것인가에 대한 관심을 갖게 해준다. 그리고 문제해결을 수학에서 학습되어야 할 기본적 기능으로서 생각하는 경우는 학생이 단편적이며 기본적인 수학의 기능을 종합적으로 재조직할 수 있는 기회를 준다. 이와 같이 문제해결이 수학교육에서 갖는 의미는 다양하면서도 복합적인 성격을 띠고 있기 때문에 다양한 시각을 통한 문제해결 의미의 수용 태도가 필요하다고 생각된다.

문제해결 능력

크룰릭과 루드닉(Krulik & Rudnick 1995)은 연구자에 따라 문제해결 능력은 많은 문제를 해결하는 과정에 자연히 습득되는 능력으로 보기도 하지만, 문제해결 능력도 넓은 의미에서 보면 분명한 수학적 지식이 되며, 따라서 학교수학에서 가르치고 배워야 할 중요한 지식으로 보고 있다. 그리고 수학적 지식을 정보와 사실, 그 정보와 사실을 활용하는 능력의 두 가지로 구별하면서 후자의 지식이 바로 문제해결 과정이 갖는 핵심으로 분석과 종합의 과정이며, 학습 방법을 학습하는 과정이라고 문제해결의 의미를 규정하고 있다. 한편, 레이스 외(Reys et al. 2012)에 의하면 문제해결 활동은 수학적 패턴이나 질서를 탐색하는 사고 과정이며, 수학을 나름대로 구성하는 과정이라고 정의하고 있다.

문제해결의 인식론적 의미

수학적 문제해결에 대한 인식론적 연구의 시조라고 할 수 있는 폴리아(Polya 1973)는 수학을 내용적 지식과 이를 처리하기 위한 방법적 지식의 유기적 결합체로 보고 있다. 그는 모든 문제에 적용할 수 있는 절대적인 규칙 발견의 시도는 오래전부터 철학에서 이상적 목표로 설정해 왔으며, 이는 결코 이상으로만 그치는 것이 아니라 실제로 그 이상에 도달하려는 노력으로서 발견술의 중요성을 강조하고 있다. 20세기 후반에 학교수학에서도 방법적 지식에 무게를 두고 있으며, 이는 바로 수학교육에서 문제해결의 교육을, 보다 구체적으로 말하여 수학적 발견술의 중요성을 강조하는 것이라고 할 수 있다.

폴리아(1962, p.178)는 스스로 자신의 수학적 발견술에 대한 연구가 유클리드를 비롯하여 파푸스(Pappus, 고대 그리스, 290~350)[1], 데카르트(Descartes, 프랑스, 1596~1650), 라이프니츠(Leibniz, 독일, 1646~1716), 볼차노(Bolzano 1930) 등의 발견술에 대한 연구와 관련이 깊음을 밝히고 있다. 여기서는 문제해결의 핵심이 되는 발견술에 대한 인식론적 측면에 대하여 파푸스를 비롯하여 데카르트, 라이프니츠, 푸앵카레(Poincaré, 프랑스, 1854~1912), 아다마르(Hadamard, 프랑스, 1865~1983), 듀이, 폴리아 등의 생각을 정리해봄으로써 문제해결의 의미를 알아보고자 한다.

파푸스의 수학적 발견술의 핵심은 분석과 종합의 방법으로 압축된다. 파푸스는 분석과 종합의 방법을 처음으로 체계화하면서 발견술[2]에 대한 최초의 언급을 하였다. 그에 의하면, 발견술은 분석법과 종합법이 그 핵심 내용이 되며, 유클리드의 《원론》을 학습한 후에 수학 문제를 해결하고자 하는 사람들에게 적합한 가르침의 내용으로 여긴다.

---

1) Pappus of Alexandria(AD 290~350): 그리스의 기하학자로 유명한 Pappus정리가 있다.

2) Pappus는 'analyomenos'라는 단어를 사용하였는데 이를 Polya는 '발견술'이라고 번역하고 있다.

문제해결에서 분석과 종합

분석법과 종합법을 과학적 추론 방법으로 파악하고 있었던 플라톤과 비슷한 시기에 활동한 유클리드의 저서《원론》의 제13권에 의하면 분석은 구하려는 것을 공인된 것으로 간주하고, 이를 참으로 인정하게 만드는 논리의 직전 단계에 이르고자 하는 과정이고, 종합은 현재 필요한 공인된 것을 설정하고 그로부터 구하고자 하는 다음 단계에 이르려는 추론의 과정이다.

문제해결에서 분석적 추론은 주어진 문제에서 구하고자 하는 것이나 증명하고자 하는 것을 완료한 것으로 가정하고, 이 최종 단계에 이르기 위해서 거쳐야 되는 필요한 직전 단계는 무엇인가와 같은 생각을 거듭하여 이미 우리가 알고 있거나 증명된 단계에 도달하려는 사고 과정이다. 반면, 종합적 추론은 이미 참으로 공인되거나 증명해 놓은 단계에서 출발하여 증명된 다음 단계로 이어가면서 어떤 새로운 단계로 유도될 수 있는가의 사고 과정으로 수학에서의 소위 증명 과정과 유사하다. 문제해결에서 분석과 종합의 작동 과정은 분석이 먼저 이루어진 후에 종합에 의하여 완성되는 상호보완적 방식으로 작용하는 경우가 많음을 볼 수 있다.

고대 그리스 시대 이후 19세기까지의 발견술은 주어진 문제를 해결하는 데 필요한 발견적 방법이나 규칙을 상세화하여 이를 알고리즘화하려는 시기로 데카르트와 라이프니츠를 예로 들 수 있다. 데카르트는 문제해결과 같은 인지적 작용을 기계론적 관점에서 분석함으로써 인지적 활동에 대하여 과학적인 연구 방법으로의 접근을 시도하였다. 데카르트는《방법서설》에서 일반적인 진리 탐구의 규칙에 대하여 다음과 같이 제안하고 있다. 첫째, 명증적으로 참임을 인정한 경우가 아니면 참으로 받아들이지 않는다. 둘째, 주어진 문제를 가장 잘 해결할 수 있는 최소의 단위로 그리고 가능한 여러 개의 부분 문제로 나눈다. 셋째, 여러 개의 부분 문제를 단순하고 인식하기 쉬운 것부터 시작하여 복잡한 부분 문제에 이르도록 순서를 정하여 수행한다. 넷째, 해결의 전 과정에 걸쳐 가능한 모든 경우를 고려한다. 데카르트의 또 다른 규칙은 심리적 규칙으로 인간의 정신 활동이 최적의 상태로 진행될 수 있도록 하는 데 필요한 규칙이다. 이 규칙에 의하면, 먼저 주어진 문제 상황에 대한 명확한 이해를 하고, 문제가 의미하는 바와 자신의 상상력이나 기억력을 이용하고, 문제의 외적 표상을 이용하여 상상한 것이나 기억한 내용을 연결하여 문제의 해결을 시도하는 등 일련의 과정을 통하여 문제해결을 수행할 것을 요구하고 있다.

'정신지도의 규칙'

데카르트(Descartes 1961)는 인간이 생각할 수 있는 수학이나 철학의 모든 문제를 방정식으로 해결할 수 있는 가장 일반적인 알고리즘을 찾기 위한 '정신지도 규칙[3)]' 구안을 위해 노력했으나 실패하였다. 특히, 이 정신지도 규칙은 주어진 문제 상황 중 필요한 정보만 간추려 간단한 형태로 압축하고, 기지와 미지의 것을 정하고, 미지의 것이 만족해야 하는 조건을 사용하여 방정식을 만들고 이 방정식들을 하나의 방정식으로 통합하여 해결하는 방법이다.

라이프니츠도 데카르트와 유사하게 모든 문제를 해결할 수 있는 일반적인 해법을 구하고자 연구하였다. 라이프니츠는 일반적인 문제해결의 알고리즘을 구성하기 위해 문제와 관련된 모든 개념을 최소 기본 단위인 독립적이며 무모순적 원시 요소로 분해하는 것으로부터 시작하였다. 원시 요소는 표현이 자연스럽고 계산 과정에 조작이 편리하도록 단순 명료한 기호 형태로 이루어져야 함을 강조했다. 이 원시 개념 요소들을 조합하여 복잡한 개념을 체계적으로 표현함으로써 기지의 개념을 유도하고 이로써 미지의 개념도 편리하게 나타내고자 시도한 것이다. 즉, 라이프니츠는 모든 문제를 원시 개념을 나타내는 기호를 조작함으로써 기계론적으로 해결할 수 있을 것으로 생각한 것이지만 이 또한 실패작으로 끝을 맺게 된다.

데카르트나 라이프니츠 모두 수학적 문제해결 방법이 갖고 있는 일반성과 효율성을 높이 평가하여 인간이 생각할 수 있는 모든 문제를 수학적 알고리즘으로 해결할 수 있다고 확신하고 이를 구안하고자 노력했지만 이러한 일반적인 해법의 존재는 불가능함으로 들어나게 된 것이다. 그러나 이후 수학의 범주 안에서 생각할 수 있는 모든 종류의 수학적 문제의 해결에 적용할 수 있는 알고리즘이 존재할 것이라는 인식이 일반적으로 자리 잡게 되는 계기가 되었다고 볼 수 있다.

---

3) 데카르트의 사후에 출간된 《정신지도의 규칙》은 처음에는 모두 3권으로 계획되었으나 제1권만 12개의 규칙을 만들어 완성을 하고, 제2권에서는 6개의 규칙만 만들었고, 제3권에서는 제목만 남겼다. 제1권에서는 문제해결에 필요한 정신조작을 다루었고, 제2권에서는 '완전하게 이해된' 문제를, 제3권에서는 '불완전하게 이해된' 문제를 다루려고 했다. 미완성의 《정신지도의 규칙》에서는 이미 우리가 알고 있는 문제해결의 일반적인 전략이 거의 모두 거론되고 있다. 예를 들면, 지식을 얻기 위해서는 '체계적인 사고활동'이 필요하고, 어려운 문제는 '나누어서' 해결하거나, '간단한 그림'으로 나타내거나, 사고하는 모든 대상을 '빠짐없이 조직적으로' 다루어 해결하는 등의 문제해결 규칙을 찾아볼 수 있다.

발견술을 위한 규칙

괴델(Gödel 1931)의 '불완전성 정리'에 의하여 모든 문제를 수학적 알고리즘으로 해결할 수 있을 것이라는 생각이 불가함으로 판명된 후 일반적 알고리즘의 발견을 위한 시도는 소멸하였다. 그러나 20세기 중반의 컴퓨터 개발 연구와 함께 인공지능에 대한 관심이 높아지면서 알고리즘에 대한 연구는 재개되었다. 예를 들어, 볼차노(Bolzano 1930)는 《과학 철학》에서 발견술을 위한 규칙에 대하여 다음과 같이 설명하고 있다. — (1) 주어진 문제가 의미하는 바가 무엇인지 분명히 할 것, (2) 문제와 관련된 모든 사항을 기록할 것, (3) 문제해결 과정에는 강한 감각적 자극은 피할 것, (4) 적절한 기호를 선정하여 사용할 것, (5) 문제해결 과정에 분석과 종합의 방법을 동시에 적용할 것 등이다. —

수학뿐만 아니라 과학, 과학철학 등에 있어 당대를 대표하는 푸앵카레(Poincaré 1908)는 수학적 발견을 '유용한 결합'을 만들어내는 통찰과 선택의 과정으로 생각하였다. 그는 발견의 과정을 의식적 단계에서 출발하여, 무의식의 단계를 거쳐서 다시 의식적 사고의 단계로 이어진다는 식으로, 즉 의식의 여부와 관련지어서 설명하고 있다. 그러나 이와 같은 발견의 과정에 구체적으로 어떠한 사고의 형태나 기제가 작용하는가에 대해서는 구체적인 설명을 않고 있다. 이는 무의식 상태인 두 번째 단계에서 발견의 핵심 과정이 진행된다고 여기고 있으며 이 단계에서는 발견의 구체적 과정을 의식하지 못하기 때문이다. 그는 첫 번째의 의식적 사고 단계를 중시하는데 그 이유는 처음에 시작한 의식적 사고가 발견이 이루어지는 핵심 과정인 두 번째 단계의 무의식을 활성화시키기 때문이다.

한편, 아다마르(Hadamard 1945)는 수학적 발견을 위한 사고 과정을 준비기, 부화기, 계시기, 검증기의 네 단계로 구분하여 설명한다. 준비기는 주어진 문제의 상황으로부터 문제가 갖고 있는 특성을 파악하는 단계로, 이 단계에서 문제의 해를 얻을 수도 있으나 그러지 못한 경우는 푸앵카레가 말하는 무의식적 휴지기라 할 수 있는 부화기 단계로 들어간다고 설명한다. 다음, 계시기는 부화기의 말미에 짧은 시간 동안에 이루어지는 단계로 소위 '아하! 경험(Aha! experience)'을 하는 단계이다. 이 단계도 부화기의 연장선상에 이루어지는 무의식적 사고의 결과이므로 문제해결의 핵심 요소가 출현되는 시기이지만 이 단계가 어떤 기제를 통하여 전개되는지는 규명하기 어렵다. 끝으로 검증기는 주어진 문제의 해결을 마무리하는 단계로 해결 결과를 확인하고, 다음 연계될 수 있는 문제해결의 사고 활동을 위하여 정리, 반성하는 단계이기도 하다.

수학적 발견의 과정

아다마르도 푸앵카레와 유사하게 부화기나 계시기처럼 무의식적으로 진행되는 단계가 제대로 이루어지기 위해서는 앞서의 의식적 사고 과정인 준비기의 역할이 중요함을 강조하고 있다. 아다마르와 푸앵카레가 설명하는 수학적 발견의 과정은 수학자의 새로운 수학 발견이란 전문적 과정이지만 수학자 아다마르가 말한 바와 같이 학생이 수학 문제의 해법을 발견하는 과정과 수준의 차이만 있을 뿐이지 그 과정의 기제는 본질적으로 같다고 할 수 있다.

교육의 근원을 인간이 환경과의 상호작용에서 얻는 경험으로 보는 듀이는 당시 전통적인 권위주의 교육 경향에 반대하여 아동의 학습 활동 중심의 진보주의 교육 사상을 출발시켰다. 듀이(Dewey 1960)는 인간이 환경과의 상호작용 과정에 문제적 사태를 경험하게 되면 이를 해결하기 위하여 지적 능력을 작동시키게 되는데 이 과정을 사고 활동으로 본다. 그는 이 사고 과정을 반성적 사고라고 하며, 문제적 상황에 대한 인식에서부터 그 상황에 포함되어 있는 조건을 분석하고, 잠정적인 해결 방안을 예견하여 이에 대한 실험이나 검증을 거쳐 최종 결론이나 해를 얻어내는 일련의 과정을 의미한다.

듀이(Dewey 1960)에 의하면 문제해결의 일반적인 과정은 결국 반성적 사고 과정이며, 전체적으로는 주어진 문제 상황과 관련하여 가설을 구성, 검증, 일반화하는 과정이라고 할 수 있다. 이 과정은 구체적으로 다섯 단계로 나눠진다. — (1) 주어진 문제 상황에 대한 인식으로부터 잠정적인 해결 방안을 암시받는 단계, (2) 암시받은 해결 방안을 보다 분명히 하고 유효화하기 위하여 문제 상황에 대한 지적 인식을 하는 단계, (3) 앞에서 재인식한 문제의 해결을 위하여 필요한 가설을 설정하는 단계, (4) 앞에서 설정한 가설로부터 문제의 해결을 위해 보다 적합한 형태로의 변화와 재구성을 통하여 일관된 체계를 구성하는 단계, (5) 결론적인 과정으로 가설이 실제적인 실험이나 검증의 과정을 통하여 확인하는 단계로 구성된다. — 듀이는 일반적으로 언어화된 지식을 의미 있게 전달하기 위해서는 그 지식이 관련된 실제가 무엇인지, 그리고 실제로 어떤 문제 상황을 극복하기에 필요한 수단이 되는지를 분명히 지도할 필요가 있음을 강조한다.

폴리아(Polya 1973)에게 있어서 발견술은 수학과 같은 어느 특정 내용 영역에 국한된 것이 아닌 모든 종류의 문제를 다루는 데 있어서 공통으로 적용될 수 있는 발견 또는 발명의 방법이나 규칙을 의미한다. 20세기 중반에 들어와 발견술을 수학의 내용 영역에서 교육적으로 다루려고 시도한 사람은 당연 폴리아라고 할 수 있다. 폴리아가 그의 연구를 통하여 보여주고 있는 발견술은 수학자 사이에서 오랜 수학 문제해결 경험으로부터 통찰에 의하여 축적해 놓은 경험적 방책인 셈이다. 학생은 이 발견술을 학습함으로써 주어진 문제를 해결하는데 있어서 문제의 이해를 더 잘 하거나, 해결에 있어서 보다 발전적인 효과를 거둘 수 있다든지 등의 일반적 예견을 할 수 있는 것이지 이 발견술이 성공적인 문제해결을 보장한다는 것은 아니다.

주지하다시피 폴리아는 문제해결의 일반적인 과정을 네 단계로 나누어 설명한다. — (1) 문제 이해 단계(understanding the problem), (2) 해결 계획 수립 단계(devising a plan), (3) 해결 계획 실행 단계(carrying out the plan), (4) 반성 단계(looking back) — 그리고 그는 각 단계마다 유용한 발문과 권고를 제시하는 방법으로 자신의 발견술에 대하여 설명하고 있다. 폴리아의 발견술은 자신의 오랜 기간 동안의 수학 문제해결과 수학 교수 경험을 반성하여 얻은 통찰과 파푸스, 데카르트, 라이프니츠, 볼차노 등에 의하여 연구되어 온 다양한 발견의 방법을 정리하고 이를 일반적인 원리로 체계화해서 그의 저서인 《How to Solve It》에 기술해 놓은 것이다. 즉, 폴리아의 발견술에 대한 연구는 그 이전의 발견술 연구를 재음미, 활성화시키고 20세기 중반에 교육적으로 전환시킨 획기적인 역할을 한 셈이다.

수학적 발견술

폴리아가 제안하고 있는 수학적 발견술은 교육적 활용의 측면에서 볼 때 여러 가지의 문제점을 내포하고 있는 것으로 비판되고 있다. 즉, 어린 학생에게 있어서 폴리아의 발견술은 전수되기 쉽지 않고, 실제로 문제의 해결에 별다른 도움이 되지 않는다는 연구 보고가 많다. 이에 대한 쉔펠드(Schoenfeld 1987)의 의견을 살펴보면 폴리아의 발견술은 처음부터 발견술이란 무엇이며 어떠해야 하는가를 제시하는 일종의 설명의 방식으로 제시된 것이지, 이를 지도하기 위한 입장에서 어떻게 사용 또는 적용할 것인가 하는 방식으로 제시된 것이 아니기 때문에 교육적 활용이 어렵다는 것이다.

문제해결의 인지과학적 의미

지적 능력을 갖춘 컴퓨터의 설계와 관련된 연구를 주로 하는 인공지능(Artificial Intelligence) 분야에서는 지적 능력의 핵심은 결국 문제해결의 능력으로 본다. 따라서 인공지능 분야에서의 주된 연구 주제는 주어진 문제를 해결하는 효율적 방법, 즉 일반적인 문제해결에서의 해법을 발견하는 기술인 발견술에 대한 연구인 셈이다. 인공지능 분야에서 연구된 일반적인 문제해결의 발견술은 대체로 다음의 세 가지 방식으로 설명된다. 수단-목표 분석, 탐색, 생성－검증 등의 방법이다.

'수단－목표 분석'의 방법은 주어진 문제를 여러 개의 하위 목표로 나누어서 각 하위 목표의 해결 순서를 정하고, 각 하위 목표를 연결하는 작용소를 찾아서 이에 따라 하위 목표들을 순서에 따라 하나씩 해결하면서 현재의 상태와 문제의 해 사이의 격차를 줄이면서 결국은 문제의 해에 도달하려는 방법을 말한다. 이와 같은 방법은 "하노이탑 문제"와 같은 문제를 해결할 때 유용한 방법이 된다.

'탐색'의 방법은 문제에서 다루어야 할 공간[4]이 비교적 커서 탐색할 공간을 합리적으로 줄이고자 할 때 주로 사용되는 방법이다. 즉, 주어진 문제에서 고려해야 될 문제 공간이 크기 때문에 먼저 이 문제에 포함된 일반적인 규칙을 탐색한 후 문제 공간 전체에서 부분적인 해결책을 찾고, 이를 다시 평가하는 방식을 반복적으로 수행하여 해결하는 방법이다. 예를 들어, "SEND＋MORE＋GOLD＝MONEY"와 같은 소위 복면산(alphametics) 문제를 해결하는 데 적절한 방법이 된다.

'생성－검증'의 방법은 문제 공간의 크기가 상대적으로 작은 경우에 사용될 수 있는 방법으로 먼저 가능한 해결 방법을 고안하여 그 방법의 타당성, 즉 해에 도달 가능성을 검토하고 그렇지 못하다는 판단인 경우는 새로운 해결 방법을 고안하여 같은 과정을 되풀이하면서 해를 구하고자 하는 방법이다.

인공지능 분야의 발견술 연구

인공지능 분야에서의 발견술에 대한 연구가 활성화되기 전에 폴리아에 의한 수학의 문제해결에 대한 연구가 있었기에 폴리아의 발견술 연구를 인공지능 분야에서도 일반적으로 활용해보려는 시도가 있었지만 제대로 이루어진 결과는 찾아보기 어렵다. 그 이유는 폴리아의 발견술에 대한 연구는 수학교육적 의도에서 출발한 것이고, 인공지능 분야에서의 일반적인 문제해결에 필요한 발견술에 대한 연구는 컴퓨터 개발을 위하여 필요한 인공지능의 활동 기제를 구상하기 위한 의도였으므로 두 분야의 발견술이 갖는 특성상의 차이 때문이라고 할 수 있다.

4) 정보처리(Information Processing)적 입장에서는 일반적으로 문제의 구성 요소를 그 문제의 목표 상태와 출발 상태 그리고 목표에 도달 가능한 모든 해결 경로 등으로 생각한다. 이 세 가지 문제 구성 요소를 뉴얼과 사이먼(Newell & Simon 1972)은 문제 공간(problem space)이라고 부르고 있다.

3.2 문제해결의 기능

20세기 중후반에 문제해결에 대한 수학교육계의 관심을 촉발시켰으며 문제해결 교육에 대하여 가장 활발한 연구와 실천을 하고 있는 미국 수학교육계에서의 2000년대를 위한 학교수학의 교육과정서 격에 해당하는 《Principles and Standards for School Mathematics》에서 "문제해결은 모든 수학의 학습에 있어 필수적인 부분이다(NCTM 2000, p.52)."라고 문제해결이 수학교육에서 갖는 역할이나 기능의 중요성에 대하여 역설하고 있다. 이와 같은 역할과 기능을 갖는 문제해결이 수학교육에서 구체적으로 맡고 있는 핵심 부분은 결국 학생의 수학에 대한 이해를 충실하게 만드는 것이다(Schroeder & Lester 1989).

문제해결과 이해의 상보적 관계

요즈음 수학교육에 있어서 수학 학습의 주요 목표는 수학 내용에 대한 이해와 문제해결로 요약된다고 볼 수 있다. 이 두 가지 목표는 서로 긴밀하게 연결되어 있는데, 이는 이해를 수반한 수학 학습과 성공적인 수학 문제의 해결은 상호보완의 관계에 있기 때문이다. 주어진 문제를 잘 해결할 수 있기 위해서는 그 문제가 함유하는 수학적 내용에 대한 개념적, 절차적 이해가 선행되어야 한다. 즉, 주어진 문제의 성공적인 해결을 위해서 문제가 내포하는 수학적 내용에 대한 충실한 이해를 필요로 한다. 한편, 문제해결을 통한 수학 학습은 관련 수학 내용에 대한 참된 이해를 촉발시킨다. 수학 문제가 포함하는 수학 내용은 서로 연결되어 해결책으로 이어지는 문제해결을 위한 노력의 과정에서 보다 정교화, 조직화, 확장되면서 발전, 심화된 이해를 이루게 된다.

학습할 수학 내용은 그 내용이 포함된 문제의 해결 과정을 통하여 발전된 생각과 연결될 때 의미 충실한 이해를 수반하면서 정착하게 되므로 문제해결을 통한 수학 학습 지도는 진정한 수학 학습을 이루어내는 방법이 된다. 교사는 학생의 이해의 과정을 돕거나 유도할 수는 있지만 진정한 이해는 학생 자신의 능동적인 문제해결 활동 결과로 발생하게 되고, 그 이해에 대한 반성적 사고도 문제해결에 의해 가능해진다. 반성적 사고는 학생이 자신의 수학적 추측이나 생각을 논의의 장에 내놓고 설명 또는 방어하는 과정을 통하여 심화 발전된 반성적 사고로 이어지는 이른바 문제해결 환경에서 이루어지는 의사소통에 의해 강화될 수 있다.

문제해결과 수학적 이해

문제해결은 수업 내용을 학생의 기존 학습 구조에 비추어 이해하거나, 습득한 지식을 적절한 방식으로 표현하여 기존 지식과 관련짓거나, 수학적 기능을 익히고 적용하는 것을 배우는 방법과 관련되어 있다. 즉, 성공적인 문제해결은 주어진 문제의 해결을 위한 절차적 지식이나 전략적 지식의 활용보다는 결국 주어진 문제의 해결에 수반되는 요소에 대한 수학적 이해와 밀접한 관계를 갖고 있다(Carpenter 1988).

히버트와 카펜터(Hiebert & Carpenter 1992)는 진정한 이해를 수반하는 수학 학습이 성공적인 문제해결과 직결되는 이유를 다음과 같이 설명하고 있다. 즉, 수학 학습에 있어서 진정한 이해는 문제해결을 통해 더 많은 이해를 촉진시킨다. 익숙하지 않은 수학 문제를 해결하고자 할 때 대부분이 이미 전에 이해하여 사용해오던 아이디어나 개념을 사용하는 해결 방법을 우선적으로 시도하게 된다. 이러한 방법으로 새로운 문제의 해결에 성공을 한다는 것은 또 다른 이해를 가져오는 셈이다. 수학 학습에서 진정한 이해를 통하여 수학의 아이디어들이 서로 연결되어있을 때 기억과 회상이 용이해진다. 문제를 해결할 때도 이해를 통하여 저장된 지식은 그 문제의 해결과 관련된 필요한 지식을 신속, 정확하게 찾아서 적용할 수 있다. 수학 학습에서 전이는 학습된 내용을 교실 안팎의 예상치 못하는 상황에서 학습을 이어가기 위해 필요한 요소이다. 학교수학은 학생으로 하여금 교실 밖의 세상에서 그들이 예상치 못했던 문제 상황을 잘 해결할 수 있도록 준비시켜야 한다. 진정한 이해가 수반된 수학 지식은 새로운 실제 문제 상황에서도 쉽게 전이, 확장되며 문제해결을 성공적으로 이끌게 해준다. 수학에 대한 진정한 이해는 학생으로 하여금 수학 지식은 합리적이고 서로 연결되어 있다고 볼 수 있게 해준다. 즉, 생소한 문제라 하더라도 그 문제에 내재하는 수학 내용들이 갖는 구조는 합리적으로 되어 있다고 생각하여 접근 가능한 것으로 보게 된다. 이와 같은 수학 학습 태도나 수학에 대한 신념은 개인 학생에게 수학에 대한 자신감으로 작용하고 따라서 문제해결에 도전적인 태도를 취할 수 있게 해준다.

수학 교수·학습에서 문제해결의 역할

수학 교수·학습에서 문제해결이 갖는 역할에 대하여 스태닉과 킬패트릭(Stanic & Kilpatrick 1988)은 맥락, 기능, 기예의 세 가지 측면에서 거론하고 있다.

문제해결이 수학 교수·학습의 맥락으로서 갖는 역할은 문제해결에서 사용하는 문제 자체와 그 문제를 해결하는 활동을 통하여 어떤 교육적 가치를 생성할 수 있는 기능을 가지고 있는가에 대한 논의이다. 수학 교수·학습과 관련하여 문제해결이 갖는 기능의 예로는 수학 교육의 가치 정당화, 수학 학습 동기 활성화, 의미충실한 수학 학습, 수학 연습 등의 기능을 생각해 볼 수 있다. 즉, 수학 문제해결에서 다루는 문제들 중 일부는 실생활의 필요한 경험과 연관되어 있으며, 그런 실제적인 문제의 해결이 학생에게 수학의 실제성이나 실용성 면에서의 인식을 개선하여 결국 수학교과의 가치에 대한 정당화로 이어지게 된다. 또한, 성공적인 문제해결을 위해서는 보다 발전된 수학 지식의 필요성과 그 지식이 문제해결에서 보여주는 효율성에 대한 체험, 성공적인 문제해결 결과로부터 얻게 되는 성취감 등은 수학에 대한 흥미와 관심을 촉발하며, 보다 심화 발전된 수학에 대한 학습동기를 부여하게 된다. 문제해결식 교수·학습을 통하여 학습해야 될 수학적 개념이나 원리를 문제에 포함시켜 구성함으로써 학생이 이 문제의 해결 활동을 전개하는 가운데 목표하는 수학 내용에 대한 이해가 충실히 이루어지게 할 수 있다. 이외에도 문제해결은 전통적으로 수학의 연습 기능으로서 수학 교수·학습에서 큰 영향력을 가져왔듯이 문제해결 활동을 통하여 이미 학습한 개념이나 기능을 숙달, 강화시키기 위한 효율적 수단이 되는 것은 물론이다.

듀이의 학습관과 문제해결

듀이(Dewey 1964)에게 있어서 경험을 통한 학습은 형식화된 학습에서 얻을 수 있는 것과 유사한 지식의 습득은 물론이며, 경험의 과정에서 학습 요소를 조직화할 때 생겨나는 보다 더 중요한 긍정적인 학습 태도, 동기, 흥미 등의 요소도 추가로 얻게 된다고 본다. 듀이에 의하면, 학습 지도에 있어서 경험이 중심이 되고, 문제는 그 경험 과정에서 자연스럽게 생겨나며, 학습 요소를 발전적으로 조직하게 하는 경험의 재구성으로 이루어지게 된다. 그리고 경험의 재구성은 반성적 사고 즉 문제해결을 요구한다고 본다.

듀이(Dewey 1910)는 교사가 어떻게 학습 요소를 지적인 가치가 있는 것으로 변환시켜 학생에게 전달해야 하는지를 비유를 들어 설명한다. 즉, 학습요소를 학생에게 전달할 때 상점에서 파는 식품처럼 단지 사서 먹기만 하면 되는 상태로 이미 준비된 지적 기초 자료로서가 아니라 학생의 반성적 탐구를 위한 소재로서의 역할을 하게 교사는 교재가 제공하는 내용을 변환시켜야 된다고 강조한다. 즉, 듀이는 교사가 앞에서 언급한 그런 의도로 변환시킨 교과 내용은 학생의 즉각적인 탐구에 의해 쉽게 해를 발견할 수 있는 방식이 되어서는 안 된다는 것이다. 즉, 교과 내용은 학생의 탐구심을 유발하는 방식으로 제시되어야 하며, 교사의 독단으로 정해진 상태로 제시되어서는 효과성이 떨어진다는 것이다. 그리고 반드시 학생의 경험 안에서 발생하는 필수적인 의문과 관련되어 있어야 함을 강조한다.

제대로 된 교과 학습 지도가 되기 위해서는 학생의 경험을 불러일으키는 학습 자료와 그 학습 자료는 문제의식을 자극하는 방식으로 제시되어야 한다. 즉, 학생으로 하여금 학습 내용에서 문제를 자발적으로 생성시켜 반성적 사고를 유인하는 학습 지도가 필요하다. 이러한 반성적 과정을 통하여 학생이 스스로 경험을 재구성하도록 도와준다면 학습 자료는 학생의 내부에서 보다 발전적으로 조직화될 것으로 본다.

수학과 교육과정에서 문제해결이 갖는 기능으로서의 역할은 수학 학습 과정에 문제해결 자체가 갖는 고유의 기능에 대한 논의이다. 즉, 1970년대 미국의 'Back to Basics' 움직임에서 강조했던 수학적 기초 기능의 습득처럼 수학 학습에서 습득해야 할 고유 기능 중 하나로서의 문제해결을 말한다. 근래 학교수학에서 강조하는 다양한 수학적 기능이 있지만 그중 문제해결 기능은 다른 어떤 수학적 기능보다 우위에 놓이는 종합적 고등 사고 기능이라 할 수 있다. 문제해결은 학생이 습득해야 할 위계성이 분명한 기능으로 그 수준의 차이는 문제해결에서 다루는 문제의 특성이나 문제의 유형에 의해서 결정된다.

폴리아의 문제해결 학습관

폴리아의 수학 문제해결 학습과 지도에 대한 관점은 자신의 수학에 대한 연구와 지도의 경험으로부터 얻은 통찰을 체계화한 것이다. 즉, 수학이 처음에 어떻게 형성되었는지, 또는 어떻게 수학적 발견을 하였는지에 대한 의문으로부터 시작하여 수학을 배우는 학생에게도 처음에 수학이 어떻게 만들어졌는지를 경험케 하고, 수학적 발견의 맛을 느낄 수 있게 해준다면 좀 더 수학을 잘 이해시키는 방법이 될 것이라는 확신을 갖고 있는 것이다.

폴리아는 자신의 수학에 대한 경험에 비추어 볼 때, 수학 교과서 안에서 연역적으로 완결된 모습으로 제시되는 수학은 학생에게는 적절치 않다고 생각하는 것이다. 완성된 수학은 명징한 추론을 요구하지만, 학교수학과 같이 완성해가는 수학은 개연적 추론을 요구하기에 학생의 입장에서 수학은 개연적 추론을 통해서 다루어질 필요가 있다는 것이다. 특히 초등 수학에서 학생은 완결된 수학을 기계적인 이해가 아닌 구성해가는 수학에서 개연적 추론과 같은 통찰력을 통해 학습해야 한다. 통찰력을 통한 수학 학습이 때로는 과도한 목표가 될 수도 있지만 문제해결에서 성공의 가능성을 높이고, 보다 효율적이며, 수학 학습에서의 지속적인 파지의 결과를 보이는 장점적 측면도 있다(Stanic & Kilpatrick 1988).

폴리아(Polya 1984)는 수학은 정보와 노하우(know-how)로 이루어져 있다고 본다. 따라서 학생이 수학 정보를 사용하는 방법 즉 노하우를 학습하지 않는다면 이해가 된 수학 정보들도 곧 잊힌다고 본다. 폴리아(1984)는 "수학을 아는 것은 수학을 할 줄 아는 것이다(p.574)." 그리고 "수학의 노하우가 무엇인가? 바로 문제를 해결하는 능력이다(Polya 1981, p.xi)."라는 주장을 통하여 문제해결의 수학 학습에 핵심이 됨을 강조한다.

수학 교수·학습에서 기예로서의 문제해결 역할을 논하는 관점은 발견술의 개념을 오늘날 부활시킨 폴리아의 연구로부터 시작되었다고 할 수 있다. 고대의 유클리드와 파푸스를 거쳐 근대의 데카르트, 라이프니츠, 볼차노 등의 수학자는 수학에서의 발명과 발견에 관한 방법과 원리에 대하여 논의해왔다. 이는 다시 폴리아에 의해서 수학 교사들이 이해하고 사용할 수 있는 방법으로 재구성, 확장되었으며, 수학적 발견에 대한 다양한 생각을 실증적으로 예시하는 방식으로 소개된 것이다. 폴리아(Polya 1981, p.ix)에 의하면, 문제해결은 수영이나 스키와 같은 운동이나 피아노 연주와 같은 일종의 기예로서 모방과 연습에 의해 배우게 된다. 따라서 폴리아는 문제해결의 기능은 처음에 교사에 의해 설명될 필요가 있고, 학생 사이에서 충분히 논의된 후, 연습을 통해 내면화되어야 하되 결코 기계적이지 않은 방법으로 학습되어야 함을 주장한다. 게다가 그는 정형화된 문제의 해결 과정에 이미 학습한 정확한 알고리즘을 적용하거나 해당 문제에 알맞은 절차만을 따르도록 지도하기보다는 비정형화된 문제를 사용하여 학생들 사이에서 논의의 과정을 통하여 문제해결 능력을 발달시키는 것이 바람직하다고 보았다. 폴리아는 문제해결도 일종의 기예이기 때문에 이를 프로그램화하거나 기계적인 방식으로 지도할 수 없으며, 세심한 교사만이 주어진 문제와 학생에게 적절한 방식으로 해결 과정을 안내할 수 있으며, 학생 개개인에게 적합한 문제를 선별할 수 있다고 보았다.

듀이의 문제해결 학습관

듀이(Dewey 1964)는 논리적으로 조직화된 학습 내용을 지도에 비유하면서 지도는 경험의 형식화된 진술인 것처럼 학습자는 그들의 경험을 재구성함으로써 나름의 학습 내용 지도를 만들게 된다고 설명한다. 또한, 지도 자체가 실제적 여행이 되지 못하는 것처럼 학습 내용이 학습자의 경험을 대신하지 못함을 지적하며 직접적인 학습 경험을 강조한다. 듀이도 폴리아처럼 논리적으로 조직화된 학습 자료를 학습자를 위해 심리학적으로 의미 있는 경험으로 변환시키는 것을 문제해결을 통해 가능한 것으로 생각하며 이에 많은 관심을 보였다. 듀이(Dewey 1910)가 경험 속에서 생겨나는 문제의 해결이라는 반성적 사고에 대한 강조는 기예의 관점에서 문제해결을 보고자 하는 것이다. 듀이는 융통성 없는 엄격한 규칙은 규정되어서는 안 되며, 학습자는 도전하고 해결하는 방식 안에서 숙련되어야 하고 또한 문제에 민감해야만 한다고 주장한다. 즉, 학습에 있어서 내용의 숙달도 중요하지만 적절한 학습 태도를 더욱 중요시하였다. 듀이(Dewey 1933)에게 있어서 사고를 단련시키는 능력은 사고의 이상적인 형태인 지식에 의해 단순히 습득되는 것이 아닌 것으로 보며, 학습자의 내부에 잠재하여 학습과정에 생동감을 갖고 기능하는 바람직한 학습 태도의 가치를 더 중요시하고 있다.

3.3 문제해결의 활동

폴리아의 문제해결 활동

폴리아는 자신의 오랜 수학 연구와 지도의 경험을 바탕으로 수학적 사고 활동 지도에 연역적 사고도 중요하지만 개연적 사고도 가르쳐야 함을 강조하며, 효과적인 수학 교수의 원리[5])로 '활동적 학습의 원리', '최선의 동기유발 원리', '비약 없는 단계의 원리'를 주장하였다. 이 세 가지 원리 모두 문제해결의 맥락을 전제로 하며 학생의 바람직한 문제해결 활동을 통해서 수학 학습 지도의 목표를 이루고자 하는 원리이다.

그는 특히, 《How to Solve It》에서 수학적 문제해결의 사고 활동을 문제의 이해, 해결 계획의 수립, 해결 계획의 실행, 해법에 대한 반성의 4단계로 구분하고, 각 단계에서의 효과적인 사고 활동을 유도하기 위한 발문과 권고 사항을 상세히 제시하고 있다. 이러한 발문과 권고를 통해 문제해결을 효과적으로 지도하기 위해서는 교사 자신부터 수학 문제해결 활동 과정에 학생의 사고활동을 도울 수 있는 적절한 발문과 권고가 자연스럽고 떠오를 수 있을 정도로 숙달되어 있어야 할 것임은 물론이다.

폴리아의 문제해결 4단계 과정

[문제의 이해] 문제를 이해해야 된다.

- 미지수인 것은 무엇인가? 자료는 무엇인가? 조건은 무엇인가?
- 조건은 만족될 수 있는가? 조건은 미지인 것을 결정하기에 충분한가? 또는 불충분한가? 또는 과다한가? 또는 모순되는가?
- 그림을 그려보아라. 적절한 기호를 붙여라.

---

5) (1) **활동적 학습의 원리** : 수학 교실에서 교사의 설명보다 중요한 것은 학생의 사고이다. 즉, 개념은 학생의 마음에서 생성되어야 하고 교사는 여기서 마치 산파의 역할로서 필요하다. 주어진 문제 상황에서 학생 스스로 많은 것을 발견케 하고, 문제제기, 형식화에 능동적으로 참여케 해야 한다.
(2) **최선의 동기유발 원리** : 교사는 학생으로 하여금 수학이 흥미 있고 노력할 만한 가치가 있음을 확신시켜야 한다. 학생으로 하여금 직접 문제를 선택, 형식화, 해결 방법을 탐구케 하고, 문제를 해결하기 전에 결과를 추측해보게 한다.
(3) **비약 없는 단계의 원리** : 일련의 문제해결 과정에서 각 단계를 비약 또는 생략함 없이 진행시켜야 한다. 따라서 교과서의 전형적인 문제는 탐구, 동화 단계를 생략하게 되므로 학생의 수준에 비추어서 도전적인 문제를 활용하여 형식적인 풀이 단계로 들어가기 전에 예비적 탐구 단계를 거치게 하고 문제해결이 완결된 다음에도 반성적 논의 시간을 갖게 한다.

- 조건을 여러 부분으로 분해하여라.

[계획의 수립] 자료와 미지인 것 사이의 관계를 찾아보아라. 즉각적으로 그러한 관계를 발견할 수 없다면 보조 문제를 고려하여라. 최종적으로 풀이에 대한 계획을 작성하여라.
- 전에 그러한 문제를 본 적이 있는가? 약간 다른 형태의 문제라도 본 적이 있는가?
- 관련된 문제를 알고 있는가? 유용하게 쓰일 수 있는 정리를 알고 있는가?
- 미지인 것을 살펴보아라. 친숙한 문제 중 미지인 것이 같거나 유사한 문제를 생각해 보아라.
- 전에 풀어본 문제 중 관련된 문제가 있다면 그것을 활용할 수 있는가?
  그 결과를 활용할 수 있는가? 그 방법을 활용할 수 있는가? 어떤 보조 요소를 도입하면 그것을 활용할 수 있는가?
- 문제를 달리 진술할 수 있는가? 좀 더 다르게 진술할 수 있는가? 정의로 되돌아가보자.
- 만일 제기된 문제를 풀 수 없다면, 어느 정도 그와 관련된 문제를 먼저 풀어보아라. 보다 접근하기 쉬우면서 관련된 문제를 생각해낼 수 있는가?
  보다 일반적인 문제는? 문제를 부분적으로 풀 수 있는가? 조건 가운데 일부분만 남기고 다른 것은 제거해보아라. 그랬을 때 미지인 것은 어느 정도로 정해지는가? 자료로부터 무언가 유용한 것을 이끌어낼 수 있는가?
  미지인 것을 결정하는 데 적절한 다른 자료를 생각해 볼 수 있는가?
  새로운 미지인 것과 자료가 보다 더 가깝게 되도록 하기 위해서 미지인 것이나 자료 또는 필요하다면 두 가지 다 변형할 수 있는가?
- 자료는 모두 다 사용했는가? 조건은 모두 다 사용했는가?
  문제에 포함된 핵심적인 개념은 모두 고려했는가?

[계획의 실행] 계획을 실행하여라.
- 계획을 실행하고 매 단계를 점검하여라. 각 단계가 올바른지 명확히 알 수 있는가? 그것이 옳다는 것을 증명할 수 있는가?

[반성] 얻어진 풀이를 점검하여라.
- 결과를 점검할 수 있는가? 논증 과정을 점검할 수 있는가?
- 결과를 다른 방법으로 이끌어 낼 수 있는가? 그것을 한 눈에 알 수 있는가?
- 결과나 방법을 어떤 다른 문제에 활용할 수 있는가?

(Polya 1945, p.xvi-xvii)

폴리아와 같이 수학 문제해결 활동을 네 개의 단계로 구분 선정하는 연구자로는 쉔펠드(Schoenfeld 1985)(문제의 분석과 이해하기, 해결 계획 세우기, 문제의 해 구하기, 풀이 확인하기)를 들 수 있다. 이외에도 연구자에 따라서는 세 단계, 다섯 단계 등으로 다양하게 구분하여 제안하고 있다. 우선, 세 단계로 제시하고 있는 연구자로는 덩커(Duncker 1945)(방

향 설정: 각 개인이 문제를 인식하고 받아들이는 단계, 정교화 및 분석: 각 개인이 추가적인 자료를 모으고 문제의 제 측면을 탐구하는 단계, 검증: 가설과 결과를 검증하는 단계)와 헨더슨과 핑그리(Henderson & Pingry 1953)(문제의 인식 단계, 해를 얻기 위한 행위가 장애에 부딪히는 단계, 그 장애를 없애기 위해 심사숙고하여 문제의 해를 구하는 단계) 등이 있다.

다섯 단계로 세분화하고 있는 연구자로는 메리필드 외(Merrifield et al. 1962)(준비 단계, 분석 단계, 산출 단계, 검증 단계, 재적용 단계)와 윌스(Wills 1971)(좀 더 접근하기 쉬운 몇 가지 문제를 해결함으로써 해결을 위한 자료를 모으는 단계, 획득한 자료를 조직하는 단계, 조직된 자료에 나타나는 패턴을 찾아 몇 가지 다른 추가적인 경우에 적용해봄으로써 검증하는 단계, 찾아낸 패턴을 일반화하여 처음의 문제에 적용하는 단계, 결론으로 나온 해를 검증하는 단계) 등이 있다.

폴리아를 비롯하여 여러 연구자들이 문제해결 활동이 여러 단계로 다양하게 이루어질 것을 제안하고 있지만 어떠한 단계를 거치든 결국 중요한 것은 주어진 문제의 맥락에 맞추어 합리적으로 접근하여 문제의 의도에 최적화된 해를 구하고자 하는 문제해결자가 취해야 하는 태도이다(Schoenfeld 1988). 사실, 이는 문제해결의 활동에서만이 아니라 수학 학습 전반에 해당하는 것으로 학습하는 수학 내용에 대한 이해의 과정에 그 내용의 생성이나 적용과 관련하여 실제적 맥락에 대한 합리적 고려의 과정이 포함되어야 한다는 것과 같은 의미이다. 수학 학습에서의 합리적 고려의 과정이란 학습하고 있는 내용 자체에 대한 이해를 넘어서 그 수학 내용이 실제에서 의미하는 바와 그것이 실제로 어떻게 적용될 수 있는지에 대한 고려의 과정을 말한다.

이는 일반적으로 학교수학에서 간과하기 쉬운 부분으로 수학적 개념이나 절차를 교수·학습하는 전체적인 수학교육의 환경 즉 '학교수학의 문화'에 대한 논의인 셈이다. 즉, 이는 학교에서 배우고 가르치는 수학이 교과의 테두리에서 나와 실제와 연결지어볼 때 무엇을 의미하는지, 어떻게 적용할 수 있는지 등에 대한 것을 다루게 된다. 특히, 문제해결은 수학과 실제를 연결시키는 중요한 다리의 역할을 하기에 더욱 문제해결 활동의 교수·학습에 있어서 다루고 있는 문제가 실제에서는 어떤 의미로 해석되고 그 문제를 해결하는 과정이 실제에서는 어떻게 적용될 수 있는지를 고려하는 습관이 함께 교수·학습되어야 한다는 것이다. 이를 위하여 문제해결 수업은 학생으로 하여금 주어진 문제를 다루는 소집단의 구성원으로서 문제에서부터 해를 구하기까지의 전 과정에 활발한 의사소통을 통하여 합리적이며 실제적인 감각을 가지고 해결하려는 교실 분위기와 구성원의 협동하는 태도 형성을 통하여 이루어져야 될 것이다.

문제해결 태도의 중요성

쉔펠드는 '학교수학의 문화'가 문제해결 교육에서 중요한 요소가 됨을 다음의 문제를 예로 들어서 설명한다.

"배 위에 26마리 양과 10마리 염소가 있다. 선장의 나이는 얼마인가?"

"125마리의 양과 5마리의 개가 있다. 양치기의 나이는 얼마인가?"

이런 종류의 문제는 제대로 된 문제는 아니지만 학생이 문제해결에 임하는 태도가 합리적이지 못하다는 것을 밝히는 연구에 사용되어 유명해진 문제이다. 즉, 이런 문제가 제시되면 많은 학생이 문제가 실제로 성립되는지의 여부에 대해서는 불문하고, 곧바로 문제에 제시된 수치에 문제의 의미와는 무관하게 적당하다고 생각하는 연산을 적용하여 답을 구한다는 것이다. 이와 같은 현상은 학교수학에서 다루는 문장제의 경우 거의 대부분이 제대로 만들어진 문제이며 항상 정답이 있다는 확신을 대부분의 학생이 가지고 있기 때문이라는 것이다. 실제 문제해결 수업에서도 일반적으로 주어진 문제에 대하여 학생으로 하여금 각 수치나 조건의 관계나 문제에서 내포하는 의미 등에 대한 분석의 과정은 강조되지 않는다. 그래서 많은 학생이 문제를 제대로 읽고 의미 파악을 하지 않은 상태에서 양과 염소의 수를 더하거나 빼서 선장의 나이를 구하는 것을 볼 수 있다 (Schoenfeld 1988).

4 문제해결 방법론

수학의 역사는 여타 일반 과학의 역사와 마찬가지로 수학 분야의 새로운 사실이나 원리를 발견하고 이에 대한 증명을 하면서 또 다른 발견과 증명으로 이어지는 이른바 수학적 발견의 사고 활동으로 이루어진 역사라고 할 수 있다. 수학 문제해결에 대한 체계적 연구를 출발시켰다고 할 수 있는 폴리아(Polya 1945)의 경우, 수학을 내용적 지식과 이를 처리하기 위한 방법적 지식의 결합체로 보고 있다. 그는 철학에서 인간사의 모든 문제에 일반적으로 적용할 수 있는 절대적인 해결 원리를 구하고자 한 시도에 대하여 이는 결코 이상으로만 그치는 것이 아님을 역설하면서 수학에서도 그러한 이상적 목표를 실현코자 하는 노력으로서 일반적인 문제해결 방법론인 발견술의 중요성을 강조하고 있다. 이와 같이 20세기 말부터 학교수학에서도 중요시 여겨야 할 부분을 방법적 지식에 두고 있으며, 이는 바로 수학교육에서 문제해결 교육이 중요하며, 수학적 발견에 도달케 하는 문제해결 방법론의 교육적 중요성을 의미하는 것이라고 할 수 있다.

본장에서는 수학에서의 '문제해결 방법론'이란 주제하에 수학적 '알고리즘', '전략', '발견술' 그리고 '폴리아의 발견술'에 대하여 살펴보고자 한다.

4.1 수학적 알고리즘

수학적 알고리즘

수학 문제의 답을 구하는 과정에 사용하는 알고리즘은 일단의 특정 문제의 답을 구하는 과정에 적용할 수 있는 스키마이다(Krulik & Rudnick 1995). 즉, 특정의 문제나 동일 유형의 문제의 답을 구하기 위하여 개발된 일종의 절차나 프로그램인 셈이다. 따라서 같은 부류의 문제가 아닌 경우는 문제에 따라 적용할 수 있는 알고리즘도 서로 다르게 된다. 어떤 문제가 주어졌을 때 그 문제의 답을 구하는 데 적절한 알고리즘을 선정하고 그 알고리즘을 수행하는 데 실수만 없다면 그 문제의 답은 구할 수 있게 된다.

이와 같은 알고리즘은 특히 수식으로 만들어진 계산 문제에서 많이 사용되며, 특정 도형의 넓이 구하기와 같은 경우처럼 사용하게 되는 일정한 공식 같은 것이 전형적인 알고리즘이 될 수 있다. 예를 들어, 사다리꼴의 넓이 공식처럼 주어진 사다리꼴의 각 부분의 치수를 그 공식에 대입하여 실수 없이 계산을 수행만 하면 사다리꼴의 넓이를 구할 수 있게 되어 있다. 그리고 그 공식은 특정 사다리꼴만이 아닌 모양과 치수가 다른 사다리꼴에도 모두 적용할 수 있는 사다리꼴의 넓이 구하기 공식, 즉 알고리즘인 것이다.

이와 같은 알고리즘의 적용 과정에는 문제를 읽어보고 적용 가능한 알고리즘을 기억해내서 그 계산 과정을 실수 없이 수행키만 하면 되므로 문제해결의 경우와 같이 그다지 많은 양의 그리고 어려운 수준의 사고 활동을 요구하지 않는다. 하지만 알고리즘도 소위 문제해결에서 말하는 '문제'가 아닌 단순한 문제의 답을 구하는 데 사용되는 수단이 되어 수학교육에서는 전통적으로 중요한 기능으로서 지도되어 왔으며, 실제 문제해결에서도 그 과정 안에 알고리즘을 시행하여 부분적인 답을 구해야 하는 경우에 필요하기 때문에 문제해결 지도에서도 알고리즘의 지도는 기본적으로 필요하다고 할 수 있다.

일반적 문제해결 방법론

고대 그리스 시대 이후 19세기까지는 철학자에게 있어서 모든 문제의 해를 찾아내는 일반적인 방법이나 규칙을 알고리즘화하려는 시도가 있었던 시기이다. 그 대표적인 경우를 데카르트(Descartes)와 라이프니츠(Leibniz)의 연구에서 살펴볼 수 있다.
데카르트(프랑스, 1596–1650)는 인간이 수행하는 감각이나 기억의 인지적 활동을 기계론적으로 분석하여 특히 인지적 활동 과정에 대한 과학적 연구의 영역화를 시도하였다. 오늘날 인공지능

(Artificial Intelligence) 분야에서 시도하는 연구 방법의 시조라고 할 수 있다. 데카르트에 의하면 인간은 의식적 사고, 수의적 선택 및 자유 의지를 수행하는 영혼의 소유자이며, 동시에 기계적 사고와 합리적 영혼을 소지하는 존재로 보았다. 이와 같은 인간에 대한 견해를 바탕으로 모든 수학적인 문제나 철학적인 문제를 해결할 수 있는 가장 일반적인 알고리즘을 찾기 위한 연구를 위하여 '정신지도의 규칙'을 고안하였다. 데카르트는 이 정신지향 규칙 속에서 모든 문제를 결국 대수방정식이란 알고리즘으로 변형해 풀 것을 권장하고 있다. 즉, 주어진 문제가 포함하는 여분의 정보는 생략하고 필수 정보만으로 처음의 문제 상태를 가장 간단한 형태의 문제로 축소시켜 결국 양을 구하는 문제로 해석한다. 다음, 새로 해석한 문제의 기지와 미지의 것을 확인하고, 미지의 것이 만족해야 하는 조건을 분석하여 연립방정식을 구성하고, 이를 연립방정식의 알고리즘을 사용하여 답을 구하는 것이다. 데카르트를 해석기하학의 창시자로 보는 것도 기하의 문제를 방정식의 알고리즘적 절차에 의해 다룰 수 있게 직교좌표계를 구안하여 결국 그 안에서 기하 문제를 대수 문제로 변형시키려 하였다는 것은 이미 잘 알려진 사실이다.

데카르트처럼 그 이후에 같은 시도를 했던 수학자겸 철학자로 라이프니츠(독일, 1646-1716)를 들 수 있다. 라이프니츠도 인간이 부딪힐 수 있는 모든 문제를 해결할 일반적인 방법론의 연구를 시도하였다. 우선, 라이프니츠는 문제를 구성하는 모든 개념을 더 이상 나눌 수 없는 가장 기본적이고, 간단하고, 독립적이며, 모순 없는 원시 요소인 이른바 '인간 사고의 알파벳'으로 분해한다. 이 원시 개념을 나타내기 위하여 기호를 사용하였는데, 그 기호는 가능한 자연스럽고, 계산 과정에 조작이 쉽도록 짧고 단순한 상태로 개발하였다. 그 다음 문제가 갖고 있는 복잡한 개념은 이 원시 개념을 나타내는 기호들의 체계적인 결합으로 표현하고, 다시 새로운 개념을 만들어 내고자 시도하였다. 주어진 문제를 이 기호들의 조작, 즉 알고리즘에 의해 해결할 수 있을 것으로 간주하고 모든 문제에 적용할 수 있는 일반적인 알고리즘을 찾으려고 했던 것이다.

그러나 데카르트나 라이프니츠가 시도했던 모든 종류의 수학 문제를 해결하는 가장 일반적인 알고리즘이 만들어질 수 있다는 생각은 근본적으로 불가능[1)]함이 괴델(Gödel 1931)의 논문 〈불완전성 정리(Incompleteness Theorem)〉에 의해 증명되어 그런 가장 일반적인 알고리즘의 개발 연구는 막을 내리게 된다.

정보처리 분야의 문제해결 방법론

정보처리(Information Processing) 이론에 따르면 문제공간을 검색할 때 사용되는 탐색 방법은 다음의 세 가지 유형으로 정리된다(Newell & Simon 1972).

첫째, 알고리즘적 탐색으로 검색공간의 결절(node)들 중에서 가장 좋고, 적절한 것을 택해서 종국에는 반드시 문제가 풀리도록 하는 방법이다.

둘째, 맹목적 탐색으로 각 결절을 택할 때 정보를 체계적으로 사용하지 않고 시행착오적으로 문제를 해결하려는 방식이다.

셋째, 발견적 탐색[2)]으로 목표 상태에 이를지도 모르는 몇 가지 가능성을 검토하여 매우 큰 문제공간에서 가망성이 있는 부위를 검색하는 방식이다.

4.2 수학적 전략

수학적 전략[strategy]

수학 문제의 해결을 위한 전략이라 함은 문제나 과제의 개별적 세부 특성에는 관계없이 특정 범주까지의 문제에는 일반적으로 적용될 수 있으며, 해당 과제에 접근하여 해결을 도와주는 방법이나 수단을 말한다. 즉, 적용 범위의 크기를 상대적으로 비교할 때, 앞서 거론한 알고리즘보다는 넓고, 다음에 설명될 발견술(heuristic[3])보다는 좁은 적용 범위를 갖고 있는, 주어진 문제나 과제에 대한 사고의 양식이나 접근 방법을 의미한다. 여기서 적용 범위의 경계를 분명히 할 수 없기에 연구자에 따라서는 전략과 발견술의 용어를 혼용하고 있음을 볼 수 있다. 하지만 알고리즘과 전략 또는 발견술은 분명히 구분을 할 필요가 있다.

크룰릭과 루드닉(Krulik & Rudnick 1992)에 의하면, 전략은 주어진 문제의 해결 계획 수립 단계에서 결정적으로 이용될 수 있는 해결책을 말한다. 문제해결 전략의 예로서 패턴 인식, 거꾸로 풀기, 추측과 검토, 시뮬레이션이나 실험, 축소/단순화, 조직화된 정렬/전체 정렬, 논리적 연역, 나누어 정복하기 등을 제시하고 있다.

레이스 외(Reys et al. 2012)는 수학 문제해결에서 사용하는 전략의 경우 한 문제에 대하여 한 가지의 전략만이 사용 가능한 것이 아니며, 특정 전략의 경우 특정 학년 시기에서만 사용 가능한 것도 아니므로 문제해결의 전략 사용에 대한 지도는 유연하게 이루어져야 함을

---

1) 정확하게 정의된 여러 가지 알고리즘의 모임에서 나온 어떤 알고리즘으로도 해결될 수 없는 수학 문제가 존재함을 증명

2) 발견적 탐색 방법은 다음과 같은 몇 가지의 부분 전략으로 분류되기도 한다.
첫째, '수단-성과 분석법'으로 목표의 특성과 당면한 문제 상태의 특성을 비교하고 그 차이를 좁힐 수 있는 조작자를 선택하는 작업을 계속하여 문제를 해결하는 전략이다.
둘째, '소규모화법(fractioning)'으로 주어진 문제를 풀기 쉬운 작은 하위 문제로 나눈 다음 각 하위 문제를 체계적으로 풀어 결국 원래의 문제를 해결하는 전략이다.
셋째, '거꾸로 풀기 전략'으로 증명 문제의 해결에 유용한 전략으로 목표로부터 거꾸로 문제를 풀어나가는 전략이다. 수단-성과 분석법은 당면한 문제 상태와 목표 상태를 반드시 비교하는데 비해서 거꾸로 풀기는 그렇지 않다.
넷째, '단순화의 전략'으로 체계적으로 계획을 세워 문제해결을 단순하게 만드는 전략이다. 즉, 문제를 단순한 형태로 특수화한 후 이 문제를 먼저 풀고 그 해결 방법을 활용하여 보다 복잡한 형태의 원래 문제를 해결하는 방식이다.

3) 발견술은 모든 문제에 일반적으로 적용 가능한 방법으로 '문제의 이해,' '관련·비관련 정보의 파악,' '적당한 전략의 선택,' '해의 타당성 검토' 등도 이에 해당한다.

강조한다. 문제해결 학습자 입장에서는 주어진 문제의 해결에 다양한 전략 사용 가능성을 검토해야 하므로 다양한 전략에 대한 지도가 이루어져야 되고, 대체로 다음과 같은 전략을 예로 들고 있다. — ✣ 실제로 해보기, ✣ 그림이나 도표 그리기, ✣ 규칙성 찾기, ✣ 표 만들기, ✣ 가능한 모든 경우의 조직화, ✣ 추측과 확인, ✣ 거꾸로 풀기, ✣ 원하는 정보, 주어진 정보, 필요한 정보를 분명히 하기, ✣ 식 세우기, ✣ 더 간단한 문제 풀기 또는 유사한 문제 풀기, ✣ 관점 바꾸기 등이다. —

한편, 쉔펠드(Schoenfeld 1980)는 NCTM의 1980년 연보《Problem Solving in School Mathematics》에서 다음과 같이 문제해결의 단계마다 필요한 전략을 제안하고 있다.

■ 문제의 분석과 이해 단계

(1) 가능한 그림을 그려라.

(2) 특별한 경우를 조사하라.

구체적인 예를 들라.

가능한 경우의 범위를 조사하라.

변수를 차례로 바꾸어 패턴을 귀납적으로 탐색하라.

(3) 대칭성을 이용하여 단순화하라.

■ 해결 계획 단계

(1) 해결을 단계적으로 계획하라.

■ 문제의 해 구하기 단계

(1) 유사한 여러 가지 문제를 생각하라.

(2) 주어진 문제를 약간 바꾸어라.

(3) 주어진 문제를 대폭 바꾸어라.

■ 풀이의 확인 단계

(1) 다음과 같은 특별한 확인을 하라.

주어진 모든 자료를 사용하였는가?

적절한 어림짐작이 타당한가?

(2) 다음과 같은 일반적인 확인을 하라.

다른 방법으로도 가능한가?

이미 알고 있는 사실에 귀착하는가?

기지의 사실로 일반화시킬 수 있는가?

찰스와 레스터의 문제해결 전략

찰스와 레스터(Charles & Lester 1982)도 문제해결의 단계별로 유용한 전략을 다음과 같이 제시하고 있다.

■ **문제를 이해하기**

(1) 문제를 읽기, (2) 찾고자 하는 것을 결정하기, (3) 중요한 자료를 찾기

■ **문제를 해결하기**

(1) 패턴 찾기, (2) 추측과 검토하기, (3) 수식 사용하기, (4) 논리적 추론하기, (5) 처음으로 되돌아가기, (6) 그림 그리기, (7) 정리된 목록 만들기, (8) 표 만들기, (9) 구체물 이용하기, (10) 실험하기, (11) 문제를 간단히 하기

■ **문제에 답하기, 답 평가하기**

(1) 주어진 모든 정보 사용여부 검토하기, (2) 해결과정 점검하기

문제해결에 대한 연구자마다 학교수학에서 필요로 하는 여러 가지 전략을 다양하게 제시하지만 공통된 전략을 정리하면 다음과 같다.

첫째, 가장 기본적이며 중요한 전략이라고 할 수 있는 소위 '시행착오(trial-and-error)' 전략 또는 '시행과 교정(try-and-adjust)' 전략으로 '추측과 검토(guess-and-check)'의 전략과 유사하다. 이 전략은 같은 문제에 반복적으로 사용하여 점차 해에 근접해가는 방식으로 사용하게 된다. 전통적으로 수학 수업에서 추측을 한다는 것은 그다지 환영받지 못해 왔다. 그러나 임의로 이루어지는 즉흥적인 추측이 아닌 체계적인 추측은 사고의 유연성과 역동성을 높여 주고, 결국 주어진 문제의 해에 다양하게 접근할 수 있는 계기를 마련해주기 때문에 효과적인 전략이라고 할 수 있다. 그리고 추측 뒤에는 이를 확인하는 절차가 따라오기 때문에 효율적인 전략이 된다.

둘째, '그림그리기', '실행하기', '모델 사용하기'와 같은 전략으로 이 전략들은 모두 문제와 관련된 요소를 구체화시켜 그 관계를 파악하여 해결을 용이하게 만드는 목적으로 사용한다. 즉, 주어진 문제에 대한 이해를 돕기 위하여 문제를 간단한 그림이나 다이어그램 등으로 시각화해서 다시 표현해보거나, 구체적 조작물을 이용하여 문제에서 요구하는 바를 실행해 봄으로써 문제의 해법에 접근할 수 있는 전략이다. 그림그리기 전략은 문제와 관련된 그림을 그리거나, 문제에서 제시한 조건이나 정보를 그림으로 나타내어 주어진 문제를 가시화함으로써 주어진 정보들의 관계성을 분명하게 나타내어 파악하기 쉽게 하는 전략이다. 실행하기 전략은 주어진 문제의 해결에 필요한 실마리를 찾기 위하여 문제에서 묘사하는 대로 구

체적인 실행을 해봄으로써 문제에 대한 이해를 돕고 따라서 해결책을 쉽게 찾기 위한 전략이다. 모델 사용하기 전략은 문제를 다른 구체물이나 기하학적 모형을 사용하여 다시 표현해봄으로써 학생의 입장에서 익숙하거나 이해하기 쉬운 형태로 바꾸기 위한 전략이다.

셋째, 문제가 포함하는 '규칙성 찾기' 전략으로 수학 문제는 대부분이 수나 공간 내의 규칙성을 포함하고 있는 경우가 많은데 그러한 문제의 해결에서 주로 사용하는 전략이다.

넷째, '표나 차트 만들기' 전략으로, 주로 문제가 일련의 숫자와 관련된 경우 유효하며, 문제에서 제공하는 수치를 표나 차트로 나타내고 그 안에 들어있는 규칙성을 찾아 문제를 해결하는 전략이다.

다섯째, '조직표 작성'의 전략으로 문제에서 다루어야 하는 변수의 변역 내의 모든 경우를 빠짐없이 체계적으로 생각해야 되는 경우 조직화된 표를 만들어 그로부터 해와 연결된 경우를 찾아내는 전략이다.

여섯째, '거꾸로 풀기' 전략으로 일련의 단계들이 차례로 연결된 문제로 최종 결과를 알고 있는 상황에서 앞선 조건이나 변량에 대하여 알고자 하는 문제의 해결에 필요한 전략이다. 즉, 이 전략을 사용하는 경우 주어진 문제의 순서상 마지막 조건을 먼저 제시하고, 그 앞에 올 조건을 물어보는 유형의 문제해결에 유용한 전략이다.

일곱째, '논리적 추론'의 전략으로 모든 수학 문제가 논리적으로 이루어져 있지만 특히 '… 이면, … 이다.'라는 생각을 바탕으로 만들어진 문제에서 여러 가지 경우 중에 가능성 있는 경우를 논리적으로 찾아내는 문제의 해결을 위한 전략이다.

여덟째, '보다 간단하거나 유사한 문제의 시도'의 전략은 처음에 주어진 문제가 포함하고 있는 수가 너무 크거나 문제의 구조 자체가 복잡한 경우는 문제의 이러한 외형 때문에 해법을 찾기 어려워질 때가 있다. 이러한 경우는 주어진 문제에서 사용된 수를 작은 수로 바꾸거나, 주어진 문제의 구조와 유사하면서 전에 풀었던 문제의 해결 방법을 생각해냄으로써 현재의 문제를 해결할 수 있는 방법이나 실마리를 얻을 수 있게 된다.

아홉째, '식이나 방정식 만들기' 전략으로 고등 수학으로 올라갈수록 흔히 사용하는 전략이 될 수 있는데 문제에 주어진 변수들의 관계를 식으로 표현하거나, 구하고자 하는 변수를 미지수로 나타내어 주어진 문제가 의미하는 바를 수식으로 표현하여 해결하는 전략이다.

열째, '문제 관점 바꾸기' 전략으로 일반적으로 학생은 주어진 문제의 해결을 위하여 문제의 부분적인 면으로부터 실마리를 얻어 해당 문제의 해결을 시도하지만 그것이 실패하여 처음으로 되돌아온 경우에도 앞서의 경우와 동일한 방법으로 문제를 이해하려고 하는 경우가 많다. 이때 앞에서의 경우와 다른 방법으로 즉, 문제를 새로운 관점에서 이해함으로써 해결의 실마리를 얻게 될 수 있다.

문제해결 전략에 대한 다양한 의견

머서와 쇼너시(Musser & Shaughnessy 1980)에 의하면, 학교수학에서 필요한 문제해결 전략을 다음과 같이 제시하면서 각 전략을 사고의 형태로 해석하고 있다. — (1) 조직적 시행착오, (2) 추론적 시행착오, (3) 규칙성 찾기, (4) 보다 간단한 문제 풀기, (5) 거꾸로 생각하기, (6) 시뮬레이션 등이다. — 여기서 조직적 시행착오 전략은 폴리아의 선택적 시행착오와 같은 전략으로 여러 가지의 가능한 경우 중 적당한 방법에 따라 빠짐없이 수치를 변수에 대입하는 방법으로 귀납적 사고를 의미한다. 추론적 시행착오는 조직적 시행착오와 달리 문제의 각 조건에 따라 시행할 가짓수를 유효한 것으로 제한하여 조직적으로 수치를 변수에 대입하는 것으로 연역적 사고를 의미한다. 규칙성 찾기는 규칙성을 파악해서 이를 이용하여 문제를 해결하는 전략으로 몇 개의 구체적 예로부터 일반적 규칙성을 찾는 과정으로 귀납적 사고에 해당한다. 거꾸로 생각하기 전략은 결국 문제해결의 목표나 증명해야 될 사실로부터 시작하여 생각을 거슬러 올라가는 방법으로 해석적 사고라고 할 수 있다. 시뮬레이션은 문제의 상황을 단순화, 이상화시키는 과정이다.

《How to Solve Problems》의 저자 위켈그렌(Wickelgren 1974)은 그의 저서에서 문제해결의 방법으로 '임의적 시행착오', '조직적 시행착오', '분류적 시행착오', '부분 목표 설정하기', '모순의 방법 사용하기' 등을 제시하고 있다.

한편, 르밴크(LeBanc 1977)의 경우 문제해결 전략을 문제해결에서 필요로 하는 사고의 기능으로 보며 '일반적 전략'과 '보조적 전략' 두 종류로 대별하여 제시하고 있다. 여기서 일반적 전략은 문제해결 과정에서 필요한 사고 기능을 말하며 그 하위 요소로 '시행착오, 조직적 열거, 단순화, 패턴의 탐구, 실험, 연역' 등의 방법을 제시하고 있다. 보조적 전략은 문제의 해결을 위한 사고를 전개하는 과정에 도구로서 사용될 수 있는 전략으로 '다이어그램, 표, 그래프, 열거, 방정식' 등의 방법을 사용하는 전략을 말한다.

4.3 수학적 발견술

수학적 발견술

게슈탈트(Gestalt) 심리학의 기초를 형성한 베르트하이머(Wertheimer, 독일, 1880~1943)는 인간의 의식적 사고는 본질적으로 문제해결의 과정으로 본다. 즉, 주어진 어떤 상황에 대하여 의식적으로 전개하는 사고 활동은 우선 그 상황을 문제성이 잠재한 것으로 받아들이고 그 상황이 갖고 있는 구조적 혼란성을 해소하여 그 상황의 문제적 본질을 보다 충실하고 온전한 상태로 노정하는 과정으로서 이는 마치 주어진 문제의 해결을 위해 문제가 내포하는 내적 구조적 관련성을 파악하여 이를 분석, 재조직하여 해에 도달하려는 발견술의 적용 과정과 본질적으로 유사하다고 보는 것이다.

수학 문제해결에서의 발견술(heuristics)이란 인지적 기능에 대한 설명의 기원은 고대 그리스 수학자 파푸스(290-350)까지 거슬러 올라갈 수 있다. 그는 발견술이란 유클리드(Euclid, 고대 그리스, BC 330~275)의 《원론》을 공부한 후 수학 문제의 해를 구하는 능력을 얻고자 하는 사람들이 사용할 수 있는 특별한 가르침이며, 유클리드와 아폴로니우스(Apollonius, 고대 그리스, BC 262~190) 그리고 아리스테우스(Aristaeus) 세 사람의 연구 결과로서 그것은 분석과 종합의 과정이라고 2천여 년 전에 이미 현재와 유사한 의미로서의 수학적 발견술을 설명하였다.

즉, 발견술은 주어진 문제 상황에 대한 인식을 새롭게 하여 해결책을 얻어내고자 수행하는 사고의 전개 방식으로, 그 사고의 논리 진행의 방향성 면에서 상반된 두 가지 방향의 논리적 전개 과정을 분석과 종합이란 용어로 나타내고 있는 것이다. 분석의 역사는 기원전 6세기경 피타고라스(Pythagoras, 고대 그리스, BC 582~497) 학파에 의해 사용된 이후, 분석과 종합에 대한 가장 오래된 정의는 유클리드 《원론》의 제13권에 제시되어 있다. 발견술로서 분석의 과정이 갖는 특성은 우선 찾으려는 것을 공인된 것이나 참인 것으로 가정하고, 그 가정에 의해 또 다른 공인된 것이나 참으로 인정된 어떤 것에 도달하는 사고 과정이다. 예를 들어, 증명하고자 하는 명제가 이미 참인 것처럼, 구하고자 하는 해를 이미 구한 것처럼 가정하는 것에서 시작하여 이와 같은 명제가 참이 되기 위해서나 또는 그 해가 구해지기 위해서 일련의 논리 전개 과정에 바로 앞에서는 어떤 명제가 성립되어야 하고, 어떤 중간 해가 구해져야 하는지를 물어가는 즉, 선행하는 어떤 것에 의하여 그 결과나 가정이 유도될 수 있는가를 묻고, 다시 그 선행자의 선행자에 대한 묻기를 계속하여 이미 알고 있는 것이거나 참으로 증명된 사실에 도달하려는 과정이라 할 수 있다.

발견술로서의 종합이 갖는 특성은 참이거나 공인된 것을 가정하고, 그 결과에 의해 목표나 찾고자 하는 것에 도달하는 과정으로 분석과는 상반된 방향성을 갖고 진행된다. 즉, 분석에서 마지막에 도달한 지점, 기지의 사실이나 참임이 증명된 정리에서 출발하여 그로부터 어떤 결과가 유도될지를 찾고, 그 결과로부터 또 다른 결과가 유도될 수 있는지를 계속 찾아가는 방식으로 최종 도달하고자 하는 해나 증명하고자 하는 명제에 이르는 과정이다.

문제해결 과정에서는 일반적으로 분석이 먼저 일어나고, 그 후 종합으로 그 과정을 거꾸로 되밟아가면서 사고의 과정이 옳은지를 확인하게 된다. 따라서 분석은 발견의 과정이고, 종합은 풀이의 확인이나 실행의 과정으로 고대 그리스 수학의 문헌에 의하면 분석의 방법에 대한 거론은 미미한 편으로 이는 고대 그리스 수학의 성향이 새로운 결과가 어떻게 발견되는가보다는 새로운 결과가 기지의 수학적 지식으로부터 논리적으로 엄밀히 유도됨을 보이는 것을 더 중요시했음을 의미한다. 이와 같은 분석과 종합의 방법은 문제해결 방법으로는 물론 수학뿐만 아니라 모든 종류의 문제에 적용할 수 있는 일반적 해법으로 인식되고 있다.

푸앵카레와 아다마르의 문제해결 과정

수학적 문제해결 과정과 관련하여 주어진 문제의 해를 발견하는 사고 과정에 대한 분석에 있어서 푸앵카레(Poincaré, 프랑스, 1854~1912)와 아다마르(Hadamard, 프랑스, 1865~1963)가 자신의 수학적 정신 활동에 대해 수학자로서의 자성적 기록을 남긴 것은 중요한 의미를 갖고 있다.

푸앵카레(1908)에 의하면, 인간의 사고는 개개의 사실에 대한 표상의 결합으로 이루어지고 발견적 사고는 불필요한 결합을 버리고 유용한 결합을 만들고자 하는 것으로, 발견이란 결국 식별과 선택의 과정이며 그러한 선택은 소위 '과학적 심미안'이라고 하는 무의식적 기제에 의해 이루어진다고 한다.

아다마르(1945)는 푸앵카레(1908)의 이러한 생각을 이어받아 무의식이 개입되는 발견적 사고의 과정을 다음의 네 가지 국면으로 구별하여 설명하고 있다.

(1) 준비기로서 주어진 문제의 여러 가지 특징을 알게 되는 시기로 그 특징을 파악하고 나서 표상의 결합 단계로 들어간다. 이때의 결합은 문제가 요구하는 바에 따라 무작위로 이루어지며, 때로는 이 단계에서 문제가 해결되기도 하지만 그렇지 못한 경우에는 의식적 문제해결 활동은 무의식적 휴지기인 부화기로 들어가게 된다.

(2) 부화기로서 무의식적으로 사고 활동이 이루어지는 시기이며, 이 시기의 특성이나 지속 기간은 일정치가 않다.

(3) 계시기로서 통찰에 의해 문제가 해결되고 소위 '아하! 경험'을 하는 단계로, 이 통찰은 과학적 심미안이라는 무의식적 기제에 의해 이루어진다.

(4) 검증기로서 문제가 완전히 해결되는 단계로 해결의 실마리를 확인하고 구체적이고 정확한 진술을 통해 이를 표현하게 된다.

이 중 세 번째의 계시기는 문제해결의 결정적인 과정을 발견이란 관점에서 설명하고 있는 것으로 그 앞의 준비기 동안에 일어나는 의식적 사고 활동의 성과에 상당한 정도를 의존하고 있다.

덩커의 문제해결 연구

문제해결의 과정과 같은 사고활동에 대한 심리학적 연구에 큰 영향을 미친 덩커(Duncker 1945)는 문제해결 활동에 대한 연구 방법론으로 기존의 주관성이 강한 '내성법'을 버리고 '소리 내어 푸는(solving aloud)' 방법을 자료 수집 방법으로 도입하였다. 그의 연구에 의하면 인간의 사고 과정은 본질적으로 주어진 자료와 목표 사이의 갈등을 해소하는 과정이며, 그 과정에 주어진 문제의 자료가 갖는 기능적 가치를 파악하여 소위 발견적 방법에 의해 조정된 점진적 재조직의 계열을 따라 문제의 해결에 도달하게 된다고 설명한다.

덩커(1945)의 문제해결 과정에 사용하는 발견적 방법을 구성하는 세부 요소는 다음과 같다.

(1) 주어진 자료로부터의 암시를 이용한다.
(2) 기억 속에서 공명을 활성화하여 부분적 유추를 이용한다.
(3) 출발 상황과 목표 사이에 있는 갈등을 분석한다.
(4) 주어진 자료를 분석한다.
(5) 문제해결 목표의 요구 조건을 분석한다.
(6) 문제 상황의 여러 측면을 이용하며, 문제의 한 측면에 고정되는 것을 피한다.
(7) 특수화를 사용한다.
(8) 전제 조건을 분석한다.

듀이의 문제해결 과정

문제해결의 과정을 가설을 검증하고 일반화하는 과정으로 보는 듀이(Dewey 1964)는 문제를 해결하는 우수한 사고 형태로서 반성적 사고를 거론하고 있으며, 문제해결의 단계를 다음의 다섯 단계로 세분화하고 있다.

(1) 문제 상황으로부터 예상되는 해결책을 암시받는다.
(2) 문제 상황에 대한 지적인 인식의 과정을 수행한다.
(3) 앞에서 암시받은 해결책을 가설화한다.
(4) 추론을 통하여 앞의 가설을 정교화한다.
(5) 실제적인 방법을 통하여 앞의 가설을 검증한다.

월리스의 문제해결 과정

문제해결 과정에서 계시에 의한 무의식적 사고 과정을 강조하는 월리스(Wallas 1926)는 문제해결을 위한 발견술이라 할 수 있는 문제해결 과정을 다음과 같이 네 개의 시기로 구분하여 제시한다.

(1) 문제해결에 필요한 정보 수집하는 준비기
(2) 문제가 의식 수준을 떠나있는 부화기
(3) 해결에 결정적인 영감이 떠오르는 계시기
(4) 의식적 노력을 통한 확인기

4.4 G. 폴리아의 발견술

폴리아의 발견술

폴리아(Polya 1957)는 수학적 사고에 대한 연구와 더불어 수학 문제해결에 대한 교육적 성찰을 통하여 발견적 방법을 현대적 형식으로 부활시킨 셈이다. 즉, 그는 자신의 수학 연구와 교수 경험으로부터 얻은 통찰을 바탕으로 그전의 파푸스, 데카르트, 라이프니츠, 볼차노 등에 걸쳐 연구된 다양한 발견의 기술을 체계화하여 자신의 저서 《How to Solve It》에 발문과 권고의 형태로 제시하고 있는 것이다.[4] 폴리아의 또 다른 저서 《Mathematics and Plausible Reasoning》과 《Mathematical Discovery》에서 수학적 발견술에 대한 상세한 설명과 예제를 통해 발견술이 어떻게 활용될 수 있는지를 교육적 시각에서 제안하고 있다. 즉, 수학 문제해결에서의 발견술에 대한 수학교육적 입장에서 체계화한 폴리아는 수학적 지식을 지식 체계인 개념적 지식과 탐구 양식인 절차적 지식의 양면으로 분류하고 있으며, 물론 문제해결이 기능하는 측면은 탐구 양식이란 절차적 지식에 해당함을 염두에 둔 분류인 셈이다.

폴리아에 의하면, 수학에서의 탐구 활동은 논증적 추론뿐 아니라 개연적 추론에 의해서도 이루어지는 것으로 이 개연적 추론에 보다 교육적 의미를 두고 있다. 일반적으로 연역적 사고 활동의 산물로 특징지어지는 수학은 수학적 활동의 최종 완성품에 해당한다. 그러나 학교수학에서 다루는 수학은 완성품으로서의 형식적 수학이 아니라 구성 도중에 있는 활동으로서의 비형식적 수학으로 폴리아는 발생 상태 그대로의 수학이 갖는 교육적 중요성을 강조하고 있다. 발생 과정에 있는 수학, 즉 탐구 양식으로서의 수학은 그것을 통하여 사물을 보게 해주는 눈과 같은 것으로서 이러한 수학의 학습과 지도를 위해서는 연역적 추론 방식보다는 개연적 추론 방식이 어울리므로 학교수학에서는 개연적 추론에 보다 교육적 의미를 두어 탐구 양식 자체로서의 수학을 중시할 것을 강조하고 있는 것이다.

수학적 발견술 연구 체계화의 태두로서 폴리아가 주목받는 것은 당시까지 수학자들이 경시해왔던 개연적 추론을 교육적 논의의 대상으로 등장시키고, 수학에서 활용되는 개연적 추론의 방식과 수학적 추측을 생성하는 과정이 갖는 교육적 의미를 조명한 데 있다. 이런 의

4) 파푸스는 분석법과 종합법을 체계화하였고, 데카르트는 문제를 해결하는 보편적인 방법을 제시하려고 노력하였고, 라이프니츠는 일반적인 발명의 기술을 찾으려고 했지만 실패하였으며, 볼차노는 유능한 사람들이 따랐던 규칙과 방법을 서술하려 노력하였다.

미에서 폴리아는 수리철학의 준경험주의를 출발시킨 장본인으로서, 연역적으로 이끌어낸 형식적 증명보다 비형식적 증명의 과정에 보다 큰 의의를 두는 것이다. 폴리아는 수학적 지식의 오류적 가능성 거론에 초점을 맞추고 있는 것이 아니라 오류적일 수 있는 발생 상태의 수학적 추측의 개연성을 교육적으로 활용할 것을 권장하고 있는 것이다(정은실 1995).

레이스 외의 발견술

레이스 외(Reys et al. 2012)는 발견술을 문제해결의 일반적 스키마로 보고 있으며, 폴리아의 일반적 문제해결 4단계에 맞추어 문제해결의 발견술을 다음과 같이 정리하고 있다.

(1) **문제 이해 단계의 발견술**: 문제에서 주어진 정보의 검색, 관련된 모든 정보의 열거, 정보의 중요도 결정, 문제의 조건 검색, 구하고자 하는 것을 명확히 함, 주어진 정보의 재구성.

(2) **해결계획 수립 단계의 발견술**: 이 문제의 특별한 경우는?, 전에 유사한 문제를 해결했던가? 추측의 방법이 도움이 될 것인가? 그림, 표를 그리는 것(또는, 어떤 전략)이 이 문제의 해결에 도움이 될 것인가? 문제를 나에게 익숙한 형태로 전환시켜볼 수 있는가?

(3) **해결계획 실행 단계의 발견술**: 자신의 문제해결 행위에 대한 모니터링 즉, 메타인지적 사고활동, 기선정한 방법·전략이 적절치 않아 새 방법·전략의 필요성을 느껴 앞의 단계 되풀이하기.

(4) **반성 단계의 발견술**: 해가 타당성이 있는가? 주어진 문제의 조건에 따라 해를 검증할 수 있는가? 해결 과정의 논리는 적합한가? 계산은 정확한가? 다른 방법으로도 해결될 수 있겠는가? 보다 쉬운 방법은 존재하는가? 주어진 문제의 조건을 다른 방법으로 바꾸면 그 문제의 해결은 어떻게 바뀌는가? 보다 일반적인 문제의 해결은 어떻게 할 수 있는가?

크룰릭과 루드닉의 발견술

수학 문제해결에서의 발견술은 주어진 문제 상황을 해결하기 위해서 스스로 묻고 따라야 하는 일련의 권고나 질문들로서 이는 특정 소수의 문제의 답을 구하기 위해 사용하는 스키마나 알고리즘과는 분명히 구별되는 속성을 갖고 있다(Krulik & Rudnick 1995). 부연하면, 발견술은 주어진 문제의 해를 구하기 위하여 이에 접근하는 길잡이나 이해하는 방법을 제시하며 그 활용이나 적용의 범주는 모든 종류의 수학 문제를 망라한다. 크룰릭과 루드닉(1992)은 다음과 같이 다섯 개의 구분되는 과정마다 필요한 세부적인 발견술을 제안하고 있다.

(1) **읽기 단계의 발견술**: 핵심어에 대한 주의, 문제에 대한 묘사와 시각화, 문제를 자신의 말로 진술, 구해야 하는 것은? 주어진 정보는?

(2) **탐구 단계의 발견술**: 주어진 정보의 조직화, 정보는 충분한가? 과잉 정보인가? 다이어그램 그리기 또는 모형 만들기, 차트나 표 만들기.

(3) **전략 선택 단계의 발견술**: 규칙성 찾기, 거꾸로 풀기, 추측과 검토, 시뮬레이션이나 실험, 문제 간단히 하여 풀기, 조직화된 표 만들기나 전체 자료 열거하기, 논리적 추론, 나누어서 다루기.

(4) **해결 단계의 발견술**: 전략 수행, 계산 기능 사용, 기하적 기능 사용, 대수적 기능 사용, 기초적 논리 사용.

(5) **검토 및 확장 단계의 발견술**: 해를 점검하기, 문제를 다양하게 변화시키기, "만일 … 이라면?" 질문하기, 해에 대하여 논의하기.

5 문제해결의 심리학

수학 문제해결의 상황은 기계나 컴퓨터가 아닌 이성과 감정의 복합체인 인간에 의해서 이루어지기 때문에 심리적 요인을 배제한 문제해결 연구는 지나치게 단순화되어 연구의 신뢰성을 보장하기 어렵다. 즉, 인간의 정신활동은 단순히 이성적 논리의 작용만이 아닌 이성과 감성의 상호 유기적 영향체계 속에서 이루어지기 때문에 충실한 문제해결 연구를 위해서는 심리적 측면이 반드시 고려되어야 한다. 예를 들어, 수학 문제해결의 태도나 문제해결에 대하여 갖고 있는 가치관, 문제해결 과정에 나타나는 정서적 변동, 문제해결에 대하여 갖고 있는 선입견이나 확신 등은 진행 중인 문제해결 과정을 중도에 변화시킬 수 있을 정도로 충분한 영향력을 갖고 있는 '순수 인지외적[1]' 요인이다. 이외에도 문제해결에 작용하는 순수 인지적 요인을 총괄하고 지배하는 메타인지적 요인에 대한 고려도 문제해결 연구에 있어서 필수적이다. 문제해결의 연구와 교육에서 이와 같은 요인을 간과하거나 배제하는 것은 문제해결을 단순 명료하게 다루게 하는 연구방법상 편의성은 확보할 수 있어도 실제 문제해결 활동과는 거리가 먼 오류적인 연구 결과를 낳을 가능성이 커지게 된다.

---

1) 문제해결 활동을 구성하는 특정 부류의 정신 활동을 지칭하는 "순수 인지적(purely cognitive)" 활동이라는 용어는 쇤펠드(Schoenfeld 1985)를 비롯한 수학교육 연구자들 사이에서 편의상 사용되어 온 것으로, 문제해결 절차가 주어진 문제해결과 관계하여 필요하다고 생각되는 수학의 단편적 내용이나 개념, 지엽적 해결전략이나, 발견술 등을 자신의 기억체계 속에서 찾아냄과 동시에 즉각적으로 적용하는 과정에서의 인지활동과 같이 문제해결 과정에 일차적이면서도 직접적인 영향을 미칠 수 있는 인지적 활동을 의미한다. 이와는 달리, 앞에서 언급된 순수 인지적 문제해결 행위를 이차적으로 모니터링하거나 제어하는 메타수준의 인지활동과, 순수 인지활동에 이차적이나 간접적으로 영향력을 미칠 수 있는 문제해결자가 수학의 특정 내용이나 수학 학습 전반에 대하여 이미 구성하여 갖고 있는 선입견적 신념체계, 그리고 문제해결 활동에도 영향을 미칠 가능성을 내포한다고 보이는 문제해결자가 수학 학습자로서 갖고 있는 정의적, 심성적 요인을 모아서 편의상 "순수인지외적" 요인으로 정의한다(백석윤 1992).

학습자나 문제해결자로서 인간은 외부로부터 감각기관을 거쳐서 들어오는 여러 가지 자극이나 정보를 선택적으로 수용, 학습하여 지식으로 축적하고, 해결해야 될 문제 상황에 처하면 저장된 지식체를 적절히 활용하여 문제의 해결책을 탐색하는 고등정신 기능을 소지하고 있다. 그렇다면 자신이 소지한 정보나 지식을 활용하여 어떻게 문제 상황을 해결하게 되는 것인가? 이에 대하여 오래전부터 인지심리학에서는 문제해결이란 인간의 고등 정신 기능 수행에 필요한 내용적 요소는 무엇이고, 정신적 과정은 어떻게 전개되고, 그 과정과 내용적 요소가 어떻게 연결, 활용되는지 등에 대하여 과학적 분석 기법을 적용하여 밝혀내고자 노력해왔다.

19세기 전까지는 인간의 정신 기능에 대해서 '인간은 합리적인 사고를 할 수 있는 이성적 동물'이라는 철학적 인식을 갖고 있을 뿐이었다. 이후 분트(Wundt, 독일, 1832~1920)에 의한 과학적 심리학의 출현으로부터 시작된 인간의 학습 현상에 대한 심리학적 연구는 앞선 연구 방법론이 갖는 약점이나 문제점을 해소하기 위한 새로운 연구 방법론의 개발로 이어져 왔다. 이와 같은 일련의 인지심리학의 연구 방법론상의 발전을 거쳐 문제해결과 같은 고등 사고 과정과 구조에 대한 과학적 탐구가 가능해졌을 뿐만 아니라, 사고 과정의 기저에 있는 인간의 인지-정의적 능력에 대해 해석이나 설명이 어느 정도 가능하게 되었다.

본장에서는 '문제해결의 심리학'이란 주제하에 '인지심리학과 문제해결', '수학적 사고', '메타인지', '정의적 요인'에 대하여 살펴보고자 한다.

내적 정신 작용의 분석 방법의 발전

분트(Wundt)는 인간의 정신작용을 철학적, 감각적 복합체로 보면서 정신적 활동을 과학적으로 분석하고, 각 요소의 결합 원리를 찾아내는 분야로 심리학을 규정함으로써 과학적 심리학을 출발시킨 셈이다. 즉, 인간의 내적 정신 기능을 과거 철학적 차원이 아닌 실제적 차원에서 과학적으로 규명하고자 시도했다는 면에서 인지심리학의 전 단계라고 볼 수 있다. 그러나 분트의 주된 연구 방법론인 '내성법'은 연구의 객관성 보장이 어려울 뿐만 아니라 정신작용을 단순히 구성 요소의 분석과 결합만으로 설명한다는 점에서 비판을 받는다. 이러한 비판에 대한 대안으로서 왓슨(Watson, 미국, 1878~1958)을 중심으로 한 행동주의 계열의 심리학자들이 주장하는 이른바 객관화가 가능한 가시적 행동만을 분석 대상으로 삼는 엄격히 통제된 실험적 연구 방법이 등장하게 된다. 그러나 행동주의 계열의 심리학도 자극-반응 중심의 연구 패러다임이 갖는 한계인 인간의 내적 정신작용에 대한 설명 불가능의 약점을 노출하게 된다. 이후 대안으로서 출현한 형태(Gestalt) 심리학은 구성주의와 행동주의의 연구 패러다임인 의식과 행동에 대한 분석적 방법론의 한계성을 지적하며 인간의 내적 정신과정을 통찰 즉 상황의 재구조화라는 개념으로 설명하려 시도했다. 그러나 형태심리학 역시 통찰이 어떤 정신적 기제를 통해서 이루어지는가에 대해서는 설명을 하지 못하면서 인간의 정신작용의 과정에 관심을 갖는 입장이었지만 이를 규명하는 과학적 분석 도구의 부재라는 허점을 드러내게 되었다.

20세기 말, 정보처리나 인공지능 분야에서의 컴퓨터의 작동 기제를 역설적이게도 인간의 정신작용의 기제에 도입, 적용하여 정신작용 과정을 분석적으로 설명하기를 시도하였다. 예를 들어, 문제해결 과정과 같은 사고 과정을 컴퓨터에서의 정보처리 과정에 비유함으로써 보다 과학적으로 설명하게 되었다. 즉, 인간의 외부로부터 유입되는 정보를 학습, 저장, 처리, 기억 등을 통해 주어진 문제를 해결하게 되는 일련의 정신 작용 과정도 컴퓨터가 나름의 언어와 논리 체계를 사용하여 알고리즘에 따라 수행하는 정보처리 과정으로 유추하여 인간의 사고 과정에 대한 설명을 시도하게 된 것이다(Newell & Simon 1972). 문제해결 과정에 이루어지는 정신작용을 컴퓨터의 작동 기제에 비유하여 설명함으로써 전통적인 심리학적 과제를 컴퓨터 유추로 설명할 수 있는 방법을 구현한 것이다. 그러나 컴퓨터 유추를 통해 특정 수학 문제를 해결하는 프로그램을 구성해볼 수는 있지만, 그 수학 문제를 해결하는 학습자의 정신 작용의 절차와 프로그램이 일치한다는 확신 부재의 한계점을 여전히 내포하고 있다.

5.1 인지심리학과 문제해결

문제해결 과정에 대한 인지심리학적 해석

인지심리학(cognitive psychology)은 정보나 지식의 습득과 저장, 검색에 관계된 인간의 정보처리 과정을 연구하는 분야라고 할 수 있다. 우리 인간의 정신 작용은 정보처리식 설명에 의하면 일반적으로 '단기 기억장치', '작동 기억장치', '장기 기억장치'를 가지고 있으며, 한 곳에서 다른 곳으로 정보를 이전하는 방식 또는 정보를 기억장치에 유지하는 방식으로 정보를 처리하는 관점에서 설명된다. 이와 같은 방식으로 연구가 이루어지는 인지심리학은 다음 세 가지 면에서 수학 문제해결 심리학에 특유의 접근 방법을 제공한다고 할 수 있다(Greeno 1977). 첫째, 인지심리학은 학습 현상을 새로운 행동의 체득이 아닌 지식의 습득으로 보는 관점을 견지한다. 따라서 인지심리학적 접근은 문제해결 현상에 대하여 이와 관련된 지식을 다각적으로 분석할 수 있게 해준다. 둘째, 인지심리학에서는 문제해결 활동을 학습 행위로서 보는 것이 아니라, 주어진 문제의 해결과 관련된 지식의 표상을 변환시키는 일련의 정신 작용 현상으로 보게 해준다. 셋째, 인지심리학에서는 문제해결의 지도 목표를 학습될 반응에 의해 묘사되는 행동적 목표보다는 학습될 지식의 구조에 의해 묘사되는 인지적 목표에 초점을 맞추게 해준다.

문제해결 과정에 대한 설명에 있어서 이상의 관점과 유사한 정보처리 분야에서 보여주는 인지심리학적 해석에 의하면 그 출발점은 학습자가 취할 수 있는 여러 가지 형태의 문제적 상태를 말하는 소위 '문제 공간'이 된다. 즉, 학습자가 문제 공간에서 선정한 특정 문제적 상태에서 시작하여 나름대로의 의도에 따라 다른 상태로 변환시켜가는 활동으로 이루어지는 일련의 과정으로 보는 것이다. 이 과정에서 중요한 과제는 문제 공간의 초기 상태에서 목표 상태에 이르기까지 일련의 활용 가능한 조작자들을 찾는 일이다. 문제 공간은 여러 문제적 상태의 지점과 이들 사이에 놓여있는 미로로써 구성된다고 본다면 조작자는 각 문제적 상태의 지점 사이를 이동할 수 있는 통로로 간주된다. 이러한 방식으로의 문제해결에 대한 해석에서 해결 활동은 각 문제적 상태의 미로에서 이동 가능한 적절한 통로를 찾는 검색 과정을 통해 이루어지는 활동으로 보는 것이다.

이와 같은 문제해결에 대한 인지심리학적 해석이 포함하는 중요한 특징은 문제해결의 과정을 '표상'과 '해결'의 두 하위 과정으로 구분한다는 점이다. 여기서 표상은 주어진 문제를 이해하는 과정으로, 문제는 초기 상태와 목표 상태 그리고 초기 상태에서 목표 상태에 이르기까지 일련의 유용한 조작자들을 포함하는 학습자의 정신적 표상으로 목표 상태에 이르기까지 그 변형 과정이 계속된다. 해결은 문제 공간을 검색하는 과정으로 여러 가지 상태의 미로에서 이동 가능한 적절한 통로를 찾는 과정으로 이루어진다. 문제해결을 수행하는 학습자는 목표 상태에 이를 때까지 각 문제 상태에 문제 조작자를 계속 적용하게 된다.

이상 앞에서 알아본 문제해결에 대한 인지심리학적 해석에 따르면, 문제해결 과정 중 표상 즉 이해의 과정에서는 언어－사실적 또는 도식적 유형의 지식을 사용하게 되고, 해결 즉 검색의 과정에서 사용하는 지식의 유형은 알고리즘적 또는 전략적 유형의 지식이 필요하게 된다(Mayer 1983).[2]

2) 메이어(Mayer 1982)는 수학 문제해결에 적용될 수 있는 지식의 유형을 네 가지로 분류하면서 각 유형의 지식에 대한 설명을 하고 있다.
(1) 언어-사실적 지식: 문법과 같이 문장을 부호화 하는 것과 관련된 지식.
(2) 도식적 지식: 문제의 유형 사이의 관계와 관련된 지식.
(3) 알고리즘적 지식: 덧셈과 같이 잘 정의된 절차의 수행과 관련된 지식.
(4) 전략적 지식: 문제에 접근하는 방식과 관련된 지식.

언어-사실적 지식

문장제를 표상하기 위해서는 언어적, 사실적 지식이 필요하다. 즉, 문장제에 들어 있는 단어의 의미와 단어 사이의 수학적 관계에 대한 이해가 필수적이다. 이와 같은 언어-사실적 지식은 특히 문장제를 등식으로 변환시킬 때 필요하다. 학습자는 일반적으로 문제해결 과정에 관계적 비교나 단어의 구조화에 있어 어려움을 겪는다. 예를 들면, 문제해결의 어려움은 전에 경험했던 문제와 다른 유형이거나, 여러 가지의 연산을 요구하거나, 문제를 구성하는 문장의 언어적 구조가 복잡할 때 증가한다. 클레멘트 외(Clement et al. 1979, 1980)의 연구에 의하면, 문장제의 관계적 요소 변환에 있어서 발생하는 문제점은 초등학생에게만 한정된 것이 아니라는 것을 보여준다. 예를 들어, 이들의 연구에서 대학생에게 "어느 대학에서 학생 수(S)는 교수의 수(P)의 6배이다."를 등식으로 나타내라고 했을 때, 1/3의 학생이 "6S=P"로 나타냈다고 한다. 이와 같이 언어를 수학식으로 변환시키기 위해서는 언어-사실적 지식이 절대적으로 필요하다.

도식적 지식

메이어(Mayer 1981, 1982)의 연구에 의하면, 학생이 주어진 문제에 대한 이해에 있어서 언어-사실적 지식 외에도 문제의 유형이나 도식에 대한 지식에 의해 영향을 받는다는 것이다. 문제 도식이란 전형적인 문제 유형 분류를 위하여 학생 나름대로 갖고 있는 문제에 대한 일반적 표상인 셈이다. 메이어(Mayer 1982)의 연구에 의하면, 문장제를 읽히고 난 후에 그 문제를 다시 상기시키는 실험에서 학생은 교과서에서 흔히 다뤄지는 유형의 문제를 그렇지 않은 것보다 더 잘 상기하는 것으로 보고하고 있다. 그리고 학생이 문제 도식에 대한 지식을 가지고 있으며, 문제가 생소하고 이미 배운 도식에 해당되는 것이 아니더라도 보다 친숙한 형태의 문제로 변환시켜 해결하려는 경향이 있음을 보여준다. 즉, 문제를 정확히 이해하기 위해 학생은 충분한 언어-사실적 지식이 기본적으로 필요하며, 주어진 문제를 친숙한 문제 형태나 도식과 관련짓는 방법으로 문제에 주어진 정보를 의미 있게 문제의 전체 요소와 구조화시키는 것이 중요함을 시사한다.

알고리즘적 지식

주어진 문제를 이해하고 자신이 선호하는 방식으로 표상했다면 다음 단계는 일반적으로 식을 세우고 이에 대한 계산을 통해 답을 구하는 것이다. 이때 만들어 놓은 식을 계산하기 위해 해당하는 알고리즘적 지식이 필요하게 된다. 루이스(Lewis 1981)는 식에 계산을 적용하는 데 있어서 문제해결의 숙련자와 초보자 사이에는 재미있는 차이가 있음을 발견했는데 숙련자는 좀 더 복잡한 과정을 거치려는 경향이 있다는 것이다. 알고리즘적 지식이 문제해결에 있어 중요한 요소이지만 사이먼(Simon 1980)은 다른 형태의 지식이 제대로 이해되지 않았을 때 알고리즘적 지식만으로는 창의적인 문제해결을 할 수 없다고 역설한다. 즉, 학습자는 필요한 알고리즘적 지식을 적용하는 방법만큼이나 중요하게 적용해야 할 시기에 대한 판단도 잘할 수 있어야 한다는 것이다.

전략적 지식

성공적인 문제해결이 되기 위해서는 전략적 지식, 즉 주어진 문제의 해결을 위한 일련의 체계적인 계획을 세우는 기술이 필요하다(Polya 1968). 번디(Bundy 1975)는 방정식 해결을 위한 인공지능의 연구에서 여러 가지 가능한 전략을 선보이기도 했고, 매츠(Matz 1981)는 이러한 전략의 실효성에 관해 실증적인 증거를 찾는 연구를 하기도 했다. 앤더스 외(Anderson et al. 1981)는 기하 증명에서 전략적 지식의 중요성에 대해 입증하였다.

문제해결에서의 조직화

폴리아(Polya 1973)는 풍부하면서도 잘 조직된 지식 체계는 문제해결자에게 중요한 자산이 되며, 손쉽게 이용할 수 있도록 조직화가 잘 된 지식체는 지식의 확장보다 더 중요함을 역설하고 있다. 사이먼(Simon 1980)도 지식의 확장보다 조직화를 우선시하지 않고서는 지식을 확장하거나 다루는 것이 쉽지 않기 때문에 문제해결에서 필요한 지식의 조직화가 중요함을 강조하고 있다. 이와 같이 수학 문제해결에 관심을 둔 대부분의 연구에서는 문제해결을 하는 학생에게 필요한 지식의 기반을 형성하는 수학 내용은 물론 그 내용의 조직화 측면은 바람직한 문제해결 연구와 교육에서 고려해야 할 중요한 요소로 내세운다. 따라서 학생 개인의 특정 문제해결 활동에 대한 설명을 위해서도 해당 학생이 사용하는 지식 기반에 대한 배경적 정보를 고려하는 것이 반드시 필요하다. 즉, 문제해결의 연구에서뿐만 아니라 문제해결 지도를 위해서도 사용하는 교수학적 방법이 특정 대상 학생에게 효과성 제고를 시키기 위해서는 해당 학생의 지식 기반에 대한 파악이 있어야만 제공하는 교수학적 정보가 학생의 지식 기반과 잘 동화되게 만들 수 있게 된다.

문제해결에서의 도식화

인지심리학자들이 말하는 도식에 관한 논의(Thorndike & Yekovich 1980)를 보면, 도식이란 자주 대하게 되는 개념이나 현상을 원형 개념으로 표상한 것으로 주로 과거의 경험으로부터 만들어진다고 본다. 도식은 입력된 정보를 이해하고 부호화하는 경우에만 관련된 것이 아니라, 이전에 처리된 정보를 상기하는 경우와도 관련이 있다(Thorndike & Hayes-Roth 1979). 예를 들어, 책의 특정 구절이 그 구절과 관련하여 다른 도식을 가진 독자에게 각각 다른 방식으로 해석, 이해되는 경우에 비유해볼 수 있다. 그런데 그러한 도식은 정보를 학생의 기억으로부터 상기시키는 데도 영향을 끼칠 수 있다고 본다(Mandler & Johnson 1977). 인지심리학자는 이와 같은 기억 도식의 개념은 지식의 조직화와 상기의 과정과 관련하여 많은 부분을 효율적으로 설명해준다고 받아들인다.

특히, 수학적 도식이 일반 지식의 조직화와 정보의 부호화 그리고 상기 과정에 중요한 영향을 미친다는 사실에 주목할 필요가 있다(Silver 1982). 수학적 도식은 수학 문제해결의 과정 및 구조를 살피는 데 중요한 역할을 하기에 도식 이론은 학습자의 문제해결 활동을 효과적으로 설명해줄 수 있게 된다. 그러나 학습자가 해결하는 모든 문제가 정례적이거나 표준적인 것은 아니므로 도식에 기반한 이론만으로는 문제해결에 대한 설명에 역부족이다. 따라서 문제해결을 하는 학습자가 새로운 정보를 자신의 기억에 통합하는 방법이나 정례적이지 않은 문제를 성공적으로 해결하는 방법을 설명할 수 있기 위해서는 지식 조직화에 영향을 끼치는 여타의 요소도 살펴볼 필요가 있다.

문제해결에서의 정교화

새로운 정보의 처리는 일반적으로 인지적 정교화의 과정을 거치게 되는데 정교화 같은 학습 전략을 사용할 때 새로운 정보와 연합되면서 더 많은 의미를 추가하는 상징구조가 만들어지게 된다. 정교화는 직접적이든 유추에 의하든 이전 지식에 새로운 정보를 대입하는 과정에만 관련된 것이 아니라, 정보들 사이의 논리적 관계, 함축, 추론 등에도 관계한다(Weinstein et al. 1979). 정교화 전략은 새로우면서도 친숙하지 않은 정보를 기존의 이미 학습된 정보와 관계를 형성하는 것에 의해 새로우면서도 의미 있는 또 다른 정보를 생산해낸다(Silver 1982).

데이비스 외(Davis et al. 1978)는 수학성취도가 높은 학생은 시험에서 풀었던 문제를 다시 풀어보려는 경향을 가지고 있다고 한다. 그러한 활동은 시험에서 제시된 문제와 이전에 학습된 지식 사이에 연결을 정교화하고 좀 더 충실한 지식의 조직화로 이끌고자 시도하는 것이다. 이렇게 성취도가 높은 학생의 정교화 활동을 주의 깊게 확인, 분석해 보는 것을 통하여 수학 문제해결은 물론 일반적인 수학 학습 현상에 대한 이해도를 높여 줄 수 있다. 폴리아(Polya 1984)도 또한 정교화와 관련된 제언을 문제해결 학습과 지도에 적용해볼 것을 제안하고 있다. 예를 들어, "관련된 문제를 생각하라."나 "구한 방법에 대한 반성을 하라."와 같은 제언은 그 자체가 문제해결에서 필요한 정교화의 행위이다. 특히, "반성하기"는 문제의 각 요소를 검증하고 이전에 획득된 지식과 기억 속의 문제를 연결하는 활동이다. 그러한 연결이 일어날 때 장기기억 속에 지식이 더 확고하게 자리 잡게 되고 후속 문제해결 활동을 더 정교화할 수 있게 된다. 이러한 정교화 전략의 사용이 인지적 행위이지만, 그렇게 하도록 만드는 결정은 메타인지적 행위이다. 어떤 문제를 해결하는 개인의 활동은 인지적 요소뿐만 아니라 선택하고 제어하며 사용된 요소와 사용의 행위를 스스로 평가하는 메타인지적 요소에 의해서도 지배되는 것이다.

5.2 수학적 사고

성공적인 수학 문제해결을 위해 필요로 하는 수학적 사고 활동을 구성하는 세부적인 사고 전략은 다양하다. 예를 들어, 문제에 주어진 정보나 사실을 이용하여 해결 계획에 대하여 생각하는 경우에는 대체로 수치화, 수식화, 기호화, 추상화, 단순화, 분석, 귀납, 유추, 시행착오 등의 사고 전략이 필요하고, 해결 계획에 따라 일차적인 사고 과정을 거친 결과물에 대하여 이를 정교화시키고자 하는 경우에는 연역, 확장, 일반화, 형식화, 종합화, 개념화 등의 사고 전략이 필요하게 된다. 그 외에도 문제의 내용과 직결되는 사고 전략으로 도형화, 함수화, 공간화, 계통화, 공리화 등의 전략이 필요하다.

여기에서는 문제해결에 필요한 여러 사고 전략 중 귀납, 연역, 유추, 통합, 정교화, 추상화, 일반화, 특수화의 사고 등에 대하여 알아보고자 한다.

귀납적 사고

대체로 귀납적 사고 활동은 사고의 대상을 이루는 개개의 사례들을 총괄하여 일반적 주장이나 판단을 구성해내는 추론의 과정으로 나머지 사례들도 그 일반적 주장이나 판단으로부터 도출될 수 있기를 확신하는 사고 활동이다. 즉, 어떤 한 종류에 속하는 이미 알고 있는 여러 사례에서 공통적으로 가능한 특정 주장이나 판단이 같은 종류의 아직 확인되지 않은 나머지 사례에서도 성립할 것으로 예상하면서 그 사례들이 속한 종류 안의 여타 사례 전반에 대하여 적용하고자 하는 일반적인 주장이나 판단을 구성하여 최종 보편적 사실이나 원리로 발전시키고자 하는 사고 활동이다. 따라서 귀납적 사고는 이를 통해 새로운 사실이나 원리가 생성되는 발견적 사고 활동이라 할 수 있다.

이러한 귀납적 사고는 주어진 문제의 해결에 있어서 연역적 방법의 적용이 불가한 문제 상황에서 주어진 문제의 특별한 경우를 포함하는 보다 확장된 범주에 적용 가능한 일반적 규칙이나 성질을 먼저 찾아내고, 이를 근거로 주어진 문제의 특별한 경우에 맞는 해를 찾아내는데 사용할 수 있는 사고 전략이다(이용률 외 1992). 또는, 문제해결을 발전적으로 이끌기 위하여 일단 주어진 문제의 해를 구하고 나서, 이 문제의 해결에서 사용한 해법과 관련된 일반적 규칙이나 성질 등을 찾아낼 때 사용 가능한 사고 전략이 될 수도 있다.

문제해결을 위한 귀납적 사고 전략을 지도할 때 유의할 점은 우선 귀납적 사고의 적용이 유효한 상황에서 형성된 문제를 선정해야 한다. 즉, 연역적 방법으로는 해결이 적절치 않음이 학습자에게 이해되어야 하고, 다음 귀납적 사고 전략을 사용하기 위해서는 주어진 문제의 해결과 관련된 자료의 수집 및 정리의 필요성에 대한 인식이 이어져야 한다. 한편, 수집한 자료를 활용하여 파악, 구성한 공통 성질이나 규칙은 반드시 옳다고 단언할 수는 없음을 주지시켜야 한다. 즉, 단지 잠정적으로 참임에 불과하므로 새로운 자료를 통하여 그 일반성 성립 여부를 검토해보려는 태도를 갖게 해주어야 한다. 최종으로는 귀납적 사고 전략은 일종의 추측이므로 발견한 일반성이 참임을 보이기 위해서 결국 연역적인 방법으로 증명해야 됨을 인식시켜야 한다.

폴리아의 귀납

문제해결에서 폴리아(Polya 1962)도 귀납법이라는 사고 전략에 대하여 설명하고 있음을 볼 수 있다. 폴리아에 의하면, 귀납법은 관찰된 자료나 특정 자료의 집합 내에서 일반적인 법칙을 찾아내고자 하는 사고의 절차로 과학자가 실제 경험이나 실험으로부터 가장 정확한 신념을 도출해내는 과정이며, 따라서 일반적으로 귀납은 사고 대상의 관찰로부터 시작되는 경우가 많을 수밖에 없다는 것이다. 이러한 의미로 폴리아(Polya 1962)가 사용하는 귀납의 단계는 다음의 3단계로 이루어진다. — (1) 개개의 사례 사이의 유사점을 파악한다. (2) 유사한 모든 사례에 포함된 일반적 관계를 도출한다. (3) 그러나 도출한 일반적 관계는 단지 하나의 잠정적인 추측으로 간주한다. —

연역적 사고

연역적 사고는 수학 분야에서 주로 필요로 하는 사고 형태로, 사고 과정의 초기에 전제로 제시한 명제로부터 논리적 규칙을 통해 필요한 명제를 이어 제시하면서 최종 결론적 명제에 귀결되도록 엄밀하게 전개되는 사고 체계로, 일반적 판단이나 주장으로부터 특수한 판단이나 주장으로 필연적으로 옮아가는 사고 활동이다. 따라서 제대로 된 연역적 사고가 이루어지기 위해서는 먼저 전제로 제시할 명제와 결론에 이르기까지 논리적인 순서에 따라 제시할 명제 자체에 대한 명확한 인식은 물론 이 명제들 간의 논리적 관계에 대한 인식이 필요하다.

학교수학에서도 연역적 사고는 수학적 원리의 이해나 문제해결에서 필요하다. 초등학교의 수학에서는 인지 발달 단계에서 볼 때 상대적으로 약화된 또는 초등화된 연역의 과정이 활용된다. 즉, 초등 수학에서의 연역적 추론은 그 근거가 조작 활동이나 실제 경험, 또는 그림 자료 등이 사용되고, 추론 단계도 한두 단계에 불과한 경우가 대부분이라고 할 수 있다. 반면, 중등학교 수학에서의 연역적 추론의 과정은 아직 본격적인 연역의 과정이 아니기에 추론의 근거가 되는 공리나 명제를 분명히 정해 놓고 출발하는 것은 아니며, 정의도 충분히 이루어진 상태가 아닌 학습자의 직관에 의존하는 상태에서 이루어지는 추론이라고 할 수 있다. 즉, 필요할 때 최소한의 연역의 조건을 구성하여 국소적으로 이루어지는 연역이라고 할 수 있다(이용률 외 1992).

연역적 사고의 지도는 연역적 사고 단독이 아니라 귀납이나 유추적 사고와 연계하여 지도할 필요가 있다. 즉, 먼저 귀납이나 유추적 사고를 통해 일반적인 규칙이나 성질, 해 등을 발견하고 난 연후 발견한 사실에 대해 그것이 참일 것이라는 주장이나 확신을 갖고 싶어 하는 태도의 지도가 함께 이루어져야 한다. 다음, 발견한 것에 대한 설명이나 증명의 방법에 대한 필요성을 인식하고 따라서 연역적 확인에 대한 생각이 갖는 중요성을 지도한다. 최종 연역적 확인을 위해 주어진 문제의 전제와 결론 각각에 대해서는 물론 이들 사이의 논리적 관계성에 대한 분명한 파악을 지도해야 할 것이다.

수학 분야에서의 연역적 사고 유형

수학 분야에서의 연역적 사고로는 공리적 사고, 해석적 사고, 종합적 사고, 구조적 사고 등을 거론해 볼 수 있다.
공리적 사고는 무정의 용어, 공리, 새로운 용어의 도입 등으로 이루어진 공리 체계 속에서 정리의 구성과 증명으로 이루어지는 일련의 사고 체계를 말한다.
종합적 사고는 유클리드의 《원론》에서 특히 기하와 관련된 내용을 다루는 사고 체계로, 특정 문제의 해가 제시되고 그것이 주어진 문제의 해임을 증명하는 사고 활동이라고 할 수 있다. 따라서 이 경우 사고 과정은 증명하고자 하는 명제와 관련된 전제가 되는 명제나 사실로부터 다른 어떤 명제나 사실이 성립되는가와 같은 사고를 전개하여 최종 문제의 해에 논리적으로 귀결시키려는 사고 체계라고 할 수 있다.

해석적 사고는 종합적 사고에 대립되는 연역적 사고의 형태로, 해석적 사고 과정은 대체로 주어진 문제에서 구하려는 해가 얻어졌다고 가정할 때, 그러기 위해서는 그 전에 필요한 성립 조건을 찾는 방식으로 전개되는 사고 활동이다. 해석적 사고의 대표적인 예는 대수적 문제에서 해가 구해졌다 가정하여, 그 해를 미지수로 나타내고 이 미지수를 사용한 식을 만들고 다시 이 식을 풀어서 미지수의 값을 구하는 일련의 문제해결의 사고 활동이라 할 수 있다. 따라서 주어진 명제가 '만일 성립하지 않는다면'의 가정을 전개하여 공리에 모순됨을 밝혀 주어진 명제가 성립함을 보이는 배리법적 추론 과정도 해석적 사고라고 할 수 있다. 특히, 초등 수학의 문제해결 전략 중에는 '거꾸로 풀기(working backward)'가 해석적 사고 전략의 대표적인 예가 된다.

구조적 사고는 사고 대상인 특정 집합에 필요한 연산이나 관계 등을 도입, 결합시킴으로써 발생하는 성질들을 규정하여 해당 수학적 구조를 탐색해내는 과정이다. 즉, 주어진 집합에 주목하고 관심 있는 연산이나 관계를 결합하여 그들이 어떤 규칙이나 성질을 만족시키는가를 분명히 하려는 사고 활동이다.

유추적 사고

유비추리(類比推理)라고도 하는 사고의 형태로 어떤 종류에 속하는 개체에 대한 사태는 동일한 종류에 속하는 다른 개체에 대해서도 적용 가능할 거라는 생각에서 이루지는 사고방식으로, 한 특수한 경우에서 다른 특수한 경우에 이르게 하는 추리이다. 이를 수학적으로 나타내면, 어떤 사상 A에 대한 성질이나 법칙을 알고 싶으나 그것을 직접 알아내지 못할 때 A와 닮은 기지의 사상 A′을 생각해내어 사상 A에 대해서도 사상 A′에 대해서 성립되는 성질이나 법칙인 P′과 동일한 성질이나 법칙 P가 성립할 것으로 생각하는 추론의 과정이다(이용률 외 1992). 따라서 한 경우에서 다른 경우를 이끌어내려는 추리의 일종으로 논리적으로는 매우 불완전한 사고 활동이다. 그러나 직관적인 이해를 선호하는 학습자에게는 여러 가지 면에서 유용한 추론의 형태로 특히 초등 수학교육에서 유추적 사고의 지도는 중요하다.

문제해결 전략으로서 유추적 사고

문제해결 활동에서 유추적 사고의 활용 빈도는 매우 높다. 즉, 문제해결의 전략으로서 가장 기본적이고 많은 학습자가 문제를 해결할 때 우선적으로 생각하는 전략이라고 할 수 있다. 즉, 주어진 문제의 해결 방법이 바로 떠오르지 않을 때는 현재의 문제와 유사한 문제의 해결 경험을 먼저 찾게 되는데, 이것은 폴리아(Polya 1957)가 문제해결의 계획 단계에서 일반적으로 제시한 전략에도 들어 있는 것으로 문제해결의 효율성 추구에 기인하는 전략이라 할 수 있다.

비슷한 문제를 아는가?
미지의 것이 같거나, 닮은 기지의 문제를 생각하라.
비슷한 문제가 있을 시 이를 이용할 수 있는가?
주어진 문제가 안 풀릴 때 그 문제와 관련이 있는 문제를 풀어보라.

통합적 사고

통합적 사고는 서로 관련성을 갖고 있는 여러 가지 사상을 넓은 관점에서 그 사상들의 본질적 관련성을 추상하여 한눈에 알아볼 수 있게 통합, 정리해 나가는 사고의 방식이다(이용률 외 1992). 특히, 발전적인 수학 학습을 위해서는 이미 습득한 지식을 보다 넓거나 높은 시각에서 통합, 정리해 보는 이른바 통합적 사고 활동이 필요하다. 일반적으로 수학적 사고의 발전 과정에서 얻는 사상은 동일 구조를 갖는 보다 큰 사상으로 통합이 가능하게 됨으로써 그 사상의 본질적 조건이 전보다 더 명확해지게 된다. 따라서 문제해결 과정에서도 통합적 사고의 방식은 주어진 문제의 새롭게 발전된 해법의 발견을 가능케 만들어 주기도 한다.

통합적 사고의 유형

통합적 사고의 유형으로 고차에의 통합, 포괄적 통합, 확장에 의한 통합 등을 생각해 볼 수 있다. 고차에의 통합은, 예를 들어 여러 문장제를 동일 유형의 문제로서 통합하기 위해 각 문제가 갖는 상이한 특수성은 제거하고 동질성에 주목하여 그중 가장 기본이 되는 공통적 성질을 탐색하여 특정 유형 안에 통합, 정리하는 사고 활동이다. 포괄적 통합은 고차에의 통합과 유사하지만 통합하기 위해 보다 높아진 수준의 새로운 관점에서 보는 것이 아니라, 통합하고자 하는 각 경우들을 일반성의 순서에 따라 정렬하여 그중 가장 일반성을 갖는 한 경우로 점진적으로 통합시켜 가는 사고 활동이다. 확장에 의한 통합은 어떤 특정 집합에서 성립되는 사상에 대하여 알고 있을 때 이 사상의 적용 범위를 점차 넓히거나, 보다 넓은 범위에서 성립되게 만들기 위해 그 집합이 만족하는 조건의 정도를 완화시켜 보다 포괄적인 집합이 되도록 통합을 유도하는 생각으로, 새로 등장하는 것들을 차례로 포함시켜 나가는 생각이거나 어떤 사상이 성립하는 범위를 물리적으로 넓혀가는 생각이라고 할 수 있다(이용률 외 1992).

정교화 사고

정교화의 사고는 일단 사고가 전개된 결과물에 대하여 그것보다 넓은 범위에 적용해보거나, 이미 목표하는 결과가 얻어졌다 하더라도 보다 나은 과정이나 방법에 대하여 알아보거나, 이를 바탕으로 보다 일반적이거나 새로운 것을 발견하려는 사고 활동을 의미한다. 이는 수학적 대상을 고정적인 것으로 보지 않고 부단히 새로운 것으로 창조, 발전시키고자 하는 의도에서의 사고 활동이기도 하다.

한편, 문제해결에 있어서는 주어진 문제의 해결 상황에 따라 다음과 같은 다양한 정교화의 사고전략으로 문제해결을 성공적으로 이끌 수 있다.

첫째, 주어진 문제의 상황이 갖고 있는 조건을 변화, 강화, 약화 등의 방법을 통해 사고를 발전시키고 문제의 본질에 대한 이해를 명확히 한다.

둘째, 기존 해결한 문제에 대한 정교화의 사고 활동을 통해 그 문제나 해를 일반화하거나, 통합시켜 발전적으로 체계화할 수 있게 한다.

셋째, "What if not … ?" 방식의 문제제기 활동이 유효하다.

넷째, 명제와 함께 추론과 관련된 문제해결의 경우 주어진 명제의 역, 대우, 이 등을 생각해보게 함으로써 사고 활동을 활성화시키고 따라서 풍부한 문제해결을 꾀할 수 있다.

정교화 사고의 유형

정교화 사고의 유형으로 크게 조건 변경에 의한 정교화, 관점 변경에 의한 정교화로 구분해 볼 수 있다. 조건 변경에 의한 정교화 사고는, 예를 들어 주어진 문제의 해결이 완료된 후 그 문제의 원래 조건을 바꾸는 방법으로 조건의 일부를 다른 것으로 대체하거나, 조건을 완화시키거나, 그 문제의 배경을 바꾸어보거나 하는 시도를 통해 발전적으로 다루고자 하는 사고 활동이다. 관점 변경에 의한 정교화 사고는 "수학 문제는 오직 한 가지의 해법만 갖는다."와 같은 문제해결에 대한 그릇된 고정 관념을 극복하고 다양한 해법을 추구할 수 있게 하는 사고 활동이다.

추상화 사고

추상화는 일반적으로 개개의 사고 대상이나 현상을 모아 각각에 모두 적용되는 공통 기준을 바탕으로 하나의 유(類 class)를 만드는 사고 활동이다. 이와 같은 추상화의 과정은 사상

(捨象)에 의한 추상, 일반화에 의한 추상, 확장에 의한 추상 등으로 나누어 생각해 볼 수 있다(이용률 외 1992).

학교수학에서 사고 과정에 사용하는 수, 기호, 도형 등은 이미 추상화의 과정을 거친 것으로 이러한 추상화된 도구를 사용해서 한 수준 높은 추상화가 이루어지는 과정이라고 할 수 있다. 이러한 추상화의 사고는 수학 학습 과정의 개념 형성에서만이 아니라, 문제해결에서도 필요한 사고전략으로 일상의 문제 장면에서 특정 성질을 추상하고, 그 의미를 명확히 하여 수학적 문제로 변환시키거나, 해당 조건을 이상화, 명확화하여 수학적 처리가 가능한 문제로 만드는 과정에 바로 추상화의 사고전략이 활용되는 것이다.

추상화 사고의 의미

인식의 과정에 추상은 특정 사물의 표상에 포함되는 여러 징후들 가운데 하나 또는 몇 개를 분리시켜 이것만을 단독으로 사유의 대상으로 삼는 정신 작용이다. 이때 관심 밖의 징후들은 사상되며, 이런 연유로 추상과 사상은 동일 사고 작용의 양면으로 볼 수 있다. 예를 들어, 책이나 칠판 등은 둥근 접시나 삼각자와는 다르게 인식되며, 이들에게서 공통의 외형인 사각형이라는 개념을 추상을 통해서 구성하게 된다. 이때 공통성이 개념의 내포(內包)[3]가 되고, 이 내포를 분명히 하는 사고 활동이 추상의 본질이 되는 것이다.

일반화 사고

추상화의 사고 작용이 외연을 고정시키고 내포를 더 명확히 하는 것이라면, 이와 달리 일반화의 사고는 내포를 고정시키고 이에 해당하는 외연을 더 명확히 하는 사고 활동이라고 할 수 있다(이용률 외 1992). 즉, 추상화와 일반화의 사고가 상보적으로 수학적 개념을 형성하는 역할을 맡고 있는 셈이다. 일반화의 사고는 문제해결에서도 자주 사용되는 사고 전략이 된다. 주어진 문제의 해결을 위해 문제에 잠재된 일반성을 찾거나, 이미 해결했던 관련 문제를 바탕으로 주어진 문제를 포함하는 특정 종류의 문제 집합 전체에서 성립하는 일반성을 찾아봄으로써 현재의 문제를 해결 할 수 있는 방법을 얻을 수 있게 된다.

---

3) 개념의 내포(內包)와 외연(外延):
   (1) 내포 : 어떤 개념의 내용이 되는 속성들
       (예) 삼각형의 "내각의 합이 180도," "세 변으로 이루어졌다." 등의 성질
   (2) 외연 : 어떤 개념이 적용되는 사물이나 명제의 범주
       (예) 삼각형에는 정삼각형, 직각삼각형 등이 있다.

문제해결 전략으로서 일반화

문제해결의 전략으로서 일반화에 대해 폴리아(Polya 1962)는 하나의 대상에 대한 고찰로부터 그 대상을 포함하는 집합에 대한 고찰로 옮겨가는 과정이라고 설명한다. 수학은 일반화의 사고를 통해 구성, 발전한다고 해도 과언이 아니다. 문제해결에 있어서도 일반화의 전략을 통해 새로운 문제해결을 보다 쉽게 하거나, 주어진 문제에 대한 이해를 보다 명확히 하여 문제해결 능력을 효율적으로 발휘케 해준다. 문제해결의 각 경우마다, 각 문제의 특성에 따라 해결에 필요한 사항을 일일이 생각하는 것은 경제적이지 못한 수학 활동으로 이러한 사고의 비효율성 해소를 위한 생각이 바로 일반화이며, 이 일반화를 거침으로써 유추나 귀납의 사고도 가능해지는 것이다. 문제를 해결할 때, 몇 개의 구체적이거나 특수한 경우로부터 법칙을 일반화하여 이를 문제해결에 적용하는 것도 문제해결의 중요한 전략이 되지만, 역으로 특수한 문제를 해결하는 전략으로 주어진 문제보다 더 일반적인 문제를 생각해내어 이로부터 얻은 아이디어를 활용하여 처음의 문제를 해결할 수도 있다.

특수화 사고

일반화 사고의 역방향적 사고 활동으로 특히 문제해결 과정에 특수화의 사고 전략이 유효하게 작용하는 경우가 많다(이용률 외 1992). 예를 들어, 쇤펠드(Schoenfeld 1987)는 구체적인 발견의 전략으로서 문제의 분석 및 이해의 단계에서 '특수한 경우를 조사하라.'는 사고 전략을 조언하는데, 다음은 특수화 사고 전략의 구체적 방법이다. — ✢ 주어진 문제에 대한 구체적인 예를 든다. ✢ 문제가 취할 수 있는 가능한 경우의 한계를 조사하여, 그 범위 내에서 각 경우에 대하여 알아본다. ✢ 정수 범위를 1, 2, 3, … 과 같이 차례로 바꾸어가면서 귀납적으로 규칙성을 찾는다. —

5.3 메타인지

메타인지에 대한 연구

메타인지에 대한 교육적 연구 관심은 인간의 기억에 대한 기존의 연구를 비판한 툴빙과 매디건(Tulving & Madigan 1970)의 연구로부터 시작되었다고 할 수 있다. 이들은 다른 동물과 달리 인간은 자신의 기억 과정에 대한 나름대로의 지식과 확신을 갖고 있음에 주목하면서 기존의 연구에서는 이러한 측면에 대한 설명이 없었음을 비판하였는데, 이에 대하여 플래벨(Flavell 1976)이 동조하면서 학습자의 메타기억에 대한 연구 즉, 학습자가 자신의 기억에 대해 무엇을 알고 있는지와 그것을 언제 알게 되었는지 등에 대한 연구를 시작하였다.

한편으로는 학습자 자신의 학습 과정이나 학습 결과를 관리하는 것에 대한 연구 관심도 생겨나게 되었다(Brown 1974, 1975, 1978). 이러한 관심은 학습자의 학습과 기억의 능력을 향상시키려는 전형적인 교육적 목적에 기인한 것이었다. 그 후 메타인지에 대한 연구에서 다양한 연구 관점이 형성되었다. 예를 들어, 학습자 자신의 학습에 대한 의식, 또는 학습자로서 자신이 사용할 수 있는 능력이나 학습한 내용의 구조에 대한 진술 가능한 지식 등에 대한 연구 관점이다. 이와 다른 관점으로는 학습자로서의 자기 관리나 학습자 자신의 인지적 기능에 대한 제어와 조절에 연구의 초점을 맞추고 있는 경우도 있다. 더 나아가 학습자 자신의 지식과 관리 과정에 대한 반성적 사고 능력까지 연구의 관심이 점차로 확장되어 왔다.

메타인지의 연구 역사

'사고에 대한 사고'의 개념이 교육적 연구 문헌에 등장하기 시작한 것은 듀이(Dewey 1933)의 반성적 사고에 대한 논의 이후라고 볼 수 있다. 즉, 피아제(Piaget 1970)의 반성적 사고에 대한 언급도 플래벨(Flavell 1976)이 "어떤 구체적인 목표나 목적을 이루기까지 우리가 다루어야 하는 인지적 대상 또는 자료에 관한 적극적인 관찰과 그에 따른 조절, 그리고 이상의 과정에 대한 조정(p.232)"이란 의미를 부여하며 도입하였던 메타인지(metacognition)란 용어보다 앞선다.

플래벨의 이와 같은 메타인지에 대한 개념 정의 이후 여러 다양한 정의들이 만들어지게 된다. 그러면서 동시에 메타인지의 개념 정의의 난점에 대하여 지적하는 연구들도 이어서 등장하였다. 예를 들어, 레스터(Lester 1994)는 메타인지는 "규정하기 힘든 구성체(p.666)"라고 언급하였고, 캠피오네 외(Campione et al. 1989)는 연구자마다 각기 다른 의미를 부여하고 있어서 메타인지 관련 연구 결과에 있어서 혼선이 발생할 뿐만 아니라, 메타인지에 대한 연구 가치 면에서 극단에 해당하는 주장이 병존함을 지적하고 있다.

이와 같이 메타인지의 정의는 단일한 의미로 수렴되긴 어렵지만 대다수의 연구자는 메타인지와 인지를 계층화하여 분리 가능한 대상으로서 설명하고 있다. 쇤펠드(Schoenfeld 1992)는 메타인지를 문제해결 활동과 같은 인지적 활동 과정에 취하는 자기 제어나 자기 조절적 특성을 갖는 인지적 기능으로써 설명한다. 한편, 쿤(Kuhn 1999)의 메타인지에 대한 정의는 계층적 분리에 의한 정의로 그에 의하면 메타인지적 앎의 행위는 선언적 지식 위에서 작동하는 것으로, "내가 아는 것이 무엇이고, 내가 그것을 어떻게 아는가?(p.18)"와 같은 질문이 의미하는 인지 기능이라고 할 수 있다.

대부분의 메타인지 관련 실증적 연구에 있어서도 메타인지적 행위를 인지적 행위와 구별하여 의미 부여를 하고 있다. 한 예로, 핀트리치(Pintrich 2002)는 메타인지를 전략적 지식, 인지적 과제에 대한 지식, 자기에 대한 지식과 관련된 것으로 분류한다. 윌슨과 클라크(Wilson & Clark 2004)는 메타인지를 주어진 문제의 해를 구하는 자신에 대한 인식과 그 해결 과정과 관련하여 자기평가, 자기조절 등으로 나누어서 분석하고 있다. 즉, 메타인지적 행위의 대상을 인지적 행위인 것으로 보고 있으며 이는 메타인지와 인지와의 계층적 분리를 분명하게 하고 있는 것이라고 할 수 있다.

문제해결에서의 메타인지

문제해결 과정에 작용하는 메타인지적 사고 활동은 현재 수행중인 문제해결과 관련하여 문제해결자 자신이 수행한 일차적 인지 활동 자체나 그 인지 활동의 결과에 대하여 수행하게 되는 이차적 인지 활동을 말하는 것으로, 이는 다시 '메타인지적 지식 출납의 사고 활동'과 '메타수준의 인지적 처리 활동'으로 나누어 볼 수 있다. 즉, 문제해결을 구성하는 인지 활동을 '지식 출납'과 '인지적 처리'의 두 가지 유형으로 구분하는 방법은 인지과학적 연구의 관점에서 비롯된 것이다. 아래 그림과 같이 문제해결 사고 활동에 관련된 인지 활동이 이루어지는 장은 두 가지로 — 정보 입출력 과정, 정보 활용 과정 — 나누어지기 때문이다. 정보 입출력의 과정은 문제를 해결하는 학습자의 기억 체계와 문제해결의 각 세부 사고 활동을 연결하는 인지 활동의 장이 되고, 정보 활용의 과정은 획득된 정보를 이용한 직접적인 문제해결의 인지 활동이 이루어지는 장이 된다. 이와 같이 문제해결의 과정 내에 설정해 볼 수 있는 각 인지 활동의 장에서 이루어지는 인지 활동은 일차적으로 수행된 인지 활동과 그 인지 활동과 관련된 이차적인 인지 활동, 즉 메타인지적 활동이 유기적 관계를 갖고 전개된다.

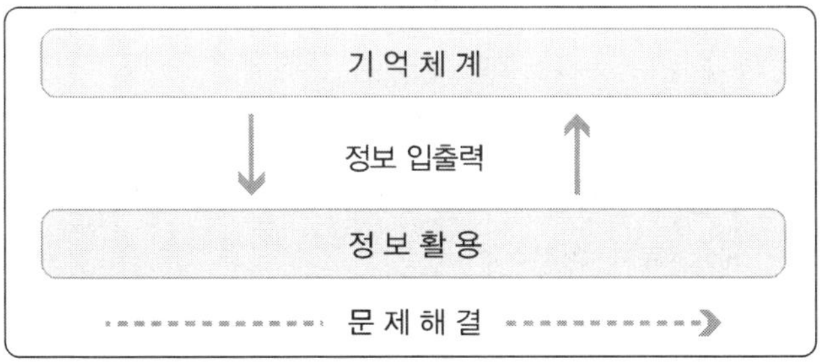

그림 5-1 문제해결 과정의 인지 활동 수행도

메타인지 구성 요소

학습자의 수학 학습 활동과 관련하여 생각해 볼 수 있는 메타인지적 행위는 크게 세 가지로 나누어 볼 수 있다. ― ✢ 자신이 수행하고 있는 학습 과정에 대하여 내가 특정 부분의 학습 행위를 왜 하는 것이고, 어떻게 하고 있는가에 대하여 인식하기 위해 수행하는 '모니터링(monitoring)'의 인지적 행위이다. ✢ 자신의 학습 과정이나 결과에 대한 잘잘못이나 가치 판단을 위한 '평가(evaluating)'의 인지적 행위이다. ✢ 앞서 언급한 모니터링이나 평가 행위에 따라서 이어지는 행위로 의식적이든 무의식적이든 특정의 판단이나 이유로 인해 자신이 수행한 인지적 활동의 결과나 과정에 추가 또는 변화를 주기 위하여 선정이나 결정한 행위를 더하는 일련의 '제어(controlling)'의 인지적 행위이다. ―

쉔펠드(Schoenfeld 1992)는 수학 학습 특히 문제해결 과정에 작용할 수 있는 메타인지적 행위의 중요성을 이유로 문제해결 과정에 대한 메타인지에 대한 연구 주제는 서로 연결되어 있으면서도 구별이 될 수 있는 다음과 같은 지적 행위에 초점을 맞추어야 한다고 주장한다. ― ✢ 문제해결 과정에 수행하는 자신의 사고 과정에 대한 지식으로, 자신의 사고에 대하여 얼마나 정확하게 잘 나타낼 수 있는가? ✢ 자신의 문제해결 행위와 관련하여 제어 또는 자기조절의 행위로, 예를 들어 문제해결을 하고 있을 때 자신이 하고 있는 것에 얼마나 주의를 잘 기울일 수 있는가? 자신의 문제해결 활동을 스스로 인도하기 위하여 관찰로부터 얻은 정보를 얼마나 잘 활용할 수 있는가? ✢ 문제해결과 관련된 신념과 직관으로, 수학과 관련된 특정 생각을 자신이 하고 있는 수학 활동에 어떻게 적용할 수 있는가? 그러한 생각이 자신의 문제해결 활동 방식을 어떻게 형성하는가? 등이다. ―

수학 학습에 있어서 메타인지적 사고 기능 습득이 중요한 것은 메타인지적 사고가 학습자로 하여금 바람직한 학습 기술을 개발하는 것을 도와주기 때문이다(Schoenfeld 1992). 즉, 이러한 학습 기술은 학습자 자신이 무엇을 학습할 수 있는가에 대하여 스스로 정확히 판단할 수 있는 능력으로, 자신의 사고 활동에 대한 내성(內省)을 통해 자신의 사고 능력을 정확히 평가할 수 있는 능력이 된다. 이와 같은 능력은 문제해결에서도 마찬가지로 중요한데, 그 이유는 유능한 문제해결자는 자신이 알고 있는 지식을 효율적으로 끌어낼 수 있어야 하고 그러기 위해서는 주어진 문제의 해결과 관련하여 자신이 갖고 있는 지식이나 능력에 대하여 정확하게 파악하고 있어야 하기 때문이다.

문제해결에서의 메타인지에 대한 다양한 관점

메타인지를 학습자 자신의 문제해결 과정 운영이란 관점에서 생각해보는 것도 중요하다. 즉, 복잡한 과제를 수행할 때 자신의 문제해결 활동을 잘 운영한다는 것은 (1) 문제의 해를 얻기 위해 문제에 대한 명확한 이해 여부를 확인하기, (2) 해결 계획 세우기, (3) 해결 과정 모니터링하기, 또는 해결 도중에 그 과정이 얼마나 잘 진행되고 있는지 지켜보기, (4) 문제를 해결하면서 필요한 자료를 가져오기, 또는 무엇을 할 것인지, 얼마나 오랫동안 할 것인지를 결정하기 등의 행위를 의식적으로 잘 수행한다는 것이다.

메타인지를 신념과 선입견의 관점에서도 생각해볼 필요가 있다. 일반적으로 학습자는 주변 세계에 대한 나름대로의 해석자로서 결코 겉으로 드러난 것 자체, 즉 객관적 실체를 보는 것이 아니라 자신이 갖고 있는 개인적 해석의 틀에 맞추어 그들이 경험한 것을 감지하는 것이다. 따라서 개개의 학습자는 교과 내용과 관련하여 특정 선입견이나 오개념을 갖고 있을 수 있으며, 이러한 개인적 생각이 자신의 수학 학습이나 문제해결에 메타인지와 유사한 방식으로 영향을 미칠 수 있다. 이 점과 관련하여 쉔펠드(Schoenfeld 1992)는 학생의 수학 학습과 관련하여 갖는 신념의 예로 다음 몇 가지를 들고 있다. — ✢ 모든 문제는 10분 이내에 풀릴 수 있다. ✢ 수학적 주장을 할 때 그 주장의 옳고 그름보다는 그 형식이 더 중요하다. ✢ 오직 천재만이 수학에서 발견을 할 수 있다. —

쉔펠드(Schoenfeld 1992)는 이러한 부정적인 신념이 자신의 수학 학습이나 문제해결에 있어서 부정적인 결과를 낳을 수 있음을 다음과 같이 설명하고 있다. 즉, 모든 수학 문제가 10분 이내에 풀려야 한다는 신념을 가진 학생은 문제를 풀기 시작한 후 그만한 시간이 경과한 경우에는 좀 더 노력했을 경우 풀 수 있었을 문제도 풀기를 중단하게 될 것이다. 형식에 신경을 쓰는 학생은 지금 자신이 적어 놓은 풀이의 결과를 이해하려고 하기보다는 풀이 과정이 갖고 있는 형식에 대한 걱정에 시간을 허비할 것이다. 그리고 수학적 이해는 자신과 같이 평범한 사람의 능력을 초월한다는 신념을 갖고 있는 학생은 주어지는 수학 내용을 이해하려는 시도보다 그대로 받아들이고 외우고자 하는 이른바 수용적, 수동적 학습자가 될 것이다.

문제해결에서의 메타인지적 전략

쉔펠드(Schoenfeld 1985, 1987), 크라마스키 외(Kramarski et al. 2002), 핀트리치(Pintrich 2002), 윌슨과 클라크(Wilson & Clark 2004)의 연구는 메타인지적 전략을 주어진 문제의 해결 과정의 모든 단계와 문제 속에 포함된 수학적 요소에 적용하고자 했다. 쉔펠드(1985, 1987)의 초기 연구에서 그는 문제해결의 에피소드와 문제해결 활동을 통해 그들 스스로 메타인지적 질문을 할 수 있게 되며, 이러한 특정 질문들은 항상 문제해결에 효과적으로 작용한다고 주장한다. 그는 소집단 학생들이 수학 문제해결에 몰두하게 되는 과정을 연구하기 위하여 학생들에게 다음과 같은 질문을 하였다. — ✢ 지금 너희들이 하고 있는 것이 무엇이니? (정확하게 설명해줄 수 있겠니?) ✢ 왜 그걸 하니? (그것이 문제를 해결하는 데 어떻게 작용하니?) ✢ 그것은 너희에게 어떤 도움을 주니? (그 결과를 얻으면 그것을 어떻게 할 거니?) — 처음에 학생들은 이런 유형의 질문에 답하기 어려워서 그런 질문을 받는 것을 불편해 하다가도 교사가 계속해서 그런 질문을 하면 점차 질문에 대한 답을 미리 의논하게 된다는 것을 발견하였다. 쉔펠드(1992)는 이러한 행동이 결국 습관화될 것이기 때문에 그런 학생의 해결 방법이 완벽하게 문제해결을 잘하는 학생의 해법과 같지는 않지만, 문제해결 학습의 후반으로 갈수록 올바른 접근 방법을 찾아낼 수 있게 되어 이런 반복적 훈련 뒤에는 학생의 메타인지적 활동이 이를 잘 하는 학생의 것과 비슷하게 된다고 결론지었다.

문제해결의 숙련자와 초보자의 메타인지적 특징 비교

문제해결에 있어서 숙련자와 초보자가 보여주는 능력 면에서의 차이는 다양한 측면에서 나타나지만 특히 메타인지적 측면에서 보여주는 격차는 심각함을 알 수 있다.

문제해결에 능한 숙련자의 경우 문제해결 과정에 보여주는 메타인지적 활동과 관련된 특성은 다음과 같다. — ✢ 자신의 문제해결 과정에 대하여 규칙적이며 자동적으로 모니터링을 하는 습관을 갖고 있다. ✢ 주어진 문제 자체와 해결과정에 대하여 특히 도전적인 문제인 경우 심사숙고의 태도를 보인다. ✢ 문제해결 과정에 난관에 봉착한 경우 다양한 전략을 시도하거나, 주어진 문제에 대한 재해석을 시도하거나, 문제해결에 필요하다고 생각하는 관련 내용지식에 대한 다방면에서의 검토를 수행한다. —

반면에, 문제해결 능력의 수준면에서 낮거나, 경험이 초보적 수준에 있는 경우 다음과 같은 특성을 보인다. — ✢ 앞서 언급한 숙련자가 보이는 사고 행위 자체와 그 사고 활동의 효용성에 대하여 알고 있지 못하거나, 알더라도 그 필요성을 제대로 인식하지 못한다. ✢ 실제 문제해결 과정에 해결의 행위가 충동적으로 결정, 운영되며, 초기 단계에서의 문제에 대한 고찰의 시간이 충분하지 않다. ✢ 일단 선정한 전략이나 계획에 대한 반성적인 재고찰의 과정 없이 주어진 문제의 해결에 즉시 적용하는 성향을 보인다. ✢ 처음에 선정한 해결의 전략이나 방법을 사용하면서 진전이 있는지에 대한 의식의 과정이 없거나, 진전이 별로 없다는 판단을 한 경우도 처음의 방법에 집착하는 경향을 보인다. ✢ 자신이 의식적으로 판단하여 선정한 해결 전략이나 방법임에도 불구하고 현재 왜 사용하고 있는지에 대한 설명을 잘 못한다. —

이와 같이 문제해결에 대한 메타인지적 성향이나 능력 면에서의 차이점 극복을 위하여 메타인지적 능력의 지도와 학습의 가능성에 대해서 대체로 긍정적으로 보고 있으나 실제 학습에 있어서 오랜 시간을 요구한다고 생각하고 있다. 그러나 분명한 것은 메타인지적 능력의 교수·학습에 대한 연구에 의하면 문제해결 과정이나 결과에 있어서 자신의 문제해결 과정을 모니터·제어할 줄 아는, 즉 메타인지적 능력이나 성향을 발휘하는 문제해결자가 보다 발전적인 결과를 낳는다고 주장한다(Campione et al. 1989, Garofalo 1987, Lester 1989).

유능한 문제해결자의 메타인지 면에서의 특성

유능한 문제해결자는 자신의 문제해결 활동을 부단히 점검, 조정하며, 때로는 자신이 문제를 정확히 이해하고 있는지 분명히 판단해 보려고 한다. 구체적으로, 문제를 제대로 풀고 있는지를 확인하기 위하여 주기적으로 전체적인 해결 과정을 조사한다. 별 진전이 없거나 오류가 있다고 판단할 때면 해결 활동을 멈추고 대안을 찾거나 완전히 다른 접근 방법을 모색하는 데 주저하지 않는다. 여러 연구(Garofalo & Lester 1985, Schoenfeld 1987)에 의하면 학습자가 문제해결에 실패하는 경우 수학적 지식이 부족해서라기보다는 자신이 갖고 있는 지식을 효율적으로 활용하지 못하기 때문이다.

유능한 문제해결자는 문제해결 과정에 자신이 수행하고 있는 문제해결에 대해 인식을 하며, 그 수행 과정을 수시로 점검하거나 평가를 하고, 그에 따라 해결 전략이나 방법을 수정하기도 한다(Bransford et al. 1999). 이러한 문제해결 과정에서 보이는 반성적 정신 기능을 메타인지라고 하며, 이러한 기능은 집중적인 지도를 통하여 학습이 가능하다. 즉, "더 풀기 전에 우리가 문제를 확실히 이해한 거니?", "우리가 할 수 있는 것이 무엇이지?", "어떤 계획을 갖고 있는 것이지?", "잘 풀고 있는 건가? 아니면 우리가 하고 있는 것을 재검토해야 할까?", "이것이 왜 맞았다고 생각하지?"와 같은 질문을 함으로써 학생으로 하여금 반성적 습관 개발을 독려할 수 있다. 이러한 질문의 방법을 통해 학생은 문제를 해결해가는 과정에 자신의 문제에 대한 이해의 정도를 점검하는 습관을 들일 수 있게 된다.

메타인지적 기능 개발 방법

다음의 내용은 쉔펠드(Schoenfeld 1992)가 제안하는 수학 학습에서의 메타인지적 기능 개발에 초점이 맞춰진 네 가지의 수업 기법과 각각의 이론적 근거에 대하여 정리한 내용이다. 기본적으로 쉔펠드의 수업 기법은 수학적 문제해결 상황에서 활용하고자 개발한 것이지만 어떤 수학 내용의 학습 지도에도 적용될 수 있도록 변환이 가능한 기법이다.

첫째, 학생들의 문제해결 과정을 녹화한 비디오테이프를 활용하는 기법이다.

일반적으로 학생들은 문제를 풀고 있을 때 “무엇을 하고 있는가?” 하고 질문을 하면, 마치 그들 자신의 마음을 스스로 통제할 수 없는 독립적이며 자동적인 실체인 양 “마음에 떠오르는 대로 하고 있다.”고 대답을 한다. 물론 이 말은 과장이긴 하지만 사실은 대부분의 학생이 문제해결을 하면서 자신의 사고 과정에 대하여 거의 인식을 못하고 있다는 것이다. 그러나 자신의 지적 행위에 대한 인식은 그것을 변화시키기 위한 작업을 수행하기 위해서는 반드시 전제 조건으로 요구되는 것이기에 자기인식은 메타인지적 기능을 구성하는 중요한 요소이다. 그러나 문제해결과 같은 인지적 행위 수행에 있어서 자기 인식의 필요성에 대한 이해는 쉽지 않다. 자기인식의 필요성에 대한 이해를 시키기 위하여 문제를 풀고 있는 한 학생의 문제해결 활동 장면을 녹화하여 다른 학생들에게 보여주는 것이다. 일부 학생은 그 비디오를 보고 흥분을 하기도 한다. “저 학생이 지금 하고 있는 것은 멍청한 짓이야! 시간을 낭비하고 있어, 좋은 결과도 얻지 못할 거야!” 다른 한편으로는 스스로에 대한 반성을 하기도 한다. “저것은 나일 수도 있어!” 바로 이것이 이 비디오를 활용하는 핵심적인 이유이다. 어떤 행동이 다른 사람의 행동일 때, 그 행동을 분석하는 것은 보다 쉽게 이루어지고, 그 분석이 자신의 활동에도 적용될 수 있다는 것을 알게 된다. 이러한 문제해결의 장면을 비디오를 통해 보고, 그것에 대한 자유스러운 논의를 통하여 학생들은 비로소 메타인지의 필요성이나 기능에 대하여 이해를 하게 된다.

둘째, 메타인지적 행위의 역할 모델로서 교사의 시연 활동에 의한 기법이다.

역할 모델을 통해 문제의 해결 과정을 시연해 보일 때는 답을 얻는 올바른 방법을 시범으로 보이는 것 이상을 위해 노력해야 한다. 일반적으로, 수업 중 문제에 대한 해결 과정을 설명해 보일 때, 교사는 그 문제에 대하여 이미 사고를 거쳐서 완성된 최종 형태의 사고 과정을 나타내는 풀이 과정을 깔끔한 형태로 정리하여 완결된 설명을 하게 된다. 사실 이와 같이 세련된 형태로 제시하기까지 교사 스스로 주어진 문제의 해법을 산출하게 된 사고 과정은 드러나지 않게 되므로 그 설명을 듣는 학습자에게는 문제해결이 별 게 아니라 쉽게 이루어진다는 인상을 줄 수도 있다는 것이다. 즉, 실제적인 문제해결 과정에서 자신의 해법과 관련하여 진행했던 의사소통의 내막 — 오류의 출현, 오류에 대한 극복, 의미 있는 통찰력, 그 통찰의 활용 방법 등에 대한 자문자답의 과정 등 — 은 모두 학생들에게는 가려져 마치 없었던 것처럼 느끼게 된다. 그러나 이와 같이 문제해결을 성공적으로 이끌기 위하여 자문자답했던 사고 노력의 과정이 학생에게도 공개되어 학생은 이를 간접적으로라도 체험을 해야 된다. 이와 같은 문제해결의 핵심적 사고활동을 학생에게 드러내 보이는 방법 중 하나는 문제해결 과정의 모델화 방법으로 문제의 모범적 해법보다는 문제 분석 과정을 제시하는 것이다. 그렇게 함으로써 때로는 교사가 마치 주어진 문제의 해결을 처음 시도하는 것처럼 문제해결의 처음부터 시작하여 풀이의 전 과정과 그 과정에 겪은 사고활동을 실제처럼 보여주는 것이다. 예를 들어, 교사가 주어진 문제를 스스로 이해하고 있는지를 확인하기 위해서 예를 몇 개 들어보는 방식이 될 수도 있다. 그중 바람직한 것을 이용해서 가능성 있는 해법 탐구를 몇 가지 시도해보일 수도 있다. 그리고 가장 합리적인 접근법으로 생각되는 것을 하나 선정하여 그것을 잠시 동안 시도해 보다가 "내가 합리적인 과정을 만들어가고 있는가? 이것이 올바른 해결 방법이 될 것인가?" 등의 생각을 말로 해가면서 실제로 교사가 수행했던 사고활동 내용과 과정을 시연해 보이는 것이다. 이때, 실제로 처음 실행한 접근법에 따라 해답을 발견할 수도 있고, 또는 되돌아가서 다른 접근법을 시도해 보아야 할지도 모름을 보여줄 필요가 있다. 이는 주어진 문제의 해결을 완성할 때까지 계속되는 것이며, 마지막에는 전체 풀이과정을 검토하면서 자신의 문제해결에 대한 종합적 반성까지 해 보이는 것이다. 이런 식으로 모델화된 방법은 인위적인 방법으로 곧 취약점이 드러나기 때문에 제한적으로 사용되어야 한다는 점이 중요하다. 이러한 방법을 사용하는 우선적 의도는 학생의 주의력을 메타인지적 행위에 집중시키기 위한 것이다. 즉, 메타인지적 행위를 중심에 위치시킴으로써 그 중요성을 부각시켜 학생들로 하여금 자신의 메타인지적 기능 습득을 위하여 보다 직접적인 노력을 하도록 만드는 것이다.

셋째, 교사가 통제자의 역할을 하며, 주어진 문제의 해결에 대한 학급 전체의 토의 활동에 의한 기법이다.

일반적인 문제해결 수업에서 교사의 역할은 학생을 자신의 수학적 지식에 기초하여 올바르다고 생각하는 해법으로 일방적으로 인도하기보다는 학생의 생각을 경청하고 올바른 방향으로 유도, 조정하는 것이다. 즉, 문제해결 수업에서 학생이 문제해결과 관련하여 즉흥적이거나 충동적으로 전형적인 아이디어를 제안해올 때 교사는 통제자로서 '예-아니오' 식의 대답이나 학생의 제안에 대한 단순 평가는 지양하고, 학생의 제안을 계기로 이에 대한 논의의 이슈를 불러일으켜야 한다. 이 과정을 통해 주어진 문제에 대한 이해가 어느 정도 이루어졌을 때, 다시 학생이 처음에 했던 제안을 하나씩 문제에 적용해서 유효한 제안인지를 평가해 보도록 한다. 이때, 교사는 중재자로서 학생이 어떤 접근법을 시도해 보아야 할지와 그 이유에 대하여 반드시 논의하도록 지도해야 된다. 그리고 최종 결정한 방법에 의해 문제해결이 진행될 때는 도중에 잠깐씩 멈추어서 그동안의 해결과정을 검토하는 시간을 갖게 한다. 즉, 학생은 자신의 문제해결 행위의 진행 과정에 대하여 항상 의식하고 있어야 하며 문제적인 상황에서 이를 수습할 준비가 되어 있어야 한다. 그리고 교사는 학생이 지금까지 해결해 왔던 과정을 요약하고, 그 과정의 유효성에 대한 부연 설명을 하고, 해결 과정에서 잘못된 부분이나 활용할 수 있었는데 그렇지 못했었던 부분에 대해서도 알려주어야 한다. 또한, 문제해결 과정에서 상당부분 진전이 있었던 시도는 다른 문제의 해결을 위한 접근 방법으로서 논의를 벌이게 유도할 필요도 있다. 이러한 방법에 의해서 대안적 해법이 만들어지기도 하기 때문이다.

일제식 문제해결 수업에서의 메타인지 지도 방법

문제해결에 대한 학급 전체의 논의 방식은 메타인지적 활동 중 자기조절 기능의 연습 지도에 적절한 방법이 된다. 여기서 교사는 물론 중재자로서의 역할을 수행하되, 학급으로 하여금 주어진 문제의 해결에 필요한 사항의 결정 과정을 제어하는 것으로 학급 자체가 자신들의 문제해결에 적용할 것을 합리적으로 결정하도록 유도하는 것이다. 이와 같은 일제식 문제해결 수업이 메타인지적 사고활동의 학습 지도와 관련하여 갖는 특성에 대하여 쉔펠드(Schoenfeld 1992)는 다음과 같이 설명하고 있다. — (1) 모든 문제해결에 대한 논의는 열려 있으면서 그 논의의 효용성에 대한 논의도 같이 이루어지기 때문에 학생 각각의 자기조절 행위와 그 행위에 대한 반성의 경험을 제공해준다. (2) 문제해결에 대한 논의는 소집단 내에서 이루어지며, 각 구성원은 이 논의에 능동적으로 참여해야 되기 때문에 실제적 문제해결 상황 내에서 각자의 역할을 수행함으로써 문제해결의 실제적 경험과 메타인지적 사고활동과 같은 문제해결의 전문성도 키워갈 수 있다. —

넷째, 소집단 내에서의 협동식 문제해결 활동에 의한 기법이다.

문제해결 수업에서 학생을 서너 명씩 한 집단으로 편성하여 집단별로 지도를 할 때 교사 자신이 어떠한 형태의 지도 활동을 설정하든 중요한 것은 문제해결 수업 중 일정 부분은 학생이 문제해결 활동에 능동적으로 참여해야 된다는 것이다. 기본적으로 교사는 자신이 소유하고 있는 정보나 지식의 제공자이지만 소집단 단위의 문제해결 수업에서 교사의 주된 역할은 학생이 이미 알고 있는 것을 효과적으로 활용하도록 도와서 그들이 성공적인 문제해결 경험을 습득하도록 돕는 것이다. 즉, 교사의 역할은 지적 조언자의 역할로서 학생의 문제해결 능력 향상을 돕기 위하여 다양한 문제해결의 기법이나 발견술을 제공하고 그들이 이 기법을 효과적으로 사용하도록 돕는 것이다. 일반적으로 학생에게 자신의 해결 과정을 모니터하라든지, 생각 없이 즉흥적으로 대처하지 말라는 등의 지도는 당시의 문제해결 활동과 병행되지 않는다면 별 효과를 가져다주지 못한다. 즉, 자기조절에 대한 단순한 설명을 들은 학생이 혼자서 그 문제를 해결한다면 대부분 종전에 자신이 하던 습관으로 되돌아가게 된다.

따라서 문제해결 지도에서 의도하는 학생의 문제해결 행위의 변화를 이끌어내기 위해서는 문제해결의 실제 활동에 참여하는 동안 교사의 충분한 질문이나 안내 등의 지도가 필수적이다. 예를 들어, 쉔펠드(Schoenfeld 1992)에 의하면 학생은 문제해결을 하는 과정의 어느 시점에서든 다음과 같은 질문이나 주의가 수시로 이루어져야 하고 이러한 경험이 누적되어 문제해결의 태도 변화가 가능해진다는 것이다. — ✢ 지금 무엇을 하고 있니? 그것을 상세히 설명할 수 있니? ✢ 그걸 왜 하는데? 그것이 그 문제를 해결하는 데 적절하니? ✢ 그게 어떻게 도와줄 수 있을까? 해법을 찾는 데 그것을 어떻게 사용할거니? —

수업 중에 교사는 문제해결의 상담자로서의 역할을 소집단을 상대로 위와 같은 질문을 수시로 진행해야 한다. 이와 같은 질문이 간헐적으로 진행됨에 따라 처음에는 그 질문이 학생을 불편하게 만들더라도 계속 진행될 것이라는 것을 알게 되면서 학생은 이와 같은 질문에 응하기 시작하며 점차로 질문에 답을 준비하기 위해 생각을 하게 된다. 그리고 이와 같은 경험이 누적되면서 학생 스스로 그러한 자문자답을 하며 그에 따른 자기조절 능력이 증진되는 것이다.

효율적 문제해결과 메타인지

해밀턴 외(Hamilton et al. 2008)의 연구에 의하면, 효율적인 문제해결을 하는 학생은 대체로 틀에 박힌 해결 방법을 사용하지 않는 경향이 있다. 즉, 이들은 주어진 문제를 다양하게 변화시켜가면서 그때마다의 변화 상황에 맞게 문제를 조작적으로 잘 다루고 있는 것으로 나타났다. 그래서 그들은 일반 학생에게도 문제해결 전략이나 메타인지적 전략의 목록을 단순히 학습시키기보다는 학생들로 하여금 주어진 문제에 대하여 나름대로의 해결 전략이나 메타인지적 전략을 적용해보게 하고 나서 그 전략의 타당성을 검토하게 시키면서 학생들 자신의 문제해결 과정에 사용한 사고 방법을 수시로 점검토록 하여 자신의 사고에 대하여 반성할 기회를 갖게 하는 방법이 중요함을 강조하였다. 이러한 반복적 연습을 통해서 학생들로 하여금 자신의 문제해결 과정에 대하여 설명하게 한 결과 학생들은 점차 많은 변화를 보이기 시작하였고, 문제해결을 위하여 바람직한 메타인지적 기능, 문제해결 전략, 신념, 태도, 느낌, 가치관 등이 종합된 문제해결의 과정을 보이게 되었음을 보고하고 있다.

성공적인 문제해결 과정에서는 한 문제해결자가 다양한 역할을 하고 있음을 볼 수 있다. 즉, 각 문제해결의 단계마다 아이디어의 고안, 체계적인 계획 수립, 자신의 문제해결에 대한 비판, 진전 상태를 모니터링, 자신의 문제해결 행위의 옹호 등 다양하게 기능할 수 있어야 성공적인 문제해결을 완성한다(Schoenfeld 1992). 인지과학에서 사용하는 개념을 빌려오면, 성공적인 문제해결이 되기 위해서는 자신의 문제해결 행위에서 소위 "마음의 사회(society of mind)" 처럼 기능하는 것을 볼 수 있다. 즉, 다양한 생각을 내놓고, 각각을 견주어 비교하고, 그들 중 최선책을 선정하는 방식이 제대로 작동할 때 문제해결의 성공률은 높아지는 것이다. 이러한 마음의 사회적 기능과 관련하여 비고츠키(Vygotsky 1962, 1978)는 모든 고등 인지적 기능은 개인이 다른 사람들과 상호작용하는 과정에서 비롯되며, 그것을 내면화시킴으로써 발달하게 된다고 설명한다. 즉, 아동의 인지발달 과정에 나타나는 모든 기능은 반복하여 나타나는데, 우선 사회적 수준(간[間]심리학적 interpsychological)에서 나타나고, 다음엔 개인적 수준(내[內]심리학적 intrapsychological)에서 나타난다. 이와 같은 기능은 논리적 기억이나 개념의 형성, 문제해결 등의 고등 사고 과정에서도 동일하게 적용된다고 한다.

메타인지의 지도와 평가 방법

문제해결 활동 구성에 있어서의 메타인지적 요소는 문제해결자 자신의 인지적 자원에 대한 관심과 제어와 관련되어 있다. 과거 수학 문제해결 학습의 지도와 평가의 측면에서 교육적 관행은 이러한 측면을 경시해온 경향이 있다. 그리고 학생은 그들이 학습한 문제해결의 수학적 기능과 절차에 대해 학습해야 되는 이유를 잘 알지 못하는 경우가 많았다. 즉, 자신의 문제해결 활동을 조정, 관리하거나, 적시에 적절한 기능을 사용하는 방법에 대하여 분명한 이해가 전제된 지도는 물론 자신의 문제해결 활동에 대한 반성을 강조하는 지도를 받지 못하였다.

이러한 문제의식에 터하여 캠피오네 외(Campione et al. 1989)는 문제해결의 지도와 평가의 양 측면에 있어서 메타인지적 요소를 포함시킨 방법을 제안하였다. 이 방법은 기본적으로 학생과 교사가 협력하여 문제를 해결하는 것이며, 이러한 협력의 과정을 거치면서 교사는 문제에 접근하는 방법에 맞는 선택과 관찰을 하고 필요할 때마다 적절한 문제해결 전략을 예시하는 역할을 수행하게 된다. 동시에 교사는 어느 상황이든 학생과 논의를 하며, 그 과정에 필요할 때마다 알맞게 준비된 피드백을 제공하는 것이다. 이와 같은 방식의 문제해결 지도 활동의 초기에는 교사가 문제해결 활동에 있어 중심 역할을 수행하지만 점차로 학생이 혼자 힘으로 문제해결 과정을 조정해나갈 수 있게 됨에 따라 교사의 역할은 감소하게 된다. 이러한 지도 방법의 가장 중요한 특징은 토론의 발판을 마련하기 위해 문제의 내용적 특성에 알맞은 전략이나 발견술이 사용된다는 것이다. 그러한 전략이나 발견술이 서로 독립적으로 연습되는 것이 아니라 주어진 문제의 해결과정과 직결되는 맥락 속에서 이루어진다는 것이 중요하다. 즉, 주어진 문제의 상호 협동적 해결 활동에서 교사는 문제해결의 중심 활동을 수행하고, 학생은 각자의 판단에 따라 융통성 있게 적시에 전략을 제안하는 방식으로 진행됨으로써 학생은 메타인지적이며 자기제어적인 기능을 연습할 수 있는 교육적 상황에 위치하게 되는 것이다.

한편, 이와 같은 문제해결 지도 방법은 학생의 문제해결 능력에 대한 역동적인 평가 방법으로 적용이 가능하다. 특히, 문제해결을 위한 메타인지적 능력에 대한 평가를 할 때는 학생이 갖고 있는 평균적 문제해결 능력의 바로 위 수준의 문제를 제시하는 것으로 시작하는 것이다. 학생이 주어진 문제를 해결하는 과정에 교사는 가능한 한 도움을 거의 주지 않으며 시작하지만, 학생이 혼자 힘으로 문제해결에 능숙해지기 위해 도움을 필요로 할 때에는 한 시적으로 도움을 제공하며 제공한 도움의 정도를 주의 깊게 측정한다. 여기서 문제해결 과정에 학생이 필요로 했던 도움의 정도는 해당 학생의 주어진 문제의 해결 과정의 궤적을 추적, 평가하는 데 좋은 지표가 될 수 있다.

메타문제(metaproblem)를 통한 메타인지 지도

본절에서는 수학 문제해결력을 주어진 수학 문제나 수학적 문제 상황을 해결하는 데 관련된 일련의 인지·정의적 능력으로 가정하며, 이러한 일련의 수학 문제해결력은 여러 종류의 부분적인 문제해결력으로 구성된다는 생각하에 특히 메타인지적 문제해결력이나 메타수준의 수학 문제해결의 기능을 훈련시키고, 평가할 수 있는 새로운 문제 유형인 '메타문제'[4]에 대하여 알아보고자 한다.

성공적인 수학 문제해결 과정을 구성하는 부분적인 문제해결 능력의 주축은 이른바 '발견술'이 맡게 되고, 적절한 발견술과 더불어 직접적인 문제해결의 역할을 담당하는 '전략'도 문제해결력을 구성하는 중요한 요소라고 할 수 있다. 그리고 일련의 문제해결 과정에 이 부

4) '메타문제(metaproblem)'라는 용어는 메타인지적 문제해결력의 연습과 평가를 위해서 개발하고 있는 문제를 학교수학에서 언급되는 일반적인 수학문제는 물론, 기존의 문제해결 교육에서 특별한 의미 부여를 하고 있는 '문제(the problem)'와도 구별, 지칭하려는 의도에서 본 저자가 조어(造語)한 것이다. 이 메타문제가 문제해결 교육에서 의도하는 바는 일반적인 수학문제를 통하여 꾀하는 수학적 내용이나 기능 등의 학습 유발이나, 문제해결의 일반적인 발견술이나 특정 전략 등을 연습시키고자 하는 목적과는 다르다고 할 수 있다. 즉, 작게는 문제해결의 과정에 중요한 역할을 담당하는 지엽적인 메타인지적 또는 메타수준의 문제해결력 습득의 연습과, 크게는 문제해결자 자신의 문제해결 학습을 전체적으로 조직, 체계화하는 관리 조절의 메타수준적 기능을 본 문제를 통하여 경험 또는 연습, 평가할 수 있게 하기 위하여 구성되었다(백석윤 1994).

분적인 문제해결력이 작용하는 위치라고 할 수 있는 문제해결의 각 부분적 과정인 에피소드[5]들이 연결되는 마디에서 성공적인 문제해결을 유도하는 데 구체적인 기능을 하는 메타인지적 문제해결 능력과, 문제해결 전반에 걸쳐 조절과 관리 역할을 하는 메타수준의 기능을 연습시키기 위한 문제가 메타문제인 셈이다.

메타문제의 구성원리

다음은 이러한 메타문제를 통해 학생이 연습할 수 있는 일반적인 수학 문제해결 과정의 각 부분적 과정에서 필요로 하는 발견술적 문제해결력이나 메타인지적 문제해결력, 또는 메타수준의 문제해결 행위를 조절, 관리하는 기능을 구성하는 세부적인 기능을 정리한 것이다(백석윤 1994).

(1) 발견술적 문제해결 능력

a. 준비 과정

* 문제의 핵심어 파악하기
* 문제의 문장이나 상황의 수학화, 가시화, 형상화하기
* 문제를 자신이 선호하는 형태로 바꾸기
* 문제에서 구하고자 하는 것 명시하기
* 문제에서 주어진 정보, 조건 정리하기

b. 탐색 과정

* 주어진 문제를 특수화, 일반화, 단순화하기
* 주어진 문제 조건의 일부를 추가, 감소, 고정, 완화시키기
* 문제에서 추출한 정보를 수식화, 조직화, 구조화하기
* 문제에서 추출한 정보나 조건의 과부족 판단하기
* 문제에서 추출된 정보나 조건을 다이어그램, 도표 등으로 구체화하기
* 주어진 문제의 특별한 경우를 가정해보기
* 주어진 문제를 편의상 몇 개의 부분으로 나누어보기

c. 계획 과정

* 문제의 각 부분에서 필요한 부분적인 해법 구상하기
* 구상된 부분적인 해법의 순서 정하기
* 각 부분의 해법과 그 배열을 다양하게 고안하기

---

5) 이 각 과정을 쉔펠드(Schoenfeld 1985)는 "에피소드(episode)"라 지칭하였다. 쉔펠드(1985)에 의하면, 문제해결 과정에 중요한 역할을 한다고 생각되는 메타인지적인 활동이 활발히 이루어지는 지점이 두 에피소드가 연결되는 마디가 된다.

d. 실행 과정

* 계획된 해법의 실행 과정을 수시로 검토하기
* 선택된 세부적인 지식, 전략, 또는 그 결과들을 예측하기
* 계획의 실행 중 필요한 경우 순발력 있게 수정, 보완하기
* 현재 진행 중인 해법에 대한 간결성, 신속성, 효율성 등을 평가하기
* 해법 실행의 결과를 논리적이며 간결하게 정리하기
* 문제에서 주어진 모든 조건이나 정보의 사용 여부 확인하기

e. 반성 과정

* 구한 답이 문제의 뜻에 합당한가의 여부를 검증하기
* 문제에 주어진 각 조건의 변화 가능성이나 한계성에 대하여 판단하기
* 보다 발전된 다른 해법 찾기
* 주어진 문제와 유관하다고 생각하는 문제와 상호 차이점 비교 분석하기
* 주어진 문제의 해법과 관련된 문제의 패턴을 체계화, 구조화하기
* 주어진 문제보다 더 발전된 문제를 구상하기
* 현재 완료된 문제해결의 전체적인 효율성 평가하기

(2) 메타인지적 문제해결 능력

a. 문제의 해결과 관련하여 자신의 문제해결력을 종합적으로 예측, 평가하는 능력
b. 문제해결을 위하여 자신이 소유하고 있는 정보의 양과 질을 판단, 평가하는 능력
c. 문제해결의 과정을 의식적으로 유도하는 능력
d. 문제해결의 과정에 유연한 사고의 변화를 야기시킬 수 있는 능력
e. 진행 중인 문제해결의 과정을 수시로 모니터하는 능력
f. 문제해결 과정에 대한 모니터를 통하여 내포된 문제점을 색출, 검토하는 능력
g. 자신의 문제해결 과정에 대한 종합적인 평가를 할 수 있는 능력

다음에 제시되는 문제들은 주어진 수학 문제의 해결 과정을 에피소드 단위로 나누었을 때, 각 에피소드가 끝나면서 동시에 새로운 에피소드가 시작하는 부분에 이르러 앞에서 열거한 발견술적 문제해결 능력이나 메타인지적 또는 메타수준의 문제해결 활동이나 기능을 자극하거나 연습하게 만든다고 생각하는 메타문제의 예이다.

오른쪽 그림과 같이 강일이는 A에서, 영은이는 B에서, 병진이는 C에서 각각 매분 200m, 150m, 300m의 속도로 동시에 출발하여 화살표의 방향으로 달린다. 세 사람이 출발하고 나서 다시 출발 지점에서 동시에 출발할 때는 출발 후 몇 분 뒤입니까?

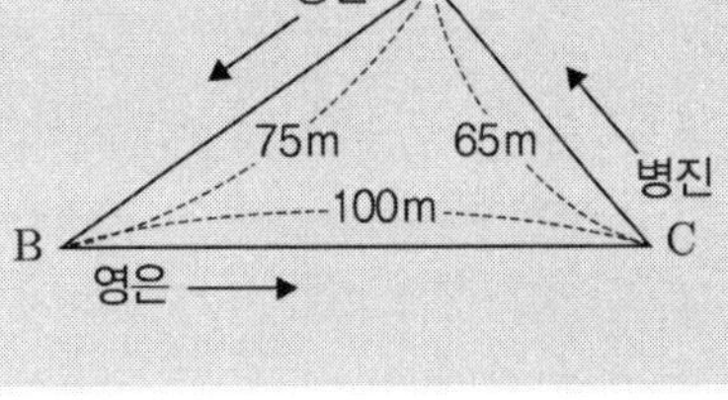

(1) 위에 주어진 문제를 해결하기 위해서 다음 항목의 내용 중 필요한 것을 있는 대로 고르시오. 그리고 자신이 선택한 각 항목의 내용에 대하여 설명하시오.

① 공약수 ② 공배수 ③ 최대공약수 ④ 최소공배수
⑤ 속도 ⑥ 삼각형의 넓이 ⑦ 각의 크기

실제적인 문제해결에 앞서 주어진 문제의 해결에 필요하다고 생각되는 수학적 지식이나 기능을 문제해결자 자신이 이미 학습하여 기억하고 있는 범위 내에서 정확하게 찾아내고, 이를 문제해결의 과정에 올바르게 투여, 적용할 수 있는 능력은 메타인지적 문제해결력을 구성하는 중요한 요소가 된다.

(2) 처음의 문제를 해결하는 데 있어서 더 필요한 조건이나 불필요한 조건이 있습니까? 만일 있다면 그 조건을 말하고, 그 이유도 말하시오.

일반적으로 성공적인 수학 문제해결을 이루기 위해서는 주어진 문제의 실제적인 해결에 앞서 그 문제를 해결하기 위해서 필요한 조건이나 정보의 양과 내용을 정확하게 예측할 수 있어야 하며, 이러한 예측은 이후 전개될 문제해결의 순서와 구조파악에 정확성과 편리성을 제공한다. 한편, 이러한 능력은 주어진 문제에서 불필요한 조건이나 정보를 제거하여 문제를 정선하는 역할을 하여 문제해결을 효율성 있게 유도한다.

(3) 위의 문제를 어느 정도까지 해결할 수 있다고 예상합니까? 위의 문제를 실제로 풀어보고 자기의 예상과 비교해 보시오.

① 불가능하다. ② 약간 ③ 거의 모두 ④ 완전하게 ⑤ 모르겠다.

문제의 본격적인 풀이 과정에 들어가기에 앞서, 주어진 문제에 대하여 문제해결자 스스로가 갖고 있을 것으로 예상하는 종합적인 해결력에 대한 정확한 예측은 문제해결과 관련된 메타인지적 기능으로서 자신의 문제해결력을 정확하게 파악, 관리, 평가할 수 있음을 의미하며, 이와 같은 능력은 문제해결을 경제적이고 능률적으로 유도하게 된다.

(4) 처음 문제를 직선 도로의 P지점에서 세 사람이 동시에 출발한 것으로 하여도 처음 문제의 해결 방법과 같은 방법으로 풀 수 있게 하려면 문제를 어떻게 바꾸면 되는가? 그 문제를 직접 만들어 보시오.

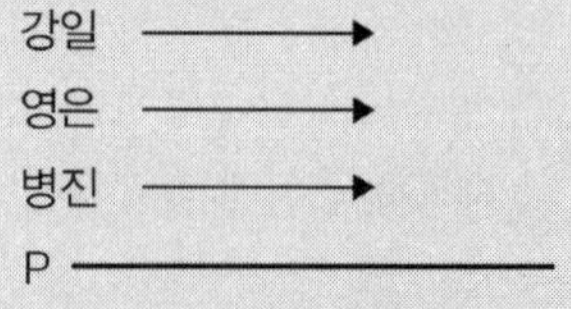

주어진 문제를 자신이 선호하는 형태로 바꾸거나 문제해결의 실마리를 끌어내기 위해 부분적으로 변화시킬 수 있는 능력은 높은 수준의 문제해결력을 구성하는 메타인지적 요소로서 주어진 문제의 해결과 관련하여 높은 수준의 사고력의 유연성이나 구조성을 보여주는 것이다.

(5) 처음 문제와 아래에 제시된 문제는 어떤 점에서 같은지 알아보시오. 또 차이점은 무엇인지 설명하시오.

그림과 같은 240m의 트랙을 P지점에서 A, B, C 세 사람이 동시에 출발하였다. A, B, C의 달리기 속도는 각각 분속 150m, 200m, 300m일 때, 다시 세 사람이 P지점에 동시에 모이게 되는 것은 출발 후 몇 분 뒤의 일입니까?

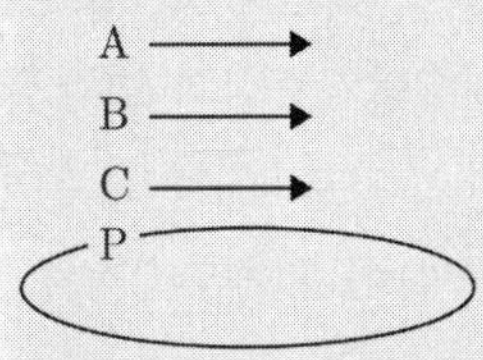

실제적인 문제해결의 전후에 주어진 문제의 조건이나 구조 그리고 그 문제에 내포되어 있는 수학적 내용의 관점에서 문제해결자 스스로가 기억하고 있는 유관한 문제와 비교할 수 있는 능력은 문제에 대한 분석력, 이해력 등의 인지적인 능력과, 동시에 여러 관련 문제들을 자신의 지식 체계 속에 구조화, 체계화하여 관리할 수 있는 메타인지적 기능으로서 성공적인 문제해결의 능력을 구성하는 높은 수준의 요소라고 할 수 있다.

(6) 아래 각 번호의 내용들은 처음의 문제를 해결하기 위해서 거쳐야 할 해결 과정을 순서 없이 나열한 것이다. 그리고 이들 중에는 필요한 과정이기는 하지만 잘못된 과정이 하나 들어 있다. 아래의 해결 과정들을 옳게 배열하고, 잘못되었다고 생각되는 풀이 과정을 옳게 바꾸어서 위 문제의 바른 해결 과정을 완성하여라.

① 세 사람의 속도의 최소공배수를 구하고, 이것으로 삼각형의 둘레를 나눈다.
② 세 사람이 각자 출발점에 다시 돌아오는 데 걸리는 시간을 각각 구한다.
③ 세 사람이 각각 출발한 위치에 다시 돌아올 때까지 지나가는 거리는 삼각형 ABC의 둘레가 되는 것으로 모두 같음을 알아낸다.

문제해결의 근간이 되는 문제해결의 올바른 계획을 구성하기 위해서는 주어진 문제의 상황을 몇 개의 작은 부분으로 나누고, 이를 효율적인 순서로 배열하여, 실제적인 실행에 옮기기에 앞서 그 결과를 예측해볼 수 있는 기능은 메타인지적인 성향을 갖는 문제해결 능력의 중요한 요소라고 할 수 있다.

5.4 정의적 요인

수학 문제해결 활동은 수학 학습자로서 수행하는 종합적인 인지·정의적 활동이므로 수학 문제를 해결하는 학생의 인지·정의적 관련 요인들을 충분히 고려해서 분석이 이루어질 때, 비로소 수학 문제해결 활동에 대한 제대로 된 파악이 가능해진다. 즉, 수학 문제해결 현상을 대할 때 인지중심의 탈정의적 관점으로, 즉 문제해결자를 단순히 기계적 논리 수행의 주체로서만 생각할 때 수학 문제해결 현상이나 활동을 정확히 파악하기가 쉽지 않게 된다. 문제해결 현상이나 활동에 대한 충실한 이해를 위해서는 추상적인 수학 인식론에 입각한 접근이나 분석 방법을 따르기보다는 문제해결자 개개인의 심리적 측면을 존중하는 발생적 인식론에 기초한 접근 방식을 따라야 한다는 쉔펠드(Schoenfeld 1985)의 주장 역시 같은 맥락에서 나온 생각이라 할 수 있다. 즉, 성공적인 문제해결을 목표로 하는 문제해결 교육이 제대로 이루어지기 위해서는 문제해결이란 활동에 대한 인지적 분석과 이해는 물론, 이와 더불어 인지외적 요인, 즉 문제해결 활동과 관련하여 '신념체계'나 '수학불안' 그리고 '문제해결 태도' 등과 같은 심성적, 정의적 요인에 대한 관심도 가져야 할 필요가 있다.

수학 문제해결 능력의 정의적 구성 요소

수학 학습 활동에서 정의적 요소라 함은 수학 학습자가 학습 과정에 보이는 정서적 감정 상태의 변화를 종합적으로 지칭하는 개념이다(Damasio 1994). 정의적 요소의 기능적인 면을 단순히 관련 인지적 활동에 수반되는 본능적이고 생리적인 현상이 아니라 인지적 활동과 같이 자체적으로 표상적인 현상으로 보아야 한다. 즉, 문제해결 과정에 나타나는 감정적 정서의 상태가 개인 문제해결자에게 현재의 문제해결 활동과 관련하여 나름대로 의미나 기능을 부여한다는 것이다. 즉, 인지적 요소와 같이 정의적 요소 특유의 표상의 내적 체계성을 가지고 인지적 요소와 정의적 요소 사이의 상호작용을 통해서 문제해결에 유용한 정보 제공이나 문제에 대한 이해를 위해 문제해결 수행 과정에 본연의 방식으로 작용한다는 것이다(DeBellis & Goldin 2006).

정의적 영역의 구분

브리지 외(Bridge et al. 1979)는 학습자 개인에게 나타나는 정의적 현상은 학습자의 개인적 특성의 변화, 태도, 가치, 자기인식 등을 포함하는 과거 경험의 누적적, 비인지적 결과로 설명하고 있으며, 이를 게이블(Gable 1986)은 태도, 자기존중, 흥미, 가치 등으로 구분한다. 한편, 게바르트와 잉글(Gebhart & Ingle 1976)은 정의적 요소 관련 용어와 개념의 추상성을 고려하여 정의적 요소를 '생리학적인 반응이나 행동' 또는 '사회심리학적 반응이나 행동'으로 구별하고 있다. 반면에 폰타나(Fontana 1990)는 인지적 요소가 학습자의 정신적 능력이며 외부 세상을 이해하는 데 필요한 수단이 되지만, 정의적 요소는 일종의 개인적 특성으로 감정이나 느낌, 태도 등과 같이 학습자 자신이 경험하는 과정과 관련된 것으로 보고 있다.

수학 문제해결 능력의 구성 요소

수학 문제해결 능력의 구성 요소에 대한 기존 연구(Goldin 1998, Goldin & Kaput 1996)에서의 구별은 구문적(verbal)/통어적(syntactic) 체계, 형상적(imagistic) 체계, 형식적 표기(formal notational) 체계, 계획(planning)-실행(executive)의 조절(control) 체계, 정의적(affective) 체계 등으로 정리될 수 있다. 특히, 그중 정의적 체계를 형성하는 요소는 정서(emotions), 태도, 신념, 도의(morals), 가치, 윤리(ethics) 등으로 세분화되고 있음을 볼 수 있다(DeBellis & Goldin 2006).

수학 문제해결 활동에 정의적 요소 작용 방식

수학 문제해결 과정에 정의적 요소가 작용하는 방식에 대해 설명하기 위하여 드벨리스와 골딘(DeBellis & Goldin 2006)은 '정의적 경로'라는 개념을 활용한다. 정의적 경로는 문제해결자의 인지적 전개 과정과 상호작용하면서 부분적으로 생성되는 일련의 감정들에 의해서 형성되며, 이 정의적 경로를 통하여 개인 문제해결자에게 유용한 정보를 제공하거나 모니터링 활동을 용이하게 한다든지, 주어진 문제의 해결을 위한 발견술을 제안해 주기도 한다. 문제해결 과정에 누적된 호기심이나 좌절감과 같은 정의적 경험이 문제해결의 인지적 활동에 긍정적인 정의적 경로로서 작용할 경우 주어진 문제의 해결에 관한 탐구심을 자극하고 문제에 대한 이해를 개선하기 위한 노력으로 작용하게 된다. 반면에, 부정적인 정의적 경로로서 작용할 경우에는 탐구심은 사라지고 적당히 안전한 해법을 찾으려는 노력으로 작용하게 된다. 그러나 그러한 노력마저 실패하게 되는 경우 문제해결자에게는 좌절이나 불안감으로 나타나게 된다는 것이다.

정의적 요소 영역의 구조

매클라우드와 애덤스(McLeod & Adams 1989)는 정의적 요소를 정서(emotion), 태도(attitude), 신념(belief)의 세 개 하위 영역으로 구별하였고, 여기에 드벨리스와 골딘(2006)은 가치(values), 도의(morals), 윤리(ethics)로 구성되는 네 번째 하위영역을 추가한 사면체 모델을 제안하고 있다.

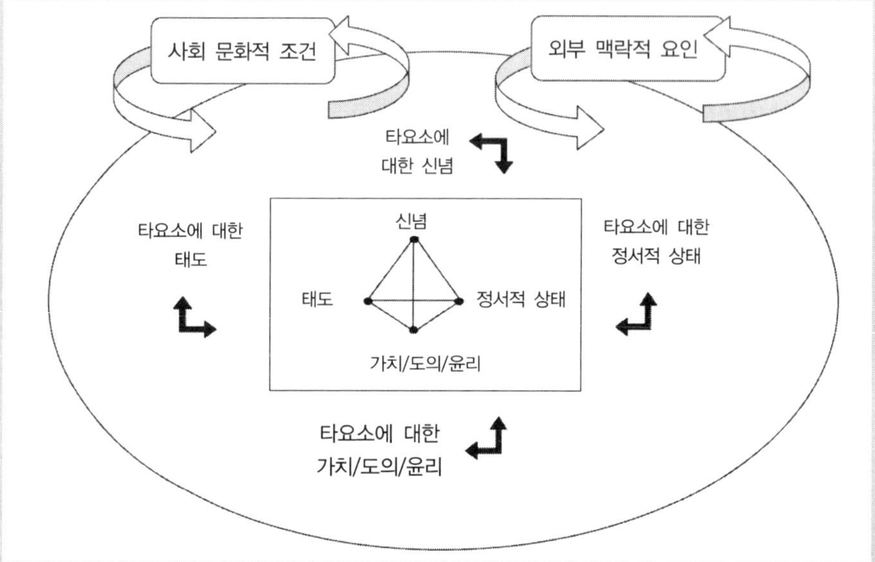

그림 5-2 정의적 영역에 대한 사면체 모델

이 사면체 모델에서 정서는 수학적 활동을 하는 동안 전(前)의식적으로나 무의식적으로 일어나는 또는 의식적으로 경험되는 감정의 변화 상태를 나타낸다. 이 정서적 감정은 강약의 정도 면에서 구별되며, 지엽적이고 맥락화하여 내장된다. 태도는 수학적 맥락에서의 부정적이거나 긍정적인 정서적 감정의 집합체를 향하는 경향성이나 방향성을 나타낸다. 태도는 비교적 안정적이면서 정의와 인지의 균형 있는 상호작용을 수반한다. 신념은 어떤 의견이나 인지적 구성 체계에 대하여 부여하는 타당성이나 진리성이란 속성을 갖는다. 신념은 대부분의 경우 매우 안정적이며, 인지적이고, 구조적 성향을 갖고 있다. 가치는 도의와 윤리를 포함하며, 개인별로 소중하게 간직한 믿음이나 '개인적 진리'라고 할 수 있다. 이러한 가치는 지속적인 선택과 순간적 우선시의 결정에 동기화로 작용한다.

수학 학습에서의 정의와 인지의 상호작용

말미부오리(Malmivuori 2001)에 따르면 수학 학습 활동에 나타나는 학습자의 정의적 반응에 대한 고찰에 있어서 학습자의 인지적 과정과 메타인지적 과정을 서로 연관 짓지 않고서는 제대로 된 파악이나 이해가 어렵다. 일반적으로 인간의 정의적 반응에 대한 인지적 요소 개입의 경우는 쉽게 찾아 볼 수 있다. 이에 대한 연구의 초점은 주로 개인이 보인 정의적인 반응 다음에 이에 대한 스스로의 평가와 그에 따른 각성의 행위에 맞추어진다. 그리고 학습자 개인의 정의적 반응에 대한 자기 평가 요소는 해당 학습자의 의식, 무의식, 또는 전(前)의식에서 나타나는 인지적 과정이나 구조, 기능 등을 구성하는 기본 요소로 본다.

한편, 정의적 요소에 대한 기존의 인지적 이론에서처럼 정서를 학습자 개인의 수학 문제해결 과정에 작용하는 정의적 요소와 인지적 요소 사이에 관련을 맺어주는 연결 요소로 생각할 필요가 있다. 이러한 정서의 역할이 수학 문제해결에서 학습자 개인의 자기체계와 자기체계 수행 과정에서 학습자 자신과 자신이 취한 행위에 대한 자기평가, 자기판단, 자기통제 행동의 특성과 이들의 발전 과정에 작용하는 것으로 본다.

그동안 정의적 이슈와 관련된 수학 문제해결 연구에서는 짧은 시간에 집중적으로 나타나는 정서적 반응(McLeod 1988)에 관심을 기울여왔다. 그리고 이러한 정서적 반응에 수반된 정의적 과정은 전형적인 수학 문제해결 상황처럼 보다 분명하고 특별한 수학 학습 맥락이나 상황에서 나타난다고 볼 수 있다. 이때, 부정적인 정서는 학습자 개인의 만족도와 활동을 약화시키고, 반면에 긍정적 정서는 학습자 자신의 학습 활동에 대해 보다 나은 감정을 생성하며 문제해결의 노력과 활동을 촉진시킨다(Lester et al. 1989).

정의 스키마[6)]

피아제의 이론에서 동화의 가장 단순한 형태는 이미 알고 있는 스키마를 새로운 상황에 단순히 적용하는 과정이며, 이에 따라 이루어지는 해당 스키마의 반복적 적용은 인지적인 경우에 해당 스키마의 안정으로 이어지게 된다. 한편, 정의적인 경우의 스키마 생성은 성공적인 문제해결 과정의 소산으로서 긍정적인 감정에 연결된다. 즉, 성공적인 문제해결 활동이나 학습 과정은 학습자에게 긍정적인 감정을 가져다준다. 하지만 정의 스키마의 반복적인 적용은 때로는 부정적인 감정을 생성시킴으로써 — 예를 들어, 정형화된 문제를 해결하는 것은 따분한 감정을 발생시킬 수 있다. — 기존의 긍정적인 감정과의 상쇄작용으로 소위 '감정적 평형화'로 이어지기도 한다(Ciompi 1999).

6) '정의 스키마(affect scheme)'라는 용어는 한눌라(Hannula 1998, 2002)에 의해 다음의 의미로 사용되었다. "정의 스키마는 정서의 형태를 나타내는 스키마로 반복적으로 생성되는 특정 정서의 자동화가 학습되면서 특정 정의 스키마가 생성된다."

수학 문제해결에서의 메타정의(meta-affection)

메타정의의 개념은 드벨리스와 골딘(DeBellis & Goldin 1997)에 의해 도입되었다. 메타인지가 인지적 체계를 조절하는 것처럼, 메타정의는 정의적 체계를 조절한다. 골딘(Goldin 2004)은 메타정의를 수학 학습의 사고 과정에서 중심 역할을 담당하는 요소로 보며, 다음과 같이 메타정의의 개념을 정리하고 있다.

> 메타정의는 정의에 대한 정의, 정의에 대한 인지에 대하여 또는 그 안에서 작용하는 정의, 정의에 대하여 인지(개인적 느낌의 방향에 대한 생각)와/나 더 나아간 정의로 이루어지는 모니터링이다. 그리고 이 메타정의가 정의적 체계에서 조절의 기능을 갖고 있는 가장 중요한 요소가 됨을 여러 연구에서 강조하고 있다(Goldin 2002, DeBellis & Goldin 2006).

수학 문제해결 과정에 메타정의는 감정의 생성을 일으키는 상황에서 기존의 감정적 경험을 현재의 문제해결 활동에 인지적으로 유익하게 사용하고자 할 때 필요한 기능이다. 그동안 수학 문제해결에서 메타정의에 대한 연구를 통하여 얻게 된 것은 수학 학습 활동에서 중요하다고 거론해온 정의적 목표가 단순히 수학 활동에서 부정적 선입견을 제거하거나, 문제해결의 공포나 불안 증세를 완화시키고, 수학 활동을 보다 지속적으로 편하게 흥미를 갖고 수행케 만드는 것에 그치는 것이 아니라는 것이다. 즉, 수학 문제해결에서의 메타정의의 이슈가 갖는 의도는 보다 적극적으로 메타정의가 갖는 생산적 기능을 개인 학습자의 수학 학습 활동 안에서 활성화 또는 발전시키자는 것이다(DeBellis & Goldin 2006).

문제해결 관련 신념체계

수학 문제해결 활동과 관련하여 학생 개인이 나름대로 갖고 있는 신념은 당연히 해당 학생의 문제해결에 영향을 미칠 수 있는 요인으로 교과로서의 수학이나 수학 학습 활동과 관련하여 개인적으로 갖고 있는 나름대로의 신념을 비롯하여, 그로 인해 문제해결에 대하여 개인적으로 형성해 놓은 확신의 영향력 구조라 할 수 있다. 수학 문제해결과 관련하여 올바르게 형성되어 있는 신념체계는 개인 학생의 문제해결 활동에 활력소의 역할을 한다고 볼 수 있다. 반면에 문제해결에 대한 부정적이거나 그릇된 신념은 수정 또는 제거되어야 한다. 이러한 신념체계는 개인 학생의 실생활에서 부딪히는 수학적인 상황이나 대상을 통하여 또는 수학 학습 경험과 관련지어 구성하게 되는 수학 교과나 수학적 활동에 대하여 갖는 확신에 찬 견해나 신념으로 수학 문제해결 과정이나 세부 활동에 긍정적 또는 부정적인 영향을 미치기 때문이다.

문제해결 과정에 어떤 전략을 선택할지에 대한 결정은 상당 부분이 문제해결자의 신념이나 가치관에 달려있다(Silver 1982). 인지인류학이나 사회학에 의하면 문화적 신념체계가 개인의 기억, 통찰력, 인지 작용에 분명한 영향을 미친다고 보고 있다. 개인의 신념 체계나 세상을 바라보는 시각의 구성 요소 중 많은 부분은 그 사회 내에서의 개인적 인지 활동이나 사회화 과정 등을 통해 형성된 인지적 경험에 의해 이루어지는 것으로 이는 다분히 메타인지의 기능적 특성을 갖고 있다. 즉, 수학 문제해결의 맥락에서 볼 때, 개인의 학교교육, 학습, 문제해결의 경험은 수학과 수학 문제해결에 관한 개인적 신념을 형성하고, 그 개인의 문제해결을 포함하는 수학적 활동에 강력한 행동 지침이 될 수 있다. 그 동안의 많은 연구로부터 신념체계는 개인의 문제해결 활동에서 전략 선택의 성향이나 문제해결을 위한 인내력, 자신의 문제해결 활동에 대한 만족도 등을 잘 설명해줄 수 있음을 알 수 있다.

문제해결 관련 수학불안

문제해결 관련 수학불안은 수학 문제의 해결을 요구받았을 때 학생에게 두려움, 무기력, 마비 증세, 정신적 혼란 등과 같은 정신적, 생리적 증세의 발생 현상을 의미하는 데 사용된다(Tobias 1980).

일반적으로 수학 문제해결 활동은 학생에게 진, 위가 분명하게 드러나는 풀이나 답을 요구하고, 이에 대한 대답을 통하여 자신의 능력이 평가된다는 부정적인 느낌의 권위에 의해 지배당하고 있음을 잠재적으로 느끼게 한다. 더군다나 이러한 부정적 잠재의식 상태에서 제시된 문제는 우선 학생으로 하여금 문제 자체에 대한 이해가 쉽지 않을 뿐만 아니라, 해결을 위한 계획을 구안하는 것 역시 용이하지 않다는 생각에 이르게 만들기에 대부분의 문제해결자는 당연히 수학 문제해결 활동에 대해 불안한 심리나 공포심을 갖게 만드는 충분한 이유가 된다. 한편, 수학 문제해결에 대한 공포심의 원인으로는 수학 기초 기능의 교수 학습의 방식이 주로 '설명 - 연습 - 암기'의 패턴으로 이루어지며, 문제해결 활동의 추론적 측면이나 그 기능성에 대한 몰이해로부터 문제해결 과정에 논리적 사고를 소홀히 하면서 단지 답 구하기에 중점을 둠으로써 문제해결 활동의 효율성은 저하되고, 어려움은 증폭되는 부정적 경험이 누적되는 현상을 들고 있다(Greenwood 1984, Richardson & Woolfolk 1980).

문제해결 과정에서의 수학불안

일반적인 수학 학습은 물론 수학 문제해결 수업에서 학습자의 수학불안증 해소를 위한 지도 방법과 관련하여 다양한 제안이 연구를 통하여 이루어지고 있다. 예를 들어, 셰러드(Sherard 1981)는 수학을 가르치는 교사에게 다음과 같은 제안을 한다. — (1) 학생으로 하여금 수학의 유용성을 인식하게 한다. (2) 학생 개인이 자신의 수학적 능력에 자신감을 갖도록 돕는다. (3) 문제해결, 공간감각, 수학적 언어와 기호 등의 학습에 집중시킨다. (4) 경직되거나 권위적인 교수 행위를 지양한다. (5) 시험이 수학에 대한 부정적인 태도나 불안감을 조장하는 면에 주의한다. (6) 평가의 방법을 다양화하여 부담감을 덜어준다. (7) 수학 학습 지도 시 편안하고 성공적인 교실 분위기를 조성한다. — 한편, 문제해결의 불안감을 감소시키기 위하여 모리스(Morris 1981)는 수학 교사는 학생의 말을 경청하는 데 많은 시간을 할애하고, 개념 설명을 충실히 할 것을 강조한다. 그리고 학생 나름의 추측이나 직관력, 창의성의 발휘를 격려할 필요가 있으며, 공식 제시의 빈도를 최소화함으로써 학생들이 수학 공식을 암기하는 데 부담감을 덜어주어야 한다고 주장한다. 그리고 구체적인 자료의 사용, 또래에 의한 교수, 지필 시험 결과에 대한 긍정적인 피드백 제공 등을 권고하고 있다.

문제해결의 태도

문제해결에 있어서의 개인 학습자가 보이는 태도는 수학, 수학 학습, 문제해결 등에 대하여 특정적 좋아함이나 싫어함, 선호도 등이 종합적으로 작용하여 형성하게 된다. 이와 같이 개인의 문제해결에 대하여 갖는 태도는 그 학습자의 문제해결 활동과 관련하여 문제를 해결하는 방식이나 메타인지적 전략의 선택에 있어서 큰 영향을 미치게 된다. 다음은 레시와 자보예프스키(Lesh & Zawojewski 2007)가 레바쇠르와 쿠오코(Levasseur & Cuoco 2003)나 골든버그와 월터(Goldenberg & Walter 2003)의 연구에서 발췌하여 문제해결 활동에 있어서 개인 학습자가 갖고 있는 심적 태도에 따라 바로 연결되는 메타인지적 전략의 선택이나 문제해결의 활동 요소와 관계를 설정해 놓은 것이다.

심적 태도	문제해결 활동(PS) 및 메타인지적 전략(M)
추측이 반드시 나쁜 것은 아니라는 태도	예상하고 확인하기(PS)
정확한 해법이라도 검토해보기 문제, 해법, 답을 분석해보기	문제해결 과정 되돌아보기(PS) 해답의 합리성 점검해보기(PS)

패턴을 찾아보기 기억을 보존하기	패턴 찾기 전략 선택(PS)
구체화(특수화)하기	간단한 수를 대입해보기(PS)
대안적 표상 방법 사용해보기 문제에 사용된 단어의 뜻 생각해보기	그림 그리기 전략 선택(PS) 실제로 해보기 전략 선택(PS) 식으로 나타내보기 전략 선택(PS)
신중하게 분류하기	표 만들기 전략 선택(PS) 자료를 조직화하기(PS)
주장을 정당화하고 추측을 증명하기 문제해결 위한 발견술 찾기	무엇을 하고 있는지 자문하기(M) 왜 그렇게 하는지 자문하기(M) 그것이 도움이 되는지 자문하기(M) 문제/과제를 해결하기 위한 전략/원리에 대한 자문하기(M)

수학적 태도의 측정

말미부오리(Malmivuori 2001)에 따르면, 그동안의 수학교육 연구자들은 비교적 안정적이며 지속성이 있는 수학적 태도와 같은 정의적 반응에 대하여 연구 관심을 기울여왔는데 이것은 개인 학습자의 수학 학습 활동 과정에 반복적이며 강하게 나타나는 부정적 또는 긍정적 반응과 같은 정서적 경험이 누적, 발전되어 형성된 것으로 보고 있다. 그리고 수학적 태도 변인의 척도로는 수학 학습 활동과 관련하여 자아개념이나 자기신뢰, 동기화, 즐기기, 수학의 가치나 유용성 인식, 수학 불안, 남성 영역으로서의 수학에 대한 생각 등의 측면을 측정하여 연구에 활용하고 있다.

수학 문제해결 과정에서의 신념과 성향

램퍼트(Lampert 1990)는 자신의 연구에서 수학 문제해결 과정에 나타나는 학습자의 신념이나 성향의 예를 다음과 같이 들고 있다. — (1) 수학 문제들은 오직 하나의 올바른 답을 가지고 있다. (2) 어떤 수학 문제든 그것을 해결하는 정확한 방법은 유일하다. (3) 평범한 학생은 수학을 이해하기 어려우며, 단순히 수학 내용을 기억하거나 이해가 결여된 기계적인 방법으로 학습한다. (4) 수학은 개인이 혼자 하는 고립된 활동이다. (5) 수학을 이해한 학생은 어떤 문제든 5분 이내로 풀 수 있을 것이다. (6) 학교에서 배운 수학은 실생활과 거의 또는 전혀 관계가 없다. (7) 형식적인 증명은 발견과 발명의 과정과는 무관하다. —

문제해결 관련 정서

수학 문제해결 활동과 관련하여 중요하게 생각해야 될 정서적인 요소로서 수학적 '친밀성(intimacy)'과 '온전성(integrity)'에 대하여 알아보고자 한다. 수학적 친밀성은 개인 학습자가 특정 수학 내용에 대하여 지극히 개인적으로 구축한 의미, 정서적으로 깊게 개입함, 아니면 이에 대하여 갖고 있는 개인적 취약성 등과 관련하여 나타나는 정서이다(DeBellis & Goldin 2006). 수학적 친밀성에 대하여 드벨리스(DeBellis 1998)는 유능한 문제해결자에게 구축되어 있는 정서적 경험의 특정 구조이면서, 이는 개인 학습자와 그 학습자의 자기가치의 내적 의미와 연결되어 내적으로 표현된 수학 사이에 잠재된 정신내적 관계를 나타낸다고 설명한다.

개인 학습자에게 수학적 친밀성은 수학이나 수학 학습과 관련하여 개인적으로 누적시켜온 친숙한 수학적 경험(수학이나 수학 활동에 대한 즐거움, 호감, 만족감, 성취감, 호기심, 가치성, 신뢰성 등)으로 형성된다. 드벨리스와 골딘(DeBellis & Goldin 2006)에 의하면 이러한 수학적 친밀성은 개인 학습자의 수학 지식과 수학 내용 사이에 결속을 유지해준다. 특히, 문제해결과 같은 수학 학습활동에서 개인 학습자의 정서적 역동성이 친밀성이란 정의적 구조와 결합될 때 당시 학습된 수학 내용은 이들 정의적 요소와 쉽게 분리되지 않는 결속된 지식의 형태로 자리를 잡게 되는 것이다. 개인 학습자에게 형성된 수학적 친밀성은 도중에 자신의 수학적 사고나 활동의 결과에 대하여 스스로 겪는 실망감이나 외부로부터의 부정적인 평가 등으로 손상되거나 하락하기도 한다. 그러한 부정적인 경우에도 불구하고 이미 형성한 수학적 친밀성을 온전하게 유지시켜줄 수 있는 것이 메타정의적 역량이 된다.

다음, 문제해결 관련 정서인 수학적 온전성은 학생이 수학 문제해결에 임하면서 문제해결자의 입장에서 수학이 '바르다'고 생각할 때, 문제의 해법이 만족스러울 때, 자신의 이해가 충분하다고 느낄 때, 또는 자신의 수학적 성취가 높이 평가되거나 칭찬을 받을 때 개인적으로 취하게 되는 정의·심리적 태도를 말한다(DeBellis & Goldin 2006). 수학적 온전성은 수학과 관련하여 수학 학습자의 '진리'와 이해에 대한 성실성이라고 할 수 있으며, 정직성과 적절한 개방성을 필요로 한다. 드벨리스와 골딘(2006)에 의하면, 충실한 수학적 온전성을 갖고 있는 학습자는 보다 효과적인 학습과 문제해결을 수행할 수 있으며, 특히 그들의 수학적 온전성이 수학적 친밀성 역량과 상호작용이 가능할 때 그 효과성은 증가한다.

6 문제해결과 모델링

근래 새롭게 등장하는 여러 복잡, 다양한 문제적 상황 자체나 이러한 상황들 사이의 관계성이나 규칙성을 수학적으로 다루어 주어진 문제의 해를 찾아내기 위해서는 수학적 문제해결에 대한 보다 발전된 개념을 필요로 하게 된다. 이렇게 발전시킨 수학 문제해결의 개념이 실제 상황에서도 무리 없이 적용되기 위해서는 수학 '문제'나 '문제해결'에 대한 변화된 시각이 필요하다. 이에 따라 레시와 자보예프스키(Lesh & Zawojewski 2007)는 우선 문제에 대한 정의를 "주어진 상황에 대하여 보다 생산적인 사고 방법을 발전시키고자 하는 필요성을 느낄 때 비로소 문제가 된다(p.782)."라고 종전보다 확장된 문제에 대한 정의를 제안하고 있다. 여기서 생산적인 사고 방법을 발전시킨다는 것은 문제해결자가 주어진 상황에 대해 새로운 해석을 적용해야 함을 의미한다.

이와 같이 문제해결 활동은 이제 해결의 의도를 갖고 주어진 문제 상황을 수학적으로 변환, 해석하는 활동으로 정의되기에 이르렀다. 여기서 말하는 수학적 상황의 변환, 해석 과정은 주어진 문제 상황 자체로부터 시작된 수학적 변환, 해석의 상태를 다시 표현, 검토, 개정하는 활동이 적용되는 일련의 반복적 과정으로 수학이란 범주 내외의 다양한 관련 내용으로부터 목표하는 수학적 개념을 분류, 통합, 수정, 개정, 개선하는 나선적 구조의 사고 과정으로 보는 것이다. 종전에 문제해결을 문제에 주어진 것으로부터 그 문제의 목표에 이르는 절차를 탐구하는 활동이라는 정의와는 달리, 이제 새롭게 필요로 하는 문제해결의 정의는 일반적으로 문제 안에 주어진 정보와 문제의 목표를 서로 관련지어 양측에 대한 이해 즉 해석을 개선, 근접시키려고 반복하게 되는 일련의 순환적 인지·정의적 활동 즉 '모델링(modeling)'으로 보고 있다.

본장에서는 '문제해결과 모델링'이란 주제하에 수학적 '모델'과 '모델링', '모델링으로서의 문제해결', '수학적 표상'에 대하여 알아보고자 한다.

6.1 수학적 모델

수학적 모델

NCTM(2000)의 규준에 의하면 수학교육에서 '모델(model)'이란 용어는 다양한 의미를 갖고 사용된다. 예를 들어, 조작모델과 같이 학생이 학습 시 사용하는 물리적 자료를 언급할 때나 교사가 문제해결 과정을 모델로 보여줄 때처럼 모범적인 시연이나 시뮬레이션을 지칭하기 위해서도 사용한다. 그리고 모델이란 용어를 '표상[1](representation)'과 동의어로 사용하기도 한다. 즉, 수학적 모델이라 함은 수학적으로 다루고자 하는 복잡한 현상과 그 안에서의 구성 요소와의 관계를 이상화시켜 수학적으로 표상한 것을 의미한다.

즉, 수학적 모델은 수학적 현상의 이해를 분명히 하거나 문제를 해결하는 데 필요로 한다는 의도에서 표상 자체뿐 아니라 표상에 따라 수학적 활동을 전개하고 현재의 수학적 모델에서 다시 모델화되어 나타낸 현상과 그와 관련된 활동에 대한 의미론적 해석까지 포함한다(NCTM 1999). 이와 같은 의미를 포함하는 수학적 모델의 사용 목적은 주어진 문제적 현상을 명확히 이해하거나 해석하기 위해서 또는 최종 목표하는 문제의 해를 찾기 위한 것이다. 특히, 수학 문제해결에서 논의되는 모델의 개념은 문제해결자에게 주어진 문제적 상황이나 현상이 수학적으로 변환된 상태를 기점으로 하여 그 문제를 구성하는 요소 자체와 그 요소들 사이의 관계를 수학적으로 표현한 상태를 의미한다.

레시와 도르(Lesh & Doerr 2003a)는 학생의 모델링 활동을 묘사하기 위해 흔히 사용되는 용어인 모델, 표현, 스키마 등을 구별하면서 모델의 특징과 종류를 규정하고 있다. 즉, 모델은 특정 개념 체계 속의 현상이나 행위를 구조화, 묘사, 설명하기 위해 선정된 다른 개념 체계의 수단으로써 표현되며, 이 개념 체계를 구성하는 요소 자체와 그 요소 사이의 관

---

1) '표현'에 해당하는 영어권의 단어는 'representation'으로 경우에 따라서는 우리말로 번역할 때 '표상'이란 단어가 적합할 경우가 있다. 즉, 외적이거나 형이하학적 의미를 지닐 때는 표현으로, 내적이거나 형이상학적 의미를 가질 때는 표상으로 나타내어야 하나 본문에서는 편의상 두 가지의 경우 모두 표현이란 단어로써 통일하여 나타내기로 한다.

계, 그 체계 방식에 따른 조작 활동과 상호 작용을 규정하는 규칙으로 이루어진 체계라고 본다. 특히, 수학적 모델은 한 개념 체계로서 갖고 있는 물리적 또는 도구적 특징보다는 구조적 특징에 초점을 맞추어야 할 것을 강조하고 있다.

대체로, 문제해결에서 모델의 개념은 주어진 문제적 상황이나 현상이 갖고 있는 문제점 타개를 목적으로 실제 문제의 상황을 수학적 활동의 대상으로 만들기 위하여 이를 대체할 수 있는 수학적 실제와 그들 사이의 관계의 조합으로 나타내는 것이나(Niss 1989), 주어진 문제적 현상에 내포된 요소나 특성과 유사점을 함유하면서 함수나 방정식처럼 수학적 개념을 활용하여 만들어낸 수학적 구조로 보고(Edward & Hamson 1989) 있음을 알 수 있다.

레시와 도르의 수학적 모델의 개념 체계

NCTM(1991)이 제시한 수학적 모델의 유형을 살펴보면 그래프, 식, 그림, 또는 표 등으로 실제에서는 특정한 것에 한정하지 않고 이들을 통합적으로 사용하는 경우가 많다. 레시와 도르(Lesh & Doerr 2003b)는 모델을 나타내는 개념 체계에서는 다양한 표현 매체를 활용하는데, 예를 들어 표, 그래프, 식, 문자, 기호, 다이어그램, 그림, 구체물, 경험에 기초한 은유 등이 있으며, 이들을 다음 그림과 같이 연결지어서 설명하고 있다.

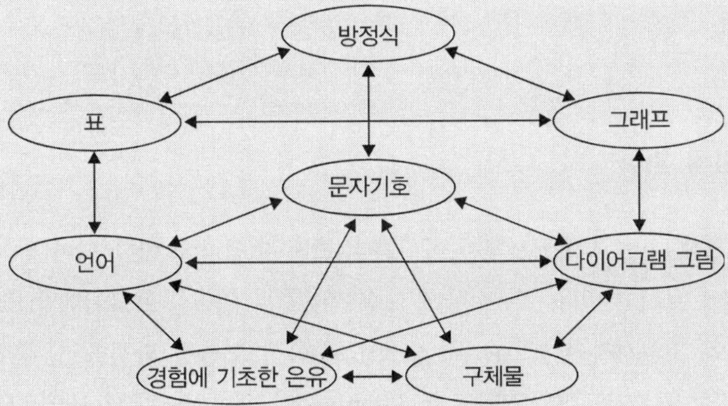

그림 6-1

6.2 수학적 모델링

수학적 모델링의 정의

수학적 모델의 개념이 다양하게 논의되고 있는 것처럼 수학적 '모델링'의 개념 또한 다양하게 정의되고 있다. NCTM(1989)에서는 실제 문제 상황을 수학적 문제로 변환시켜 문제의 해를 구한 다음 다시 이 해를 처음의 실제 문제 상황에 맞게 해석하는 일련의 과정을 수학적 모델링이라고 하고 있다. 스웨츠와 휘츨러(Swetz & Hartzler 1991)에 의하면, 주어진 문제적 현상의 특징과 해법을 가늠해볼 수 있게 하는 수학적 구조로서 모델을 고안해 내는 과정이 수학적 모델링이다. 한편, 실제의 구조화되지 않은 문제 상황에 수학을 적용하여 해에 접근하는 과정으로 수학적 모델링을 정의하기도 한다(Zbiek 1998, Galbraith & Clatworthy 1990). 즉, 수학적 모델링은 수학적 기호, 식, 그래프, 표, 그림 등의 표현 수단을 활용하여 실제의 문제 상황에 들어맞는 수학적 모델을 고안하고, 이를 도구 삼아서 주어진 문제 상황을 탐구하여 문제의 해에 접근해가는 일련의 사고 활동 과정을 의미한다고 볼 수 있다.

수학적 모델링의 의미

수학적 모델링에 대한 정의에서뿐만 아니라 수학적 모델링에 대한 의미 부여 면에 있어서도 다양한 의견을 보이고 있다. 즉, 수학적 모델링이 갖는 의미를 프로이덴탈(Freudenthal)의 수학화의 의미와 동일시하거나(English 1999), 수학적 모델링 과정을 실제와 모델 사이의 순환 과정으로 설명하기도 한다(Maki & Thompson 1973, NCTM 1991, Lesh & Doerr 2003b). 특히, 잉글리시(English 2003)는 수학적 모델링 활동의 의미를 프로이덴탈의 수학화의 의미와 유사한 것으로 보고, 수학교육에서 학생으로 하여금 수학적 모델링 활동을 통하여 초기의 직관에 따른 비형식적 이해와 추측을 형식화, 일반화시킬 수 있는 능력을 기르도록 할 필요가 있다고 주장한다. 즉, 실제 문제 상황에 대하여 초기 직관적 모델을 통하여 탐구함으로써 보다 발전된 수학적 모델로 변환시키고 이에 대한 추상화나 형식화를 덧입혀 점차 문제의 해에 접근하고, 구해진 해를 원래 문제 상황에 비추어 반성해보는 피드백 과정으로 여기는 수학적 모델링의 의미는 프로이덴탈의 수학화의 의미와 일치한다고 볼 수 있다.

마키와 톰프슨(Maki & Thompson 1973), NCTM(1991), 레시와 도르(Lesh & Doerr 2003b)는 수학적 모델링의 기제에 대하여 실제와 모델 사이의 순환 과정으로써 설명하고 있다. 특히, 마키와 톰프슨(1973)은 수학적 모델링을 '현실 문제 ➜ 현실적 모델 ➜ 수학적 모델 ➜ 수학적 결과'의 순환 과정으로 설명하고 있다. 한편, NCTM(1991)이 제시한 수학적 모델링 과정에 의하면, '실세계 현상 ➜ 수학적 모델 ➜ 수학적 결론 ➜ 결론 및 예측'의 과정을 거치는 것으로 보고 있다. 특히, 현실세계와 모델세계 사이를 '기술, 조작, 예측, 확인' 등을 통해 순환하는 과정으로 보는 레시와 도르(2003b)는 모델링 과정을 '모델 유도 활동 ➜ 모델 탐구 활동 ➜ 모델 적용 활동'의 과정으로 나타내고 있다.

이상의 수학적 모델링에 대한 설명을 종합해보면 프로이덴탈의 수학화의 과정과 내포하는 의미 면에서 일맥상통하며, 그 절차는 연구자마다 다소 차이가 있기는 하지만 크게 현실세계의 문제를 이해하고, 이해한 것을 단순화, 이상화, 구조화하여 그림, 식, 표 등으로 수학적 모델을 구성하여 목표하는 결과를 얻어 다시 현실 세계에 맞도록 결론을 도출한 다음, 최종 개발된 모델과 수학적 결론을 처음에 주어진 문제 상황에 적용하는 순환적 사고 활동 과정으로 볼 수 있다.

모델링 주기

블룸과 라이스(Blum & Leiss 2005), 페리(Ferri 2010)는 주기적 측면을 강조한 수학적 모델링 과정을 제시하고 있다. 아래 그림은 블룸과 라이스(2005)의 수학적 모델링 과정을 설명해준다.

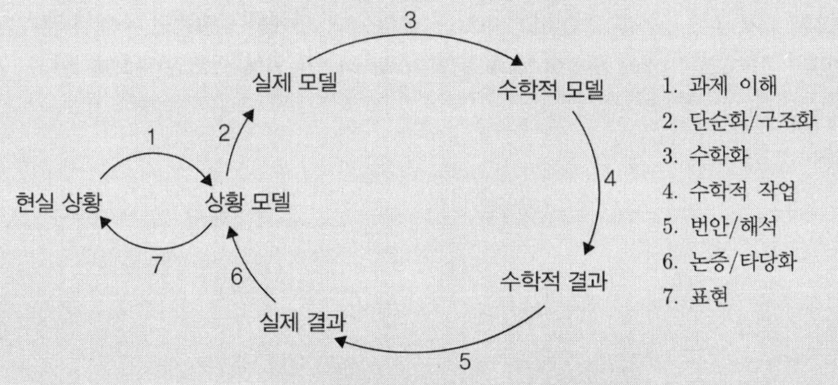

그림 6-2 블룸과 라이스(2005)의 모델링 주기

페리(Ferri 2010)는 앞의 블룸과 라이스(Blum & Leiss 2005)의 수학적 모델링의 주기를 받아들

여 Com² 프로젝트[2)]에서 '상황 모델' 대신 '상황의 정신적 표상(MRS[3)]–Mental Representation of the Situation)'이라는 용어로 대체하여 수학적 모델링 과정을 다음과 같이 설정하고 있다.

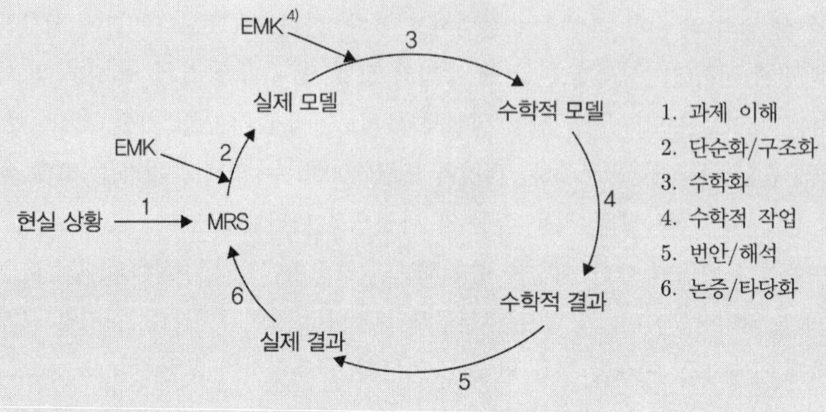

그림 6-3 페리(2010)의 모델링 주기

이 모델링 주기에서 '현실 상황'은 처음 문제에서 주어진 상황으로 일반적으로 그림이나 문장 등으로 구성되어 제시된다. '상황의 정신적 표상(MRS)'은 내적 모델링 활동으로, 학습자 개인은 현실 상황을 이해하여 각자 개인적인 정신적 표상을 갖게 된다. '실제 모델'은 MRS와 밀접한 연관성을 갖는 단계로 학습자의 개인적인 묘사나 공식 등을 활용한 방법으로 표상하며 실제 모델을 나타낸다. '수학적 모델' 단계에서 학습자는 묘사나 공식 등에서 얻은 감각으로 표상을 하게 되는데 이 단계에서 수학적 수준으로의 이동이 완결된다. 즉, 개인의 언어적 표상이 수학적인 수준의 것으로 전환되면서 현실을 참조하는 수준은 감소하게 된다. '수학적 결과' 단계에서 학습자는 각자의 모델을 기반으로 해서 얻은 결과를 도출하고, 마지막 '실제 결과' 단계에 도달하면 '수학적 결과'가 학습자 개인이 고려하는 조건에 비추어 '실제 결과'가 될 수 있는지에 대해 판단하게 된다.

---

2) Com² 프로젝트(Cognitive psychological analysis of modelling process in mathematics lessons): 2005년 Hanburg대학에서 학생과 교사의 모델링 활동 내의 인식 과정을 연구하기 위한 프로젝트이다.

3) MRS(Mental Representation of the Situation): 상황의 정식적 표상으로 개인의 내적 모델링 활동으로 현실 상황을 이해하여 개인적인 정신적 표상을 갖는다.

4) EMK(Extra-Mathematical Knowledge): 주어진 문제와 관련된 수학교과 외적 지식을 말한다.

6.3 모델링으로서 문제해결

문제해결에 대한 전통적 관점과 모델링 관점

근래에 들어서, 일반적으로 수학 문제해결 과정을 주어진 문제 상황에 맞는 수학적 모델을 도출하여 이에 대한 수학적 탐구와 적용을 통해 문제의 해법에 접근해가는 과정, 즉 수학적 모델링이라는 개념으로 설명한다. 이와 같은 수학적 모델링의 시각으로 수학 문제해결 과정을 재조명해보는 것은 수학 문제해결 교육에도 의미 있는 시사점을 줄 것이다.

전통적인 수학 문제해결 교육에서 다루는 문제는 교육적 의도에 따라 특정 해법이나 해를 미리 예상하고 그에 맞추어 언어적 형태로 구성, 제시되는 의도된 상황이나 문제의 경우가 대부분이다. 이와 같은 문제나 상황에서 필요로 하는 문제해결의 행위나 사고 과정은 언어나 기호적 방법으로 표상된 상황이나 문제의 의미를 이해하고 이에 수학 내용이나 해결 전략을 적용하여 해를 구하는 것이다. 기존의 문제해결 과정에 사용하는 전략의 경우는 문제의 해결에 적절하다고 판단한 전략을 생각해내어 그 전략이 유도하는 대체로 고정된 해석과 절차를 사용하여 해를 구하게 되지만, 모델링 과정에서는 문제의 해라는 목표에 도달하기 위해 직전의 문제 상황을 해결하기에 유용하다고 판단하는 모델로써 표상하고 그 모델을 문제에 비추어 해석하는 과정을 반복하면서 모델이 수정, 발전된다는 점에서 차이가 있다.

전통적인 관점에서의 문제해결은 문제의 조건으로부터 판단한 결정적 해결 수단이 되는 전략을 활용하여 문제의 해를 구하는 과정으로, 작위적이고 비실제적 방법으로 제한된 수학적 내용이나 규칙을 사용하여 문제의 답을 찾는 것이다. 반면에 모델링의 관점에서 문제해결은 문제의 조건, 목표, 해에 이르는 경로, 문제 상황에 내재된 패턴과 성질을 수학적으로 해석하는 유용한 수단을 발전시키는 과정과 관련되며, 해를 구하기 위해 수학적 표상, 설명, 예측 등이 점차 세련되고 정교해지는 다양한 과정이 종합되어 있는 것이다. 따라서 수학적 모델링에 적합한 문제는 실제 현상을 바탕으로 하는 비구조화된 문제이면서 수학적 모델로 변환될 수 있는 수학적 요소가 다분히 포함된 실제적 상황을 다루는 문제가 되어야 한다.

이제, 모델링 관점에서의 문제해결에서는 실제 생활에서 경험할 수 있는 자연스러운 문제 상황을 통하여 그러한 상황의 문제해결에 필요한 다양한 형태와 측면의 수학적 사고 활동을 경험할 수 있게 한다는 점이 중요하다. 동시에 수학적 모델링의 과정은 전통적인 문제해결의 과정을 포함하는 보다 넓은 의미를 갖기에 모델링을 통하여 실제적이고 풍부한 문제해결을 학습할 수 있게 된다.

문제해결에 대한 전통적 관점과 모델-모델링의 관점

문제해결을 모델-모델링으로 보는 문제해결에 대한 새로운 시각은 문제해결자가 필요에 의해 나름대로의 수학적 해석 즉 사고의 방식이나 절차를 만들고 이를 다듬거나 적용하는 과정을 중요시한다. 레시와 도르(Lesh & Doerr 2003b)는 다음 표에서 문제해결에 대한 전통적 관점과 모델-모델링의 관점을 대조시켜 설명하고 있다.

표 6-1 문제해결에 대한 전통적인 관점과 모델-모델링의 관점(Lesh & Doerr 2003b)

문제해결에 대한 전통적인 관점	문제해결에 대한 모델-모델링 관점
응용문제를 해결하는 것은 전통적인 문제해결의 하위 집합으로서 다뤄진다.	전통적인 문제해결은 모델링 활동과 같은 응용문제해결의 하위 집합으로서 다뤄진다.
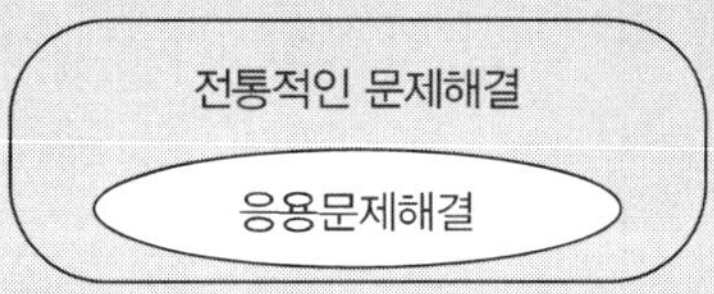	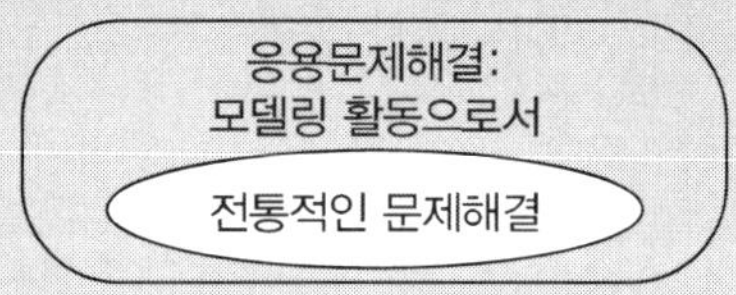
실생활(응용) 문제를 해결하는 학습 과정은 다음 네 단계를 통하여 이루어지는 것으로 볼 수 있다. 1. 탈맥락화된 상황에서 선수 학습이 필요한 아이디어와 기능을 완전히 이해한다. 2. 기학습된 절차적 지식을 연습시키기 위해 고안된 문장제에 대해 새롭게 이해된 아이디어와 기능을 연습한다. 3. 일반화된 내용독립적인 문제해결의 절차와 발견술을 학습한다. 4. 추가적인 정보가 요구되는 복잡한 실제 상황에서 기학습한 사고, 기능, 발견술 등을 활용할 수 있는 방법을 학습한다.	응용문제를 해결한다는 것은 합리적인 해결 방법을 발전적으로 결합하여 문제를 변환시키거나 다이어그램 그리기와 같은 수학적인 방법으로 나타내는 활동을 포함한다. 이해한다는 것은 '예-아니오'의 이분법적 상황으로 간주될 것이 아니라, 문제해결 과정 동안 수학적 사고와 문제해결 능력이 함께 발전되는 과정으로 보아야 된다. 실생활 문제(즉, 응용문제)를 해결하기 위해 필요한 구성, 과정, 능력 등은 문제해결에 적용하기 전에 우선적으로 완전히 이해되어야 하는 것이라기보다는 문제해결 과정과 함께 이해가 발전되어가는 것으로 보는 것이 옳다.

앞의 표에 제시한 바와 같이, 전통적인 학교수학 교육과정에서는 실생활에서 응용되는 문제를 해결에 가장 어렵고 까다로운 유형의 문제로 분류하는 경향이 있다. 따라서 실생활 문제는 일반적으로 계산 절차를 미리 학습한 후에 해결 절차를 문장제를 통해 연습하게 되고, 문제해결 전략은 그 후에 지도된다. 이처럼 지도의 마지막 단계에서 실제적이고 복잡한 응용문제의 해결을 지도하게 되는 셈이다.

반면에 모델-모델링의 관점에서는 수학 학습의 경험도 모델링을 통해 발생한다는 것이다. 다시 말하면, 학습자는 수학적 모델과 같은 수학적 사고의 방식을 만들어내고 이를 다시 개선하여 적용하는 일련의 과정을 필요로 하는 실제 상황을 이해하기 위한 모델과 같은 개념적 체계의 발전에 의해 자신의 학습 경험을 시작하는 것이다. 즉, 모델을 이끌어내는 활동이 주어지면 학습자는 문제와 관련된 자신만의 개인적 의미를 불러일으키도록 하고 모델링의 순환 주기에 따라 자신의 해석 상태를 점검하고 다듬는 과정을 반복하면서 발전하게 되는 것이다.

문제해결의 모델링 관점의 의미

앞에서 알아본 바에 의하면, 종전의 문제해결을 문제의 '주어진 것'으로부터 '목표'까지 이르는 절차를 탐구하는 활동으로 정의하던 것과는 달리, 이제 새롭게 필요로 하는 문제해결의 정의는 주어진 정보와 문제의 목표를 관련지어 양측을 이해, 즉 해석하려고 반복하게 되는 순환적 활동으로 보는 것이다.

다음 그림은 이와 같은 개념으로 모델을 필요로 하는 문제를 해결하는 동안에 경험하게 되는 반복적 4단계의 모델링 과정을 보여준다(Lesh & Doerr 2003b).

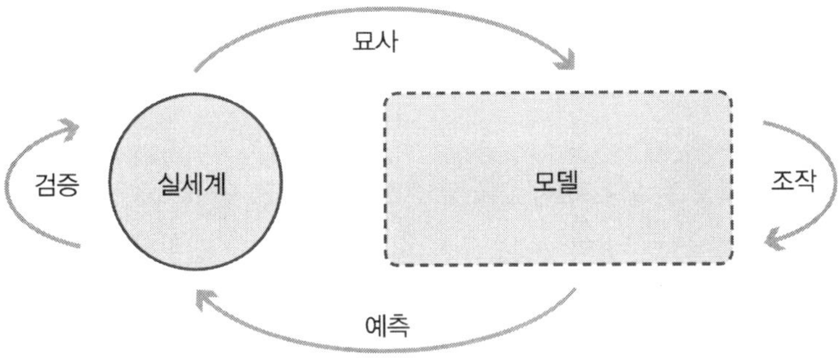

그림 6-4 모델링 주기(Lesh & Doerr 2003b, p.17)

그림에서 '묘사' 활동은 '실세계'로부터 특정 모델을 생성하여 옮겨가는 과정이다. 앞에서 생성된 수학적 모델에 대한 '조작' 활동은 모델을 통하여 만들어진 기능 체계 내에서 실세계의 처음 문제해결 상황과 연계하여 예측을 발생시키게 작용하는 과정이다. '예측'은 조작 과정에서 생성된 결과들을 실세계로 가져오는 활동이며, '검증'은 실세계의 맥락에서 예측 활동의 유용성이나 유효성을 확인하는 과정이다. 그리고 이 검증 활동에서 발견되는 문제점은 이미 시도했던 해결책을 다시 표상, 검증, 개선하는 일련의 순환 활동으로 유도된다.

학습자가 모델링 과정에 단순한 순환 이상의 모델 생성 활동에 임하게 되면 처음의 미숙, 부족하거나 안정적이지 못했던 해석 활동을 보다 개선, 발전시켜 가면서 직전에 구상한 모델을 단순히 수정하는 수준 이상의 활동을 전개하게 된다. 즉, 모델링의 초기에는 문제해결을 위한 다양한 모델이 고안될 수 있는데 그렇게 고안된 모델들은 분류, 통합 또는 급기야 폐기해야 되는 경우도 발생하게 된다(Lesh & Yoon 2004). 이와 같이 초기에 제시되는 문제해결을 위한 다양한 시도는 일반적으로 언어나 은유, 기호, 그래프, 그림 등의 다양한 기법에 의해서 표상되는 경향이 있다. 이렇게 표상된 결과물은 주어진 문제해결 상황의 특정 측면이 필요에 의해서 강조되거나 역으로 약화되면서 표상 결과물에 대한 분류, 통합 또는 삭제 등의 절차가 더해진다.

모델링의 문제 상황과 대조적으로 전형적인 문제해결에서의 이야기 문제는 일반적으로 미리 조작된 수량적 정보나 조건으로 이루어져 있다. 따라서 이러한 문제를 해결할 때는 모델링의 경우처럼 주어진 문제 상황을 해결책에 접근시키기 위하여 수학적인 해석과 분석 결과에 터하여 해결의 절차나 알고리즘 등의 탐색과 같이 해결 방법론의 모색을 요구하기보다 단순, 명확한 수량적 정답이 주로 요구된다. 즉, 이야기 문제는 그 문제를 해결하기 위해 필요한 수학적 절차를 미리 정해 놓기 위해 주의 깊게 선택한 용어나 단어를 사용하는 경향이 있다. 이와 대조적으로 모델링을 요구하는 문제 상황에서는 학습자로 하여금 의미 있는 실제 상황에서 필요한 수학적 진술을 만들어 내도록 요구하는 것이다. 즉, 전형적인 이야기 문제의 해결 활동은 그 문제의 해결에서 중요한 역할을 하는 내용을 상징하는 단어나 용어가 활용된 진술에 의해 만들어지는 작위적 상황으로부터 시작된다. 따라서 이러한 이야기 문제의 해결은 이미 수학적으로 모델화된 상황에서 시작되고 그 안에서 해결 과정이 진행, 완성되기에 학습자는 온전한 모델링의 순환 주기의 일부 과정만 경험하게 된다.

학습자가 주어진 문제 상황을 수학적으로 해석할 때 사용하는 해석 방법은 문제해결에 대하여 개인적으로 갖는 느낌, 성향, 가치, 신념 등 정의적 요인이 포함되면서 단순히 수학적이거나 논리적인 해석 방법만이 아닌 복합적이게 된다. 즉, 문제해결을 위한 모델을 구상할 때도 수학 학습자로서의 개인적 성향이 작용하게 됨을 고려해야 된다. 이와 같이 모델링의 과정이 포함하는 복잡다단한 특성에 대한 간명한 설명을 위해 문제해결 활동을 '실제를 수학화하기'로써 진술되어져 왔다면, 이는 그동안 학교수학에서 전통적으로 이야기 문제가 하는 역할을 설명하는 소위 '수학을 실제화하기'와 사뭇 대조적임을 알 수 있다(Lesh & Zawojewski 2007).

문제해결에 대한 관점의 변화 과정

레시와 도르(Lesh & Doerr 2003b)는 그동안 문제해결에 대한 연구자들의 관점이 거쳐온 진화 과정을 산업적 비유를 통하여 '하드웨어에 기반한 비유 → 소프트웨어에 기반한 비유 → 웨트웨어

(wetware, 컴퓨터 프로그램이나 시스템으로 본 인간의 두뇌)에 기반한 비유'의 경로를 따라 발전해온 것으로 설명한다.

첫째, 하드웨어에 기반한 비유는 '전체는 부분의 단순 총합'이란 의미와 일반적인 관계들은 마치 산업계의 조립라인과 기계 개념이 함유하는 '단순 일방향의 연결'이라는 가정을 반영하여 문제해결 이슈의 초기 단계에서의 문제해결에 대한 관점의 특징이 설명될 수 있음을 의미하고 있다. 즉, 수학교육에서 학습에 대한 행동주의적 모델은 이러한 가정을 반영하며, 이 관점에 의하면 문제해결 활동은 잘 짜여진 문제를 해결하기 위해 전제 조건이 되는 관련 지식의 조각을 단순히 연결하는 것으로써 설명될 수 있다는 것이다.

둘째, 소프트웨어에 기반한 비유는 하드웨어에 기반한 비유보다 더 복잡한 체계가 메타인지적 과정뿐만 아니라 결과적으로 저장이나 검색과 관련된 정보의 관리, 운영의 스키마를 포함하는 반복되는 상호작용의 과정을 포함한다는 가정에서 하는 설명이다. 이와 같은 은유는 학습 현상에 대한 기계적 비유에 기반을 둔 학습 이론, 즉 인간의 문제해결 활동을 컴퓨터 시뮬레이션에 기초한 학습과 문제해결에 대한 이론으로 재구성하려는 이론(예, Newell & Simon 1972)에 의해 강조되었던 것이다.

셋째, 웨트웨어에 기반한 비유는 실제 수학 학습과 문제해결에 대한 추가적 복잡성에 대한 설명을 가능케 해준다. 문제해결 과정에 학습자가 전개하는 논리는 애매하고 부분적으로는 불필요한 부분이 있기도 하며 또한 지속적이지 못하며 불안정하기까지도 하다. 웨트웨어의 은유는 '전체로서의 체계는 그 체계의 구성 요소로부터 직접적으로 이끌어내어질 수 없는 특성을 가진 것이며, 복잡성과 역동성 그리고 지속적으로 적응해 나가는 과정'이라는 가정을 필요로 한다. 따라서 수학교육 분야의 연구자는 실생활이 연상되는 비활성화된 것을 가지고 시작하기보다는 실제 상황에서 시작하여 새로운 개념적 체계로써 모델화하는 과정을 연구하고자 한다. 이와 같은 웨트웨어의 비유는 수학 문제해결과 학습의 연구에서 새로운 의미나 이슈, 방향을 제시하는 유용한 비유가 된다.

6.4 수학적 표상

문제해결을 위한 수학적 표상

수학 학습과 지도에 있어서 다양한 표상 방법의 구사 능력은 복잡한 개념이나 관계의 여러 가지 양상이나 측면을 해석, 이해하는 데 유용하다. 학교수학의 다양한 내용에 대한 의미 충실한 학습을 위해서도 여러 종류의 표상 방법을 통한 이해의 과정을 필요로 한다. 수학 학습과 지도에 있어서 다양한 표상 방법을 활용하는 것이 중요하다는 것은 수학 학습심리 분야의 연구에서도 공통된 입장을 갖고 있다. 즉, 학습자 개인의 수학 학습이 발전되어 감에 따라 수학적 표상 방법의 가짓수를 늘려가게 되고, 이를 효과적으로 사용하는 방법에 대한 지식도 넓혀가게 된다.

특히, 주어진 수학적 문제 상황을 분석, 이해하기 위하여 필요치 않은 특성은 기호화 과정을 통하여 자연스럽게 제거되고, 해결 절차가 손쉽게 진행되도록 나름대로의 기호나 표상 방법을 구상하여 나타내게 된다.

문제해결 과정에서 표상이란 용어는 과정과 결과를 모두 나타내는 기능을 갖고 있다. 즉, 어떤 수학적 행위 과정에서 특정 수학적 개념이나 관계를 획득하는 활동의 전개 과정과 그 활동의 결과 자체를 나타내는 기능을 갖고 있다. 그리고 수학적 표상 활동은 수학을 수행하는 학습자 내부에서 발생하는 과정 및 결과뿐만 아니라, 외부적으로 관찰 가능한 과정 및 결과에도 적용된다. 수학적 표상 활동은 수학적 개념 자체 및 개념들 사이의 관계에 대한 이해를 얻어내는 경우는 물론, 수학적 접근 방법이나 주장 또는 이해에 대하여 의사소통을 하는 경우와 모델링을 통해서 수학을 실제 문제 상황에 적용하는 데 있어서도 핵심적 역할을 담당한다.

문제해결 교수·학습에 표상의 역할

학생이 문제를 해결하거나 수학적 아이디어를 탐구하는 과정에 만들어내는 개인적 표상은 학습자 개인이 자신의 문제를 이해하고 해결하는 데 직접적인 도움이 되며, 해결 방법을 기록하거나 그 방법을 다른 사람에게 전달하는 과정에 의미 있는 방법을 제공하는 기능을 한다. 교사는 학습자의 개인적 표상 방법이나 결과를 통해서 해당 학습자의 수학에 대한 해석이나 사고 방법과 관련하여 문제해결 지도에 필요한 중요한 정보를 얻을 수 있다. 이 정보를 통해서 학습자의 개인적 표상으로부터 보다 관례적인 표상으로 발전해나갈 수 있도록 유도하는 데 필요한 적절한 방법을 고안할 수 있게 된다. 따라서 수학 학습자에게는 관례적인 표상 양식을 학습하는 것은 물론 자신의 수학 학습 개선에 교사의 도움을 받기 위해서도 학습자 자신만의 표상 방법을 고안하고 수정하며 활용하는 과정이 중요하다.

한편, 수학적 표상 활동은 학습자가 자신의 수학적 사고를 조직하는 것을 도와줄 수 있다. 즉, 학습자가 적절한 표상 방법을 활용함으로써 수학적 아이디어를 보다 구체화할 수 있고, 반성적 사고 활동을 활성화시킬 수도 있게 된다. 특히, 문제해결을 잘하기 위해서는 기본적으로 주어진 문제의 이해를 위해 문제를 구성하고 있는 수학적 개념이나 아이디어를 적절한 방법으로 묘사하거나, 보다 명확히 하거나, 확장하기 위해서 다양한 표상 방법을 활용하는 것이 중요하다.

문제 표상하기

문제해결에서 초기에 문제가 문장이나 말, 상황 등 어떠한 형태로 주어졌든 그 문제의 해결을 위해서는 우선 주어진 문제의 처음 상태를 학습자 나름대로의 방법으로 표상하는 과정이 필요하다. 물론, 문제가 처음부터 바로 계산을 적용할 수 있는 수식으로 주어진 경우는 특별한 표상 과정이 필요 없을 수도 있다. 그러나 우리가 문제해결의 의미를 부여할 수 있는 문제의 경우는 대부분이 표상의 과정을 필요로 한다. 그 이유는 주어진 문제를 학습자 나름대로 표상하는 과정 자체가 문제해결 학습에서 습득되기를 기대하는 중요한 학습 요소가 되기 때문이다. 이 표상의 과정은 폴리아(Polya 1957)의 문제해결 4단계 중 '문제의 이해'의 단계에 포함되는 하위 단계 중 하나이며 그중에서도 초기 단계라고 할 수 있다. 학습자는 표상의 과정을 통하여 주어진 문제의 특성이나 구조를 인식하고, 그 문제의 해결과 관련하여 자신이 소유하고 있는 개인적 지식 구조와 자신이 운영할 수 있는 정보처리적 체계에 어울릴 수 있게 조정하는 작업을 수행하게 된다. 즉, 주어진 문제를 학습자 자신의 정보처리 시스템에 의하여 해석, 처리 가능한 방법으로 변환하여 학습자가 소지하고 있는 개인적 지식 구조를 용이하게 적용할 수 있는 상태로 전환시키는 과정이다.

문제 표상 방법

문제의 표상과 관련된 연구는 언어학이나 학습심리학 등의 영역은 물론 문제해결교육 분야에서도 이루어져 왔다. 카토나(Katona 1967)와 같은 형태심리학자는 문제해결과 같은 유의미한 학습은 문제에 내포된 수학적 구조를 분명히 제시해주거나 학습자로 하여금 발견토록 하는 것은 주어진 문제의 표상에 의존한다고 표상의 중요성을 강조하고 있다. 일반적인 표상의 방법과 깊은 관련이 있는 것으로 브루너(Bruner 1964)의 세 가지의 표상 양식을 — 활동적 표상, 영상적 표상, 상징적 표상 — 생각해 볼 수 있다. 결국 어떠한 표상의 방법을 사용하든 학습자 개인에 있어서 문제의 표상 활동의 의도는 주어진 문제와 학습자 개인이 소유하고 있는 문제해결과 관련된 종합적 지식 체계를 의미 있게 연결시키고자 하는 것이다.

수학 문제해결에 자주 사용되는 문제 표상의 방법을 살펴보면 (1) 비형식적 언어에 의한(informal

linguistic) 표상, (2) 유형적/가시적(physical/visual) 표상, (3) 대수적(algebraic) 표상 등의 방법을 생각할 수 있다(Resnick & Ford 1981, p.216). 비형식적 언어에 의한 표상의 방법은 주어진 문제를 문제해결자 자신의 언어로 전환시켜 그 언어 체계가 의미하는 알고리즘을 수행함으로써 해를 구하게 된다. 유형적/가시적 표상의 방법은 공간적 물리적 관계에 대한 지식을 필요로 하며 해결 방법을 구체적으로 알아낼 수 있게 해준다. 대수적 표상의 방법은 주어진 문제의 대수적 체제를 추출하고 이를 수식화할 수 있어야 사용 가능하다.

이제, 아래의 문장제를 예로 들어 문제해결 과정에 표상이 갖는 역할에 대하여 알아보기로 한다.

> 긴 철사를 75cm씩 잘랐더니 다섯 도막이 만들어지고, 30cm가 남았다면 처음 철사의 길이는 얼마입니까?

대체로 문장제를 해결하기 위해서 우선적으로 해야 할 일은 문제에 주어진 각 단어가 의미하는 수학적 요소를 파악하는 일이다. 즉, 문장제의 제대로 된 해결 과정은 우선 학습자 자신이 소유하고 있는 언어 능력의 범주 내에서 주어진 문제를 새롭게 변환시키는 것이다. 이 변환의 방법은 학습자 개인이 소유하고 있는 지식과 해결 전략에 따라 다를 수 있다. 예를 들어, 주어진 문제의 해결과 관계하여 대수적 방법이나 원리에 대하여 전혀 모르거나, 문제를 간단한 그림으로 나타낼 능력이 없는 학생의 경우는 일상적 즉 비형식적 표상의 방법을 사용할 수도 있으며, 때로는 이와 같은 방법만으로도 문제의 해결에 쉽게 접근할 수 있는 경우가 있다.

특히, 문제를 간단한 그림이나 물체를 이용하여 가시화시키는 표상의 방법은 다른 방법보다 해결을 위하여 문제에 보다 쉽게 접근할 수 있게 해주며, 때로는 문제의 해결책에 대하여 사고하는 과정에 기억하고 있어야 할 요소의 개수를 줄여 주어 문제해결 과정에 오류를 덜어주기도 한다. 일반적으로 주어진 문제에 대하여 적용 가능한 표상 방법은 문제의 특성이나 구조에 따라서 또는 학생 개인의 성향이나 능력에 따라 다를 수 있고, 한 문제에 대해서도 사용 가능한 표상 방법은 다양할 수 있다. 그리고 한 문제의 해결 과정에서도 그 해결 상황에 따라 수시로 적합한 표상의 방법이 변할 수 있다. 주어진 문제에 적용할 표상 방법을 결정짓는 요인은 문제 자체의 요인으로서 주어진 문제가 내포하고 있는 과제적 내용이나 구조 등에 따라서 또는 문제해결자 개인의 발달심리학적 제한점과 해당 문제의 해결과 관련된 학습 이력이나 배경과도 관계가 깊다.

문제의 표상이 불완전하면 그 문제는 해결하기 어렵거나 불가능하게 된다. 즉, 문제해결의 성패는 주어진 문제를 어떻게 표상하느냐에 의해 크게 좌우된다. 문제를 잘 해결하지 못하는 학습자는 문제의 표면 구조에 집중하는 반면, 잘 해결하는 학습자는 문제해결의 기본적 원리에 주목하는 경향이 있다. 그러나 문제해결을 위한 보다 풍부한 지식과 경험은 개념적 지식이나 절차적 지식 모두를 포함하는 스키마의 형태로 문제를 보다 잘 표상할 수 있게 해줌으로써 성공적인 문제해결의 중요한 요인이 된다.

문제 표상과 문제 이해

이해의 활동은 모든 유형의 학습 활동에 있어 필수 요소라는 견해에는 재론의 여지가 없다. 폴리아(Polya 1957)의 문제해결 단계 중 첫 번째 단계로서 '문제 이해' 단계의 설정은 수학과의 교육과정 연구나 문제해결교육 연구에 있어 이해에 상당한 관심을 집중하게 만드는 기폭제가 되었다(Lester 1982). 인지심리학자들에 의하면 이해는 제시된 문제의 주제의 내재적 표상과 밀접하게 연결되어 있다. 특히, 그리노(Greeno 1977, 1978)는 이해되어야 하는 주제의 표상을 구성해가는 과정으로서 이해를 보고 있다. 그는 이해 여부의 차이는 이해할 대상 주제 표상의 본질에 달려있다고 본다. 한편, 이해에 대한 그리노(1978)의 관점은 자연 언어에 대한 이해의 발달 과정을 연구한 생크(Schank 1972)와 위노그래드(Winograd 1972)의 관점과 비슷하다. 이들의 관점은 학습자에게 있어서 주어진 문장이 이해되었다는 것은 그 학습자의 내적 표상이 해당 문장의 의미가 무엇인지를 설명해줄 수 있게 된 경우로 보는 것이다.

헤이스와 사이먼(Hayes & Simon 1977)은 문제해결을 위한 올바른 이해를 위해서 다음 두 가지의 전제가 필요하다고 설명한다. 첫째, 주어진 문제를 구성하는 문장을 읽고 구문론적, 의미론적 분석을 통하여 필요한 정보를 추출해야 한다. 둘째, 추출한 정보로부터 해결에 적합한 문제의 표상을 구성해야 한다. 이 문제의 표상은 문제의 초기 조건, 문제의 목표, 그 목표에 도달하기 위해 사용할 연산자 등을 포함시켜야 한다. 이와 비슷한 맥락에서 브라운 외(Brown et al. 1978)는 이해에 대한 인공지능 분야의 입장에서 설명을 하고 있다. 즉, 주어진 문제를 구성하는 문장을 이해한다는 것은 문제 상황에 대한 해석을 구성함을 의미한다. 이러한 해석은 문제에는 명시되지 않은 세 가지의 지식 — 문제와 관련된 영역의 기초 지식, 해결 계획의 지식, 전략적 지식 — 으로부터 기인된다. 기초 지식은 일반적으로 문제를 이해하는 데 필요한 배경이나 경험에 기반한 지식이다. 계획의 지식은 학습자 개인의 순차적 활동을 통해 문제해결로 이끄는 이해를 제공한다. 전략적 지식은 기초 지식과 계획의 지식을 문제의 의미 구조 모델을 만드는 데 어떻게 사용할지와 관련된 지식으로 개인 학습자가 주어진 문제를 이해하는 과정을 총괄하고 해결책을 얻기 위한 활동을 결정하는데 사용되는 메타지식을 말한다.

수학적 표상의 방법

위켈그렌(Wickelgren 1974)에 의하면, 일반적으로 문제는 그 문제의 해결과 관련된 조건, 과정, 목표 등에 관한 정보를 포함하고 있다. 이와 같은 문제의 해결 활동의 시작이자 기초 단계는 상징적이거나 도식적인 형식으로 문제에 주어진 정보를 나타내는 단계이다. 여기서 상징적 형식은 단어, 문자, 수, 수학적 기호, 상징적 논리 표기법 등으로 정보를 나타내는 방법을 의미한다. 도식적 형식은 점, 선, 각, 도형, 백터, 행렬, 다이어그램, 함수의 그래프 등으로 정보를 나타내는 방식이다. 동일한 정보라도 여러 가지의 상징적이거나 도식적인 표기법으로 나타낼 수 있는 것은 물론이다. 문제는 대체로 구어적 형식으로 제시되는 것으로 가정하면, 이러한 문제를 해결하는 첫 번째 단계는 문제의 처음 제시 과정에 사용된 표상을 보다 개인 학습자의 문제해결에 적절한 표상으로 번안하는 과정인 셈이다.

주어진 문제가 공간적 개념을 수반하고 있을 때 그 문제를 도식적으로 표상하는 것은 그 문제를 상징적 표상으로 재구성하는 데 유용한 도구가 된다. 문제가 공간적 개념을 수반하지 않는 경우라도 공간적 개념과 문제의 개념 사이에 충분히 유사성을 만들어낼 수 있으므로 결국 주어진 문제를 해결하는 데 도움이 될 수 있게 도식적 표상을 사용해서 다시 나타낼 수 있게 된다. 일반적으로 문제해결이나 추상적인 사고를 전개할 때는 언어적인 상징적 표상이 시각적인 도식적 표상보다 더 중요한 역할을 한다. 이는 문제에 포함된 정보에 대한 의사소통은 언어적인 상징적 용어에 주로 의존하기 때문인데, 문제해결에서 도식을 사용한다 할지라도 거기에는 부분적으로 언어적 명칭이 붙여지는 것과 같은 이유이다. 공간적이거나 기하적인 정보의 상징적 표상에 대한 규칙을 정함으로써 상징적 표상은 보다 간명하게 이루어질 수 있다. 따라서 주어진 문제가 포함하는 정보를 상징적 표상의 방법으로 나타내는 것은 경제적이며 효율적이 되는 것이다. 그러나 이와 같은 생각이 도식적 표상이 중요하지 않다는 것을 의미하지는 않는다. 공간적 개념을 수반하는 문제를 순수하게 상징적 표상만으로 나타내어 해결하는 것은 학습 가능한 방법이다. 그러나 그러한 해결 방법이 과연 효과적일까에 대해서는 확언하기가 쉽지 않다. 왜냐하면, 연구에 의하면 언어적인 상징적 개념과 관계된 심적 양식(modality of the mind)과는 다르게 작용하는 공간적 개념과 관계된 심적 양식이 따로 존재하기 때문이다(Wickelgren 1974).

문제해결에서 문제 정보 기록의 장점

위켈그렌(Wickelgren 1974)에 의하면, 대부분의 문제는 문제해결의 초기 단계에 문제에 주어진 정보를 기록 방식으로 나타냄으로써 보다 신속하고 편리하게 해를 찾아낼 수 있게 되는데 그 이유에 대해서 다음 네 가지를 들어 설명하고 있다.

첫째, 주어진 문제의 구성 요소를 기록한다는 것은 학습자로 하여금 문제의 중요한 각 요소에 이름을 부여할 필요성을 느끼게 한다.

둘째, 학습자가 문제에 주어진 정보를 기록하여 나타내고 있을 때, 이는 학습자로 하여금 자동적으로 관심을 문제에 주어진 정보에 집중하게 해준다.

셋째, 주어진 문제의 해결을 위해 추론을 전개하거나 문제해결의 도중에 발생되는 정보들을 기록하여 나타내는 활동은 문제해결의 나중 단계에서 앞에서 진행된 추론이나 해결 활동에 대한 기억을 돕는다.

넷째, 주어진 문제가 포함하는 정보에 대한 단순 열거는 학습자에게 분명한 시각적 상으로 남아있기 어렵다. 그와 같은 정보는 학습자 개개인의 방식으로 기록하여 나타낸 것에 의해서 비로소 해당 학습자의 머릿속에 효과적으로 표상될 수 있는 것이다.

7 문제해결 능력

수학 문제해결 능력의 외연적 개념은 주어진 수학 문제의 해법과 답을 구하는 능력이라고 간단히 말할 수 있지만, 내포적 개념은 수학적 능력의 다양한 면을 포괄하는 일종의 종합적인 수학적 능력이라고 말할 수 있다. 이러한 수학 문제해결 능력은 수학을 학습하는 학생이라면 실용적 문제의 해결을 위해서는 물론 보다 발전된 수학 학습을 위해서도 반드시 갖추어야 할 능력이다. 문제해결 능력의 학습은 학교 급이나 학년, 즉 학생 개인에 있어서의 학습 시기에 구애됨이 없이 참된 수학 학습이 이루어지게 하기 위해서는 반드시 습득해야 되는 능력이다. 하지만 연구에 의하면 문제해결 능력은 수학 학습자에게 필수적이긴 하지만 단기간 내에 개선이나 개발이 쉽지 않은, 즉 쉽게 습득될 수 없는 특성을 갖고 있는 것으로 알려져 있다.

문제해결 활동은 수학 활동의 근간에 해당되는 것으로 수학자가 수학을 하는 기본 방식과 흡사한 활동이라고 할 수 있다. 학교수학에서도 학생은 문제해결을 통하여 수학의 본질에 대한 어느 정도의 이해나 수학자의 수학 활동에 대한 간접적인 경험을 통하여 수학 교과나 수학 학습에 대하여 바람직한 인식이나 태도를 갖추는 것이 가능하게 된다. 즉, 문제해결은 여러 수학자가 이루어 놓은 정신적 유산인 수학 내용에 대한 참다운 이해와 수학을 제대로 하는 방법을 학습시키는 데 있어서 효과적인 방법이 된다.

본장에서는 '문제해결 능력'이란 주제와 관련하여 '문제해결 능력 구성 요소', '문제해결 학습의 효과성', '문제해결 능력의 개인차'에 대하여 알아보기로 한다.

7.1 문제해결 능력 구성 요소

문제해결력의 인지적, 정의적 구분

수학적 문제해결 능력이 종합적인 수학적 능력임을 감안할 때, 그 능력을 구성하는 요소는 다양한 측면에서의 부분적으로 관련된 수학적 능력 요소를 포함한다고 볼 수 있다. 여기서는 이러한 수학적 능력 요소를 인지적인 면과 정의적인 면으로 구별해서 다루고자 한다. 먼저, 인지적 요소로는 기본적으로 수학적 지식을 생각해볼 수 있으며, 다음 세부적인 문제해결 전략과 이보다 일반화된 문제해결 방법론인 발견술을, 그리고 메타인지적 기능으로서 문제해결자 자신의 사고를 모니터링, 제어, 평가할 수 있는 능력을 말한다. 정의적 요소로는 문제해결에 대한 긍정적 신념이나 태도, 자신감, 의지, 인내심 등을 생각해볼 수 있다.

첫 번째의 인지적 요소인 수학적 지식은 개인이 특정 수학적 문제 상황과 관련지을 수 있는 수학 내용의 체계이다. 이는 학습을 통해서 소유하게 된 사실적, 과정적, 명제적 지식에 해당하며, 문제해결 능력의 기저를 형성하는 것으로 학교수학에서 전통적으로 중시해왔던 수학 내용에 해당한다. 두 번째의 인지적 요소인 전략이나 발견술은 효과적인 문제해결을 위하여 반드시 필요한 일반적인 문제해결의 경험적 규칙이라고 할 수 있다. 이러한 인지적 요소는 주어진 문제가 친숙치 않거나 어려운 문제인 경우 그 문제의 해결에 있어서 진전을 이루기 위하여 적용 가능한 일반적인 전략적 기능이다. 그동안 이러한 전략적 기능이 수학 학습자에게 유용하며 따라서 가르칠 가치가 있음에 공감함으로써 문제해결 교육에서 전략적 기능의 교수·학습과 관련하여 많은 연구가 이루어지고 있다. 세 번째의 인지적 요소라고 할 수 있는 메타인지적 기능은 문제해결을 수행하는 동안 자신이 소유하고 있는 인지적 자원을 구별, 선정, 활용하며, 진행 중인 해결 과정을 점검, 평가하는 등의 사고 활동에 대한 중요한 결정을 하는 기능을 갖고 있다. 메타인지적 기능이 적절하게 작동될 때 문제해결자는 그들이 소유하고 있는 인지적 자원을 효과적으로 사용하여 비교적 어려운 문제 상황도 성공적으로 이끌어갈 수 있게 된다.

다음, 정의적 요소인 문제해결에 대한 개인적 신념은 문제해결에 임한 개인 학습자로서 갖는 일종의 수학적 가치관이며, 수학 문제해결 전반에 대한 확신에 찬 견해인 셈이다. 즉, 개인은 문제해결에 직면하여 자신의 확신에 따라 개인적인 수학적 가치 기준을 갖고 문제에 접근하며, 세부 해결 과정에 필요한 결정을 내리는 데도 영향을 미치게 된다. 문제해결자 개인의 문제해결에 대한 신념 또한 그가 문제에 접근하기 위하여 어떤 전략이나 해결 과정을 따를 것인지 등을 결정하는 데 중요한 요인으로 작용하게 된다. 그 외에도 문제해결에 임하는 태도, 자신감, 의지, 인내심 등과 같은 정의적 요소도 문제해결자 개인마다의 특성에 따라 문제해결 활동에 영향을 미치게 된다. 따라서 문제해결에 긍정적으로 작용하는 정의적 요소는 문제해결을 성공적으로 이끌게 하는 개인적 능력을 구성한다고 할 수 있다.

문제해결력 구성 요소에 대한 다양한 의견

쉔펠드(Schoenfeld 1982)는 수학적 문제 상황에서의 인간의 행동에 대한 설명을 위해서는 주어진 문제의 해결 시도에서 성공 또는 실패를 결정짓는 어느 정도 상호 중첩되는 영역을 포함하는 네 가지의 범주로 '자원(resources)', '발견술(huristics)', '제어(control)', '신념체계(belief system)' 등을 고려해야 함을 주장한다.

문제해결 과정에서 자신이 지금 무엇을 하고 있는지에 대한 인식이나 이해가 중요함을 강조하는 연구에서 캠피오네 외(Campione et al. 1989)는 성공적인 문제해결자의 특성을 초보적인 문제해결자와 비교하여 설명하고 있다. 즉, 성공적인 학습자는 자신의 문제해결 활동을 반성할 수 있으며, 문제를 해결하는 데 적용 범주가 넓은 강력한 전략을 가지고 있을 뿐만 아니라, 이러한 전략을 효과적이고 효율적으로 관리, 제어할 수 있다. 또한, 그들은 문제해결의 학습 동기가 일반 학생보다 크고, 자신의 문제해결 활동에 대한 적극적이며 책임감 있는 관리자로 스스로를 여긴다. 그러나 문제해결에 있어서 성취 수준이 낮은 학습자는 소지하고 있는 문제해결 전략 면에서 상대적으로 빈약할 뿐만 아니라, 이러한 전략의 효율성에 대해 잘 이해하지 못하며, 새로운 문제의 해결 과정에 이것을 유연하게 활용하지 못한다. 그리고 문제해결자로서 자신의 문제해결 활동을 제어할 수 있다는 것에 확신이 없고, 따라서 문제해결 학습 상황에서 수동적인 태도를 보인다. 이와 같이 자신의 문제해결 활동에 대하여 인식하고 관리할 수 있는 기능의 습득이 이루어지면 점차로 문제해결에서 자기관리의 활동이 왜 필요한지에 대하여 이해하게 되고, 나아가 자신의 일반적인 수학 학습을 모니터하고 제어, 조절할 수 있게 해준다(Brown et al. 1981, 1982). 반면에, 맹목적으로 전략을 배운 학생들은 학습한 전략을 연관된 다른 문제에 적용하지 못하는 이른바 학습의 전이가 부족하다는 것이다. 따라서 문제해결 능력을 구성하는 요소에 대한 이해를 강화(Resnick 1982)하는 것과 더불어 메타인지적 기능에 대한 인식과 습득이 문제해결에 있어서 보다 통찰력 있고 능력 있는 학습자를 만들어내는 데 직접적으로 관여한다는 것이다(Bereiter & Scrdamalia 1989). 이러한 접근법의 전형적인 예로는 쉔펠드(1983, 1985)의 토론기반 수학적 문제해결 교수법을 들 수 있다.

7.2 문제해결 학습의 효과성

문제해결 활동의 가치

수학 문제해결의 학습을 통하여 학습자는 인지적 능력 중에 특히 분석적 능력을 집중적으로 연습하게 되고, 이를 다시 다양한 내용 영역의 문제 상황에 적용할 수 있게 된다. 뿐만 아니라, 수학 문제해결 활동은 소지하고 있는 수학적 능력의 응용과 문제와 관련된 수학 내용에 대한 적용 활동을 통해서 구체적으로 이루어지기 때문에 문제해결 활동과 관련된 수학적 사실이나 기능, 개념 등과 같은 수학 내용에 대한 학습도 효과적으로 할 수 있게 도와준다. 수학 문제해결 학습을 통하여 수학적 능력 외에도 일반적인 문제 상황을 파악하여 이해할 수 있는 능력이나, 필요한 경우 과학적 탐구 능력, 또는 특정 현상이 일어나는 인과 관계의 분석 능력 등을 습득, 적용하는 연습을 하게 된다. 세부적으로는 주어진 문제 상황을 수학적인 언어로 바꾸어 정리함으로써 문제를 구성, 분석하고, 최종 해결하기 위하여 필요한 내용이나 전략을 탐색, 적용하는 종합적인 구성 능력을 습득할 수 있게 된다.

문제해결 활동은 일반적 수학 학습 활동보다 역동적으로 전개되기 때문에 학생들이 대체로 어려워는 하지만 동시에 그 필요성을 인식하고 있는 수학 활동이므로 여타의 수학 학습 활동에 활기와 관심을 불러일으키는 작용도 하게 된다. 그러나 문제해결 활동도 마치 계산 기능의 학습에서처럼 신속, 정확성을 강조하고, 정형화된 방법으로 해를 구하는 것을 목적 삼아 지도한다면 학생들의 문제해결에 대한 흥미를 유인하기 어렵다. 근본적으로 문제해결은 학생에게 쉽게 여겨질 수 없는 수학 학습 활동이므로 지도 교사의 입장에서 지도 시 인내심과 학습자에 대한 이해의 노력이 요구된다.

7.3 문제해결 능력의 개인차

문제해결 능력의 개인차

타 교과와 비교하여 볼 때, 상대적으로 수학 교과에서의 개인 간 학습력 차이가 심하듯이 보다 심화된 문제해결 능력 면에서의 개인차는 더욱 크게 나타난다. 그동안 문제해결 능력

면에서의 학생 개인차에 대한 연구로부터 특히 그 격차가 두드러지는 전형적인 측면이나 특성을 몇 가지로 정리해볼 수 있다. 우선, 문제해결에 대한 도전감이나 적극성 면에서의 차이로, 문제해결 활동이 종합적인 수학 활동인 만큼 이에 대한 어려움으로 인해 문제해결에 성공하고자 하는 의지가 개인의 문제해결 능력에 중요하게 작용함으로 해서 그 차이가 크게 나타날 수밖에 없다. 문제해결에 성공하고자 하는 도전적 의지의 발동 이후 필요한 것은 문제해결을 완료할 때까지 쉽지 않은 해결 과정을 인내해낼 수 있는 능력으로, 이는 개인마다 격차가 크게 나타남으로 해서 문제해결의 성패에 영향력이 큰 요소라고 할 수 있다. 그리고 앞서 언급한 도전감이나 적극성 면에서 필요한 조건이 갖추어졌을 때, 성공적인 문제해결을 위해서 필요로 하는 것은 주어진 문제의 해결을 위한 기본적인 요소인 수학적 지식이나, 문제해결 전략과 같은 인지적 요소에 대한 이해와 소지의 정도와 관련된 능력이다. 한편, 문제해결 활동을 수행할 때 종합적으로 보여주는 문제해결 활동에 임하는 긍정적이거나 효율적인 태도도 문제해결 능력으로 간주될 수 있다. 예를 들어, 해결 과정에 중요한 부분이나 단계에 대한 선구안을 통해 문제해결의 노력을 효율적으로 발휘한다든지, 문제성 있는 국면에서 당황하지 않고 대처하는 태도의 유연성의 정도도 개인 학생마다 차이가 크게 나는 문제해결 능력이 된다. 끝으로, 문제해결의 성패에 직접적으로 영향을 미칠 수 있는 메타인지적 능력이나 메타 수준의 문제해결 수행 관리 능력으로 이는 일종의 고등 사고의 수행 능력으로 개인차가 심하게 나타나는 능력이다.

크루테츠키(Krutetskii)의 문제해결의 개인차 연구

크루테츠키(Krutetskii 1976)의 수학적 능력이 뛰어난 학생의 특성에 대한 연구 결과를 문제해결 우수자와 초보자의 특성을 비교하는 데 적용해볼 수 있다. 즉, 수학 문제해결의 우수자는 초보자보다 주어진 문제의 해결과 관련된 수학적 개념이나 전략 등의 지식을 단순히 양적으로 많이 갖고 있는 것만이 아니다. 문제해결 우수자가 소유하는 지식이나 전략은 정교하게 체계화된 연결망으로 조직화되어 있으므로 문제해결 상황에 필요한 수학적 개념, 전략, 표상 등을 효과적으로 사용할 수 있는 능력을 지니고 있는 셈이다. 그리고 문제해결에 우수한 학생은 경우에 따라 중간 과정을 생략하고 핵심적인 문제해결 단계로 신속히 이동하며, 추론의 일부 연결고리를 생략하고 간단한 예로부터 직접적으로 일반화의 단계로 진입할 수 있다고 한다. 반면, 문제해결에 초보적인 학생은 모든 분석적 단계나 과정을 거처야만 된다. 크루테츠키에 의하면, 우수한 학생은 신속하게 주어진 문제의 수학적 구조를 인식하는 경향이 있는 반면에 일반적인 학생은 상대적으로 주어진 문제의 외형적 특징을 발견, 기억하는 경향이 있는 것으로 그 특성을 비교해볼 수 있다.

레스터와 켈러(Lester & Kehle 2003)에 의하면, 우수한 문제해결자의 고등 사고 능력은 부진한 문제해결자와 비교할 때 다음과 같은 특성을 보인다. — ✢ 우수한 문제해결자는 문제해결자로서 그들이 갖고 있는 장점과 단점을 부진한 문제해결자보다 더 많이 알고 있다. ✢ 우수한 문제해결자는 그들 자신의 문제해결 결과를 부진한 문제해결자보다 더 잘 검토하고 조절하는 능력을 갖고 있다. ✢ 우수한 문제해결자는 발전된 문제해결 방법을 얻는 것에 대하여 부진한 문제해결자보다 중요하게 생각하는 경향이 있다. — 또한, 크루테츠키(Krutetskii 1976), 킬패트릭(Kilpatric 1985), 쉔펠드(Schoenfeld 1985), 실버(Silver 1985)와 같은 연구자의 경우 문제해결 능력이 우수한 학생의 특성은 수학 내용적 지식을 더 많이 갖고 있을 뿐만 아니라, 부진한 학생과는 다른 시각에서 수학을 보고 있기 때문에 우수한 문제해결 결과를 보인다고 주장한다.

자연스러운 문제 상황을 통한 문제해결 지도

엘스테인 외(Elstein et al. 1978)의 연구는 문제해결의 과정이나 기능이 독특하게 존재한다기보다 주어진 문제 상황의 수학적 내용이나 맥락과 긴밀히 연결되어 다양하게 나타나는 것이기 때문에 정형화된 문제해결 과정에 대한 학습이 아니라 다양한 문제 상황을 통해서 문제해결 활동에 대한 자연스러운 학습의 필요성을 역설하고 있다. 이와 같은 맥락에서, 수학적 기능의 활용을 요구하는 실제 업무 현장에서 이루어진 문제해결에 대한 연구(예, Gainsburg 2003b; Hall 1999a, 1999b)에서뿐만 아니라, 일상생활에서 발생하는 문제 상황의 해결에 대한 연구(예, Carraher & Schliemann 1985, 2002; Lave, 1988; Lave & Wenger 1991; Saxe 1988a, 1988b, 1991)에서도 우수자와 초보자 모두 일반적 문제해결의 발견술이나 전통적인 수학 내용 지식보다는 주어진 문제 상황에 필요한 수학적 조건에 긴밀하게 맞추어진 수학적 개념이나 기능을 적용하는 경향이 있음을 강조한다.

8 문제해결 지도

30년 전, 킬패트릭(Kilpatrick 1985)이 당시의 수학 문제해결 지도에 대한 연구와 관련하여 교사의 실질적인 문제해결 지도 방법이나 원리 등을 안내하기 위한 연구가 제대로 이루어지지 못했다고 지적했지만, 현재의 경우도 크게 개선되지 못한 상태라고 할 수 있다. 이는 어떻게 보면 문제해결이란 사고 활동이 갖는 복잡성에 대한 제대로 된 이해가 어렵다는 것과 이에 따라 학생의 문제해결 활동 개선도 어려운 과제임을 증거한다고 볼 수 있다. 당시 킬패트릭(1985)도 강조했듯이, 올바른 문제해결 지도를 위해서는 문제해결 지도 과정에 학생의 문제해결 활동 역할을 고안하는 것과 문제해결 학습을 위해 알맞은 여건 설정의 중요성은 여전하다.

수학교육자들 사이에 학생의 문제해결 학습 개선을 위한 여건 설정에 있어서 다양한 생각을 하고 있지만, 단순히 학생들에게 다량의 문제를 제공하는 것 이상이 필요하다는 데는 의견이 합치하고 있음을 알 수 있다. 쉔펠드(Schoenfeld 1985)는 문제해결 교수와 학습에 있어서 학생의 입장에서 갖추어야 하는 기본적 요소로 수학 내용적 지식, 수학에서의 발명 원리와 방법, 이러한 지식과 과정을 조정하는 능력, 수학이나 문제해결에 대한 올바른 신념, 문제해결 수행과 관계있는 바람직한 정서적 요소 등을 들고 있다. 문제해결을 올바르게 가르치기 위해 학생에게 문제를 제공하는 것 이상이 필요하다면, 이는 분명 실제 문제해결 활동에 있어서 학생을 돕는 방법과 앞서 언급한 기본적 요소들 사이에 필요한 연결의 생성을 이루어내는 과정을 돕는 방안이 준비되어야 함을 의미할 것이다.

본장에서는 '문제해결 지도'의 주제와 관련하여 '문제해결 지도 교사가 갖추어야 할 요건', '구체적인 문제해결의 지도방법론', '문제해결 지도를 위한 모델' 및 '문제해결 지도의 다양한 방법'에 대하여 알아보기로 한다.

8.1 문제해결 지도 요건

문제해결 지도의 필요성

수학 문제해결 지도의 필요성에 대한 논의에 앞서 수학 교과 지도의 필요성에 대한 논의가 선행되는 것이 자연스럽다. 즉, 수학 문제해결 학습이 필요한 이유는 수학 교과 학습의 필요성과 같은 맥락이면서도 그보다 더 실제적이고 구체적인 필요성을 내세워볼 수 있다. 학교 교과 중 대부분의 학생이 어려움을 느끼고 흥미를 갖지 못하는 대표적인 교과인 수학 안에서도 문제해결에 대한 학습의 필요성의 이슈가 오랫동안 이어오는 데는 그만큼 수학 문제해결 능력이 학생에게 앞으로의 발전적인 수학 학습에는 물론 실용적인 면에서도 그만큼 필수적이기 때문이다.

먼저, 개인 학생의 발전적인 수학 학습을 위한 면에서 앞으로 학습해야 될 수학 내용에 대한 의미 있는 이해를 준비하기 위해서 그 내용과 관련성을 갖고 있는 문제의 해결을 통해서 보다 의미 있고 발전적인 학습이 용이해지기 때문이다. 그리고 내용 영역 간 통합적인 이해도 발전적인 수학 학습을 위해 필요한 부분으로 이 경우도 수학 내용 영역 간 관련된 내용 요소를 포함하는 문제를 해결하는 학습 활동을 통해서 자연스럽게 이루어질 수 있기 때문이다.

다음, 수학 학습의 실용성 이슈 면에서는 학생이 처한 사회생활이나 직업의 영역에서 접하게 되는 문제 상황은 특히 수학적 문제 상황으로 이에 슬기롭게 대처하기 위해서 요구되는 수학적 능력은 대부분이 문제해결 능력이기 때문이다.

그 외에도 바람직한 수학 학습을 이어가기 위해서는 수학 학습에 대하여 갖는 흥미가 중요한데, 이는 문제해결 활동이 실세계와 수학 교과를 연결지어주는 역동적인 경험을 제공하기 때문에 문제해결 학습이 필요한 이유가 될 수 있다. 문제해결 학습은 수학 학습에 대한 흥미의 자극제 외에도 학습자 개인의 수준에 잘 맞추어진 문제의 해결에 성공의 경험을 누적시켜감으로써 얻을 수 있는 역동적인 성취감과, 그에 따른 수학에 대한 자신감, 수학 학습 활동에 있어서의 자기효능감 등을 고양시키는 좋은 기회가 되기 때문이다.

문제해결 교육의 중요성

폴리아(Polya 1962)가 주장하는 문제해결의 중요성도 바로 학교수학에서 문제해결 지도의 필요성을 대변하는 셈이다. 폴리아는 수학적 지식을 내용적 지식과 방법적 지식으로 구분하면서 문제해결에서의 내용적 지식의 단순한 소유보다는 방법적 지식의 활용에 더 큰 의미를 두고 있다. 여기서 방법적 지식은 학습자의 자주적인 판단력이나 독창력을 요구하는 문제의 해법을 찾아내는 능력을 의미함으로써 문제해결 능력의 중요성을 강조한 것이다.

문제해결 지도 교사의 요건

20세기 후반부터 수학교육에 관계하는 사람들이라면 수학교육에서 추구하는 바는 결국 수학적 사고의 함양에 있고, 이는 문제해결이라는 상황에서 가장 자연스럽고 효과적이며 충실한 교육적 실천이 가능하다는 생각을 해오고 있다. 수학 문제해결 교육의 연구와 실천에 있어 선두 주자이며, 문제해결 교육을 체계화시킨 것으로 인정받는 폴리아도 수학교육이 추구하는 바는 "수학적으로 사고하도록 가르친다."이며, 이를 실천할 수 있는 방법론은 결국 문제해결 교육으로 귀결된다는 것이다.

문제해결 교육의 실천은 결국 교사로부터 시작되는 것으로, 성공적인 문제해결 교육의 실천을 위해서 문제해결 교육과 관련된 충실한 지식의 소지가 선행되어야 하지만, 그에 못지않게 교사 자신이 문제해결 자체와 문제해결 교육에 대하여 실제적 관심이나 흥미, 열의 등을 갖는 것이 중요하다. 학생의 입장에서 자발적인 문제해결 활동의 어려운 점을 감안할 때 문제해결 지도 방법의 기본은 교사의 올바른 문제해결 활동의 시연이라고 할 수 있다. 즉, 문제를 대하는 태도나 문제해결에 임하는 자세 등에 대한 모범적 시연이 우선적으로 필요하다. 다음, 그러한 시연을 통해서 학생이 문제해결을 어떻게 해야 되는가에 대한 이해가 이루어지고 나서 직접 문제해결에 임할 때 인지·정의적인 면에서 겪는 어려움을 극복할 수 있게 문제의 성공적 해결에 필요한 이해를 도와주거나 문제해결의 의지를 격려하는 데 필요한 섬세한 교수학적 지식과 배려는 물론 이에 대한 실천적 의지를 갖추어야 할 것이다. 그리고 지속적인 문제해결 지도가 이루어지기 위해서는 문제해결 교육의 중요한 매체가 되는 문제해결 지도에 적합한 문제의 생성 능력과 개별 학생 능력에 맞추어진 풍부한 문제해결 경험을 제공할 수 있어야 한다.

문제해결 지도 교사의 자세

다음의 내용은 문제해결 지도에 필요한 교사의 요건에 시사점을 제공하는 폴리아(Polya 1973)의 수학의 효과적인 교수 활동을 위한 '수학 교사의 정신 자세'에 대한 내용이다. — (1) 수학에 흥미를 가지기, (2) 충분한 수학 내용 지식을 갖추기, (3) 자신의 경험과 관찰로부터 올바른 수학 학습 방법을 구축하기, (4) 학습자의 생각과 어려움을 간파하고, 학습자 입장에서 생각해보기, (5) 학습자에게 내용 지식, 방법적 지식, 사고 태도, 수학 연구 방법을 습관화시키기, (6) 추측 활동 학습시키기, (7) 증명 활동 학습시키기, (8) 방법적 지식은 전형적인 경우를 모방과 실천을 통해서 지도하기, (9) 주어진 문제의 해결에 필요한 문제가 갖고 있는 특징이나 일반적인 경우를 찾아보도록 지도하기, (10) 해법을 단번에 알려주지 말고, 먼저 추측해보게 하거나 가능한 학생 스스로 발견케 하기, (11) 지도는 강요가 아니라 제안의 방식으로 하기 등이다. —

8.2 문제해결 지도방법론

문제해결 지도의 기본 원리

수학 문제해결 활동은 고등 사고 활동으로 문제해결에 대한 효과적 학습은 물론 효율적 지도도 쉽지 않다. 그동안 다양하게 이루어져 온 문제해결에 대한 연구는 결국 문제해결의 학습과 지도를 성공적으로 이루어내기 위한 방법론에 대한 연구로 압축될 수 있다(Reys et al. 2012). 이와 같은 연구(Krulik & Rudnick 1987, Suydam 1982)로부터 도출할 수 있는 문제해결 지도의 기본적 원리는 다음과 같이 정리해볼 수 있다.

문제해결의 지도 방법론은 문제해결 지도의 시기에 대한 논의로부터 시작되는데 적절한 지도 시기는 학교급에 관계없이 해당 학생의 수준에 맞추어진 문제해결의 지도가 항시 이루어져야 하며, 실제 단위 수학 수업에 있어서도 매 단위 수업 과정에 가능한 상시 문제해결 지도가 이루어져야 한다. 그러나 학생의 문제해결 능력은 그들의 인지발달 단계와도 관계가 깊으므로 학생의 발달 단계를 고려하여 적정 수준의 문제 제시가 중요하다.

문제해결을 위한 전략적 사고 활동은 특별히 강조해서 지도될 필요가 있다. 모든 문제에 적용 가능한 일반적인 전략은 존재하지 않으므로 다양한 전략적 사고를 다루는 경험과 연습을 시켜야 한다. 학습자의 입장에서 제대로 체득된 전략은 주어진 문제에 따라 처음 전략의 기본 형태는 유지하되 문제의 특성에 따라 필요로 하는 형태로 세부적인 변형을 시켜 유연하게 사용할 수 있도록 연습되어야 한다. 전략적 사고 활동은 어느 정도 정해진 틀 안에서 이루어지는 형식적인 사고 활동이긴 하지만 다양한 문제에 적용 가능성을 높이는 연습이 필요하다. 따라서 여러 문제를 동일한 전략으로 해결해보게 하거나, 역으로 한 문제를 다양한 전략으로 해결해보도록 지도하는 것이 중요하다.

해결 방법이 명확하지 않은 문제를 다량 경험을 시키고, 여러 가지의 접근 방법을 시도하여 각 방법이 갖는 장단점을 스스로 평가해보도록 유도할 필요가 있다. 그리고 기존의 개념이나 기능의 학습은 원활한 문제해결 학습을 위해서 기본적으로 필요한 내용이므로 병행되어야 하고, 그때마다 다루어지는 문제의 양은 결코 많을 필요가 없다.

문제해결 지도를 위한 준비

문제해결의 지도가 성공적으로 이루어지기 위해서는 교사의 입장에서 기본적으로 문제해결 지도에 필요한 시간의 확보, 다양한 문제와 자료의 준비, 문제해결 과정에 사용할 수 있는 학습 도구 확보, 문제해결 수업의 효율적인 운영 능력 등이 필요하다.

문제해결 활동은 학생 스스로가 경험을 해야 그 효과를 얻을 수 있고, 한 단위의 문제해결이 제대로 습득되기 위해서는 많은 시간이 필요함을 감안하면 문제해결의 지도를 위한 시간 확보가 우선적으로 갖추어야 할 요소가 된다. 학생으로 하여금 다양하고 많은 문제를 경험하고, 다양한 문제해결 전략을 습득하고, 자신들이 택한 해결 전략의 당위성에 대한 주장이나 논의를 전개키 위한 구체적인 문제해결 수업 계획이 필요하다. 특히, 다양한 문제의 확보도 중요하지만 교과서나 참고서에 수록되어 있는 문제라 할지라도 이를 문제해결 지도의 의도에 부합되도록 변형하거나 확장, 특수화, 일반화 등의 방법으로 다양한 문제로의 변형이 가능해야 한다. 문제해결 지도 시 다루어야 할 문제의 유형을 정리해보면 다음과 같다. — ✣ 한 문제의 해결에 다양한 전략을 필요로 하는 다단계 문제, ✣ 문제로서 성립되기에는 주어진 조건이 과다하거나 부족한 문제, ✣ 문제해결 과정에 암산이나 어림의 계산이 요구되는 문제, ✣ 실생활에서의 매매나 특정 직업과 관련된 실용 수학이 가미된 문제, ✣ 특별히 크거나 작은 단위의 수가 관련된 문제, ✣ 관심이나 흥미를 유인하는 특이한 문제 상황이나 특정인의 이름이 포함된 방식으로 구성된 문제, ✣ 수학적 논리나 추론 과정, 추측과 확인 과정 등이 포함된 문제, ✣ 전형적이지 않은 형태의 답을 요구하는 문제, ✣ 다양한 답이 가능한 열린 문제, ✣ 장기간이나 소집단 내의 협동 학습이 필요한 프로젝트형 문제, ✣ 수학적 실험을 통하여 해를 구할 수 있는 문제, ✢ 학습자가 문제를 구성하여 해결하는 문제 등이다. —

계산기나 컴퓨터를 문제해결 과정에 도입하여 지도하는 경우 이에 대한 논란은 찬·반 양쪽으로 다양하게 나타나고 있으나, 다음과 같은 장점을 생각해볼 수 있다(Reys et al. 2012). — ✢ 학생의 문제해결 능력을 확장시킬 수 있다. ✢ 귀찮은 계산을 쉽게 해주거나, 계산을 틀릴지도 모른다는 불안감을 감소시킬 수 있다. ✢ 보다 많은 문제의 해결을 시도할 수 있게 하거나 문제마다 생각할 수 있는 시간을 벌어줄 수 있게 한다. ✢ 보다 복잡한 문제나 실제적인 자료가 포함된 문제의 해결을 시도할 수 있게 해준다. ✢ 문제해결 활동에 대한 동기나 확신을 제공한다. — 컴퓨터의 경우도 계산기의 기능을 갖추고 있기 때문에 계산기의 도입과 같은 효과를 볼 수 있지만 그와 더불어 여러 가지의 소프트웨어를 사용함으로써 다양한 해결 방법을 구사할 수 있게 해준다.

문제해결의 지도 시 경우에 따라서는 학급 전체를 대상으로 지도하거나, 소집단 단위로 나누어 지도하거나, 또는 개인적으로 지도하는 것이 보다 효과적일 수 있다. 일반적으로 새로운 문제해결 전략을 소개하거나 한 문제가 다양한 전략을 사용하여 해결될 수 있음을 보이는 수업을 할 때에는 학급 전체를 대상으로 한 일제식 수업이 효과적이지만, 세부적인 문제해결 과정에 대한 지도는 학생 개개인의 학습력을 감안하는 방법인 개인적인 수업 방법이 보다 효과적일 수 있다. 유사한 수준의 학생을 모아 협동 학습 방식으로 하는 소집단 지도는 문제해결에 대한 불안감이나 거부 반응을 감소시킬 수 있고, 다른 사람의 문제해결 과정을 검토하고 자신의 의견을 첨가하는 등의 사회적 구성주의 이론에서 표방하는 원리를 문제해결 학습에 효과적으로 활용할 수 있는 지도가 될 수 있다. 수이덤과 위버(Suydam & Weaver 1981)의 연구에 의하면, 문제의 해결 방법을 직접 지도하는 것보다 소집단 내에서의 토론을 통한 방법이 더 좋은 결과를 낳는 것으로 나타나고 있다. 경우에 따라서는 비슷한 수준이거나 차이가 나는 수준의 학생끼리도 짝을 정해서 문제해결을 함으로써 또래 지도 상황을 통한 효과도 거둘 수 있다.

문제해결 지도에서의 맥락화

성공적이면서도 자연스러운 문제해결 지도 방법으로 쇤펠드(Schoenfeld 1987)는 과거 수학자가 경험했던 것과 유사한 방법으로 수학을 만들어내고 논의하는 환경적 여건을 의미하는 "수학적 문화의 축소판"을 설정할 것을 제안한다. 이러한 도제식 수학 수업 환경에서 학습자의 주요 목표는 맥락화된 수학적 과제의 해결을 몸소 체험하는 것이다. 여기서 도제식 수업이라 함은 수학적 사실에 대한 전문가가 저술한 수학책을 학습하는 대신에 실제 수학을 하는 것에 초점을 둔 발견과 발명의 과정을 통하여 학습이 이루어짐을 의미한다. 이러한 도제식 수업이 성공적이기 위해서는 우선 교사가 이에 대하여 숙지하고 있어야 하며, 실제 과제의 발견·발명적 해결의 실습 과정에 학습자를 적극적으로 참여시켜야 된다. 이러한 도제식 수업 방법과 맥락화되어 있는 과제 해결 수업에 필요한 기본 요건은 교실에서의 문제해결 활동이 사회적으로 맥락화된 산물이라는 관점에서 특히 이러한 문제해결 활동에 대한 분석적 연구에 유용하다. 문제해결에 대한 사회·문화적 관점은 문제해결이 문화적으로 조직된 소사회적 활동의 한 부분이라는 시각을 가짐으로써 기존의 협의의 인식론적 모델이나 교사와 학생의 관계라는 관점에서 벗어나 도제와 동료, 전문가를 포함한 수학 실습의 커뮤니티라는 발전적인 관점을 갖게 해준다.

문제해결 전략의 지도

새롭거나 익숙하지 않은 수학 문제의 성공적인 해결을 위해서는 문제해결의 시작부터 완료시까지 각 단계나 국면에 맞는 전략적 노력이 필요하다. 우선, 주어진 생소한 문제가 갖는 의미를 이해하기 위한 문제 분석의 지도가 선행되어야 한다. 문제 분석을 통한 주어진 문제의 이해 과정에 그 문제에 포함된 기지, 미지의 정보나 요구사항 등을 명료화시키는 방법에 대한 지도와 연습이 필요하다. 다음, 주어진 문제의 구성요소에 대한 이해에 뒤따르는 지도는 그 문제에 접근하거나 해를 구하기 위해 필요한 다양한 해결 전략과 발견술에 대한 지도이다. 문제의 조건에 비추어 적절한 내용적 지식과 전략이나 발견술을 적용하여 해를 구한 후 자신이 진행해온 문제해결 과정에 대한 반성적 검토는 물론, 구한 해에 대한 의미론적 검토 과정에 대한 지도가 있어야 한다. 끝으로, 주어진 문제와 해법에 대한 종합적이며 발전적인 반성의 과정으로 문제와 그의 해법과 관련하여 일반화나 변환 또는 확장시키는 연습과 그러한 사고 활동의 필요성에 대한 지도가 중요하다.

이와 같이 주어진 문제의 해를 향해 접근해가는 과정이라고 할 수 있는 문제해결의 순차적인 각 단계에서는 해결의 전개 상황에 따라 성공적인 해결을 위하여 여러 가지 전략을 필요로 하게 된다. 폴리아도 이와 같은 전략을 다양하게 소개하고 있음을 볼 수 있는데, 다음에서 그동안 여러 연구를 통하여 나타난 전략을 문제해결 단계를 해결 과정의 전, 중, 후 3단계로 나누어 각 단계별로 정리하였다.

폴리아의 문제해결 4단계 모델의 의미

폴리아(Polya 1973)가 제시하는 문제해결의 4단계 모델—문제의 이해, 해결 계획 수립, 해결 계획의 실행, 해결과정 되돌아보기—은 수학적 문제해결 과정의 일반화된 모델이지만 실제 문제의 해결에 있어서는 네 개의 과정이 단선형으로 그대로 이루어지기가 쉽지 않다. 실제 문제해결의 인지적 과정은 폴리아의 네 단계가 구분이 잘 되지 않는 연속적인 과정이며, 경우에 따라서는 중간의 2, 3단계가 수차례 반복되기도 하고, 네 단계 각각을 일일이 다 거치지 않아도 해에 이르는 경우도 많다. 즉, 폴리아가 제시한 4단계의 문제해결 과정 모델은 문제의 해결 과정에 나타날 수 있는 지적 활동을 유형별이나 순서별로 구분해 놓은 것이라고 할 수 있다. 따라서 학습자는 이와 같은 문제해결의 부분적인 활동의 성격이나 효용성에 대해 이해를 하고 이를 문제해결의 과정에 적절히 적용해봄으로써 성공적인 문제해결을 꾀하면 되는 것이다(Reys et al. 2012).

문제해결 활동 전의 전략 지도

우선, 주어진 문제의 해를 구하기 위한 본격적인 활동을 전개하기 전에 문제에 대한 이해와 해결 계획 수립을 위한 전략적 사고 활동에 대한 지도부터 알아보고자 한다. 이 단계에서는 문제를 처음 대하고 그 문제의 해결에 임하는 바람직한 사고의 방식을 형성시키기 위한 지도가 먼저 이루어져야 한다. 이를 위해 기본적이면서도 대부분의 학습자가 간과하기 쉬운 활동으로 주어진 문제를 잘 읽는 태도와 습관을 길들이는 지도가 선행되어야 한다. 문제해결을 잘 하는 학생조차 길이가 긴 문장제를 처음부터 끝까지 정독하는 경우는 드물다. 문제에 주어진 정보나 조건 등을 누락시키지 않고 챙기는 활동이 올바른 문제에의 접근법이나 해결 전략의 선택을 위해 필수적인 것은 당연하다.

주어진 문제에 대한 온전한 파악을 지도한 후에는 학습자가 문제에 대해 어느 정도로 파악, 이해를 하고 있는지 확인하기 위한 지도로서 처음의 문제를 학습자 자신의 말로 다시 나타내보도록 지도하는 것이다. 이 과정을 통해서 각 학습자의 주어진 문제에 대한 이해의 정도는 물론, 챙기지 못한 사실이나 조건 등을 파악할 수 있고, 따라서 이에 대한 교정적 지도도 가능해진다. 더불어, 문제에 주어진 기지의 사실은 무엇이고, 구해야 할 것은 무엇인가를 명확히 하여 해결 계획과 방향을 구체적이며 정확하게 설정하는 것을 돕는 지도가 가능해진다. 해결 계획을 구성할 때는 재차 문제에 주어진 모든 자료를 명시해 놓게 하고, 문제를 구성하는 단어, 개념 중 불명확한 것의 의미를 명료화시켜 놓으면서 문제가 내포하고 있는 가정이나 조건을 겉으로 드러내게 하는 지도를 해야 된다.

문제해결 활동 도중의 전략 지도

이 단계에서는 학생 개인 간의 능력 면에서 격차가 크게 나타나므로 전략적 사고의 지도는 각 학생의 선수 학습의 정도와 문제해결의 경험이나 능력에 따라 섬세한 맞춤식 전략적 사고의 지도가 이루어져야 한다. 이때 문제해결에 필요한 중요한 신념으로 어떤 문제든 그 해결 전략은 문제해결 활동 전부터 미리 정해져 있는 것이 아니라는 인식을 분명하게 심어주어야 한다. 따라서 교사는 미리 준비해온 전략을 권유하거나 강요하는 활동은 피하고, 학생이 보이는 전략이 오류인 경우에는 조언이나 제안과 같이 우회적인 방법으로 자연스럽게 옳은 전략으로 유도하는 지도가 필요하다.

전략 지도에서 유의할 점은 결코 많은 수의 문제를 준비하여 이를 해결하는 전략을 각각 지도하는 것보다 한 문제라도 다양한 전략을 사용하여 해결해보도록 유도하는 것이 더 좋은 전략 지도 방법이라는 점이다(Reys et al. 2012). 그리고 교사는 주어진 문제에 대해서는 사전에 그 문제의 해결과 관련하여 세밀한 사항과 학생이 보여줄 여러 가지 반응이나 행동에 대하여 미리 예상해봄으로써 각 경우에 알맞은 조언, 질문, 제안 등을 준비해 놓아야 실제 상황에서 유연한 지도가 가능해진다.

문제해결 지도는 소집단 단위로 지도하게 되는 경우가 많은데, 이때 각 집단별 문제해결 활동에 귀 기울일 필요가 있으며, 개입할 필요가 있다는 판단이 섰을 때는 조급하게 그들의 해결 활동 과정에 개입하지 않도록 사려 깊은 지도 활동이 필요하다. 각 집단별 순회 과정에 수시로 자신들의 해결 과정에 대하여 스스로 검토나 평가하는 활동을 유도하고, 각 경우마다 나름대로 이유를 설명하도록 지도한다.

문제해결 완료 후의 전략 지도

문제해결 지도의 충실도와 완성도를 높이기 위해서는 문제해결 완료 후의 지도가 중요하다. 즉, 최소한 구한 답이 주어진 문제의 의미에 부합하는지 검토해보며, 현재 자신의 해결 과정에 대하여 평가해보는 습관을 가지도록 지도해야 한다. 소집단별로 동일 문제에 대한 해결 전략이 다르게 사용된 경우 각 집단에서 사용한 전략을 선정하게 된 이유를 설명하고, 서로의 전략의 장단점을 비교해봄으로써 전략 사용에 있어 경험을 풍부히 하는 효과를 가져다 줄 것이다.

해결이 완벽하게 수행된 것으로 판단되는 문제라도 이를 일반화시켜보거나, 유사한 문제로 변형시켜보게 하거나, 관련이 있는 다른 문제를 찾아보거나 만들어보게 하는 지도가 필요하다. 즉, 문제해결 완료 후에도 지금까지의 문제해결 활동을 보다 심화, 확장시켜 문제해결 지도의 효과를 극대화시킬 수 있으며, 학생들로 하여금 문제해결에 대한 도전적 의지를 고양시키는 지도가 필요하다.

문제해결 과정에서 실제 문제해결에 대한 학습이 충실히 이루어질 수 있는 단계는 오히려 주어진 문제의 해답 구하기를 완료한 뒤라고 할 수 있다. 이 문제해결의 단계는 주어진 문제의 성공적인 해결을 위한 검토의 단계일 뿐만 아니라 다른 단계와는 달리 한 문제해결을 통하여 자신의 문제해결 학습의 효과를 보다 심화, 발전시킬 수 있는 단계이다. 실제로 많은 연구 보고에 의하면, 문제해결 지도를 위한 어떤 지도 전략보다도 완료한 후의 단계에서 자신들의 문제해결 과정에 대한 토론과 자신들의 생각을 분석해보는 활동이 무엇보다도 중요하다고 강조한다(Suydam & Weaver 1981).

문제해결 학습 효과 제고를 위한 전략 지도

문제해결을 완료한 단계에서 문제해결 학습 효과를 높이기 위하여 레이스 외(Reys et al. 2012)는 '해결 과정 검토하기', '일반화하기', '다른 해결 방법 찾기' 등의 전략을 제안하고 있다.

문제해결 완료 후의 단계에서 행하는 해결 과정 검토하기는 문제해결의 실수나 실패를 최소화할 수 있는 방법으로 문제해결 과정에 필수적인 활동으로 인식되고 있다. 그러나 이 해결 과정의 검토는 문제해결의 마지막에서만 이루어지기보다는 문제해결의 전 과정에서 앞서 수행된 해결 과정을 수시로 검토하는 활동으로 이루어져야 한다. 이는 일종의 문제해결 과정에서 보여 주는 메타인지적 활동으로 문제해결 과정의 적시, 적소에 얼마나 효과적으로 작용하는가가 그 문제해결의 성패를 좌우한다고 해도 과언이 아니다.

문제해결 완료 후의 단계에서 일반화의 전략은 문제의 해결과정에서 학습하게 되는 문제의 구조나 해법을 일반화해봄으로써 보다 확장되고 심화된 문제해결 학습을 가능케 해준다. 문제해결의 세부적인 부분에 집중된 관심보다는 문제의 구조적인 면에 대한 분석과 종합의 방법을 통하여 여러 유사 문제들을 조직화할 수 있는 능력이 보다 고급의 문제해결 능력이 될 수 있다.

대부분의 문제는 한 가지만의 전략이나 방법으로 해결되는 것은 아니다. 일단 해결이 완료된 문제일지라도 다양한 해법을 시도하는 가운데 한 문제의 해결로부터 보다 발전되고 심화된 문제해결의 학습을 이룰 수 있게 된다. 그러나 교과서나 일반적으로 수학 수업에서 제시되는 문제를 보면 한 개만의 해를 갖는 문제가 대부분이며, 따라서 학생의 생각도 대부분의 문제는 그 해결 방법이 하나만 존재한다는 생각을 하는 경우가 많다. 이와 같은 오해를 해소시키기 위해서는 문제의 조건을 고정시키지 않고 문제해결자 나름대로 조건을 설정하여 다양한 답과 다양한 해법이 가능한 소위 열린 문제를 활용할 필요가 있다.

메타인지적 전략의 지도

자신의 문제해결 과정을 모니터, 제어, 평가할 수 있는 소위 메타인지적 능력은 성공적인 문제해결에 필수적인 전략적 요소가 됨은 두 말 할 나위가 없다. 이와 같은 메타인지적 전략이 문제해결 과정에 작용하는 기능성 면에 대한 이해와 이를 체득화시키기 위한 지도가 필요하다. 결국, 학습자는 스스로 주어진 문제를 해결해야 하므로 자신의 문제해결 과정을 모니터, 제어, 평가하는 능력의 습득은 매우 중요하다. 그러나 메타인지적 능력은 자발적으로 획득되기 어려운 속성을 가지며, 교육적 방법에 의해서 습득의 가능성이 예상되더라도 그 습득의 속도는 매우 느린 것으로 나타나있다(Schoenfeld 1988).

기본적으로 문제해결에 필요한 메타인지적 전략의 사용은 문제해결자 자신에게 스스로 하는 메타인지적 활동을 촉발시키기 위한 의식적 또는 무의식적인 방식으로 이루어지는 자문자답을 통해서 이루어진다. 즉, 어떤 상황이든 자신이 수행하고 있는 문제해결 행위와 관련하여 '무엇-왜-어떻게'의 세 가지 속성의 질문을 연쇄적으로 하고 그 자문에 따른 자답 활동을 통해서 메타인지적 활동이 이루어진다고 할 수 있다. 다음에서는 편의상 문제해결의 과정을 '문제 이해', '문제해결 진행', '문제해결 완료'의 세 단계로 나누어 각 단계별로 필요한 메타인지적 전략의 지도에 대하여 알아본다.

문제 이해 단계의 메타인지적 활동

주어진 문제를 이해하고 해결 계획을 고안하는 단계에서는 우선 문제에 대한 충분한 이해가 이루어진 후 해결과정으로 들어갈 수 있게 다음과 같은 자문을 하고 이에 대한 자답의 행위로 이루어지는데, 이와 같은 자문자답을 습관화시키는 연습의 지도가 필요하다.

- 이것이 주어진 문제의 이해와 관련하여 어떻게 도움을 줄 수 있을까?
- 그것이 앞으로의 문제해결 과정에 무엇을 해야 하는가에 대하여 어떤 답을 줄 수 있을까?

문제해결 진행 단계의 메타인지적 활동

문제를 이해하고 그에 따른 계획을 세운 다음 이 계획을 실천에 옮겨 문제해결을 본격적으로 수행하는 과정에서는 최초의 또는 새로운 전략을 필요로 할 때 다음과 같은 일련의 자문자답을 습관화시키는 지도가 필요하다.

- 어떤 전략이 현재의 문제해결에 도움이 될 것인가?
- 그 전략이 어떻게 문제해결에 도움이 될 것인가?
- 그 전략이 왜 문제해결에 도움이 될 것인가?

문제해결 완료 단계의 메타인지적 활동

주어진 문제에 적합한 풀이와 답이 구해진 경우에도 해당 문제해결 학습의 완성도와 충실도를 높이기 위해서 이루어지는 문제해결의 반성 활동에도 메타인지적 전략이 중요한 역할을 하므로 이에 대한 인식을 개선하고 다음의 자문자답 활동을 습관화시키는 것이 중요하다.

- 답을 점검했는가?
- 답을 점검하는 것이 왜 구한 답이 옳고 그름에 대하여 판정해줄 수 있는가?
- 어떤 방법을 문제해결에 사용하였는가?
- 그 방법 말고 다른 방법이나 더 나은 방법은 없는가?
- 주어진 문제의 일반화나 확장을 검토하였는가?

메타인지적 활동 지도 방법

메타인지적 활동은 처음부터 학습자 스스로 습득케 하기 어렵기 때문에 교사나 동료의 도움이 필요하다. 예를 들어, 소집단 단위로 주어진 문제의 해결과 관련된 반성적 질문, 즉 메타인지적 행위를 촉발시키는 질문을 전담하는 학생을 정해 놓고 앞에서 제시한 방식의 질문을 하고, 다른 동료는 이에 대한 주의와 반응을 보이면서 문제해결에 임하도록 반복적인 연습을 시키는 방법이다.

다른 방법으로는 한 단위의 문제해결을 완료한 후에 종합적인 반성을 교사가 시키는 것으로 주로 체크리스트를 사용하는 방법으로 이루어진다. 이와 같이 문제해결을 완료한 직후에 각 학습자에게 말이나 글 또는 자체평가 양식 등의 방법을 사용하여 각자가 완료한 문제해결 활동을 전반적으로 반성케 하는 방법이다. 이와 같은 활동을 매 단위 문제해결 직후에

하는 것에 익숙해지면 학습자는 점차로 실제의 문제해결 활동 도중에 이런 질문을 스스로 떠올리고 이에 대하여 자율적으로 답하는 소위 자문자답의 반성적 행위가 체득될 것으로 생각하는 것이다. 아니면, 유사한 반성의 방식으로 각 학습자가 문제해결을 스스로 완료한 후 자신의 문제해결 행위에 대한 보고서를 작성케 함으로써 반성적 활동을 연습시킬 수도 있다. 아래의 체크리스트는 각 학습자가 문제해결을 완료한 후 작성케 하는 내용을 예(Reys et al. 2012)로 들어 놓은 것이다.

- 나는 문제를 해결하기 전에 무엇을 했는가?
  - 문제를 정독하였다.
  - 문제에서 가능한 해결에 필요한 모든 것을 찾으려고 했다.
  - 문제가 요구하는 것에 대하여 내가 잘 알고 있는지를 생각해보았다.
  - 이 문제의 해결을 위하여 필요한 정보가 무엇인지 생각해보았다.
  - 전에 이와 비슷한 문제를 풀어 본적이 있는지 생각해보았다.
  - 문제에 필요 없는 정보가 들어 있는지 찾아보았다.

- 나는 문제를 해결하는 도중에 무엇을 했는가?
  - 지금까지 한 문제해결 과정을 되돌아보았다.
  - 문제해결의 진행 과정을 세세히 점검하였다.
  - 이상하다고 생각될 때 멈춰서 내가 무엇을, 왜 그렇게 했는지 생각해보았다.
  - 문제해결의 진행 과정을 점검한 후 필요한 조치를 취하였다.
  - 지금 내가 한 조치가 해답에 더 잘 접근하게 해주는 방법인지를 생각해보았다.

- 나는 문제해결 완료 후 무엇을 했는가?
  - 계산 과정이 옳은가를 점검했다.
  - 구한 해답이 문제에 적합한지 확인했다.
  - 현재의 해결 방법이 적당한 방법인지를 확인했다.
  - 문제를 다른 방법으로도 풀 수 있는지 생각해보았다.
  - 문제가 요구하는 것 이상의 것을 알아낼 수 있는지 생각해보았다.

정의적 요소의 지도

수학 학습에서 문제나 문제해결을 대하는 바람직한 태도는 문제해결을 위한 내용적 지식이나 전략적 지식에 못지않게 성공적인 문제해결 수행에 필수적인 정의적 요소임은 재론할 필요가 없다. 문제해결자가 소지하고 있는 문제해결과 관련된 정의적 요소는 다양하며, 문제해결에 국소적으로 작용한다기보다는 전반적이면서 결정적인 영향력을 갖고 있다. 문제해결자 개인의 정의적 요소는 문제나 문제해결 행위와 관련된 신념, 태도, 의지, 감정 등으로 개인 학습자마다 그 특성이 다양하다. 학습자로 하여금 성공적인 문제해결을 이루게 지도하기 위해서는 다음과 같은 바람직한 방향의 정의적 성향을 개발시켜주어야 할 것이다.

- 수학은 합리적 사고과정이며, 패턴과 규칙성을 탐구하는 교과임을 인식시켜야 한다.
- 수학을 하는데 자신감과 새로운 문제에 대한 도전적 의지를 개발시켜야 한다.
- 생소한 문제의 해결에 대한 적극적 의지를 개발시켜야 한다.
- 문제해결 과정의 사고 활동 진행에 있어서 인내심을 개발시켜야 한다.
- 문제해결 활동을 즐기고, 보람을 느낄 수 있게 해주어야 한다.

정의적 요소 지도 방법

문제해결에 유효한 바람직한 정의적 요소는 학습자 스스로 터득하거나 교사의 지도에 의한 학습이라기보다는 문제해결 수업의 전체적인 분위기나 교사, 동료가 보여주는 문제해결에 임하는 태도, 자세 등으로부터 자연스럽게 모방이나 체득을 통해서 이루어진다고 생각한다. 따라서 문제해결을 지도하는 교사는 다음과 같은 모습이나 태도를 실제로 학생들에게 보여주거나 모범적인 시연을 해 보이는 방법으로 지도해야 할 것이다(Reys et al. 2012).

- 문제해결에 대한 적극적인 의지나 흥미를 갖고 문제해결에 임하는 모습을 보여주어야 한다.
- 각 학습자의 수준에 맞추어 조정된 문제를 통하여 학습자 스스로의 힘으로 문제해결에 성공하는 경험을 시켜서 문제해결에 자신감을 갖도록 해야 한다.
- 교사는 학생의 자발적인 문제해결을 돕는 역할을 해야 하며, 가능한 문제해결 활동이나 사고 활동에 대한 많은 칭찬을 통해서 성공적인 분위기를 조성해야 한다.
- 문제해결의 노력이나 창의적인 시도인 경우 칭찬과 격려를 통해서 학생이 다양한 아이

디어를 시도하는 데 주저하지 않게 우호적인 분위기를 조성하고, 무모해도 창의적 아이디어의 경우는 칭찬을 충분히 해주어야 한다.

- 학생의 대답에 평가적인 반응을 보이지 말고, 잘못된 답도 격려하여 보다 개선된 답이 되도록 유도하는 지도가 필요하다.
- 가능한 많은 학생들에게 귀 기울여야 한다. 개별 학생의 답에 성의 있는 반응을 보여 각자로 하여금 성공적이고 자신감 있는 문제해결 활동을 수행토록 자극과 격려가 있어야 한다.
- 학생 개개인의 특성에 맞춘 반응을 보여줌으로써 문제해결에서의 학생들의 개인차를 다른 학생들의 눈에 띄지 않게 구별하여 적절한 도움과 특히 문제 선택 과정에 유의하여야 한다.
- 교사가 이끌어가는 문제해결 학습 지도 분위기는 학생의 문제해결 태도 형성에 큰 영향을 미치므로 교사는 모범적인 태도와 활동을 보여야 할 것이다. 즉, 교사가 문제해결에 대하여 보이는 흥미, 관심, 열의는 물론 문제해결에 부여하는 가치성의 정도에 따라 학생도 이를 모방하기 때문에 주의하여야 된다.

8.3 문제해결 지도 모델

단계형 문제해결 지도 모델

문제해결을 지도하기에 적합한 모델 구상은 기본적으로 폴리아의 문제해결 4단계에 터하여 만들어진다. 예를 들어, 수이덤(Suydam 1982)의 경우는 폴리아의 문제해결 4단계를 5단계의 과정으로 세분화시킨 모델을 제시하고 있다. 즉, 문제해결을 수행하는 당사자가 거쳐야 하는 일반적인 문제해결 과정을 기본으로 하되, 문제해결 지도 시 학습자에게 강조해야 할 부분이 발생하므로 폴리아의 문제해결 4단계들 간에 일부 요소는 이동되거나 새로 발생되는 부분과 통합해서 5단계로 구성을 한 것이다. 그 첫 번째 단계는 제시된 문제 상황을 자신이 해결해야 될 문제로 받아들인 후, 그 문제를 겉으로 드러내는 단계로 주어진 문제 상황을 일반적인 문제의 형태로 나타내게 된다. 두 번째 단계는 본격적인 문제해결에 착수하는 단계로, 주어진 문제를 자신이 다루기에 편리한 형태로 변환시켜 나타낸다. 세 번째 단계는 문제의 해를 구하기 위해 문제에 접근하는 방법을 모색하는 단계로, 문제의 해를 구하는 데 필요한 구체적인 가정이나 과정을 구상하게 된다. 네 번째 단계는 문제의 해에 접근하기 위하여 설정한 가정이나 구상해 놓은 전략 또는 방법을 실제로 사용하는 단계로, 앞서 구상한 해법을 검토해보고 실행에 옮겨보는 과정을 반복하여 가장 가능성이 높은 해법을 구성하게 된다. 다섯 번째 단계는 앞에서 얻은 잠정적인 해나 해법이 문제의 뜻에 비추어 타당한가를 검토하는 단계로, 앞에서 얻은 해나 사용한 해결 전략 등에 대한 나름대로의 분석과 평가를 하게 된다. 이 단계에서 중요한 부분은 이미 완료한 문제의 해법이나 해결 전략을 다른 유사 문제에 발전적으로 적용할 수 있기 위하여 보다 더 일반화 또는 확장시키고자 하는 반성적 사고 활동이다.

이제, 앞서 5단계로 설정한 문제해결 지도를 위한 구체적인 모델 안에서 각 단계별 지도 방법에 대하여 레이스 외(Reys et al. 2012)가 제안하는 내용을 참고하여 정리해보고자 한다.

1단계에서 학생들에게 요구되는 것은 주어진 문제 상황의 해결과 관련하여 직관과 발견의 능력이다. 문제해결 학습자에게 있어서 특정 문제 상황에서 문제의 존재를 직감하고 그 문제 상황을 구체적인 문제로 형상화시키는 과정은 이미 이러한 과정을 거쳐 제시된 문제를 해결하는 과정 이상으로 중요하다. 특히, 수학은 규칙성에 관련된 내용으로 이루어진 교과이기 때문에 학습자는 주변의 다양한 상황에 잠재된 수학적 현상이 포함하는 규칙성에 관심 갖는 태도가 필요하다. 그 규칙성을 수학적으로 구체화 또는 일반화시키고자 하는 의도나 그 규칙성의 전모를 찾아내고자 하는 의도가 바로 그 문제 상황이나 현상으로부터 학습자가 해결해야 될 수학적 문제로 인식, 발견하게 되는 것이라고 할 수 있다. 한편, 수학적 상황이나 현상 속에 존재하는 관계성에 관심을 갖는 태도, 즉 수학적 현상이나 대상에 포함된 변수를 찾아 그들 사이의 관계를 수학적으로 분석해보려는 생각은 일종의 수학적 문제의식의 발동으로 주어진 문제의 해를 구하는 데 직접적인 도움이 될 수 있다. 이와 같은 문제의식은 이미 해결된 문제의 경우에도 그 문제가 포함하는 변수나 조건 등의 측면에서 다양하게 변화를 시켜봄으로써 새로운 문제를 제기할 수 있으며, 이것은 한 문제로부터 여러 개의 발전된 문제를 다루어볼 수 있는 높은 수준의 문제해결 태도이다. 이미 해결된 문제를 보다 일반화시켜 보고자 하는 의도를 견지하는 태도를 가질 때 새롭고 발전된 문제의식이 가능해지고 수학 학습의 폭과 깊이가 더해지는 효과를 생성한다. 주어진 문제의 해결과 함께 이미 해결되었던 문제 중에 현재의 문제와 유사하거나 관련이 있는 문제를 분석, 종합하려는 태도는 결국 확장, 통합 등에 의해 발전된 새로운 문제를 구성해 낼 수 있으며 이는 개인 학습자의 문제해결 학습의 발전을 가속화하는 효과를 가져다준다.

2단계는 1단계를 통하여 겉으로 들어나 인식된 문제를 본격적인 해결을 시작하기에 적합한 형태로 모양을 바꾸는 과정으로 쉽지 않은 작업이다. 학생에게는 동일한 구조를 갖고 있는 문제라도 그것이 갖추고 있는 외형에 따라 난이도를 다르게 느끼는 경우가 많다. 이와 같은 사실은 처음에 인식된 문제의 구조에 손상을 주지 않는 범위에서 자신이 다루기에 적합한 형태로 그 문제를 어떻게 변형시킬 것인가가 개인 학습자에게 중요함을 상징한다. 2단계에서의 지도는 학생 스스로 다음과 같은 질문을 주어진 문제나 자신이 구성한 문제가 해결하기에 적합한 형태로 만들어질 때까지 시도할 것을 유도한다. — ✢ 문제가 성립되는가? ✢ 나는 이 문제를 완전히 이해하고 있는가? ✢ 이 문제가 의미하는 바는 무엇인가? ✢ 문제가 너무 일반화되지는 않았는가? ✢ 문제에서 알려진 것과 알아내야 할 것이 무엇인가? ✢ 문제 안에 해결하기에 충분한 정보가 포함되어 있는가? ✢ 문제의 의미가 보다 분명하게 들어날 수 있도록 재진술할 수 있는가? ✢ 이 문제를 몇 개의 작은 문제로 나눌 수 있는가? 등이다. —

3단계는 문제의 해결에 직접적으로 필요한 가정이나 과정을 설정하는 단계로, 이에 대한 지도는 학생들 스스로 다음과 같은 질문을 하게 함으로써 문제의 해결에 필요한 가정이나 과정을 치밀하게 구성하도록 유도한다. — ✢ 현재의 문제에 대해서 알고 있는 것이 무엇인가? ✢ 해에 도달하기 위해서는 무엇을 알아내야 하는가? ✢ 해결에 필요한 정보를 얻기 위해서는 어떻게 해야 되는가? ✢ 문제의 해결과 관련하여 만들어질 수 있는 추론들 중 어떤 추론이 타당한가? ✢ 문제의 해결을 위하여 어떤 과정을 거쳐야 할 것인가? 등이다. —

4단계는 3단계에서 이루어진 문제해결을 위한 가정이나 계획을 실행에 옮겨보는 단계로 이에 대한 지도는 다음과 같은 주의를 수시로 의식적으로 할 수 있게 연습시킨다. — ✢ 주어진 문제에서 사용되고 있는 개념에 대한 명확한 의미를 알고 있는가? ✢ 문제를 분명히 이해하고 있다고 생각하는가? ✢ 전에 이와 관련된 문제를 해결한 적이 있는가? ✢ 주어진 문제보다 특별한 경우를 생각해볼 수 있는가? ✢ 주어진 문제를 포함하는 보다 일반화된 문제를 생각해볼 수 있는가? ✢ 문제에서 주어진 조건이나 정보 중 사용하지 않은 것이 있는가? ✢ 해를 직관적으로 생각해낼 수 있는가? ✢ 앞서 설정한 해결 과정의 중간 부분에서 시작하거나 여러 가지의 가능성을 동시에 고려하여도 해에 접근할 수 있겠는가? ✢ 문제의 해로 생각되는 부분에서 시작하여 문제에서 주어진 사실들로 거슬러 올라가는 추론을 할 수 있겠는가? ✢ 주어진 문제를 여러 개의 부분적인 문제로 나누어볼 수 있는가? ✢ 이 문제와 관련하여 기억나는 문제들을 난이도순으로 나열해볼 수 있는가?; 주어진 문제의 해결을 위하여 다른 분야나 내용 영역에서 사용했던 기능을 적용해볼 수 있는가? ✢ 문제를 재진술해볼 수 있는가? ✢ 문제에 주어진 조건이나 정보 중 일부를 제거하여 재구성한 문제의 해결을 생각해 보아라. ✢ 문제에 주어지지 않은 새로운 조건이나 정보를 추가하여 재구성한 문제를 해결해보아라. 등이다. —

5단계는 이미 완료된 문제의 해결 과정에 사용된 전략이나 그 과정 자체를 평가해보고, 다른 해법이나 해결 전략을 생각해보는 단계로 이와 같은 지도를 위하여 다음과 같이 학생 스스로 해볼 수 있는 질문들을 구상해볼 수 있다. — ✢ 해는 옳다고 생각하는가? ✢ 문제해결의 결과를 어떻게 점검할 것인가? ✢ 다른 해법이 있다면 앞에서 사용한 해법과 비교하여 어떤 것이 더 적절한 해법으로 생각하는가? ✢ 현재 사용한 해법을 주어진 문제와 유사한 다른 문제의 해결에도 적용할 수 있는가? ✢ 현재 사용한 해결 전략을 전에도 사용했던 문제가 있다면 그 문제를 기억할 수 있는가? ✢ 이 문제의 해결을 통하여 문제해결의 어떤 면을 학습하게 되었다고 생각하는가? ✢ 이 문제를 해결하는 가운데 특히 어려운 부분으로 생각되는 것은 무엇이고, 그것이 어렵다고 생각되는 이유는 무엇인가? ✢ 해결 과정에 시도했었던 전략 중 사용을 중단한 전략이 있었다면 그 전략의 사용을 중단한 이유는 무엇인가? 등이다. —

앞에서 제시한 문제해결 지도의 구체적인 방법 외에 전체적인 문제해결의 지도에 일반적으로 활용될 수 있는 전략을 정리하면 다음과 같다. — ✢ 학생으로 하여금 자신이 고안한 전략을 사용할 수 있도록 장려하라. ✢ 다양한 전략의 구상과 사용을 격려하라. ✢ 문제해결 활동은 전체, 소집단 또는 개인적 단위 등의 다양한 학습 환경에서 이루어지도록 하라. ✢ 문제해결 과정에 대한 학생들의 질문을 장려하라. ✢ 문제를 제시하기 전에 문제 안에 포함된 수학적 내용이나 개념 등이 이미 학습된 사항인지 확인하라. ✢ 학생 자신의 문제를 구성, 발견하는 것을 장려하라. ✢ 문제해결 과정에 직관이나 창의적 사고 또는 논리적 분석을 장려하라. ✢ 전체적으로 강제성이나 압박감을 주지 않고 자유로이 자신의 생각이나 의견을 실현시킬 수 있는 분위기를 조성하라. ✢ 학생이 문제해결 도중 난관에 고착되었을 때 이를 스스로 해결하도록 자연스럽게 유도하라. ✢ 문제의 해에 도달하는 직접적인 방향의 제시는 피하라. ✢ 조언은 학생들의 생각을 자연스럽게 유도하는 방식으로 제시하라; 올바른 문제해결 활동이 이루어지고 있을 때 칭찬, 격려하라. —

결국, 학생 개개인의 문제해결 과정에 실제적인 도움이 될 수 있는 것은 스스로가 문제해결 과정에 적시, 적소에서 발전적인 문제해결을 위한 자문자답을 지속하는 방법이다. 따라서 문제해결의 지도는 앞에서 각 단계별로 제시한 구체적인 방법에 교사의 시연을 통해 지도한 후, 이를 간단히 정리하여 문제해결 과정에 자문할 수 있는 카드로 만들어 문제해결의 필요한 단계에서 직접 사용하는 방법으로 숙달될 때 학생 개개인의 문제해결 능력은 향상될 수 있을 것이다(Reys et al. 2012).

문제해결 지도 전략

문제해결 학습 목표가 수학적 이해를 심화시키기 위함이라면, 히버트(Hiebert 2003)는 문제해결 지도에 있어서 다음 세 가지의 구체적인 지도 전략을 강조한다. — (1) 학습자에게 도전해볼 만한 문제의 해결 경험을 축적시킨다. (2) 주어진 문제의 해결 방법에 있어서 보다 나은 방법을 탐구, 시도해보게 만든다. (3) 문제해결 과정의 필요한 때에 적절한 정보를 제공한다. —

학습자에게 도전해볼 만한 문제를 제공한다는 것은 해당 학습자가 그 문제의 해결에 필요한 내용적 지식이나 전략적 지식을 갖고 있다고 판단되고 이러한 지식과 함께 해결 방법을 찾기 위한 충분한 노력이 있을 때 해답을 얻을 수 있는 가능성이 높은 문제를 경험케 한다는 것이다. 학습자 입장에서도 자신의 수학 학습을 심화시키기 위해서 도전해볼 만한 문제의 해결을 위해 노력하는 것이 필요하다는 신뢰감 형성이 중요하다.

듀이(Dewey 1933)는 학습 내용을 깊이 있게 이해토록 하는 가장 좋은 방법은 문제를 해결하는 데 더 나은 풀이 방법을 찾아보게 하는 것이라고 제안한다. 이 말은 학습자 개인이 알고 있는 나름의 방법을 공유하고, 내가 알고 있는 방법과 다른 사람의 해결 방법을 듣고, 이해하고, 서로의 방법이 갖는 장단점을 비교해보는 가운데 문제해결에 대한 학습을 심화시킨다는 의미이다. 이와 같은 과정을 통해서 한 문제에 대하여 다양한 해결 방법에 대한 이해와 문제의 해법이 본래 다양하다는 점도 인식케 해준다. 이러한 방식의 문제해결 수업에서는 문제해결에 대한 효율적인 의사소통을 통하여 서로의 방법을 공유, 분석하고 최종 개선하는 방향으로 나아가도록 하는 교사의 유도가 필요하다. 이때 의사소통의 초점은 제시된 해결 방법 자체가 아니라 항상 해결 방법이 갖는 장점적인 측면에 맞추도록 지도한다. 이와 같이 학습자 간 서로의 해결 방법에 대한 검토를 통해 보다 나은 해결 방법을 찾는 것을 강조하는 이유는 수학적 관계를 구조화하는 데 도움을 주어 이해를 심화시키고, 다양한 수준의 문제해결 방법을 분석하는 과정으로부터 문제해결 학습을 심화시키게 된다는 점이다. 다양한 학습 이력과 성취 수준을 가진 학습자가 각자의 방법으로 문제의 해법을 생각하기 때문에 다양한 해법이 나오기 마련인데, 이러한 학습자 개인차가 수업 진행을 방해하기보다는 오히려 다양성으로 문제해결 학습을 풍부하게 만드는 작용을 할 수 있다. 그리고 문제해결의 방법에 수업의 초점을 두는 것이 갖는 또 다른 장점은 수업의 초점이 문제해결자 개인에게서부터 각 개인의 만들어낸 해결의 아이디어로 이동한다는 것이다. 즉, 학습자의 관심은 각자의 답안이 맞았는지 틀렸는지를 평가하는 것에서부터 각자의 답안을 통해 무엇을 더 배울 수 있는지를 검토하는 것으로 자연스럽게 옮겨가게 되는 것이다.

일반적으로 문제해결 지도에 있어서는 학생이 해결하기에 용이하지 않은 문제를 활용하는 것이 원칙이기에 교사는 문제해결 학습 지도의 여러 상황에서 적절한 조치를 유연하게 취할 수 있어야 한다. 우선, 이러한 상황에서 교사는 어떤 정보가 언제 제공되어야 할지에 대한 사려 깊은 준비가 필요하게 된다. 너무 많은 정보를 제공하거나 너무 이르게 정보를 제공하는 것은 학생으로 하여금 고심의 과정을 통해서 이루고자 하는 문제해결 학습의 효과성을 포기하는 것이 된다. 그렇다고 정보 제공에 인색해하는 것도 학생으로 하여금 당황스런 상태에 빠지게 하여 역효과를 내게 된다.

따라서 히버트(Hiebert 2003)가 문제해결 학습자에게 꼭 필요한 정보를 적절한 때에 제공하는 방법에 대하여 제안한 다음 사항을 고려할 필요가 있다. — (1) 주어진 문제의 해결에 필요한 수학적 용어나 기호와 같은 사실적 정보는 학습자가 필요로 할 때, 즉 학습자의 아이디어가 발전하여 이를 기록할 방법이 필요하거나 동료와 이에 대한 논의를 할 필요성을 느낄 때이다. (2) 학습자가 생각해내지 못한 새로운 해결 방법을 적당한 때에 제안하는 것이다. 즉, 주어진 문제가 포함하는 주요 개념이나 그들 사이의 관계에 대해서 각 학생마다 잘 이해할 수 있도록 도움을 줄 수 있는 방법을 해당 학생이 특정 해법을 찾아내는 데 어려움에 처해 있다면 적당한 때에 알려주어야 한다. (3) 학생이 선택한 문제해결 방법에 내포된 수학적 아이디어를 강조해주어야 한다. 학생은 자신이 생각한 해결 방법에 깔려 있는 수학적 아이디어에 대한 인식이나 이해 없이 문제의 해법을 고안하거나 사용하는 경우가 흔하기 때문이다. —

개념 중심의 문제해결 지도 모델

그동안 수학교육에서의 문제해결 이슈가 가져다 준 기본적인 생각으로 문제해결 학습지도에서 다루어야 하는 문제는 기존 수학교실에서 다루던 문제와 달리 정형화되어 있지 않고, 학생들에게 익숙하지 않으며, 수학적 상황을 바탕으로 하고 있는 문제라는 생각이 지배적이었다고 할 수 있다. 이와는 달리, 러셀 외(Russell et al. 2003)는 문제해결식 수학 수업 방법에 대해 전통적으로 교육과정에서 중시해온 수학적 개념을 발달시킬 수 있는 문제의 해결 지도라는 방식으로 나름의 문제해결 지도 방법론을 제안하고 있다. 즉, 그들은 기본적으로 문제해결에 기반을 두면서 기존 교육과정을 활용, 변환시키는 것과 관련된 다음 네 가지 방법을 제안하고 있다. — ✣ 문제해결 교수·학습의 표준을 수학적 개념에 초점 맞추기, ✣ 학생의 이해 수준에 맞추어 문제 변환하여 제시하기, ✣ 학생 개인의 문제해결 관련 다양성에 맞추기, ✣ 학생의 문제해결 관련 표상과 은유의 기능 발전시키기 등이다. —

문제해결 교수·학습의 모든 측면에서의 표준을 수학적 개념의 학습 지도에 맞추어야 한다는 원리는, 전통적으로 수학교육과정에서 수학교육의 목표로서 필요한 수학적 개념을 이해시키고, 이 개념을 연결, 발전시켜나가는 방법을 습득케 하는 것이 기본적으로 포함되어 왔기 때문이다. 비록 교육과정에 수업에서 다루어져야 할 기본적인 수학적 개념이 정선되어 적절한 방식으로 제시되어 있더라도 수학 교실에서 일어날 수 있는 교수·학습 상황을 예상하여 제시될 수는 없다. 따라서 교사 입장에서 볼 때 학생의 생각을 듣고, 그들의 학습 활동을 관찰하여 해당 개념의 학습이 효과적이며 자연스럽게 이루어지기 위해서는 문제해결의 상황이 필요하게 된다. 비록 교육과정에서는 수학적 개념이 시간의 경과에 따라 선형적으로 발달해 나가는 것처럼 설정되어 있더라도 실제 학생의 입장에서 수학적 개념은 오히려 단속적이거나 후퇴와 전진을 반복하면서 진행된다. 따라서 이는 수학교육과정의 문제해결화가 필요한 이유가 되며, 기본적인 수학적 개념을 다루는 수업이 문제해결식으로 이루어지면서 학생의 수학적 사고 발달에 좋은 기회가 될 수 있다.

학습자의 수학 학습 저변에 깔려 있는 기본적인 수학적 개념에 초점을 맞추기 위해서는 해당 개념에 대한 학습자의 이해 발달 수준에 맞추어 핵심적인 학습 활동 내용을 수정, 변환시키는 작업이 필요하다. 즉, 문제의 선정에 있어서 학습자가 그 문제의 해결 과정에 어떻게 활동하게 될지를 면밀히 예상하여 학습자의 수학에 대한 이해의 발달 수준에 맞게 문제를 적절히 변환시키는 준비가 필요하다.

학습자의 다양성에 대처하기 위해 교사가 교육과정을 문제해결화하는 작업에 있어서 중요한 부분은 교실 내 학생들의 다양한 요구를 수용하는 면이다. 수학에 대해 자신감이 없고 이해가 부족한 학생에 맞추어 교육과정을 문제화한다는 것의 어려움 중 하나는 교사가 해당 학생의 학습에서 정서적인 부분과 인지적인 부분을 모두 고려해야 한다는 점이다. 교사는 단순히 알맞은 문제를 찾아내거나 만들어내는 것뿐만 아니라 학생을 문제해결로 유인할 수 있어야 하기 때문이다.

교육과정을 문제해결화하는 것에 있어서 교사의 역할 중 하나는 학생에게 적합한 표상과 은유를 선택하고 발전시킬 수 있게 도와주는 것이다. 그리고 이러한 표상이 학생의 수학 문제해결을 도울 수 있는지를 검토해보아야 한다. 학생 입장에서 다양한 표상을 접하고, 활용하고, 비교하고, 분석하는 활동은 그들로 하여금 문제가 내포하는 핵심적인 수학적 개념에 집중하게 함으로써 문제해결을 보다 깊이 있게 수행하게 만드는 방법이 된다.

토론 중심의 문제해결 지도 모델

《학교수학의 원리와 규준》(NCTM 2000)에 의하면, 학생은 복잡한 문제 상황에서 스스로 의미 있는 해를 만들어내는 경험을 할 때 비로소 진정한 문제해결 활동에 참여하게 된다고 한다. 여기서 진정한 문제해결 활동을 구성하는 중요한 요소로는 주어진 문제의 해를 만들어 내기 위해서 학생들 나름으로 제시하는 해결 방안에 대한 교실 내 토론 활동이다. 학생들이 제안하는 해결 방안에 초점을 둔 토론 환경을 조성하기 위해서 교사는 문제해결 수업에서 단순히 주어진 문제의 해답이란 결과물이 아니라, 그 결과물까지 도달하기 위하여 학생을 문제해결 논의에 적극 참여시키고, 이를 발전적으로 유도해 가는 데 필요한 교실 분위기 조성과 함께 학생으로 하여금 문제해결에 대한 논의에 적합한 토론 기능을 연습시키는 지도가 필요하다. 특히, 문제해결에 대한 논의에 적합한 토론의 규범을 학생들 스스로 정착시키는 과정이 중요하다. 이러한 과정은 학생에게 있어 보다 생산적인 문제해결의 태도를 발전시킬 수 있게 해준다(NCTM 2000). 토론 중심의 문제해결 지도 방법에서 중요한 부분인 문제해결에 대한 논의의 규범, 즉 '사회적 규범(social norms)[1])'에 대하여 스테판과 화이트낵(Stephan & Whitenack 2003)은 특히 교실사회의 규범을 '사회적 규범'과 '사회수학적 규범(sociomathematical norms)'으로 구분하며, 이들 사회적 규범이 문제해결을 중요하게 다룰 수 있는 환경을 만들어 주는 데 결정적인 역할을 한다고 주장한다. 사회적 규범은 해당 소사회의 특정 구성원의 생각에 대해 토의를 한다는 것이 무엇을 의미하는지와 그 구성원은 어떻게 해서 그런 생각에 이르게 되었는지에 대하여 합의점을 공유하게 해준다. 사회수학적 규범은 구성원이 제안한 수학적인 생각에 대하여 그들이 서로 이질적이고, 복잡하고, 효율적이고, 받아들일 만한 것의 정도를 결정하는 합의된 기준을 포함한다(Yackle & Cobb 1996). 문제해결 교실의 토론에서 이러한 규범은 교사와 학생이 각자의 문제해결 관련 아이디어나 의견 등을 설명하고, 이에 대한 명확한 질문을 하고, 다른 사람의 아이디어나 의견을 합의된 기준에 따라 듣고 평가할 수 있게 해준다. 따라서 이런 규범은 생산적인 문제해결 상황에 참여코자 하는 학생들에게 필수적인 요소가 된다.

야켈과 코브(Yackel & Cobb 1996)는 토론 중심의 문제해결 수업을 위한 사회적 규범으로 학생의 토론에 임하는 기본 태도를 다음과 같이 제안한다. — ✢ 주어진 문제에 대한 자신의 해법을 설명하고 정당화한다. ✢ 다른 사람들이 설명한 것을 이해하려고 노력한다. ✢ 다른 사람의 문제해결에 대한 아이디어나 의견에 대한 동의의 여부 의사를 분명히 나타낸다. ✢ 다른 사람의 아이디어나 의견에 대해서 이해가 어렵거나 혼동될 때 그에 대한 명확한 질문을 한다. —

---

1) 사회수학적 규범(sociomathematical norms)은 "학생들의 수학 활동에 독특한, 전체 수업토론의 규범적인 양상"으로써, 수학 교실 문화를 이해하고 분석하는 데 매우 중요한 개념이다. 사회수학적 개념은 일종의 사회적 규범이지만, 후자는 교실 활동의 일반적인 패턴, 교사나 학생의 기대, 의무, 역할 등과 같이 교실의 참여 구조를 구성하는 특색으로 어느 교과에나 적용 가능한 일반적인 개념인데 반해, 전자는 해당 교실 상황에서 특별히 수학적인 설명과 정당화에 관련된 규범이다. 사회수학적 규범은 수학적 이해에 영향을 주는 사회적 규범으로 '설명, 판단, 논쟁' 등에 대한 특수한 규범을 말한다. 사회수학적 규범은 교실의 사회적 과정과 개별 학생의 수학적 이해를 연결시켜주는 수학적 교실 관행으로서 일반적인 사회적 규범과 다르다. 사회수학적 규범은 교실 문화 내에서의 수학적인 차이, 수학적인 세련성, 또는 수학적인 효율성을 구성하는 것에 대한 일관된 기대이다. 사회수학적 규범은 교실의 사회적 관행(social practices) 내에서 수학적 개념이 내포되는 과정을 이해하는 데 도움이 된다. 교실에서의 사회수학적 규범의 개발은 성공적인 학생중심의 수학 수업 실행에 결정적 역할을 한다.

토론 중심의 문제해결 수업을 위해서 교사는 문제해결 수업에서 서로 설명하고, 듣고, 질문하는 것을 중요시하는 활동이 원활히 진행되게 하기 위해 학생들에게 교사가 원하는 태도나 활동과 관련하여 상세히 설명하고 연습을 시켜 앞에서 말한 사회적 규범이 문제해결 교실에 정착되도록 해야 한다. 그리고 학생들은 교사가 조성한 교실 사회규범을 정착시키기 위하여 문제해결에 대한 논의에 적극적으로 참여하는 상호작용과 의사소통이 활발히 이루어지도록 노력해야 한다. 구체적으로 다른 학생에게서 들은 아이디어나 의견을 나머지 학생에게 설명케 하는 지도를 통해 설명하는 학생은 자신의 말로 재구성하면서 말할 수 있는 기회를 갖고, 제대로 이해했는지에 대한 확인을 학급 동료로부터 받게 되면서 자신의 문제해결 학습 과정에 대한 반성의 기회도 갖게 된다. 그리고 학생들에게 다른 학생의 아이디어를 말로 표상해보도록 요구하는 것뿐만 아니라, 학급 동료로 하여금 직접 질문을 하도록 장려할 수 있다.

수학 교실에서 필요한 사회수학적 규범

토론환경에서의 사회적 규범은 교사와 학생이 교실에서 행동하고 의사소통 하는 방식에 관해서 서로에게 가지는 공감적 기대치를 말한다. 스테판과 화이트낵(Stephan & Whitenack 2003)은 교사가 교실에서의 건실한 토론문화 전개를 위한 사회적 규범 유지를 위하여 사용할 수 있는 세 가지 지도 전략에 대해서 제안한다. 즉, 학생이 자신의 생각을 잘 설명하도록 격려하기, 어떤 학생의 해결 방법을 설명하도록 질문으로 유도하기, 학생이 교사 대신에 학급 동료에게 직접 질문하도록 지도하기이다. 사회수학적 규범은 수학적인 활동과 관련된 특정의 사회적 규범으로 수학적인 논쟁, 설명, 표상 등으로 간주되는 것의 기준을 포함하고 있다. 토론을 통해서 문제해결에 대한 학습이 일어나게 하려면 사회수학적 규범을 정립하는 것이 중요하다.

성공적인 문제해결 수업 위한 아이디어

성공적인 문제해결 수업을 위해 교사는 지도할 수학 내용과 관련된 문제를 해결하는 데 있어 학생이 생각할 수 있는 가능한 방법에 대한 충분한 이해가 우선적으로 요구된다. 이와 같은 맥락에서 시미즈(Shimizu 2003)는 효과적인 문제해결 지도를 위한 실질적인 아이디어를 소개하고 있다.
첫째, 각 학생이 제안한 가능성이 있는 해결 방법에 각 학생의 이름을 붙여서 그 방법을 언급할 때만 그 이름을 불러 지칭한다. 이 방식은 제안한 해결 방법에 대한 해당 학생은 자부심을 갖는 것은 물론 문제해결에 흥미와 자신감을 갖게 되고, 다른 학생도 문제해결에 대한 학급 내 전체 논의 활동에 재미를 갖고 집중할 수 있게 해준다.
둘째, 칠판에 판서하는 것을 효율적으로 활용한다. 가능한 칠판에 수업 중에 써놓은 것을 지우지 말고 두어야 한다. 각 학생이 칠판에 해결 과정을 기록했던 것도 지우지 말고, 논리적이며 정리된 정도에 따라 바람직한 해결 방법에 대한 순위를 매겨 놓음으로써 학생들은 다양한 해결 방법들을 한눈에 비교할 수 있게 된다.

셋째, 각 학생이 제안한 해결 아이디어나 방법을 개선, 발전시키기 위하여 학급 단위의 토론 활동을 활용한다. 문제해결 수업에서 학급 단위로 토론을 역동적이고도 협동적인 방식으로 전개함으로써 각 학생의 아이디어나 해결 방법이 토론이라는 연마의 과정을 거쳐 완성도가 높은 바람직하면서도 통합적인 수학적 아이디어가 구성되게 할 수 있다.

넷째, 학급에서 사용할 문제를 선정하고, 맥락을 정하고, 수치를 선택하는 데 심사숙고가 있어야 한다. 선정한 문제가 갖는 특성은 문제해결 학습에 중요하게 작용하며, 따라서 문제에 대한 신중한 선택은 학생으로부터 다양한 답변을 얻어내기 위한 시작점이 된다.

다섯째, 학생으로부터 다양한 해결 방법을 이끌어낼 방안을 숙고해 본다. 학생이 처음에 생각한 것에 대해 더 나은 풀이 방법으로 발전시킬 수 있도록 격려해야 한다.

특별 학생을 위한 문제해결 지도

수학 교수·학습에서 문제해결식 접근법은 학습장애를 가지고 있는 학생에게 수학적 문해력을 발달시킬 수 있도록 도와주며, 영재학생에겐 보다 창의적인 수학적 사고자가 될 수 있는 기반을 제공한다. 이 두 집단의 학생에게 문제해결은 일반 학생에게서와 마찬가지로 그들 나름의 학습 잠재력을 더 쉽게 수학적으로 신장시킬 수 있도록 해준다.

수학 학습 부진 학생의 문제해결 지도

대부분의 수학 교실에는 일반 학생의 수학 학습 능력에 비해 많이 부족한 수학 학습부진 학생이 있다. 이러한 학생은 대체로 과제에 집중하지 못하거나, 교실의 분위기와 일반 학생으로부터 나름대로의 방해를 받는 셈이 된다. 경우에 따라서는 수학 학습에 필요한 시각이나 청각과 같은 감각적 기능 면에서의 결손이나 기억력이 좋지 않거나 인지과정에 어려움을 겪는 학생은 당연히 새로운 문제 상황에 필요한 감각적 기능을 작동시키거나 적절한 해결 전략의 사용에 있어 심각한 어려움을 보인다(Montague 1998). 이러한 학생은 주어진 문제의 해결에 접근할 때 문제 상황의 시각화나 본인들이 선호하는 표상이나 이해의 방식에 알맞게 변환시키기 어렵고, 다양한 인지적 전략을 알고 있지 못하므로 수학 문제해결에 매우 취약한 상태이다(Bley & Thornton 2001, Montague 1998). 이러한 학습 장애를 겪는 학생을 위해서 각 학생의 학습 상태에 맞춘 교수·학습 전략이 필요하게 된다.

수학 학습부진 학생이거나 다른 심각한 학습 곤란을 겪는 학생에게 교사는 학생 개인이 선호하는 학습 방식에 대한 파악과 함께 이에 대한 처방적 지도 계획을 세우고, 해당 학생으로 하여금 자신의 특정 학습 부진이나 장애를 보완하기 위해 그들만의 학습 강점을 활용하도록 격려해야 한다. 이러한 맞춤형 교수·학습 전략이 비록 개개인의 학습 요구에 따라 다양하게 필요하겠지만 학습 부진이나 장애를 갖는 학생에게 일반적으로 도움이 될 수 있는 교수·학습 전략을 생각해 볼 수 있다(Bley & Thorton 2001, Montague 1998). 디즈먼 외(Diezmann 2002)는 다음과 같은 학습 장애 학생을 위한 일반적인 교수·학습 전략을 제안하고 있다.

첫째, 문제 상황에서는 학생의 독특한 학습 요구에 가장 적합한 접근 방법을 사용한다. 예를 들어, 색상으로 강조하거나 간단한 도표 그리기와 같은 시각적 방법, 학습을 내면화시키기 위해 말로 표상하기와 같은 청각적 방법이나 손가락 따라가기나 구체적 조작물 사용하기와 같은 운동감각적인 접근 방법이다.

둘째, 문제에 대한 생각과 해결 방법에 대하여 의사소통하고 기록하는 경우는 학생 특유의 학습 습관과 강점에 따라 접근해야 된다. 경우에 따라서는 행동으로 표상하거나, 상징, 단어 또는 구체물을 사용하거나, 문제를 해결하는 동안 구체물을 조작하는 행위를 통하여 만들어지는 상호 관계성을 이용한다.

셋째, 실제로 대부분의 학생은 다른 학생이 말하는 것을 듣고 주어진 과제나 문제를 다시 스스로의 말로 표상하거나 다른 학생이 말한 것을 정리하는 과정을 통해, 즉 사회적 구성의 원리에 의해 필요한 개념을 이해하고 기억하게 된다. 이러한 학습의 특성에 맞추어진 문제해결에의 접근법을 활용한다.

넷째, 주의력 결핍과 함께 과잉행동을 나타내는 학생은 행동을 취할 때마다 정당한 이유가 필요하다. 이런 학생에게는 보다 활동적인 학습과 응답 전략이 도움이 된다. 예를 들어, 응답의 한 방법으로 학생이 생각하는 계산의 방법을 손으로 나타내보거나, 답을 허공에 손가락으로 써보게 하거나, 교사의 말에 동의한다면 엄지손가락을 치켜들게 하는 등의 방법을 사용할 수 있다. 학생의 상태가 보다 심각한 경우에는 부드러운 고무 스펀지를 주어서 그 학생이 기다려야 하거나, 설명을 들어야 하는 경우 누르고 있게 하면 도움이 된다.

다섯째, 읽기 장애가 있는 학생에게는 문제를 단순화하고 개인화하여 해당 학생으로 하여금 주어진 문장의 의미를 명백히 이해할 수 있도록 한다. 또는 별도의 시간을 주어 주어진 문제나 과제에 대해 자신이 알고 있는 것이나 찾아내거나 하고 싶은 것들을 적어보도록 하는 것도 도움이 된다. 도우미 학생을 배정하여 그 학생이 문제를 읽게 하고 그동안 장애 학생은 나름대로의 방식으로 그 문제와 관련된 기록을 할 수 있도록 한다. 이 방법은 해당 학생으로 하여금 주어진 문제의 해결과 관련이 있는 정보는 무엇인지와 학생의 관점에서 주어진 문제의 의미를 이해할 수 있게 해준다.

학습 장애 학생 위한 문제해결 지도

문제해결의 지도 시 학습 장애 학생을 위하여 디즈먼 외(Diezmann et al. 2003)는 다음과 같은 교수학적 변환의 방법을 제안하고 있다.

- 양은 적어도 주의 깊게 선정한 문제나 과제를 제공한다.
- 해당 학생이 자신의 학습 강점에 맞는 방법으로 접근할 수 있는 문제나 과제를 선정한다.
- 문제해결을 완수할 수 있게 학생이 필요로 하는 시간이나 자료를 충분히 제공한다.
- 학생 자신의 말을 사용하여 주어진 문제나 과제의 요점을 말해보게 한다.
- 동료와 해법을 공유하거나 자신의 해법에 대하여 설명해보게 한다.
- 시각적인 인지나 공간지각 능력이 부족한 학생의 경우 종이 대신 필요한 도구를 사용한다.
- 읽기, 기억하기, 신체적이나 지각 활동에 어려움이 있는 경우 동료학생을 활용한다.
- 기억력이나 구조화, 주의집중에 어려움을 겪는 학생의 경우는 과제를 부분으로 나누어 각 부분에 대한 이해나 풀이가 끝날 때마다 보고서를 쓰도록 한다.
- 청각이나 주의력에 문제가 있는 학생의 경우는 독립된 공간에서 학습하도록 한다.

수학 영재학생의 문제해결 지도

수학 영재학생은 주로 수학에 열정적이고 수학을 배우는 데 탁월한 능력이 있으며, 이들은 특히 수학 분야에 재능이 있는 수학적 사고력이 뛰어난 학생이다. 하지만 영재학생은 높은 수행능력과 창의적인 성취를 이루기 쉬움에도 불구하고 쉽게 수학에 지루함을 느끼거나, 흥미나 즐거움을 느끼지 못하거나, 오랜 시간 동안 수학을 배우는 데 시간을 쏟아야 함에 따라 도전적 욕구가 떨어지기도 하며 그러한 경우 부정적인 현상이 나타나거나 낮은 학업 성취도를 보일 수 있다(Sheffield 1999). 이러한 수학 영재학생에게 문제해결 지도와 관련하여 디즈먼 외(Diezmann et al. 2003)는 다음과 같은 교수·학습 전략을 제안하고 있다.

첫째, 수학 영재학생의 수학에 대한 사고와 노력을 현재 수행 가능한 능력보다 뛰어난 단계로 신장시킬 수 있는 기회를 제공하기 위해 교육과정의 확장 전략을 사용해야 한다. 즉, 이 확장 전략은 영재학생의 상대적으로 뛰어난 지식과 빠른 학습 능력을 고려하여 교육과정의 내용과 속도를 조정하는 것이다(Rogers 2002). 수학 영재학생을 위한 교육과정 확장 전략은 일반적 수학 교육과정을 압축, 가속, 강화 등의 방식으로 변환시키는 것을 말한다(Johnson 1994). 영재학생은 보통 계획된 교육과정의 목표를 같은 나이 또래보다 빠른 속도로 성취하고 절약된 시간 동안 보다 생산적, 발전적인 활동을 할 수 있게 하여 수학에 관한 창의적인 흥미를 촉진시킬 수 있다. 이 여유 시간은 영재학생들끼리 모여 또래의 수준을 넘어선 수준을 공유하고 다른 사람의 문제해결 방법에 대하여 비판적으로 논의할 때 특히 효율적으로 사용될 수 있다(Benhow 1998).

둘째, 교육과정 가속화의 전략으로, 영재학생에게 그들의 능력에 걸맞은 수준의 과제를 제공한다. 즉, 영재학생 개개인이나 영재학생 집단으로 구성하여 같은 학년 학생들과 비교하여 상대적으로 가속화된 프로그램을 진행할 수도 있고, 상위 학년과 함께 수업을 받게 할 수도 있다.

셋째, 교육과정 풍부화의 전략으로, 영재학생에게 정규 교육과정을 넘어선 영역의 수학적으로 다양한 문제를 풀 수 있는 기회를 제공하는 방법이다. 이 문제들은 학생들의 흥미에 기반을 두거나, 유명한 수학자, 수학적 논쟁, 다른 문화권의 수학, 다른 과목에서의 수학 내용의 적용과 같은 다양한 수학 지향적 주제들을 탐구할 기회를 제공한다.

문제해결 프로그램 예

찰스(Charles 1988)가 제안하는 교사를 위한 문제해결 프로그램은 아래와 같이 1학기, 15주 과정으로 되어 있다.

주	주요목표
1-3	• 교사의 문제해결 능력 개발 • 문제해결에 대한 태도의 기능 탐구
4-7	• 교사의 문제해결 능력 개발 • 교사의 내용지식 및 교육과정 지식 개발 • 학생의 사고 과정에 관련된 실제 경험(연구)
8-15	• 교사의 교육학적 지식과 능력 개발 • 문제해결 지도와 관련된 실제 경험(연구)

앞의 문제해결 프로그램에서 찰스는 문제해결을 위한 단위 수업 계획으로 크게 세 개의 국면 — 문제해결 전, 중, 후 — 으로 나누어 각 국면별로 구체적인 교수 활동을 제안하고 있다.

학생이 본격적인 문제해결을 시작하기 전에 문제에 관해 학급 전체를 토론에 참여케 한 후 다음의 교수활동을 활용한다. — (1) 학생에게 문제를 읽어주거나, 학생이 문제를 직접 읽게 한다. 이어서 용어와 필요한 조건에 대해 토론케 한다. (2) 문제를 이해하는 데 관련된 토론을 시키되, 문제가 묻고 있는 것이 무엇인지 그리고 문제를 해결하는 데 필요한 정보가 무엇인지에 집중을 시킨다. 이때 너무 많은 질문을 해서 학생 스스로 문제를 이해해야 할 기회를 빼앗지 않는다. (3) 학생에게 가능성 있는 해결 전략을 제안해보도록 한 후, 학생의 제안을 평가하거나 판단하지는 않는다.
학생이 문제를 해결 하는 도중에 교실을 돌아다니면서 다음과 같은 교수활동을 전개한다. — (1) 학생이 문제를 해결할 때 그들을 관찰하고, 그들의 해결 과정에 대하여 질문한다. (2) 학생이 곤란을 겪으면 해결 전략을 선택하거나 수행하는 데 필요한 힌트를 제공하며, 필요하다면 문제 이해의 과정을 되풀이시킨다. (3) 학생이 답을 구하면 그들의 해결 과정을 되돌아보게 한다 문제를 일찍 해결한 학생이나 시간이 남을 경우에는 확장시킨 문제를 제시한다. —
학생들이 문제해결을 완료한 후에는 문제에 관해 학급 전체가 토론하되 아래의 교수 활동을 통해 마무리한다. — (1) 문제에 대한 학생의 해결 방법에 대해 토론하되, 문제를 해결할 수 있는 다른 방법이나 전략에 대한 확인을 하게 한다. 학생이 사용한 전략에 이름을 붙이게 한다. (2) 이전에 해결했던 유사한 문제와 방금 해결한 문제를 비교하고, 확장된 문제에 대해서 토론하게 한다. (3) 잘못 해석될 수 있거나, 관계없는 정보, 또는 잘못 해석한 "핵심 단어"와 같이 주어진 문제가 갖고 있는 특이점에 대해 토론시킨다. —

8.4 문제해결 지도 방법의 다양화

학교수학에서 계산기와 컴퓨터는 수학적 환경을 기존과 다른 방식으로 재조성해주며, 수학 교사는 이러한 수학적 환경 변화에 적극적으로 대처할 수 있어야 된다. NCTM(2000)에 의하면, 요즘 학생들은 특히 정보통신 테크놀로지를 적절히 사용함으로써 더 즐겁게 더 많은 수학을 심도 있게 학습할 수 있다. 즉, 디지털 세대의 학생은 테크놀로지를 사용해서 수학 문제해결에서 필요한 가설을 세우고 해법을 탐구하게 한다든지, 개념의 일반화나 추상화도 용이해진다. 정보통신 테크놀로지는 주어진 문제의 상황을 학생에게 실제적인 상황으로 잘 나타내줌으로써 학생은 자신이 선호하는 방법으로 주어진 문제나 과제의 상황을 구현하고 그에 따라 해법을 쉽게 구축할 뿐만 아니라, 구한 해법에 대한 설명과 타당성을 증명해 보이는 데도 편리한 도움을 준다.

계산기

요즈음 수학교육에 관계하는 사람들의 입장에서는 계산기가 학생으로 하여금 필수적인 수학 내용에 대한 진정한 이해에 도달할 수 있도록 문제기반 교수·학습을 지원하는 중요한 도구가 될 수 있음에 대하여 전반적으로 동의를 하고 있다. 계산기는 학생이 실제적인 문제나 과제를 해결하는 방법을 모색할 수 있는 풍부한 여건을 제공한다. 이러한 관점은 계산기를 단순히 필산의 정확도를 점검하는 도구나 문장제를 해결하는 동안 계산 부담을 덜어주기 위한 도구로 보는 것과는 차원이 다르다.

컴퓨터 소프트웨어

일반적으로 수학 문제해결 교수·학습 과정에 활용할 수 있는 소프트웨어의 유형은 '반복연습형', '개인교습형', '모의실험형', '문제해결형', '게임형', '도구형' 등으로 구분해볼 수 있다(Crown 2003).

반복연습형 소프트웨어는 학생에게 연습의 반복과 연습 수행의 정확성에 대한 피드백을 제공하는 비교적 단순한 기능을 갖고 있다. 주된 활동은 모니터를 통해 제시된 계산 문제의 풀이 연습이란 학생의 반응 활동으로 이루어진다. 이러한 유형의 소프트웨어에서의 주안점은 즉각적인 피드백과 학생의 능력 수준에 맞는 단순 연습 문제의 제공에 있기 때문에 이러한 종류의 프로그램은 문제해결 활동의 고유 의미에 대한 생각을 학생에게 요구하지 않으며, 학생 입장에서도 문제해결의 사고활동과 관련하여 다른 사람과 논의할 필요성도 없게 된다. 따라서 반복연습형 소프트웨어는 문제 기반 교수·학습 방식을 지원하기에는 적절하지 못하다.

개인교습형 소프트웨어는 학생에게 새로운 수학의 지식과 기능을 가르치고자 하는 의도를 갖고 개발된다. 전자교과서와 같이 정보 및 설명 화면 후 학생의 능동적인 참여나 입력을 요구하는 화면을 포함하고 있는 경우가 많다. 그 결과 개인교습형 소프트웨어는 지루하기 쉽고 학생의 흥미를 끌기가 쉽지 않다. 특히, 학습자의 입장에서 성급한 규칙 적용이나 일반화의 폐단이 개인교습형 소프트웨어를 사용할 때 발생할 가능성이 높다. 히버트(Hiebert 2003)에 의하면, 바람직한 이해는 학생이 도전 문제를 붙임성 있게 해결하는 것, 더 나은 해결 방법을 검토하는 것, 학생에게 적시에 적절한 정보를 제공하는 것 등의 섬세한 균형을 통해 가장 잘 이루어진다.

모의실험형 소프트웨어는 학생으로 하여금 실생활에서 의도하는 설정을 시뮬레이션하고 그에 따라 수학적인 방식으로 활동할 수 있게 해준다. 모의실험형 소프트웨어는 학생에게 원하는 목적을 달성하기 위해 복잡한 수학적 체계를 다루기 위한 전략을 공식화할 것을 요구한다. 모의실험형 소프트웨어의 주된 사용 의도는 임의의 자료 생성으로, 예를 들어 문제 중심 수업에서 간단한 실험을 여러 번 모의실험하기 위한 경우에 효과적으로 사용될 수 있다. 모의실험형 소프트웨어를 통해 교실에서의 가치 있는 효과를 얻어내기 위해서 교사는 해당 모의실험용 소프트웨어의 사용에 대한 계획이나 학생들의 활동과 토론을 주의 깊게 조정할 수 있어야 된다.

일부 문제해결 소프트웨어와 웹사이트는 단순히 문제를 모아 놓고 있는 장소일 뿐인 경우가 많다. 그러나 이렇게 모아 놓은 문제가 문제해결 교육에 잘 들어맞는 문제일 경우에는 문제 기반의 수학 교수 방법을 생각하고 있는 교사에게 유용할 수 있다. 이러한 프로그램은 학생으로 하여금 응용문제의 해결에 집중케 하고, 학생의 문제해결 활동 수행을 개선하는 데 효과적이다. 그러나 한편으로는 과제에 초점을 맞춘 나머지 일상적인 수학적 기능과 개념을 가르치기 위한 문제 중심 접근 교수 방법을 제대로 실현할 수 없게 될 수도 있다. 따라서 이러한 유형의 소프트웨어를 사용하는 교사는 다양한 유형의 문제를 제공하고, 학생이 상황과 문제에 내재된 근본적인 수학적 관계나 의미 등의 이해에 적절하게 초점을 맞추도록 도와주어야 한다.

게임형 소프트웨어는 학생의 높은 관심을 유인하고, 일반적으로 게임에서 이기기 위한 기본적인 수학적 기능이나 논리를 필요로 한다. 즉, 게임형 소프트웨어는 수학적 기능을 연습하고 수학적 전략과 논리적 추론을 발달시키기 위한 좋은 환경이 된다. 게임을 하면서 다음 번에 사용할 가장 좋은 전략은 무엇인가, 게임을 이기기 위한 목표에 좀 더 가까워지기 위해 어느 것을 움직일 것인가, 상대방은 다음에 어떻게 할 것인가에 대한 토론에 참여하면서 많은 수학적인 내용들이 발견되고 공식화될 수 있다. 같은 상황에서 항상 같은 방식으로 반응하는 컴퓨터에 대항하여 게임을 하는 것은 전략에 대한 일반화에 도달하는 데 유용한 장점으로 작용한다.

도구형 소프트웨어는 궁극적으로 문제 중심 수학 교수법을 지원하는 데 가장 유용한 소프트웨어라고 할 수 있다. 도구형 소프트웨어 환경에서 학생은 수학적 개체와 그들 사이의 관계에 대한 나름대로의 표상을 구성하고 탐구하게 된다. 이러한 환경은 개방적이며 학생 주도적이기도 하여. 학생은 수학적 아이디어나 관계를 표상하기 위해 도구형 소프트웨어를 사용하면 되는 것이다. 즉, 학생은 자신이 구한 자료를 입력하고, 그 자료에 대한 이해를 돕거나 그 안에 포함되어 있는 관계 혹은 자료의 경향을 좀 더 잘 표상하기 위해 도구형 소프트웨어를 사용하게 되는 것이다.

특히, 초등 수학 교사에게 유용한 소프트웨어인 '가상 조작물'이라고 불리는 것으로 초등 학생의 수학 학습을 돕기 위해 사용되어온 패턴블록, 십진블록, 화폐, 분수막대, 기하판과 같은 구체적 조작물의 컴퓨터기반 버전이라고 할 수 있다. 이러한 전자 장비의 장점은 구체적 조작물을 이용해서는 할 수 없는 것들을 구현해볼 수 있는 속성과 기능을 가지고 있다는 것이다. 이러한 소프트웨어의 또 다른 장점은 교사가 학생을 수학적 주제에 대한 논의에 집중시키고자 할 때 교실의 전자칠판에서 사용 가능하다는 편의성을 갖고 있다.

게임과 문제해결

일반적으로 수학은 그 논리적이고 종합적인 성격으로 인해 학생에게 재미없게 느껴질 수 있다. 빅스(Biggs 1972)에 따르면, 게임은 학생이 다양한 수학적 기능을 기르며 수학에 대한 바람직한 태도를 갖게 해주는 재미있는 학습 환경을 제공해준다. 특히, 게임을 할 때 학생은 여러 가지 게임 운영 방안을 고안해야 되며, 상대방이 앞으로 행동할 것에 대비해 전략이나 계획을 세워야 한다(McConville 1974). 그리고 게임의 상황은 일반적인 문제해결 학습 상황에서 경험할 수 없는 기능을 대신할 수 있다. 게임을 통해서는 일반 수업에서는 지루하게 느낄 수도 있는 유사한 상황이 되풀이되더라도 집중을 하게 만들며, 학생에게 구체적인 놀이 환경을 통해서 문제해결의 기능을 익힐 수 있게 해준다. 수학적 문제해결 교수·학습에 활용할 수 있는 게임이 갖는 기능에 대해서는 계산 원리나 해결 전략 터득의 두 측면에서 생각해볼 수 있다. 이에 따라 문제해결 지도에 활용할 수 있는 게임을 계산게임, 전략게임 등으로 구분해 볼 수 있다. 물론 이 두 가지 요소가 혼합된 게임의 형태도 생각해 볼 수 있다.

교육적 게임의 요건

애슐록과 워시본(Ashlock et al. 1983)에 의하면, 게임이 교육적으로 바람직하게 작동되기 위해서는 다음 몇 가지의 기능을 갖추고 있어야 한다. — (1) 게임규칙이 아동의 행동과 그들이 사용하는 자료에 대한 명확한 제한 규정이 있어야 한다. (2) 게임 진행 과정에서 '스피너(spinner)'나 '비드(bid)'와 같은 앞으로의 행동을 결정짓는 도구가 있어야 하는데, 이 도구는 우연성에 의해서 결정되어야 하며, 바로 이 점이 학생으로 하여금 게임에 대한 동기부여를 하게 된다. (3) 소기의 목적을 달성하는 데 따른 보상이 있어야 한다. (4) 시간제한이 있어야 한다. (5) 경기자의 반응에 따라 피드백이 제공될 수 있어야 한다. (6) 실수로 인한 벌칙은 최소화되어야 한다. (7) 게임과 관련된 기본 계산 지식은 무작위로 배열되어야 한다. (8) 경기자에게 이길 수 있는 기회를 동등하게 주어야 한다. —

특히 계산게임의 경우, 일반적으로 게임에서 이기기 위해서는 신속성과 정확성이 요구되므로 이 게임을 반복적으로 수행하는 과정을 통하여 해당 계산게임이 갖고 있는 계산의 원리 면에 집중케 하고 이를 파악하려는 노력을 스스로 하게 해준다. 이와 같이 계산게임의 주요 기능은 학생에게 계산 기능이나 원리를 익히게 해주는 데 있다. 계산게임에서는 계산 이외에 문제해결 과정에 사용하는 전략이나 해법 같은 것은 다루지 않는다. 따라서 계산게임은 학생으로 하여금 쉽게 싫증나게 할 수도 있다. 이런 단계에 이르면 교사는 학생에게 전략게임을 활용할 필요가 있다.

게임의 성패가 우연에 의존하는 것이 아니라, 경기자의 전략 선택에 달려있다는 점에서 전략게임은 계산게임과 다르다. 올리브와 스테페(Olive & Steffe 1994)에 따르면, 전략게임은 세 가지 기준을 충족시켜야 한다. — ✢ 일련의 경기 규칙이 있어야 한다. ✢ 적어도 두 명의 경기자가 있어서 게임 규칙 안에서 자신들의 행동과 전략을 택함으로써 생기는 상반된 이해관계가 있어야 한다. ✢ 모든 경기자들에게 사용가능한 정보에 기초하여 현명한 선택을 할 수 있게 해야 한다. — 이러한 전략게임은 전략적 사고에 포함된 기능을 익히는 것을 목적으로 실제 상황과 유사하지만 어디까지나 가상의 안전한 모델에서 전략 사용의 경험을 제공하는 것이다. 전략게임을 통해서 수학 문제해결에서 해에 접근해가는 데 필요한 방법과 전략 사용을 경험함으로 해서 문제해결의 기능을 익히는 데도 도움이 된다.

매콘빌(McConville 1974)은 전략게임에서 사용될 수 있는 발견술에 대하여 다음과 같이 제시하고 있다. — ✢ 문제이해 단계에서는 모르는 것, 자료, 조건 등에 대한 파악과, 규칙이나 조건 이해하기, 이길 수 있는 조건에 대하여 생각해보게 한다. ✢ 계획수립 단계에서는 자료와 모르는 것을 서로 관련시키기, 계획 세우기, 유사한 게임의 규칙과 연관시키기, 각각의 가능성을 보고 조건을 평가하기, 과거 상황에서 성공적인 유사한 전략 이용하기, 전략 비교하기 등이다. ✢ 실행하기 단계에서는 각 단계 점검하기, 전략을 실행에 옮기기, 각 단계에서 상대편의 활동에 대해 사고하기 등이다. ✢ 반성하기 단계에서는 결과에 대한 점검하기, 더 좋은 결과 만들 수 있는지, 다른 방법에 대한 탐구 등이다. —

전략게임을 활용할 때 학생은 단순히 게임을 하는 것이 아니라, 게임을 하면서 이기기 위한 전략을 논의한다는 부분이 중요하다. 즉, 전략게임을 문제해결 교수·학습에 효과적으로 활용하고자 한다면 게임을 하고 있는 동안 교실은 역동적인 분위기가 전개될 것이라는 점을 예상할 수 있어야 한다. 학생은 게임을 하는 동안 게임 전략에 대해 토의하고 게임하는 동안에 얻었던 성과를 서로 비교, 평가해야 한다. 바로 이러한 과정에서 문제해결력이나 사고력이 향상되는 것이기에 게임 과정에 논의하는 것은 게임 수행 자체보다 중요하다.

게임의 교육적 장점

위너와 마르크스(Wiener & Marx 1980)는 게임의 이점에 대하여 다양한 측면에서 열거하고 있다. — (1) 게임은 단조로운 계산 연습 상황을 흥미와 동기가 부여되는 경쟁적인 상황으로 변화시킬 수 있다. (2) 게임의 상황은 학생에게 일반적인 학습 상황에서 맛볼 수 없는 새로운 종류의 성공과 그 성공에 대해 동료 학생으로부터 인정받는 기회를 갖게 한다. (3) 게임은 학생에게 새로운 문제해결 기법이나 새로운 수학을 탐구할 필요성을 느끼게 하는 자연스러운 계기를 제공한다. (4) 게임은 학생이 문제해결을 할 때 교사에 의존하려는 경향으로부터 벗어나 능동적인 참여자가 되도록 해준다. (5) 게임은 학생에게 재미있는 방법으로 수학 주제를 소개하거나 복습할 수 있도록 해준다. (6) 게임은 자연스럽게 동료 학생으로부터 학습할 수 있는 환경을 제공해준다. —

9 문제제기 지도

수학교육에서 문제해결 이슈에 이어 바로 등장한 것이 문제제기(problem posing)로, 이는 문제해결보다 발전, 심화된 이슈로 기존 문제해결 이슈의 완성도를 높이면서 20세기 말 수학 교수·학습에서 문제해결과 함께 핵심적인 기능과 역할을 맡게 되었다. 문제제기는 문제해결과 같이 수학 교과는 물론 주변의 복잡한 문제 상황에 성공적으로 대처하는 데 필수적인 능력이나 기능으로 인식되고 있다. 즉, 수학 교과나 학생 주변에서 일어나는 일이나 과제에 대하여 그 문제성의 측면을 파악하고, 이를 해결하기 위해서는 그 문제가 왜, 어떻게 발생했는지에 대하여 이해를 하고, 여러 가지 가능성 있는 해결책 중에 적절한 것을 선택, 적용함으로써 소위 문제해결을 할 수 있어야 한다. 또는, 현재 벌어진 문제적 현상이나 상황에 이르기까지 중간에 개입된 조건이나 원인을 파악해서 중간에 다른 조건이나 원인이 작용했었다면 그런 문제 현상이 해소 또는 변환 될 수 있었을 것이라는 식의 가정, 즉 문제제기를 하고 그 추이를 예상해봄으로써 주어진 문제의 적절한 해결책을 찾아내는 능력도 필요하다.

대체로 문제제기는 주어진 문제 상황이나 능동적인 사고 실험으로부터 세부적인 가정이나 문제를 생성해내는 사고행위로 정의되고 있으며(English & Lesh 2003), 이러한 문제제기는 수학 교수·학습 과정에 주어진 문제의 해결이나 일반 수학 학습 상황에 수시로 발생할 수 있다. 특히, 탐구적인 수학 활동에 참여하고 있을 때 대체로 문제해결을 잘하는 학생에게 있어서 문제제기 활동이 자주 일어나게 된다. 문제해결 교수·학습에서 문제제기에 부여하는 의미나 기능은 대체로 주어진 문제의 해법을 찾기 위하여 문제를 문제해결 학습자가 의도하는 방향으로 변환 또는 재구성하는 것뿐만 아니라, 문제해결이 완료된 후에도 현재의 문제해결을 발전적으로 확산, 심화시키고자 주어진 문제나 해법과 관련하여 의도하는 새로운 변화나 생성에 따른 일련의 고등 사고 과정을 문제제기 행위라고 본다.

본장에서는 '문제제기 지도'의 주제하에 문제제기의 '의미', '역할', '지도 방법'에 대하여 알아보기로 한다.

9.1 문제제기의 의미

문제제기의 의미

수학교육에서의 문제제기에 대한 관심은 문제해결에 대한 발전적 연구가 이루어지는 가운데 나타난 현상으로 결국 문제제기 활동이 문제해결 교육에서 갖는 의미는 '문제 상황으로부터 해결 상황으로'라는 일방향성에 역방향적 사고 활동을 추가하여 보다 완전한 문제해결 교육을 꾀하려는 의도에 의해 등장한 것이라고 할 수 있다. 즉, 문제제기 활동은 현재 특별한 문제성이 없는 평형의 상황에서 시작하여 의도적으로 갈등의 상황으로 사고를 전개, 발전시켜 새로운 문제해결 활동을 불러일으키고 그 결과 보다 완전한 문제해결의 교육적 의도를 이루려고 하는 것이다.

문제해결을 주어진 문제나 문제 상황에서 시작하여 그 문제나 상황의 해결책을 찾아내는 일종의 예견된 틀 속에서 이루어지는 사고 행위라고 본다면, 문제제기는 사고의 주체가 현재 주어진 문제적 상황에 대하여 자의에 따라 모험적, 탐구적 또는 확산적 가정을 시도하여 새로운 문제나 문제적 상황을 발생시켜 이에 대한 해결을 시도하는 고등 사고활동인 셈이다. 물론, 이 과정은 전체적으로는 문제 생성과 해결의 두 단계로 이루어져 문제해결의 의미를 기본적으로 포함하면서 문제해결의 교육적 의도를 심화, 완성시키고자 하는 것이다. 한편으로는 문제해결 활동과 관련하여 인지적 평형의 상태임에도 불구하고 수학적 탐구, 모험 정신의 발동으로 현 평형 상태를 의심하면서 새로운 문제나 문제 상황을 제기하여 이를 해결하려고 노력하는 가운데 새로운 수학적 발견이나 발명, 또는 처음 인지적 평형 상태에서 알고 있던 상태보다 증대, 발전된 수학 학습으로 진입할 수 있게 해주는 효과를 보이게 된다.

이와 같은 문제제기의 과정에서 중요한 부분은 바로 인지적 평형 상태에 있음에도 불구하고 모험적으로 그 평형을 부정하고 깨뜨리려는 시도이며, 이것은 때로는 그동안 갖고 있었던 수학적 관점의 대전환이며 재조직화의 사고 활동이라고 할 수 있다. 외견상 명백함이나 당연한 인식에 가려진 새로운 수학을 알아내기 위해서는 때로는 각성의 과정이나 새로운 형태의 재조직이나 관점의 전환과 같은 활동이 필요하다. 수학에서는 사소한 관점의 전환만으로도 발견, 발명의 인지적 경험을 할 수 있다. 따라서 현 평형상태 이상의 발전을 위해서는 의구심 발동이나 관점의 변환이 습관적으로 이루어져야 된다. 이와 같은 방식으로 이루어지는 문제제기는 의도적이고 분명한 창의적 사고 활동을 추진시키는 원동력이 될 뿐만 아니라 그와 같은 사고가 전개되는 방식을 제공해준다고 할 수 있다.

수학적 사고의 대부분은 사고의 주체자인 우리 자신에게 주어진 것을 현재 당연시하고 명백하게 갖고 있다는 가정에서 출발하기 때문에 그 주어진 상황 뒤편에 존재하는 새로운 무언가를 알아내는 것은 어렵지만 그와 같은 경험을 의도적으로 가능케 만들어줄 수 있는 것이 문제제기 활동이다. 따라서 이와 같은 문제제기의 활동은 문제해결 활동과는 달리 단지 주어진 것을 명확히 이해하고 받아들이는 것 이상의 생각을 필요로 한다. 즉, 지적 용기와 대담성을 겸비한 자문자답으로 대부분의 경우 "만일 …이 아니라면"식의 생각으로부터 이어지는 새로운 문제성을 일으키는 과정이다. 수학사에서의 진보는 이와 같이 "만일 …이 아니라면"식의 자문자답을 한 지적 용기를 가진 사람들에 의해 이루어졌다 해도 과언이 아니다. 예를 들어, 비유클리드 기하의 발명은 18세기 전까지 수학자들이 평행선 공준을 하나의 정리로 증명하기 위한 노력을 계속하다가, "만일 주어진 직선 외부의 한 점을 지나며 주어진 직선에 평행인 직선이 정확하게 한 개만 존재하지 않는다고 가정한다면? 만일 적어도 두 개 이상 존재한다면? 전혀 존재하지 않는다면? 그것이 현재의 기하 체계에 어떤 영향을 미칠 수 있는가?"라는 문제제기를 통해서 이루어진 쾌거라 할 수 있다. 즉, 유클리드 이후 2000여년 뒤의 수학자들의 문제제기를 통하여 일순간에 '비유클리드 기하'라는 새로운 기하의 지평을 여는 수학사적 전환의 계기를 맞게 되는 것이다.

수학교실에서의 이러한 문제제기 활동은 주로 수학 수업에 있어서 깊고 충실한 이해를 하고 있는 학생으로부터 발생하며, 동시에 학습 내용에 대한 이해가 완성되는 과정으로 관련된 핵심 수학적 사고나 구조의 학습과 연결시키는 데 기여한다. 따라서 문제제기 활동은 수학 교육과정의 핵심적 구성 요소이며, 문제해결과 밀접히 연관되어 있다. 이와 관련하여 교사가 직면하게 되는 과제는 어떻게 수학 교실에서 학생의 수학 학습능력을 촉진시키는 문제제기의 성향을 계발시킬 수 있을지를 알아내는 것이다. 즉, 문제제기의 사고활동을 어떻게 활용하여 주어진 문제와 관련된 수학 내용에 대한 발전적인 학습을 촉진시켜 줄 수 있는지, 주어진 문제의 구조와 조건에 대한 이해를 돕게 할 것인지, 관련된 중요 수학 내용에 대한 접근과 확산시키는 것을 향상시킬 수 있는지 등에 대한 숙고의 과정을 필요로 한다.

구성주의와 문제제기

구성주의 교수·학습 이론에서도 학습자에 의한 문제제기 활동의 중요성이 강조되고 있다(Ellerton 1986; Freudenthal 1973; Lavy & Bershdsky 2003; NCTM 1989, 1991; Polya 1957; Silver 1994; Silver et al. 1996). 이때 사용되는 문제제기에 해당하는 용어를 살펴보면 브라운과 월터(Brown & Walter 2005)의 경우 'problem posing'을, 실버(Silver 1995)는 'problem generation', 킬패트릭(Kilpatrick 1987)은 'problem formulation'을 문제제기와 유사한 의미로 사용하고 있다. 이와 같이 문제제기가 갖는 다양한 의미를 종합하면 결국 문제제기의 의미는 문제성 있는 상황에서 출발하여 답의 도출에 이르는 인지적 흐름의 과정인 문제해결보다 좀 더 넓은 관점에서 아무런 문제나 갈등이 없는 상황에서 개인적 의도에 따른 문제를 제기해보는 행위까지 포함한다. 즉, 문제의 해답만을 찾아내는 단순 문제해결이 아니라 문제나 문제 상황을 바탕으로 의도성을 갖고 새로운 문제를 생성하여 탐구하는 활동이다. 특히, 실버(Silver 1995)에 의하면 문제제기는 복잡한 문제를 해결하는 과정 속에서만 일어나는 것이 아니며, 그 목적이 주어진 문제에 대한 해결이 아니라 상황 또는 경험으로부터 새로운 문제를 창조해내는 것일 때 일어날 수 있는 것이라고 정리하고 있다. 수학교육에서 문제제기는 능동적인 수학적 활동과 수학적 탐구의 중요한 방법이며, 일반적인 수업의 한 부분으로서 수학 교육과정 상의 다른 목표들을 달성하기 위한 수단이나 방법으로 볼 수도 있고, 문제제기 자체가 수업의 목표가 될 수도 있다는 점에서 주목받고 있는 것이다(Silver 1992).

문제제기의 역할

브라운과 월터(Brown & Walter 2005)는 기존의 문제해결의 경우와 달리 문제제기는 누구의 책임에 의해, 무엇을 학습하게 되는지에 대한 측면에서 볼 때 완전히 새로운 관점을 제시하는 것이라고 설명하였다. 즉, 제대로 된 문제제기 활동을 위해서 학생은 문제해결 학습에 직접 참여하여 적극적인 학습 태도를 보여야 하며, 문제해결 과정에서도 문제제기 활동이 필요하며 문제해결 완료 후에도 새로운 의문을 가지고 문제제기를 할 수 있어야 한다며 문제제기 활동이 문제해결 과정의 전반에 걸쳐 중요한 역할을 담당함을 강조하고 있다. NCTM(1989, 1991)에서 발간한 두 규준집에서도 9－12학년 학생은 그들 자신의 문제를 인식하고 생성하는 경험을 가져야 한다며 문제제기의 역할과 중요성을 설명하고 있으며, 수학시간에 문제제기 활동을 더 많이 활용해야 한다고 강조하고 있다.

수학교육에서 문제해결이 강조된 지 상당히 오랜 세월이 지났음에도 우리는 여전히 수학교육에서 학생이 해답을 찾아내는 것 자체를 가장 중요하다고 여기는 경우가 많다. 문제해결 자체도 정답을 찾기 위한 과정으로 여기기도 하며, 바른 답을 찾기 위한 해결 과정을 익히는 것에 초점을 둘 때도 있다. 그러나 이는 진정한 의미에서 수학을 하는 것이라 보기 어렵다. 수학교육에서는 학생 스스로 탐구하고 사고하는 과정 자체가 더 중시되면서 문제해결에서 문제제기 활동이 점차 강조되는 이유가 되는 것이다.

일반적인 수학 학습에서도 문제제기 활동은 학생의 해당 학습 내용에 대한 이해와 통찰을 증진시켜준다. 또한, 문제해결 학습에서도 주어진 문제에 대한 정답을 찾아내야 한다는 불안감이나 강박감을 덜어주고, 학생 스스로 문제를 해결해 보고자 하는 마음을 갖게 해주는 정의적인 면에서의 효과도 크다. 문제제기 활동을 통해 개별 학생의 문제해결 활동에 대한 이해도와 자신감의 수준을 짐작할 수 있으며, 이는 문제해결 능력의 평가 면에서도 유용하다(Baxter et al. 2005). 실버(Silver 1995) 역시 문제제기 활동은 학생의 문제해결력을 개선시키는 수단이 된다고 설명하였다. 또한, 문제제기의 긍정적 효과로 학생이 실제적인 수학 활동에 참여하는 것을 증진시키고 다양한 문제, 방법, 해결책에 접근할 수 있도록 도와주며, 학생의 창의력을 증진시켜준다는 점을 강조하였다.

일반적으로 문제해결 관련 연구자들은 문제제기 활동이 문제해결 학습 효과를 제고시킬 뿐만 아니라 수학 학습을 심화 발전시키는 역할을 하는 것으로 보고 있다. 예를 들어, 문제제기라는 용어를 직접 사용하지는 않았지만 폴리아(Polya 1957)의 경우도 문제를 해결하는 과정에서 해결 수단으로 문제를 새롭게 재구성하는 활동이나, 문제해결 완료 후 반성 및 검토 과정에서 문제제기와 유사한 활동을 통해 처음 문제의 의미와 이해를 심화시킬 수 있음을 강조하고 있다. 한편, 수학 문제제기에 대한 연구로 잘 알려진 브라운과 월터(Brown & Walter 2005)의 경우도 문제해결의 교수·학습이 충실히 이루어지기 위해서는 학생이 학습 활동에 적극적으로 참여하는 태도를 가져야 하며, 문제해결 과정에서도 문제제기 활동이 필요하며 문제해결을 완료하고 난 다음에도 처음의 문제에 의문을 가지면서 새로운 문제를 구성하는 활동이 수학 학습을 심화시키는 데 필요함을 주장하고 있다.

창의성과 문제제기

일반적으로 학습은 일종의 창조적 행위로 새로운 지식을 구성함으로써 학습이 발전하게 되는 것이며, 문제해결 학습을 통해서 해결 전략을 학습할 뿐 아니라 그 해결 전략을 요구하는 문제를 만들어 보는 활동에 적극적으로 참여함으로써 전략 학습보다 심화된 수학 학습이 가능하게 된다. 즉, 새로운 문제를 만들어 보는 활동이 문제해결이나 일반 수학 학습의 중요한 부분이 된다(Moses et al. 1990).

실버 외(Silver et al. 1996)에 의하면, 문제제기는 창조적 활동이면서 특별한 수학적 능력으로 특히 탐구지향 학습 활동의 좋은 예가 된다. 즉, 문제제기 활동은 학생의 문제해결 능력을 향상시키는 것은 물론 수학에 대한 바람직한 성향이나 태도를 증진시키는 방법이 되며, 한편으로는 학생의 수학에 대한 이해의 정도를 정확히 측정할 수 있는 방법이 된다.

문제제기와 문제해결의 관계

문제제기는 문제해결의 이슈로부터 시작된 것이며, 문제해결과 밀접한 관계를 갖고 있기 때문에 문제제기는 문제해결의 맥락 안에서 거론되어야 한다. 이와 관련하여, 브라운과 월터(Brown & Walter 2005)는 다음의 두 가지 측면에서 문제제기와 문제해결 활동은 서로 연관되어 상호 보완적 역할을 한다고 설명한다. 우선, 이미 주어진 문제를 해결하는 과정에 새로운 문제를 제기함으로써 처음의 문제를 재구성하지 않으면 새로이 제기된 문제의 해결은 어렵게 된다. 즉, 새로운 문제제기 활동은 앞선 문제해결 활동을 활성화시켜 성공적으로 이끄는 촉진제의 역할을 한다. 한편으로는, 주어진 문제의 성공적인 해결이 완료된 후에도 이와 관련된 새로운 문제를 분석해보거나 새롭게 구성해보지 않는 한 처음 문제의 해결로부터 얻을 수 있는 완전한 의미를 제대로 이해하지 못하게 되는 경우가 많다는 것이다. 즉, 문제해결 전, 후에 문제를 잘 해결하고, 그 의미를 제대로 이해하기 위한 방법의 하나로 문제제기의 역할을 생각해 볼 수 있는 것이다. 또한, 문제해결의 완성도를 높이기 위해 일련의 문제해결 과정의 말미에 문제제기를 포함시킴으로써 문제해결 학습 효과를 제고시키는 것이다. 교사는 학생으로 하여금 주어진 문제에 대한 탐구를 격려하기 위해 처음 문제의 해결과 관련된 흥미로운 문제를 제기하고 해결해 보게 하는 것은 학생이 문제에 포함된 것을 보다 깊게 이해할 수 있게 해주며 "왜?"라는 문제제기성 질문을 통해 다양한 개념을 다루는 기회를 제공하게 된다. 또, 문제를 해결하기 전에 새로운 문제를 제기하거나 새로운 질문을 만들어봄으로써 문제에 대한 통찰력을 갖게 해준다. 특히, 문제해결의 초기 단계에서 논리적으로 새로운 질문을 해보거나 새로운 문제를 제기해볼 필요가 있다는 것이다.

실버(Silver 1993)는 문제제기와 문제해결의 관계를 설명하면서 문제제기가 수학과 교육과정의 이슈로 부상하게 된 이유는 문제제기가 학생으로 하여금 발전된 문제해결 학습자가 되도록 도울 수 있는 잠재성을 가지고 있기 때문이라고 한다. 버츠(Butts 1980) 역시 수학을 공부한다는 것은 문제를 해결하는 과정이고, 이 문제해결 학습 지도의 첫 단계가 바로 문제를 해당 학생에게 적절하게 맞추어서 제기하는 것이라고 하면서 문제제기의 중요성을 문제해결과 관련지어 설명하고 있다. 이러한 문제제기와 문제해결의 관계에 관한 설명은 문제제기를 문제해결의 한 과정이나 절차 또는 문제해결을 돕는 수단으로 보는 관점을 반영한다고 볼 수 있다.

수학 문제해결에서 문제를 제기한다는 것은 주어진 문제 자체를 포함해서 그 문제의 해결 과정의 모든 활동과 관련된다. 즉, 문제제기 활동은 주어진 문제와 관련된 새로운 문제를 만들어내거나 주어진 문제를 재구성하는 것을 비롯해서 주어진 문제를 해결하기 전, 해결하는 동안, 그리고 해결한 후의 어떤 단계에서든 일어날 수 있는 것이다. 특히, 문제의 명료화나 재명료화로 언급되는 문제제기의 한 형태는 문제해결 과정에서 일어나며 폴리아(Polya 1957)의 '계획세우기' 단계와 관련시켜 볼 수 있다. 또는 특별한 문제를 해결한 후에 관련된 문제를 생성하기 위해 주어진 문제의 조건을 조사할 때도 일어날 수 있는데, 이는 폴리아(Polya 1957)의 '검토하기'나 브라운과 월터(Brown & Walter 2005)의 'What-If-Not'전략과 관련된다(Silver 1995, 1996). 이처럼 문제제기는 문제해결 과정의 전반에 있어서 밀접한 관계가 있으며, 문제를 잘 해결할 수 있도록 돕고, 그 문제의 의미를 보다 깊이 이해하는데 도움을 준다는 점에서 문제해결을 보다 완벽하게 해주는 방법이 될 수 있다.

폴리아(Polya 1957)도 문제해결과 구분되는 별도의 용어나 개념을 사용하지는 않았지만 문제제기의 중요성에 대한 의견을 문제해결의 범주에 포함시켜 제시하고 있음을 볼 수 있다. 즉, 문제해결의 개념 안에서 문제제기의 개념을 특성화하는 방식으로 문제해결과 문제제기의 관계를 설정하고 있는 폴리아가 문제해결 교수·학습 방법론과 관련하여 문제제기에 해당하는 의미나 성격을 갖는 경우를 정리해보면 다음과 같다. — ✢ 수학자에게 있어 가장 중요한 단계는 문제를 설정하는 단계이다. ✢ 주어진 문제를 적절하게 형식화하는 것은 문제해결에서 중요한 과제이다. ✢ 주어진 문제를 해결하기 위한 수단으로서 새로운 문제의식을 갖는 것이 필요하다. ✢ 주어진 문제를 해결한 후 그 결과를 이용하여 해결할 수 있는 새로운 문제를 생각해보는 것은 중요하다. ✢ 어떤 문제의 해결에 성공한 경우 반드시 좀 더 좋은 문제를 찾아보는 것이 필요하다. ✢ 학습자가 문제 제시 과정에 참여했다면 그 문제를 해결하는 데 보다 더 적극적으로 임할 것이다. ✢ 새로운 문제를 제기하는 방법으로 일반화, 특수화, 유추 등의 방법을 생각해 볼 수 있다. —

문제제기 활동의 효과성

실버와 카이(Silver & Cai 2005)의 연구에 의하면, 문제제기 활동의 긍정적 효과로 학생의 수학 학습 활동에 참여를 증진시키고, 다양한 문제나 그 해결책에 접근하는 데 도움을 주며, 창의력 증진에도 도움이 됨을 주장한다. 이에 따라 문제제기 활동의 평가는 학생이 보여준 활동 결과에 대하여 다음 세 가지 측면에서 평가하는 방법을 제안하고 있다. — (1) 양적 측면으로, 문제해결 과정에 의미 있고 결정적인 문제제기를 얼마나 많이 하는가이다. (2) 문제제기의 창의성 측면이다. (3) 제기한 문제가 내포하는 수학적, 언어적 복잡성의 정도이다. —

한편, 예비교사 28명 대상으로 한 연구에서 레이비와 버샤드스키(Lavy & Bershadsky 2003)는 문제제기 활동이 지니는 수학교육적 의미에 대하여 다음과 같이 정리하고 있다. — (1) 학습한 여러 가지 개념에 내재된 수학적 아이디어가 무엇인지 반성할 수 있게 해준다. (2) 주어진 개념과 새로운 개념 사이를 보다 다양하고 새로운 관점에서 연결해준다. (3) 개념에 대한 이해를 심화시키고 다양하고 유연한 사고를 가능케 한다. (4) 수학에 대한 불안과 두려움을 감소시켜 능동적이고 창의적인 학습자가 되도록 유도한다. —

9.2 문제제기의 기능

일반적으로 학생은 수학 문제의 해결에 대하여 심리적인 불안감과 불편함을 갖고 있다. 이와 같은 수학 문제해결에 대한 부정적 심리 작용의 이유로는 여러 가지를 생각해 볼 수 있지만, 중요한 이유는 관례적으로 수학 문제는 항시 정답을 요구한다는 선입견으로 이는 전통적으로 수학과 수학 문제에 대하여 형성해온 관념이기도 하다. 따라서 문제가 주어지면 제한된 시간 내에 주어진 문제의 제한된 여건하에서 알맞은 해법을 생각해서 정답을 구해내야 한다는 강박감으로 긴장하게 된다. 그러나 문제제기 활동은 우선 정답을 찾아내야 한다는 책무가 직접적으로 주어지는 게 아니라, 주어진 문제에 알맞은 해법이라는 기정의 유일한 그 무언가를 찾아내야 한다는 강박감도 적다. 대신에 주어진 문제 상황에서 해결 상황으로 지향하는 과정에 나름대로 문제를 생성해 보거나 스스로에게 질문을 하는 방식으로, 즉 자율적이며 자신의 능력에 맞는 일종의 약화된 문제해결을 하는 것처럼 그만큼 심리적 불안감이나 불편함은 최소화되는 것이다(Brown & Walter 2005). 따라서 문제해결에서 문제제기 활동을 통하여 학생은 정답에만 매달리지 않고, 자신의 능력에 맞는 심리적으로 편한 방법인 문제제기로 주어진 문제의 해법으로의 접근을 우회적으로 시도할 수 있게 되는 것이다. 그 외에도 문제해결이 완료된 후에 나름대로의 문제제기 활동을 통해서 문제해결 학습의 완성도를 높일 수도 있게 된다.

탐구지향 문제해결 학습

문제제기 활동을 통하여 문제해결 교수·학습을 탐구지향적으로 유도할 수 있다. 일반적으로 수학교실의 분위기가 탐구지향성을 갖게 만들기 위해서는 교실 내의 학습활동이 소집단이든 교실 전체이든 공동체에 의해 공동의 과제와 공동의 사고 활동이 전제되어야 하며, 구성원 간 격려의 분위기 속에서 활발한 수학적 활동을 위한 환경 여건 조성이 중요하다. 학생과 교사 사이에는 주어진 과제와 관련하여 중요한 수학적 질문과 대답을 통해 탐구적 상황이 진행되어야 한다. 학생은 발전적인 제안, 질문, 논쟁, 설명, 증명 등의 방식으로 각자나 집단 내의 수학적 생각이나 의견을 생성, 수정, 보완하는 이른바 탐구지향적 문제해결 활동에 참여하게 된다(English 2003). 즉, 공동체의 구성원은 각자 그 집단에게 주어진 문제를 재표상, 이해하여 그것이 어떤 문제인지 파악하고, 이를 해결하기 위해 어떤 노력을 해야 하는지 논의를 할 것이고 그 가운데 문제제기의 활동이 활발히 이루어지게 된다. 결과적으로 학생은 주어진 문제의 세부적인 면까지 이해를 하고, 해법을 얻기 위해 다양한 가설, 즉 문제제기를 하게 되고 결국은 집단지능을 통해 문제해결에 접근하게 된다. 또한, 교사는 학생의 문제해결 활동의 중요한 부분에 개입하거나 진행 상황을 지켜봄으로써 학생들이 주어진 문제와 관련하여 수행하는 사고의 능력이나 그 방향성 등을 파악하게 됨으로써 학생의 문제해결 능력에 대한 충실한 평가와 이후 문제해결이나 일반 수학 수업을 위한 정보를 얻을 수 있게 된다.

개념 학습 촉진

일반적인 수학 교수·학습 과정에도 문제제기 활동은 자연스러우며 발전적인 교수·학습의 방법이 되며, 학생은 문제제기 활동에 참여함으로써 학습 내용에 흥미를 가지고 비교적 자유스러운 상황에서 다양한 수학적 반응과 역할을 수행하게 된다. 특히, 전형적인 수학적 과제나 문제와 달리 수치를 사용하지 않고 수학적인 개념이나 용어, 기호 등을 제한적으로 사용하여 표현된 과제나 문제가 주어진 경우 학생들의 활발한 문제제기 활동을 자극할 수 있으며, 학생에게는 수학 문제나 과제를 대할 때 사고의 다양성과 유연성을 허락해주어 수학에 대한 경직된 관념을 벗어나 창의적인 사고 활동을 발휘할 수 있게 하는 촉진제가 될 수 있다.

문제의 구조에 대한 이해

일반적으로 학생은 주어진 문제의 수학적 구조를 인식하는 데 도움을 필요로 한다. 주어진 문제의 구조를 파악함으로써 문제에 대한 제대로 된 이해를 하게 되고 이는 그 문제를 성공적으로 해결하는 데 도움을 준다. 문제제기 활동은 사소한 의도로부터 시작되기도 하며, 점차로 가능성 있는 여러 가지의 문제제기 의도 각각이 갖는 중요성에 대한 판단을 할 수 있게 되고, 주어진 문제의 수학적 구조 면에 초점을 맞출 수 있게 되는데(Walter & Goldenberg 2003), 이는 문제 상황에 포함된 핵심적인 수학적 사실 사이의 관계에 대한 파악을 할 수 있게 됨을 의미한다. 그리고 유사한 문제들이 공유하는 공통된 수학적 구조를 찾아낼 수 있는 학생은 단지 문제에 제시된 수학적 사실만이 아니라 문제에 내포된 수학적 변인들 사이의 관계에 초점을 맞출 줄 아는 것이다.

문제의 구조에 대한 이해와 일치하는 것은 문제 구성에 대한 이해, 즉 주어진 문제에서 알고 있는 정보와 알지 못하는 정보와 같이 문제를 이루는 구성 요소에 대한 파악 및 도달해야 하는 목표와 그 목표에 도달하는 데 부여된 제한 조건이나 상황을 파악할 수 있음을 의미한다. 이러한 문제 구성에 대한 이해는 제대로 된 수학적 문제인 것과 그렇지 않은 것의 차이점을 파악할 수 있도록 하며, 성립하지 못하는 문제로부터 성립되는 문제로 만들 수 있게 해줌으로써 주어진 문제의 해법에 접근하는 방법을 쉽게 찾아내도록 한다.

수학적 활동으로서 문제제기가 갖는 의미

문제제기 활동은 잉글리시(English 2003)의 연구에 의하면 학습자로 하여금 수학적 관계 및 아이디어에 대한 탐구, 질문, 구성, 정교화와 같은 도전적 과제에 참여하게 만든다. 특히, 탐구 지향적 교실공동체가 문제제기 활동을 촉진시키며, 그러한 공동체에서는 학생이 건설적인 대화와 논쟁에 참여하게 되고, 자신들의 수학적 생각을 구성원들과 공유하며, 생산적인 학습 활동을 가능케 하며, 구성원 상호간에 건설적인 피드백을 주고받게 하는 장점을 갖고 있다고 한다. 또한, 문제제기는 학생의 개념적이고 계산적 융통성을 강조하는 개념적 발달을 촉진시킨다. 특히 신문이나 광고

지, TV 프로그램 등에서 제공하는 실제의 열린 문제적 상황은 문제제기 교수·학습을 위한 실질적 수단이 되며, 관련 수학 내용에 대한 핵심적 이해를 풍부히 하는 동기부여와 의미 있는 기회를 제공한다. 문제제기 과정은 학생이 놀이같이 편안한 활동을 하면서 사소한 것으로부터 중요한 정보를 식별해내고, 수학적 의미의 파악이나 나름대로의 문제의 구성을 시도하는 것으로부터 시작된다(English 2003).

실버(Silver 1995)에 의하면, 문제제기는 다양한 수학적 활동과 지적 탐구 활동에서 중요한 역할을 한다. 수학교육에서 문제제기는 종전과 다른 새로운 교육과정적 목표를 달성하기 위한 수단이 되면서, 문제제기 자체로 충분히 수학 교육과정적 목표가 될 수 있으며, 따라서 수학교육에서 많은 관심을 받고 있는 이유가 된다. 그동안 문제해결 교수·학습에서 다루는 문제의 다양화를 위한 많은 연구가 있었지만 한계가 있었던 반면에 문제제기는 문제해결을 더 풍요롭게 만드는 새로운 시도가 된다고 한다.

1991년 NCTM에서 발간한 《규준집》에 의하면 수학 시간에 문제제기 활동을 더 많이 활용할 것을 강조하면서 미리 완성하여 준비한 문제만 풀게 할 게 아니라 학생 자신이 만든 문제를 풀어보게 하는 활동을 장려하고 있다. 문제해결 관점에서의 수학 교수·학습은 비정형적이면서 전형적인 교과서 유형의 문제를 해결하는 것 이상임을 의미한다. 이는 수학을 학습하는 근본 목적은 탐구, 추측, 조사, 검증하는, 즉 문제해결 활동의 모든 측면을 연습한다는 개념인 것이다. 따라서 학생이 접근 가능하고 학생의 문제해결에 대한 지식을 확장시킬 수 있는 문제나 과제를 창안, 제시할 뿐만 아니라, 학생은 주어진 상황으로부터 나름대로의 문제를 형성하거나 주어진 문제의 조건을 의도에 따라 수정하여 새로운 문제를 생성시키는 즉 문제제기 활동의 기회를 가져야 함을 강조하고 있다.

문제의 구성

문제를 구성한다는 것은 문제를 생성, 형성, 형식화, 만들기 등을 포괄하는 의미로 새로운 문제를 만들어내거나, 주어진 문제를 재구성하는 활동으로 문제해결 이전이나 문제해결 도중 그리고 문제해결 완료 후, 즉 문제해결의 과정 전반에 걸쳐서 문제제기 활동에 이어 이루어지는 성공적인 문제해결에 반드시 필요한 기능이라 할 수 있다. 문제를 구성하는 목적은 직접적으로 주어진 문제를 해결하려는 것이 아니라 문제해결 학습 과정에 특정 의도에 따라 학생의 개인적 학습 상황이나 경험으로부터 나름대로 의도하는 문제를 만들어내고자 하는 데 있다. 이런 문제 구성 과정은 미리 숙고되었거나 우발적인 상황으로부터 문제가 생성되거나, 특정 문제를 해결한 후 이와 관련된 새로운 문제를 발전적으로 구상하기 위해 주어진 문제의 조건을 조사하는 과정에 일어날 수도 있다.

이와 같이 문제 구성 활동은 창의적 활동으로 수학적 능력이 뛰어난 학생에게만 적용 가능하다고 생각할 수 있으나, 레웅(Leung 1993)의 연구에 의하면 수학에 뛰어난 재능을 가졌거나 창의성을 가졌다고 확인된 학생에게만 적용할 것이 아니라 일반 수학 학습자에게도 적절한 수준이나 형태로 적용 가능하며 효과를 거둘 수 있다고 한다. 즉, 문제 구성 활동은 탐구지향적인 문제해결 교수·학습을 가능하게 해주는 방법으로 학교수학에서 학생과 교사 모두에게 교수·학습 자료의 주요 원천이 되는 교과서로부터 벗어나게 해준다. 즉, 문제 구성 활동은 문제해결 교수·학습의 목표로뿐만 아니라 수단으로 보아도 충분하다(Kilpatrick 1987).

문제 구성 활동

한편, 하트(Hart 1981)는 중요한 수학적 개념에 대한 학생의 이해 상태를 파악하기 위한 방법으로 문제 구성 활동을 활용했다. 즉, 학생에게 특정 수치의 답과 방정식을 제시하고 그 방정식을 풀어서 해당 수치의 답이 나오게 되는 문제 상황을 만들어 보라고 요구하여 학생이 해당 개념에 대한 이해의 정도를 세밀히 판단할 수 있었음을 보고하고 있다.

9.3 문제제기의 지도

앞서 알아본 바와 같이 문제제기는 성공적인 문제해결을 위해서도 중요한 역할을 한다. 주어진 문제의 직접적인 해결 활동은 아니지만 다양한 형태의 문제제기를 통해 문제에 대한 충실한 이해와 함께 해결의 실마리를 찾게 해주고, 문제해결 학습의 효과성을 보다 높여 문제해결 교수와 학습 양면에서의 완성도를 높이는 역할을 한다. 이외에도 기존의 방식으로 문제해결을 지도하는 경우보다 학생의 능력에 맞추어 다양한 문제제기 활동의 설정이 가능하므로 각 학생별로 문제해결 수업에 나름대로의 흥미와 수학적 발견, 도전감을 갖게 해주며, 동료 간의 협동심 발휘와 활발한 의사소통 활동 등의 긍정적인 학습 태도를 형성시키는 자연스러운 기회가 될 수 있다.

문제제기의 지도 방법

이와 같은 문제제기의 활동을 문제해결 교수·학습 과정에 어떻게 전개시킬 것인가에 대하여, 브라운과 월터(Brown & Walter 1990)가 제안하는 'What If Not?' 전략 중심의 4단계 교수·학습 과정을 생각해 볼 수 있다.

첫째, 현재의 문제 상황에 대한 모든 요소에 대하여 파악한다.
둘째, 'What-If-Not?'의 전략을 적용할 적절한 문제 상황 요소를 선정한다.
셋째, 선정된 문제 상황 요소에 대하여 문제제기를 한다.
넷째, 제기된 문제를 해결한다.

첫 번째 단계에서는 현재 주어진 문제 상황을 적극적으로 해결하고자 하는 의지를 발동시키는 단계라고 할 수 있다. 여기서 단순한 의지발동만이 아니라, 주어진 문제 상황에 대한 충분한 파악과 이해를 수반하는 문제해결의 의지를 말한다. 두 번째 단계는 전체적인 문제해결을 성공적으로 이끌기 위하여 현재의 문제 상황에 문제제기의 기본 전략인 'What-If-Not?' 전략을 적용하기에 적절한 현 문제 상황의 요소를 살피는 것이다. 그 다음 두 단계는 앞에서 선정한 현 문제 상황의 요소에 대하여 'What-If-Not?' 전략으로 문제제기를 하고, 이를 해결하여 전체적인 문제해결을 성공적으로 이끄는 역할을 하도록 지도하는 것이다.

문제제기를 할 현 문제 상황의 요소를 선정할 때 중요한 점은 그 선정의 기준이나 이유를 기존의 수학 학습 결과에 의해 잠재적으로 제한되는 한계에 매이지 않고 넓고 다양하게 생각하도록 격려하는 것이다. 학생의 수학 학습 이력, 즉 수학 관련 지식, 또는 자신이 경험했던 유사한 문제나 내용 등과 관련지어 'What-If-Not?'의 질문을 하고 싶은 요소를 선정하고, 그 요소에 대하여 그런 질문을 해보는 것이 적절한가를 반드시 점검케 지도하여 문제제기의 효율성을 꾀할 수 있게 한다. 문제제기 활동의 초기 지도 시에는 현재의 문제 상황과 유사한 기해결 문제가 갖고 있는 조건, 수학적 용어, 맥락 등과 같은 친숙한 요소에 대한 문제제기의 타당성을 검토하는 연습을 시킬 필요가 있다. 그리고 전체적으로 학생의 수준을 고려하여 문제제기 활동이 가능토록 유도하는 지도가 필요하며, 많은 문제제기의 경험을 갖도록 한다. 문제제기 활동이 소집단 단위로 이루어질 때는 구성원 사이에 호의적이고 협조적인 분위기가 유지될 수 있는 소집단 구성에 유의해야 하며, 전반적으로 학생의 어떤 아이디어라도 허용될 수 있다는 편안한 분위기가 조성되어야 한다.

문제제기 활동은 어린 학생에게도 자연스러운 행위이다(NCTM 2000). 주변의 수학적인 요소들에 대하여 궁금증을 갖거나 부모에게 질문을 할 때가 다름 아닌 문제제기를 하고 있는 것이라고 볼 수 있다. 이런 의미에서 문제해결보다 문제제기 활동이 더 자연스러운 활동이 될 수 있으며, 학생의 입장에서도 활동을 전개해 나가는 데 부담감을 덜 느낄 수 있다. 따라서 문제제기의 지도는 학생이 경험하는 주변 생활 상황이나 아니면 주어진 문제 상황에 포함된 관심이 쏠리거나 궁금하다고 생각되는 요소들로부터 의문점이나 질문 사항을 생성시키고, 이를 논의를 통해 점차로 체계화, 형식화시켜가면서 수학적인 문제로 발전시켜서 해결해보게 하는 일련의 활동을 통해서 이루어지는 문제제기 교수·학습의 기본 틀을 생각해 볼 수 있다. 이러한 문제제기 활동 교수·학습의 틀은 문제해결 시간에 소집단이나 학급 전체 규모로 이루어지되 학생의 수학적 탐구의 호기심이나 도전정신을 자극하는 방식으로 학생의 적극적인 의견 제안, 비판, 보완 등의 역동적인 의사소통의 교실 환경이나 분위기 속에서 학생의 발전된 문제해결의 기능과 성향을 개발하는 것을 목표로 이루어져야 할 것이다. 이러한 문제제기 교수·학습 방법론에서 중요시해야 할 부분은 문제제기의 교실 분위기나 환경이 구성원 사이에 서로 격려하고 지원하는 형태로 이루어져서 학생이 자신의 문제해결 능력에 자신감을 갖고, 문제제기 활동에 자발적으로 참여해서 탐구 의지를 발휘하고, 새로운 문제 상황을 기꺼이 받아들여 이에 도전하고자 하며, 목표에 도달하기 위해 끈기 있는 노력을 기울이게 만드는 것이다.

10 문제해결 평가

일반적으로 수학 문제해결 수업은 학습자로 하여금 익숙지 않은 문제 상황에 부딪히게 함으로써 이미 학습된 내용으로부터 문제해결에 필요한 지식이나 기능을 기억해내어 이를 활용하여 주어진 문제 상황에 알맞은 유용한 해결의 조작 활동을 이루어내게 하는 방식으로 진행된다. 따라서 문제해결을 성공적으로 수행하기 위해서 학습자는 다양한 능력을 갖추고 있어야 하는데, 우선적으로 주어진 문제의 해결과 관련하여 충분하고 다양한 지식이나 기능을 보유하고 있어야 된다. 다음, 보유하고 있는 지식이나 기능 중에 주어진 문제의 해결에 적절할 것으로 예상되는 것을 선정하고, 이를 문제해결 과정에 올바르게 활용하는 능력 또한 중요하다. 이 외에도 성공적인 문제해결자는 새로운 문제 상황과 전에 이미 경험했던 문제 사이의 유사점과 차이점을 견주어 파악할 줄 알고, 주어진 새로운 문제 상황에 대하여 다양한 시도를 함으로써 문제적 요인을 타개하게 되며, 이와 더불어 새로운 수학적 지식과 기능에 대한 학습도 가능하게 된다.

이러한 복잡하고 고등 사고인 문제해결 능력은 평가하기에도 쉽지 않은데 그 이유는 문제해결 능력을 적절히 평가할 수 있는 알맞은 상황을 마련하는 것부터 어렵기 때문이다. 그리고 문제해결 능력의 습득 자체가 장기간의 학습 과정을 필요로 하기 때문에(Charles et al. 1987) 그에 대한 평가 또한 단시간에 충실하게 이루어지기는 어렵다.

다른 분야의 평가와 마찬가지로 바람직한 문제해결 평가를 위해서는 우선 평가를 통하여 알아내고자 하는 것을 분명히 해야 한다. 일반적으로 문제해결 평가를 통하여 문제해결 학습자에 대하여 알아내고자 하는 주된 요소는 세 가지 정도로 정리된다(Marshall 1988). 즉, 주어진 문제의 해결에 필요한 충분한 지식을 갖고 있는지, 알맞은 수단이나 대안적 기능을 갖고 있는지, 익숙지 않은 문제 상황의 해결을 위하여 절차나 각 절차에 알맞은 지식과 기능을 유연하게 활용할 수 있는지 등이다.

여기에서는 '문제해결 평가'의 주제와 관련된 수학 문제해결의 '평가 방법', '평가의 기능', '평가 결과의 활용'에 대하여 알아본다.

10.1 문제해결 평가 방법

문제해결 평가 요소

문제해결 활동에 대한 평가 방법의 개선을 위하여 마셜(Marshall 1988)은 정보처리 이론을 통해 다음 세 가지 요소에 대한 평가가 이루어져야 됨을 역설한다. 즉, 주어진 문제의 해결과 관련하여 학생이 갖고 있는 서술적(declarative) 지식, 절차적(procedural) 지식, 도식적(schematic) 지식의 측면에 대한 평가가 이루어져야 한다는 것이다.

첫 번째 평가 요소는 주어진 문제의 해결과 관련된 내용 영역의 서술적 지식에 대하여 얼마나 알고 있는가에 대한 평가를 말한다. 성공적인 문제해결을 위해서는 문제와 관련된 특정 영역의 세부 내용에 대한 이해가 기본적으로 필요하다.

두 번째 평가 요소인 절차적 지식은 주어진 문제의 해결을 위하여 이와 관련된 내용 영역의 서술적 지식을 가져다 사용할 때 필요한 일련의 기능과 기법으로 이는 수학의 특정 내용 영역 내에서 기능하기 위해 개발, 학습되어 있는 일종의 도구적 지식이라 할 수 있다. 절차적 지식은 특별한 상황에 적용할 수 있는 일련의 규칙, 즉 특정 조건을 만족시킬 때만 적용될 수 있는 기능적 지식이다.

끝으로, 서술적 지식과 절차적 지식을 연결시켜주는 기능을 갖고 있는 지식으로 도식적 지식이다. 예를 들어, 곱셈을 위한 도식적 지식이라는 것은 그 도식의 서술적 요소인 연산 기호, 곱셈을 적용해야 하는 문제의 조건이나 특성 등에 대해 인식하는 것과 그 도식의 절차적 요소인 곱셈 알고리즘을 실행하기 위한 일련의 절차적 규칙이 연결되어 조직화된 지식인 셈이다. 이와 같이 곱셈과 관련된 문제의 해결에 필요한 서술적 지식과 절차적 지식을 하나의 지식 구조 즉 도식적 지식으로 결합시키면, 곱셈 개념과 관련된 다양한 정보로 쉽게 접근할 수 있게 되고, 단순히 곱하는 방법을 아는 것뿐만 아니라, 언제, 왜 그리고 곱셈의 결과가 무엇을 의미하는 것까지 학습할 수 있게 된다.

문제해결 평가의 일반적 방법

문제해결 능력의 평가에서 정확한 평가가 이루어지기 위해서는 평가의 의도를 명확하게 하고, 그 의도에 적합한 평가의 상황을 갖추어야 한다. 그리고 문제해결 능력의 다양한 측면에 대한 평가를 위해서는 지필 시험의 방식이라도 다지선택식으로 대표되는 단순 지필 평가 방법이 아닌 학생이 자유로운 방식으로 자신의 생각을 답할 수 있는 방식이어야 한다 (Charles et al. 1987). 그 외에도 문제해결 활동 과정에 대한 관찰이나, 문제해결 완료 후 학생과의 면담을 통해서, 또는 평가의 세부 사항을 항목으로 미리 정리, 준비한 목록표를 통한 평가 등의 방법이 활용될 수 있다(Reys et al. 2012).

개인별로 또는 소집단별로 문제를 해결하는 과정을 관찰하면서 때로는 질문이나 조언을 통하여 관찰된 문제해결 활동의 배경에 대하여 알아보면서 평가하는 방식이 보다 정확한 문제해결 활동의 평가 방법이 될 수 있다. 이와 같은 관찰의 방법을 활용할 때에는 다음 사항에 관심을 두고 관찰하는 것이 평가의 효과성을 제고시킬 수 있다. — ✢ 주어진 문제를 이해하기 위한 특별한 노력이나 활동이 있었는가? ✢ 해결의 계기가 되는 특별한 접근 방법을 사용하고 있는가? ✢ 구체적으로 어떤 전략을 사용하고, 전략의 다양성 정도는 어떠한가? ✢ 결정한 전략의 사용에 있어서 집중성이나 인내심의 정도는 어떠한가? ✢ 해결 과정에 실수가 있었다면 그 이유는 무엇인가? ✢ 문제해결을 위한 집착력의 정도는 어떠한가? ✢ 도움의 요청은 얼마나 자주 발생하는가? ✢ 특정 구체적 조작물을 사용하는가? ✢ 문제해결 활동에 대하여 갖고 있는 흥미나 관심의 정도는 어떠한가? 등이다. —

면담의 방법은 지필 평가나 관찰의 방법이 갖고 있는 한계를 극복하기 위한 평가 방법이라고 할 수 있다. 즉, 지필이나 행동과 같이 겉으로 드러나는 문제해결의 활동만으로는 내적 사고 과정을 통하여 전개되는 문제해결의 온전한 모습을 그대로 반영시키기는 어렵다. 따라서 문제해결의 세밀한 과정까지 기술한 지필검사의 결과나 둘 이상의 학생이 같이 의논하면서 문제를 풀게 하거나, 혼자서 소리 내어 자신의 문제해결 과정에서 이루어지는 생각을 말로 표현하게 하는 등의 방법을 통하여 이를 녹음하고, 문제해결이 완료된 다음에는 이를 같이 들으면서 당시의 생각에 대하여 필요한 사항을 질문하고 답하는 방식의 면담을 함으로써 각자의 문제해결 과정에 대한 세부 사항까지 정확하게 판단, 평가를 할 수 있다.

한편, 목록표를 사용하는 평가 방법은 특히 여러 가지의 문제해결 전략을 어느 정도로 사용할 수 있는가에 대한 평가를 하는 데 효과적으로 사용될 수 있다. 즉, 한 문제나 여러 개의 문제를 제시하고 이를 특정의 문제해결 전략으로 해결하도록 요구하여 이를 해결하는 과정을 지켜보거나, 한 문제를 지정한 다양한 전략으로 해결토록 하여 이를 평가하는 경우에 목록표의 방법이 사용될 수 있다. 이 경우에는 완전한 해를 얻는 데까지 평가할 필요는 없으며 각 전략을 사용하는 능력에 대한 평가만 하면 된다.

문제해결 과정 평가 방법

일반적으로 문제를 해결할 때 폴리아(Polya 1957)의 문제해결 4단계가 보여주는 것처럼 학생은 주어진 문제를 이해하기, 해결에 필요한 전략이나 관련 내용에 대하여 기억하기, 일련의 구체적인 계획 세우기, 계획을 실행하여 실제 해를 구하기, 구한 해나 해결 과정에 대한 반성하기와 같은 일련의 다양한 사고활동을 전개해야 된다. 즉, 이러한 문제해결 행위에 대한 충실한 평가를 위해서는 해결 결과인 해의 옳고 그름에 대한 평가 이상의 평가가 되어야 할 것이다. 즉, 해에 이르기까지 수행해온 일련의 사고 활동인 문제해결 과정에 대한 평가가 이루어져야 한다. 이와 같은 문제해결 과정을 평가하기 위해서는 그 해결 과정 동안 수행한 사고 활동을 객관화시켜야 하는 것이 우선 필요하다. 따라서 학생이 문제를 해결하는 동안 자신의 해결 과정에 수행하는 사고활동을 소리 내어 말하게 하고 이를 녹음, 녹화하여 객관적으로 관찰, 분석하기도 한다. 그러나 이 경우 문제해결을 하고 있는 도중에 자신의 사고활동을 말로 표현한다는 것이 학생의 문제해결 활동에 영향을 미칠 수 있기 때문에 문제해결이 완료된 직후 학생과의 면담을 통해 해결 과정에 대해서 평가하기도 하지만 이 또한 학생이 사후에 자신의 문제해결의 사고 활동을 정확히 기억해내지 못할 수도 있다는 점으로 인해 이 방법 또한 문제해결 과정에 대한 평가 방법으로 충분치 못하다는 의견이 일반적이다.

따라서 지필 평가 방식을 사용하되 지필 평가가 갖는 단점이나 문제점 등을 보완하기 위한 연구가 그동안 많이 이루어져왔는데, 기본적으로 학생은 자신의 문제해결 과정을 상세히 서술하여 기록하고 이를 근거로 문제해결 과정에 대한 정교하면서도 객관적인 평가가 되도록 개선 방향이 정착되어왔다. 지필 평가 방식으로 문제해결 과정을 평가하기 위하여 개발된 전형적인 방법으로 퍼트(Putt 1978)와 멀론(Malone 1984)의 평가기법을 예로 들고자 한다.

[퍼트(Putt)의 평가기법]

	점수	측정의 관점
문제 이해하기	0	문제를 전체적으로 잘못 이해함
	1	문제를 부분적으로 잘못 이해함
	2	문제를 전체적으로 잘 이해함
전략 선택 및 실행하기	0	전략이 전혀 시도되지 않거나 완전히 부적절한 전략을 시도함
	1	문제를 부분적으로 바르게 이해하고, 그 부분에 대하여 올바른 전략을 시도함
	2	실수를 하지 않는다면 전체적으로 올바른 답을 낼 수 있는 전략을 시도함
답하기	0	답을 하지 않았거나, 부적절한 전략에 의한 오답을 함
	1	이기나 계산 수행에서의 단순한 실수이거나, 요구되는 여러 개의 답 중에 일부만 답을 함
	2	모든 답을 함

[멀론(Malone)의 평가기법]

점수	측정의 관점
0	문제를 전혀 이해하지 못하였으며, 해결의 실마리를 찾지 못하고 무의미한 기록만 하였음
1	문제에 의미 있는 접근을 하여 문제를 부분적으로 이해하고 있음을 보여주지만 일찍이 난관에 처했음
2	합리적인 답에 도달하였음을 보여주는 충분한 증거가 있지만, 중대한 실수나 문제에 대한 잘못된 이해로 정답을 구하지 못함
3	문제가 대부분 해결되었으나 단순한 실수로 인해 정답을 구하지 못함
4	적절한 방법으로 바르게 해결함

NCTM의 평가기법

찰스 외(Charles et al. 1996)는 문제해결 과정의 평가기법에 대한 논의에 반드시 포함시켜야 할 요소로 '평가 대상', '평가기법', '평가기법 선택 시 고려 사항' 등을 강조한다. 수학 교과에서의 문제해결의 평가 대상 선정에 있어서 중요한 점은 문제해결 수업에서 설정한 문제해결 지도 목표와 정확히 일치하도록 평가 대상을 선정해야 한다는 것이다. 일반적으로 문제해결 수업에서 설정하게 되는 지도 목표와 일치시킨 평가 대상으로는 다음과 같은 내용을 열거해 볼 수 있다. — ✣ 사고 기능, ✣ 문제해결 전략의 선택, 사용 능력, ✣ 문제해결에 유용한 태도나 신념, ✣ 관련 지식을 사용하는 능력, ✣ 문제해결을 수행하는 동안에 자신의 사고와 진행 과정을 추적, 평가하는 능력, ✣ 협동 학습을 통한 문제해결의 능력, ✣ 다양한 유형의 문제를 해결하는 능력 등이다. —

다음, 앞에서 열거한 평가 대상에 대한 실제 평가에 적용할 수 있는 문제해결의 평가기법으로는 다음과 같은 방법을 생각해 볼 수 있다. — ✣ 비형식적 관찰이나 질문 또는 체계적인 면담 결과의 평가기법, ✣ 학생 자신의 기록이나 목록 작성 결과의 평가기법, ✣ 분석 결과 점수화나 전반적 인상 점수화한 평가기법, ✣ 선다형 및 완성형 시험에 의한 평가기법 등이다. —

앞에서 열거한 평가기법을 선택할 때 고려해야 할 요소는 다음과 같다. — ✣ 측정코자 하는 문제해결의 기능이나 결과의 유형, ✣ 평가할 학생의 수, ✣ 평가에 투자할 수 있는 시간, ✣ 평가자의 문제해결 지도나 평가의 경험 정도, ✣ 평가 결과의 활용 용도 등이다. —

10.2 문제해결 평가의 기능

문제해결 평가의 활용

일반적으로 교과교육에서 평가의 중요한 기능은 교사로 하여금 해당 교과 내용의 교수·학습과 관련하여 학생의 학습 활동 결과 분석을 통한 교육적 결정을 내리는 데 필요한 정보를 제공하는 것이다. 학생의 수학 성취도에 대한 대부분의 표준화된 평가 방법은 문제해결력이란 항목을 포함하며, 전체 성취도를 결정하는 중요한 부분을 차지한다. 하지만 이 항목에 주어지는 점수는 문제해결의 결과에 대한 점수로 문제해결 과정에 수행하는 사고활동의 세부 측면에 대한 평가의 점수가 아닌 경우가 대부분이다. 즉, 이러한 평가 방법으로는 각 학생의 문제해결 활동이나 능력과 관련하여 각 학생이 문제해결을 하면서 겪는 어려움이 무엇인지에 대해서는 아무런 정보도 제공하지 못할 뿐 아니라, 해당 학생에게 필요한 세부 교육적 처치를 내리는 데 필요한 정보 제공의 기능도 하지 못한다.

그렇다면 제대로 된 문제해결의 평가 방법은 교사에게 문제해결 지도의 개선을 위한 어떤 교육적 지침을 제공해주어야 할 것인가? 즉, 학생의 문제해결 활동에 대한 평가가 해당 학생의 문제해결의 지도 개선에 어떠한 기여를 할 수 있어야 할 것인가에 대하여 알아보기로 한다. 글레이저(Glaser 1987)는 인지심리학으로부터 이에 대한 답을 유도하고 있다. 즉, 문제해결의 평가와 같이 인지적 행위에 대한 제대로 된 평가는 다음과 같은 측면에서 교사에게 필요한 정보를 제공하는 기능을 갖추어야 한다는 것이다. — ✢ 문제해결이란 인지적 행위가 수행되는 과정상 보이는 오류와 오개념에 대해 잘 분류되고 상세한 분석 정보를 제공할 수 있어야 한다. ✢ 문제해결 활동과 같은 복잡한 인지적 수행 과정에 포함된 무의식적 수행 활동에 대한 정보를 제공해야 한다. ✢ 문제해결에 필요한 지식과 연계된 인지적 행위의 구조와 기능에 대한 상세한 정보를 제공해야 한다. —

11 문제해결 연구

1980년대 이후 수학교육 분야에서 이루어진 문제해결에 대한 연구는 크게 네 가지의 주제로 나누어볼 수 있다. — ✢ 문제(the problem)의 요건과 특성, ✢ 문제해결자와 문제해결 능력의 특성, ✢ 문제해결 과정과 결과물을 분석하기 위한 방법론, ✢ 문제해결의 교수·학습 방법론 등에 대한 연구이다. — 이와 같은 문제해결에 대한 연구는 "Issues and Directions in Mathematical Problem Solving"이라는 주제하에 1981년 미국의 인디아나 대학에서 개최되었던 회의를 중심으로 하여 수학 문제해결을 심리학적 측면에서 체계적으로 연구하려는 경향이 시작되었다. 이 회의에서 주장된 바는 문제해결에 관심을 갖고 있는 수학교육 연구자는 심리학자들의 문제해결 연구 결과를 적극적으로 활용할 필요가 있다는 것이다. 즉, 이 회의의 프로시딩인 《Mathematical Problem Solving: Issues in Research》(1982)에서 많은 수학교육자들이 문제해결 연구에 있어서 심리학자들의 문제해결에 대한 연구 결과로부터 유용한 도움을 받을 수 있다고 강조하였다.

한편, 1985년 샌디에이고 주립대학에서 열렸던 수학 문제해결 연구 회의의 프로시딩인 《Teaching Mathematical Problem Solving: Multiple Research Perspectives》에서는 그동안의 문제해결 연구에 대한 평가, 분석과 함께 인지심리학, 과학교육, 인공지능 등과 같은 다양한 분야에서의 문제해결 연구에 대한 견해의 수렴과 차후 문제해결 연구의 방향 설정 등을 주제로 하였다. 여기서 두드러진 앞으로의 문제해결 연구의 방향은 인지과학이나 인공지능과 같은 분야의 이론 도입과 함께 문제해결 행위의 정의적인 측면, 메타인지적 사고, 신념체계 등과 같이 당시 문제해결의 새로운 측면에 대한 연구 관심의 필요성을 강조하였다. 이 외에도 문제해결에서의 개인별 인지 성향의 차이점이나 계산기, 컴퓨터와 같은 테크놀로지와 문제해결을 연관시킨 연구도 활발히 진행되었다.

NCTM 창립 75주년 기념과 동시에 JRME 발간 25주년 기념호에서 레스터(Lester 1994)는 1970년부터 1994년까지의 25년 동안 이루어진 수학 문제해결 연구의 주제에 대하여 다음과 같이 정리하고 있다. — ✢ 문제해결에 대한 명확한 개념의 정립, ✢ 문제해결 연구의 새로운 방법론의 개발, ✢ 문제해결 과정에 작용하는 메타인지와 같은 고등 인지활동의 메커니즘 분석, ✢ 문제해결 활동에 영향을 미치는 정의적 요인 분석, ✢ 문제해결 능력의 평가 방법, ✢ 문제해결의 교수 방법, ✢ 문제해결 학습의 전이 분석 등이다. — 1980년대 초 이후 상승세를 보이던 수학교육에서의 문제해결에 대한 관심이나 연구의 열의 정도가 1990년대 말에 하향세로 돌아서게 된 계기를 레스터(Lester 1994)는 1989년 《Curriculum and Evaluation Standards for School Mathematics》의 출간과 함께 문제해결의 교수·학습 방법과 관련하여 이 책자에 의지하게 되면서 문제해결에 대한 체계적인 연구 의욕 감퇴와, 20세기 말 수학교육의 연구에 구성주의 입장이 철학적, 사상적 지주 역할을 대신하는 현상이나, 문제해결이란 활동 자체의 복잡성에 기인함을 지적하고 있다.

2007년 출간된 《The Second Handbook of Research on Mathematics Teaching and Learning》에서 레시와 자보예프스키(Lesh & Zawojewski 2007)는 앞서 10여 년 동안 이루어진 수학 문제해결 연구에 대하여 평가를 통해 그동안의 수학 문제해결에 대한 연구량이 충분치 못함과 연구의 이론적 배경이 갖는 빈약성을 지적하고 있다. 한편, 이들은 1992년 발간된 《Handbook of Research on Mathematics Teaching and Learning》에서 쇤펠드(Schoenfeld 1992)가 그동안의 수학교육에서의 연구 경향이 대략 10년을 주기로 '기초기능'과 '문제해결'을 오가면서 진행되고 있다는 설명 방식을 받아들이면서 앞으로는 다시 문제해결에 대한 연구가 활성화될 것임을 예고하고 있다. 그러한 예고의 배경으로 다음과 같은 이유를 들고 있다. — ✢ 국제적인 수학교육 연구에서 문제해결을 강조하는 경향으로 되돌아가기 시작하였다. ✢ 수학, 과학, 테크놀로지 등을 많이 활용하는 공학, 의학, 경영학과 같은 분야에서 수학의 활용성을 강조하는 연구가 증가하고 있다. ✢ 수학 문제해결과 관련이 깊은 수학교육 연구 분야, 예를 들어 상황 인지(situated cognition), 표상적 유창성(representational fluency), 지식 공동체(communities of practice) 등의 분야에 대한 연구가 활발해지고 있다. —

수학 문제해결 교육에 대한 연구는 문제해결 자체가 수학교육 현장과 직결되는 주제이며, 교사 학생 간의 수학 교수·학습의 실제적인 정신 활동의 현상과 관련된 내용이기에 실증적인 방법을 통한 연구 방법론이 보다 효과적일 것이다. 즉, 문제해결을 위한 적절한 문제의 구성이나 그 문제를 이용한 문제해결 교수 방법의 개발, 문제해결 학습 현상의 분석, 문제해결 능력을 구성하는 수학적 능력의 탐색, 개인별 문제해결 능력 차이의 원인적 규명 등 수학 문제해결과 관련된 연구는 실험과 검증의 과정을 따르는 실증적인 연구 방법이 신뢰성 있는 결과를 보장할 것으로 생각된다.

여기에서는 '수학 문제해결 연구'의 주제 아래, 수학 문제해결에 대한 '연구의 흐름', '연구 패러다임의 변천', '연구 방법론', '연구의 전망', '연구의 교육적 시사점'에 대하여 알아본다.

우리나라의 수학 문제해결 연구의 흐름

우리나라의 수학 교육과정은 20C 중반부터 현재 2015 개정 교육과정까지 평균 6년 정도의 주기에 따라 그 변화를 겪고 있다. 최근까지 미국 수학 교육과정의 영향력이 직접, 간접적으로 주를 이루고 있다. 문제해결이 우리나라의 수학 교육과정상에 등장하게 된 것은 제4차 교육과정 이후인 셈이며, 현재 2015 개정 교육과정까지 지속적으로 논의가 이루어지면서 학교수학에서 여전히 강조되고 있다. 즉, 1982년에 시작된 제4차 교육과정의 기본 방향의 하나로 언급된 "일상생활의 여러 가지 현상을 수리적으로 생각하는 경험을 통한 문제해결력"은 이후 6개차의 수학 교육과정을 거치면서 강화, 확산되어 현재에 이르러 30여 년이 경과되었다. 그러나 현재 우리의 수학교육 현장에서 문제해결에 대하여 갖는 인식도나 필요성, 실천적 의지 등은 문제해결을 중시하는 수학 교육자들의 생각에 비하면 부족하다고 말할 수 있다. 그동안 문제해결 교육에 대한 수학 교육과정상의 노력은 제5, 6차 교육과정기의 '여러 가지 문제' 단원이나, 제7차 교육과정기의 각 단원 내용을 문제해결 방식으로 전개하고, 단원 말미에 '문제를 해결하여 봅시다.'의 독립 차시와 간헐적으로 문제해결을 위한 독립 단원을 설정하거나, 2007 개정 교육과정기의 각 단원 내용의 문제해결식 전개와 각 단원의 말미에 '탐구활동'이란 차시의 설정이 있었고, 2009 개정 교육과정기에서는 각 단원마다 말미에 '문제해결'이란 독립 차시를 설정하는 방식으로 문제해결이 교과서에 구현되어 오고 있다. 이와 같이 20세기 말 21세기 초의 우리나라 수학 문제해결 교육에 대한 실천적인 연구는 현재 정점을 통과하고 있는 것으로 보인다.

11.1 문제해결 연구의 흐름

수학 문제해결 교육에 대한 연구와 실천 면에서의 종주국이라 할 수 있는 미국의 수학교육계에서 문제해결 교육과 연구에 대한 공식적이며 실제적인 관심을 표명한 것은 NCTM에서 1980년 발행한《An Agenda for Action》에서 문제해결에 대한 적극적인 교육과정적 권고와 유도로부터 시작되었다고 할 수 있다. 이어서 1989년의 《Curriculum and Evaluation Standards for School Mathematics》와 1991년의 《Professional Teaching Standards》에서 수학 문제해결 교육에 대한 NCTM의 정책적인 권고와 구체적인 제안 사항이 제시되면서부터 문제해결 교육과 연구는 본격화되었다. 그 후 NCTM에서 2000년 발간한 《Principles and Standards for School Mathematics》나, 2013년에 시작된 《Common Core State Standards for Mathematics》에서 학교수학의 기본적인 방향 제시에 있어서 문제해결은 지속적으로 중요하게 강조되면서 이에 대한 연구도 꾸준히 이어져오고 있다.

그동안 수학 문제해결 연구에 중요한 기준과 방향을 제시해온 연구로는 물론 폴리아(Polya 1957)의 《How to Solve It》을 비롯하여, 특히 20세기 후반에 킬패트릭(Kilpatrick 1969)의 "Problem solving and creative behavior in mathematics"를 시작으로 하여 레스터(Lester 1980)의 "Research on mathematical problem solving", 쇤펠드(Schoenfeld 1992)의 "Learning to think mathematically : Problem solving, metacognition, and sense making in mathematics", 그리고 레시와 자보예프스키(Lesh & Zawojewski 2007)의 "Problem solving and modeling"을 거론할 수 있다.

20세기 후반 수학 문제해결 교육 연구

레스터(Lester 1995)는 JRME(Journal for Research in Mathematics Education) 25주년 기념호에서 20세기 후반의 수학 문제해결 연구 경향의 흐름을 다음과 같이 표(Lester 1995, p.664)로 정리하여 제시하고 있다.

연대	문제해결 연구 주안점	연구 방법론
1970-1982	문제의 난이도 결정 요인의 추출 / 문제해결 숙련자의 특성 분석 / 발견술 연습	통계적 회귀 분석 / "지도 실험"
1978-1985	숙련자 vs. 초보자의 비교 / 문제해결 전략 연습	사례연구 / "소리 내어 생각하기" 프로토콜 분석
1982-1990	메타인지 / 정의적, 신념적 요인과 문제해결 관계성 / 메타인지의 연습	사례연구 / "소리 내어 생각하기" 프로토콜 분석
1990-	문제해결에 대한 사회학적 영향 / 상황 문제의 해결	민족지학적 방법

수학 문제해결 연구의 초기라고 할 수 있는 1960년대 말 킬패트릭(Kilpatrick 1969)은

당시의 문제해결 연구의 상황에 대하여 배경 이론의 부재와 연구의 체계성과 일관성 부족은 물론 문제해결 교육에 있어서도 전형적인 교과서 문제를 통한 문제해결 지도와 이에 대한 수량적 평가 위주로 문제해결에 대한 연구는 물론 교육 면에서도 초보적인 단계에 있었음을 지적하고 있다.

그 이후, 1970년대에 들어오면서 레스터(Lester 1995)가 위 표에서 정리해 놓은 것처럼 연구의 주안점은 우선 '문제'에 대한 특성 연구로부터 출발하여 문제해결 '숙련자'의 능력과 특성에 대한 체계적인 분석으로 이어졌다. 다음, 문제해결이란 고등 사고 활동에 작용하는 인지적, 정의적인 요인에 대한 정교한 분석과 그 요인들 사이의 관계성 분석, 문제해결과 사회적 측면에 대한 연결로 연구의 주제가 폭을 넓혀 확산되는 경향을 보여 왔다. 연구의 주제나 시각이 다양화·세분화되면서 특히 문제해결이란 사고활동에 대한 개관적인 분석을 위한 노력으로 문제해결 과정에 '소리 내어 생각하기'의 방법을 고안하여 사고 과정을 겉으로 드러내고자 하였으며, 소집단 내에서 이루어지는 문제해결 활동에 작용하는 사회학적 요소나 관계의 분석을 위한 민족지학적 연구 방법론이 도입되기도 하였다.

이와 같은 체계적인 연구로부터 문제해결 교육의 중요 매체인 '문제'의 특성과 관련하여 골딘과 매클린톡(Goldin & McClintock 1984)은 문제의 난이도를 결정하는 주요 요인으로 '과제 요인'을 들고 있으며, 이 과제 요인을 다시 '내용과 맥락 요인', '구조 요인', '문법적 요인', '발견술 요인' 등으로 세분화하고 있다. 문제해결 지도를 위하여 우선 사용할 문제에 대한 파악 후에 필요한 이해는 문제해결 행위의 주체가 되는 문제해결자의 개인적 특성, 특히 문제해결에 능한 소위 문제해결의 '숙련자'가 보여주는 문제해결 행위의 특성이나 갖고 있는 문제해결 능력 등에 대한 분석적 연구로 이어지게 된다. 이와 같은 문제해결자의 특성에 대한 연구는 당시 인지과학이나 인공지능 분야의 영향으로 시작된 주제로, 이와 같은 연구의 대표적인 예로 레스터(Lester 1995)는 쉔펠드(Schoenfeld 1985, 1987a, 1987b)의 연구를 들고 있는데, 문제해결의 숙련자가 초보자에 대하여 상대적으로 갖는 특성은 다음과 같다. — ✢ 주어진 문제의 해결에 필요한 내용 지식을 더 많이 알고 있으며 알고 있는 방식이 효율적으로, 즉 지식 간 연결이 잘 되어 있고 풍부한 도식을 소지하고 있다. ✢ 문제의 피상적 측면이 아니라 주로 구조적 측면에 집중한다. ✢ 문제해결과 관련하여 자신의 약점과 장점에 대한 파악이 뛰어나다. ✢ 자신의 문제해결 과정을 모니터하거나 관리를 잘한다. ✢ 가능한 '우아'한 문제해결을 하려고 한다. —

이상의 문제해결 연구를 통하여 문제해결 교육에 시사하는 바를 레스터(Lester 1995)는 다음과 같이 정리하고 있다. — ✢ 학습자로 하여금 가능한 많은 문제해결의 경험을 하게 만드는 것이 중요하다. ✢ 문제해결 능력의 개발에는 오랜 시간이 소요되므로 지속적인 지도가 필요하다. ✢ 교사의 문제해결에 대하여 갖는 태도가 학생들에게 영향을 미치므로 적극적이고 긍정적인 태도를 보여주는 것이 필요하다. ✢ 체계성 있는 문제해결 교육이 중요하다. ✢ 문제해결에 대한 지도(teaching about problem solving)는 효과가 없으며, 문제해결을 통한 지도(teaching via problem solving)가 중요하다. —

NCTM에서 2007년 편찬한 《Secondary Handbook of Research on Mathematics Teaching and Learning》에서 레시와 자보예프스키(Lesh & Zawojewski 2007)는 당시까지의 수학 문제해결에 대한 연구 중에 비교적 최근의 연구 주제를 '고등사고 활동'으로 압축하고 있으며, 그 하위 주제로는 '메타인지', '사고의 방식', '신념과 성향' 등 세 가지로 구분하여 정리·제시하고 있다. 즉, 수학 문제해결 활동의 고등 사고에 초점을 맞춘 교육과 연구는 문제해결 전략에 초점을 맞춘 교육과 연구에서 사용한 방법과 유사한 방법으로 진행되었다고 분석하며, 따라서 문제해결 숙련자의 메타인지적 활동, 사고방식, 신념과 성향을 분석하는 방식으로 연구되었고 이를 일반 학생에게 교육하기 위한 효율적인 방법에 대한 연구로 이어진 것이다. 이와 같은 종류의 연구로서 대표적인 예로는 레스터와 켈러(Lester & Kehle 2003)의 연구를 들고 있으며, 이 연구에서 드러난 우수한 문제해결자가 보이는 고등 사고의 성향에 대하여 다음과 같이 정리하고 있다. — ✢ 문제해결자로서 자신의 장점과 단점에 대하여 부진한 학생보다 더 많이 알고 있다. ✢ 자신의 문제해결 결과에 대하여 부진한 학생보다 더 잘 모니터하고 조절한다. ✢ 우아한 해법을 얻는 것에 대하여 부진한 학생보다 더 중요하게 생각하는 경향이 있다. —

우리나라의 수학 문제해결 교육 연구의 특성

20C 후반 우리의 수학교육에서 문제해결에 대한 연구는 주로 1980년대 이후부터 나타나기 시작하였는데 그 연구의 추세를 살펴보면, (1) 수학교육에 문제해결의 소개를 겸한 기초 이론적 정리, (2) 수학적 문제해결력에 대한 분석, (3) 문제해결의 교수·학습 방법에 대한 고찰, (4) 문제해결 결과의 평가 방법에 대한 고찰, (5) 문제해결 교육을 위한 문제의 탐색 및 개발 등이며, 이 중에 문제해결 교수·학습을 위한 방법의 모색이 주를 이루고 있다. 그러나 문제해결 연구는 문제해결이 우리의 수학 교육과정상 등장하게 된 연유가 우리의 수학교육에 문제해결 도입을 위한 자발적, 자생적 각성에서 비롯된 것이 아니기 때문에 문제해결의 학교수학에 도입에 있어서 우선적으로 거쳐야 할 수학교육의 배경 철학 면에서의 충분한 고려 없는 수용이 되었다.

20세기 미국의 수학 교육과정은 1950년대와 1960년대에 수리, 논리, 심리적 경향이 일시적으로 강화되었지만, 결국 전반적인 경향은 사회적 영향이 주를 이루었다고 볼 수 있다. 이와 같이 사회적 성향이 높은 수학 교육과정의 배경과 실용주의 생활철학과 어울려 등장하게 된 문제해결의 이슈는 미국의 수학교육 입장에서 볼 때 자연스러우면서도 필연적인 결과이기도 하다. 그러나 우리의 수학교육에서 문제해결에 대한 연구나 교육의 전개 상황을 살펴보면 문제해결이 우리의 수학 교육과정상 중요한 부분을 차지하여야만 된다고 생각하게 만드는 나름대로의 당위성이나 이유를 찾아보려는 충분한 노력이 부족했다고 생각된다. 그리고 우리의 수학교육 상황은 전통적 교육의 배경철학이라 할 수 있는 숭문주의적 성향과 현학적이며 논리지향적 경향이 잠재적으로 가세하여 문제해결의 생성 배경 철학이라 할 수 있는 실용주의에 상반되는 수학교육의 환경을 구성하고 있다. 이와 같이 우리의 수학 교육과정은 그 변화의 방식이나 배경적 철학에서 모두 문제해결에 상당한 실제적 관심을 집중시키기에는 근본적인 부적합성을 내포하고 있다고 생각된다.

수학교육 현장의 교사나 일부 수학교육에 관련된 사람들 중에는 "기존의 수학교육이 바로 문제해결을 포함하고 있기 때문에 새삼스러울 필요가 없다."고 주장하는 것을 본다. 이와 같은 경우에 그 주장의 근거를 두 가지로 나누어 볼 수 있다. 하나는, 문제해결이 수학 교육과정에서 갖는 진정한 의미나 수학교육에서 갖는 역할을 충분히 이해하지 못한 경우이거나, 또 하나는 이를 이해하였다 하더라도 우리 수학교육에서 문제해결의 필요성을 분명하게 느끼지 못하는 경우이다. 후자의 경우에 그 이유는 개인에 따라 다르겠지만, 전반적으로 우리의 잠재적인 수학교육관이나 수학교육 철학에서 기인된 의식 때문으로 생각된다. 이와 같이 문제해결이 수학교육계에서 잘못 인식되거나 거부감이 극복되지 못한 채 받아들여지고 지속되는 경우 문제해결이 갖는 진정한 의미는 축소나 왜곡된 형태로 자리하게 된다. 한 예로, 현장 교사들의 문제해결에 관한 연구물을 보면 문제해결을 단순히 '문장제의 풀이'로 간주하는 것을 볼 수 있다. 이는 본래 문제해결 자체가 수학교육에서 분명하고 단순한 의미를 갖고 있지 못하기 때문이기도 하며, 문제해결이 수학교육의 본질이나 전반적인 측면을 종합적으로 내포하고 있다는 점을 충분히 이해하지 못한 데 기인한다고 볼 수 있다. 그리고 문제해결 도입에 대한 오해의 예로 자주 발견되는 것으로는 문제해결이 전에는 다루지 않다가 새롭게 학교 수학에서 다루어야 할 수학의 새로운 내용쯤으로 생각하는 방식의 극단적 오류이다. 이와 같은 문제해결에 대한 근시안적이고 왜곡된 시각은 문제해결을 단순히 어의적으로 성급히 해석하려는 경우에 범하는 실수이기도 하며, 문제해결의 이슈가 넓게는 수학 교육과정 전반에 대한 경향이 된다는 점과, 문제해결이 수학 교수·학습의 새로운 패러다임이 될 수 있다는 점을 제대로 파악하지 못하는 데서 기인한다고 볼 수 있다. 즉, 문제해결을 미시적인 관점에서만 이해한 결과이며, 이러한 시각은 현장 교사뿐만 아니라 수학교육과 관련된 전문적 연구 결과에서도 찾아볼 수 있다. (백석윤 1993)

11.2 문제해결 연구 패러다임의 변천

폴리아 이후 수학교육 분야에서 나타난 수학 문제해결에 대한 자생적 연구 활동은 반세기를 지내오면서 연구 패러다임 면에서 상당한 변화를 겪은 셈이다. 초기의 문제해결 연구에서는 문제해결을 수학 학습자에게 필요한 능력으로 보는 관점에서 출발했다고 볼 수 있다. 즉, 학교수학에서 수학적 활동의 핵심은 문제해결 활동이고 따라서 제대로 된 수학 학습이 되기 위해서는 문제해결 능력 증진을 우선적인 학습 목표로 삼아야 했다. 이에 따라 초기 문제해결 연구는 학생이 습득 가능한 문제해결 능력이란 무엇이고, 이를 학습 목표로 삼아 어떻게 지도할 것인가에 연구 관심이 집중되었다고 볼 수 있다. 다음, 이어 등장한 문제해결에 대한 관점은 수학교육에서의 단순한 학습 대상이나 목표에서 더 나아가 수학 학습의 올바른 방법이나 과정으로 생각하기에 이른다. 문제해결은 수학 학습자가 갖추어야 할 중요한 수학적 능력임은 물론이지만, 수학 학습의 효과적인 일반적 학습 방법론으로 관점이 확대된 것이다.

이후, 수학 학습 방법론으로서의 관점은 보다 유연하면서 확산적으로 재개념화되어 가면서 기존의 예단되거나 정형화된 수학 학습 방법론의 관점에서 탈피하여 보다 확장된 개념인 모델링(modeling)이란 관점으로 발전되고 있다. 즉, 모델링의 관점은 수학적 능력뿐만 아니라 수학 학습 방법론의 관점을 종합하게 된다. 그리고 과거 문제해결에 대한 이 두 선행 관점이 타당성과 효율성이 전제된 수학적 능력과 수학 학습 방법론이란 가정을 기본으로 하는 반면에, 모델링의 관점은 학생의 아이디어로부터 출발하여 그 아이디어가 주어진 문제의 해결이 되었든 수학 내용의 학습이든 점차로 해법 탐구나 이해의 과정이 타당성과 효율성을 지향하며 발전되어가는 과정에 의미를 두는 관점이다.

수학적 능력으로서의 관점

17세기를 전후하여 등장한 세계적인 철학자이며 수학자인 데카르트(Descartes, 프랑스, 1596~1650)와 라이프니츠(Leibniz, 독일, 1646~1716)는 인간이 부딪힐 수 있는 모든 문제를 해결 가능하게 만들어주는 보편적 법칙이나 일반적 발견의 기술을 수학적 접근 방법을 활용하여 찾으려고 시도했지만 실패하였으며, 결국 20세기에 들어와 괴델(Gödel, 독일, 1906~1978)의 '불완전성 정리'에 의하여 그와 같은 일반적인 발견의 법칙은 성립 자체가 불가능함이 밝혀졌다. 이와 같이 데카르트와 라이프니츠가 추구한 일반적인 문제해결의 기법은 결국 18세기말 오스트리아의 수학자인 볼차노(Bolzano, 체코, 1781~1848)의 말처럼 문제해결에 유능한 사람들이 따랐던 문제해결의 일반적 규칙이나 방법을 규명하려는 노력으로 이어지게 된 것이다.

이와 같은 문제해결의 일반적 기능이나 문제해결에 유능한 사람의 능력에 대한 관심이 학교수학이나 수학교육 내에서 본격적으로 거론되기 시작한 것은 수학 문제해결에 대한 고전서 격인 폴리아(1957)의 《How to Solve It》 등장 이후라고 할 수 있다. 그 후 폴리아는 교육적 관점에서 그 이전까지 연구된 여러 가지 발견술이나 발견의 규칙들을 수학 문제해결 교육의 입장에서 체계적으로 정리하기에 이른 것이다. 폴리아는 수학 분야를 수학적 지식체계와 탐구양식의 양 측면으로 보면서 특히 탐구양식 면에 교육적 관심을 기울이게 된 것이다. 즉, 폴리아의 관심은 수학을 배우는 학생의 수학 문제해결 능력의 학습과 지도에 있었던 것이고, 따라서 이러한 문제해결의 능력을 분명하게 형식화하여 전달하기를 목적으로 했다기보다는 문제해결 능력 발휘에 도움이 될 조언이나 격언 방식으로 제안하는 내용을 체계화한 것이다. 학생이 습득하길 희망하는 고등 사고 능력인 소위 발견술이라고 하는 문제해결 능력을 교육적으로 적용하기 위하여 이들이 실제 수학 문제의 해결에서 어떻게 활용되는지 전형적인 문제의 예를 들어서 자연스러운 해결 과정을 설명해줌으로써 그동안 수학자들이 무시해 왔던 개연적 추론을 주로 교육적 논의의 대상으로 삼고, 수학에서 활용되는 개연적 추론의 유형을 체계화하고, 다시 이를 주어진 문제의 해결 능력으로 발휘케 하는 과정을 교육적으로 설명, 전달코자 했던 것이다.

폴리아 이후 많은 수학교육학자들이 문제해결에 대하여 우선적으로 갖고 있던 생각은 수학 학습자에게 필요한 중요한 능력으로 여기면서 동시에 이 능력의 실체와 특성을 드러내기 위한 연구를 다각적으로 수행하였다. 따라서 이후의 연구 패러다임은 문제해결이란 활동은 문제로부터 촉발하기에 문제해결에 부여하는 의미에 맞는 활동이 전개되게 만들기 위해서 소위 '문제'에 대하여 어떻게 개념 정의를 내려야 할 것이며, 그런 문제는 구체적으로 어떤 특성을 갖추고 있어야 하는가 등에 대한 연구(예: 《Task Variables》)로 이어지게 된다. 다음, 그러한 특성이나 조건을 갖춘 문제를 해결하는 사람의 기능 면에서 뛰어난 경우를 학습 목표로 삼아야 되기 때문에 자연히 '숙련자(expert)' 대 '초보자(novice)'의 구도로 문제해결 능력의 구성 요소와 그 특성을 비교 분석하는 연구로 이어지게 된다.

한편, 이와 비슷한 시기에 인간의 두뇌 작용에 대하여 관심을 갖고 있던 인공지능(AI, Artificial Intelligence) 분야나 정보처리(IP, Information Processing) 분야의 인지과학자들에게 수학 문제해결 분야는 그들에게 필요한 핵심적인 정보를 제공해줄 수 있는 분야였으며, 수학교육 분야에서도 문제해결에 관심을 갖는 연구자들에게는 AI나 IP 분야의 연구 결과가 필요하고 유익한 정보를 줄 수 있다고 생각하였기에 상호 간 연구 결과나 연구 방법론의 교류가 활발하게 이루어지기도 했다. AI나 IP 분야에서는 주로 분석적 방법을 이용하여 인간 두뇌 작용의 메카니즘과 컴퓨터의 정보처리 메카니즘이 유사하다는 전제하에 적합한 모델 구성을 통하여 인간 두뇌의 일반적 기능에 대하여 설명을 시도하였다. 특히, AI 분야는 지능을 필요로 하는 문제해결이 가능한 컴퓨터에 대한 연구 분야로서 문제해결에서의 발견술에 대한 연구를 중요시하였다. 당시 AI 분야 대표 연구자라고 할 수 있는 헌트(Hunt 1994)는 폴리아(Polya 1973)의 발견술은 수학 문제의 해법 발견에는 강력한 도구가 되지만, 인공지능을 설계하는 데 기계적으로 적용될 수 있는 알고리즘적 일반 규칙보다 복잡하고 비형식적인 특성을 갖고 있음을 지적하였다. 한편, 수학 문제해결 연구에서는 AI 분야의 연구 결과를 수학 문제해결에서 사용하는 문제의 특성이나 요인, 또는 학생의 문제해결 과정을 객관적으로 분석하는 연구에 활용하였다. 이러한 복합적인 연구 방법을 통하여 추출, 규명한 '문제'의 특성과 '문제해결의 기능'을 활용하여 다시 학생의 문제해결 지도를 어떻게 하면 효과성을 높이는 문제해결 학습으로 유도할 수 있는지에 대한 연구로 이어지게 된 것이다.

AI 분야에서의 문제해결 연구

70년대 중반부터 AI 분야에서 연구해온 문제의 특성은 (1) 시작 상태와 목표 상태가 명확하게 제시되어 있으면서, (2) 문제 공간(problem space)의 크기는 제한되어 있고, (3) 시작 상태에서 목표 상태로 이르는 일련의 절차를 쉽게 찾을 수 있는 문제였다. 대표적인 예가 하노이탑 문제, 복면산 문제, '선교사-식인종의 강 건너기' 등으로 이러한 종류의 문제를 해결할 때 필요한 전형적인 발견술은 각각 '수단-목표 분석' 전략, '탐색' 전략, '생성-검증' 전략이 된다.

'수단-목표 분석' 전략은 우선 하노이탑 문제 같은 문제를 여러 하위 목표로 나누고, 현재 상태에서 각 하위 목표에 이르도록 하는 작용 요소를 찾아 해결 과정에 적용하여 현재의 상태와 목표의 상태 사이의 격차를 줄여가면서 최종 목표에 도달하는 전략이다.

'탐색' 전략은 먼저 복면산(예, 'DONALD+GERALD=ROBERT'와 같은 비밀 숫자 찾기 문제) 문제와 같은 경우 먼저 문제에 포함된 일반적인 규칙을 탐색한 다음, 문제에 주어진 요소들로 구성된 문제 공간 내에서 탐색을 하여 부분적인 해결책을 찾는다. 이어서 이 부분적인 해결책을 평가하는 방식으로 문제의 해결에 접근해 가는 전략이다. 이와 같은 전략은 주어진 문제의 문제공간이 클 때 탐색해야 할 범위를 줄이는 데 이용할 수 있다.

'생성-검증' 전략은 '선교사-식인종의 강 건너기'와 같은 종류의 문제를 해결하기 위하여 주어진 문제의 문제공간에서 가능한 해결책을 고안하여 그 타당성 여부에 대한 평가를 반복하면서 소위 시행착오적 방식으로 목표에 도달하는 전략으로 문제공간의 크기가 작을 때 유용한 전략이다.

수학 학습 방법론으로서의 관점

앞서 알아본 바에 의하면, 문제해결 연구의 초기 단계에서는 문제해결 수업에 활용할 다양한 문제, 일반적인 문제해결 전략, 문제해결 활동에 도움이 될 수 있는 권고나 유의 사항, 문제해결 활동의 평가 방법 등의 개발을 통해 학생의 문제해결 능력 개발을 위한 지도에 연구를 집중하였다. 그러나 1990년대 들어서는 수학 문제해결 능력의 특성 규명이나 교수·학습 자료의 개발도 중요하지만 문제해결의 개념적 정의를 문제해결 능력에 국한시키는 것이 아니라 수학 교육과정에서의 보다 확대된 개념으로서 정의하고 따라서 이에 대한 연구 패러다임에도 변화가 시작된 것이다.

슈뢰더와 레스터(Schroeder & Lester 1989)는 1989년 NCTM의 연보에서 이전의 문제해결 능력 개발을 위한 교수·학습 자료의 개발 연구가 일관되고 분명한 방향성을 갖지 못하였는데 이는 문제해결의 교육적 목적 달성 방법에 대한 합의가 이루어지지 못하였기 때문으로 설명하고 있다. 이어서 당시 문제해결의 이슈가 이를 교육적 목적에 접근 방법 중 잠재적으로 거론된 바를 다음 세 가지로 구분하고 있다. — ✢ 문제해결에 관한 지도(teaching ***about*** problem solving) ✢ 문제해결을 위한 지도(teaching ***for*** problem solving) ✢ 문제해결을 통한 지도(teaching ***via*** problem solving) 등이다. — 물론, 슈뢰더와 레스터(Schroeder & Lester 1989)는 이상 세 가지의 지도 관점 중에 '문제해결을 통한 수학 지도'를 바람직한 관점으로 생각하고 있다.

'문제해결에 관한 지도'라 함은 폴리아의 연구가 상징하는 문제해결 지도의 관점으로 소위 문제해결의 내용적 측면, 즉 문제해결 능력을 구성하는 내용적 요소에 초점을 맞추어 이를 학생에게 이해, 습득케 하는 것이 주된 지도 목표로 삼는 관점이라 할 수 있다. 이때, 문제해결 능력을 구성하는 내용 요소로서 거론되는 것이 주로 폴리아의 문제해결 4단계나 문제해결의 전략, 발견술 등이라고 할 수 있다. 그리고 '문제해결을 위한 지도'의 관점을 견지하는 교사는 문제해결 지도에 있어서 학교에서 배운 수학 내용을 적용, 활용하여 일상적이든 비일상적이든 주어진 문제를 해결하여 정답을 구하는 활동에 역점을 둔다는 것이다. 즉, 수학 학습에서 수학 내용에 대한 이해도 중요하지만 궁극적으로는 이해, 습득한 수학적 지식을 활용할 수 있어야 한다는 것으로 이 관점도 여전히 문제해결을 수학 학습자가 갖추어야 할 능력, 즉 학습 목표로 보고 있는 것이다. 이상의 두 가지 문제해결에 대한 관점은 여전히 수학 학습자가 습득해야 할 문제해결의 능력이란 관점을 견지하면서 이에 대한 연구 역시 기존의 패러다임을 답습한다고 볼 수 있다.

그러나 '문제해결을 통한 지도'의 관점은 문제해결이 수학 학습의 대상일 뿐만 아니라 수학을 학습하는 최선의 방식이 될 수 있다는 식의 생각이다. 즉, 수학 학습 지도에서 목표하는 주제가 포함된 문제 상황으로부터 시작하여 이를 해결하는 과정에 문제해결의 기능을 습득하게 되는 것이다. 따라서 문제해결을 통한 수학 학습의 목표는 실제적인 문제 상황으로부터 수학 학습 지도 목표에 해당하는 추상화된 수학적인 내용이나 원리에 도달케 하는 것이다. 이와 같은 문제해결에 대한 관점을 유지하는 중요한 연구가 2000년 NCTM에서 개발한 《Principles and Standards for School Mathematics》에서 "문제를 해결하는 것은 수학 학습의 목표일 뿐만 아니라 수학 학습의 주요 수단이 될 수 있다. … 문제해결은 모든 수학 학습의 핵심적인 부분으로 수학 교육과정에서 문제해결을 독립된 부분으로 다루어서는 안 된다(p.52)." 즉, 1990년대와 2000년대의 초기는 수학 문제해결 연구에서 문제해결을 수학 학습의 방법론으로서 기존의 관점보다 확대된 시각에서 문제해결을 보고 있으며 그에 따라 문제해결에 대한 연구의 패러다임도 변화가 시작된 것이다.

수학적 모델링으로서의 관점

기존의 수학 문제해결 연구에서 주로 사용되었던 연구 패러다임은 다음과 같은 가정하에 이루어졌다고 할 수 있다. 즉, 문제해결을 학습하는 학생은 성공적인 문제해결을 위해서 우선 전통적인 수학 학습에서 그러했듯이 주어진 수학 문제의 해결에 필요한 수학의 기본적인 내용적 지식을 습득, 이해하는 것이 필수 조건이 된다. 다음, 문제의 해결에 필요한 내용적 지식을 기억 속에서 찾아내 이를 적절히 다루어서 정답으로 이끌 수 있는 이미 경험한 풀이 절차에 대한 탐색과 선정에 도움이 되는 이른바 문제해결 전략을 습득하고, 이렇게 준비된 내용적 지식과 문제해결 전략을 적절하게 사용할 수 있도록 관리해주는 메타인지적 습관을 체득해야 한다. 그리고 주어진 문제의 해결 과정에 이 모든 자원이나 기능을 성공적으로 문제해결에 활용하는 인지적 활동에 긍정적으로 작용할 수 있는 신념, 성향, 태도 등의 소위 정의적 요소를 체득해야 된다는 가정이 자리하고 있었던 것이다. 이러한 문제해결에 대한 교수·학습의 관점은 학생이 문제해결 학습을 통해서 습득해야 할 것이 일반적인 규칙이나 단정적으로 진술된 사고 활동, 그리고 어떠해야 한다는 식의 정의적 태도나 자세의 목록 방식으로 규정되는 문제해결 교수·학습 이론의 구성과 효과성에 대한 연구를 유도해 온 셈이다.

일반적으로, 기존의 문제해결 관련 이론은 소위 문제로 제시되는 다양한 과제와 상황에 공통적으로 활용 가능하며 문제에 따라 변하지 않는 방법으로 일관된 기능을 한다고 가정되는 내용 독립적 문제의 해결 과정에 초점을 맞춤으로써 문제해결 학습과 개념 학습 발달을 격리시켜 생각해왔다. 이와 같이 기존의 문제해결 교육 연구에서 문제해결 교수·학습의 과정이나 결과에 대한 연구 방법론적 설정에 있어서 문제해결의 기능 습득과 수학적 개념 학습 측면을 별개의 것으로 취급하는 가정 위에서 이루어진 연구 패러다임은 결국 유연하지 못하며 더욱이 문제해결의 실제적 측면에 대한 연구를 위해서는 개선의 여지가 많다. 이와 같은 판단에 따라 근래의 문제해결 연구의 많은 주제가 '상황 인지', '학습 공동체의 관습', '표상의 유창성' 등과 관련된 것으로 일반 수학 교수·학습과 문제해결 교수·학습에서 소위 '모델-모델링'이라고 부르는 관점에 집중하는 경향을 보인다(Lesh & Zawojewski 2007).

학생이 생성하는 수학적 모델과 모델링 활동에 초점을 둔 문제해결에 대한 모델-모델링의 관점은 연구자로 하여금 수학 학습과 문제해결에 대한 연구에 있어서 자연스러우면서도 신선한 연구 시각을 제공한다고 보고 있다. 예를 들면, 학생의 모델과 모델링을 연구할 때는 자연스럽게 수학적 개념, 문제해결 과정, 메타인지의 기능, 신념 또는 성향 등의 문제해결 활동 구성 요소들 간의 협력적인 발달을 연구하기 위한 통합된 접근 방식을 취해야 한다. 특히, 학생의 모델링(사고와 학습)을 발달시키는 방법에 대한 연구를 위해서는 자연스럽게 인지-사회적 관점, 수학-인식론적 관점, 발달심리학의 관점 등과 같은 다양하면서 실제적이고 이론적인 관점을 활용함으로써 통합된 접근을 해야 된다. 모델링과 문제해결 능력이 어떻게 학습되는가에 대한 연구를 위해서는 수학적 개념의 발달을 연구하는 경우처럼 문제해결 과정을 발달적 시각으로 보게 된다. 학생의 모델과 모델링 활동을 연구하기 위해서 실생활 문제의 해결 상황에 대한 시뮬레이션을 통한 연구 방법이 필요하게 된다. 모델링 문제에 대한 연구자들은 수학적 사고 활동을 생성과 해석(묘사, 설명, 의사소통 등)의 활동과 관련된 계산, 연역적 추리, 절차의 집행과 같은 것이라는 가정을 기본으로 하고 있다.

기존의 문제해결 교수·학습의 실제에 있어서는 주어진 문제해결의 난관에 봉착한 학생을 자력으로는 더 이상 회복 불가한 상태여서 도움을 필요로 한다는 가정을 하였던 것이다. 따라서 교사는 이 학생을 돕는 방법으로 대부분 해당 문제의 경우 문제해결 숙련자라면 전형적으로 사용하게 되는 해결 과정이나 전략을 생각해 내고, 이를 주어진 문제의 해결에 성공적으로 적용하기 위해 거쳐야 하는 메타인지적 과정을 덧입혀서 설명이나 지시를 하여 성공적으로 문제를 해결할 수 있도록 도와주거나 유도하는 방식으로 지도를 해 온 셈이다. 그러나 모델-모델링의 관점은 주어진 문제의 해결에 있어 난관에 봉착한 학생을 더 이상 자력으로는 회복 불가한 상태로 보는 것이 아니라 그 학생은 현재 성공적으로 유도될 수 있는 문제해결 과정의 초기 단계에 처한 것으로 본다. 즉, 이 상황에 처한 학생은 자기중심적이며 편견을 가진 상태이며 이와 같은 현상은 초보적인 문제해결자에게 전형적으로 나타나는 현상이므로 이러한 학생이 현재 갖고 있는 문제해결에 대한 생각을 학생 스스로 성공적인 문제해결을 위한 전략이나 사고활동으로 변환, 발전시키는 능력을 강화시키기 위해서는 어떤 지도 전략이 필요한가를 고민하는 부분이 바로 교사에게 요구되는 역할이다. 레시와 자보예프스키(Lesh & Zawojewski 2007)에 의하면, 이와 같은 문제해결에 대한 모델-모델링의 관점에서는 다음과 같은 주제에 대한 연구가 필요하다고 역설하고 있다. — ✢ 어떤 문제해결 전략이 문제해결의 초기 단계에 어려움을 겪고 있는 학생이 생각한 아이디어나 실마리를 활용할 수 있게 도울 것인가? ✢ 학생이 문제해결 과정에 시도하는 불안정한 상태의 개념적 모델이나 잠정적인 해법 등의 사용에 부정적으로 영향을 미치는 것을 최소화시키기 위하여 어떤 지도를 해야 하는가? ✢ 문제해결 과정에 떠올리게 되는 여러 잠정적인 해법이나 모델을 놓고 가능성이 높은 것으로 발전시키기 위하여 이들을 서로 어떻게 변별, 중재, 통합, 선택하는 것을 지도할 것인가? ✢ 초기에 생각했던 문제에 대한 해석이나 잠정적인 해법들이 점차로 어떤 과정을 거쳐서 복잡하고 세련된 모델로 구성되는가? 등이다. —

모델-모델링 관점에서의 문제해결 연구

자보예프스키와 레시(Zawojewski & Lesh 2003)에 의하면, 문제해결의 과정을 '모델-모델링'의 관점에서 본다는 것은 문제해결에서의 필요한 지식과 전략 사용 능력의 학습 가능성에 국한한 기존의 논의 시각이 아니라, 이들 지식이나 기능의 이해와 활용 과정을 통해 개인 학습자가 발전해 가는 과정에 초점을 둘 것을 강조한다. 예를 들어, 어떤 주어진 문제의 해결에서 그림그리기 전략을 사용할 때 그 전략의 사용의 옳고 그름에 대한 논의는 별반 의미가 없으며, 그러한 전략의 사용 과정에 같이 문제해결을 하는 동료나 혹은 단독으로 문제해결을 하는 경우라도 자기 자신과 문제해결에 대하여 의사소통을 수행하는 능력을 발전시키는 과정 자체가 더 의미 있다는 것이다. 즉, 문제해결을 수행하는 소집단 내의 구성원이 서로의 생각을 표현, 검토, 수정, 보완하는 과정에 능동적으로 참여함으로써 주어진 문제의 해결과 관련하여 수학적 해석을 향상시키도록 돕게 된다는 데 의의를 가질 필요가 있다는 것이다.

그리고 문제해결을 모델-모델링의 관점에서 본다는 것은 지식의 발달은 다양한 차원에서 이루어진다는 관점이라고 할 수 있다. 과거 수학 지식의 발달에 대한 대부분의 이론(예, Piaget & Beth 1966, Vygotsky 1978, Bruner 1960)에 의하면 각각 수학 지식은 나름대로 설정한 한 가지 관점에서만 발달한다는 식으로 설명을 해왔다. 그러나 모델-모델링 관점은 주어진 문제의 해결과 관련된 여러 가지 가능성 있는 사고 전략을 놓고, 이를 변별, 통합, 수정, 정제하는 등의 일련의 모델링 과정을 거쳐서 발전하게 된다는 것이다. 이러한 지식에 대한 다면적, 통합적 발달의 관점은 문제해결 연구에 적용함에 있어서 사고 활동에 대해 새로운 시각을 요구할 뿐만 아니라 사고 발달을 연구하기 위한 새로운 방법론의 기초가 될 수 있다.

11.3 문제해결 연구 방법론

그동안 수학교육 분야에서 이루어진 문제해결에 대한 연구는 다음 세 가지 측면에 걸쳐서 연계적으로 이루어져온 셈이다. — ✣ 수학 문제해결 활동 자체에 대한 교육적 시각에서의 규명을 위한 연구로서 학생들이 보이는 수학 문제해결 활동의 속성이나 작동의 원리에 대한 연구이다. ✣ 학교수학에서의 수학 문제해결의 바람직한 교수·학습 방법에 대한 연구이다. ✣ 수학 문제해결의 수학교육 전반에의 적용과 관련된 연구이다. — 이 세 가지 측면은 서로 유기적 관련성을 갖고 있으며 이와 같은 순서로 전개해오면서 수학 문제해결에 대한 연구도 발전해온 셈이다. 여기서는 이상 세 가지 측면에서 연계적으로 이루어지는 수학 문제해결에 대한 연구 방법론에 대하여 자세히 알아보기로 한다.

우선, 수학 문제해결 연구방법론과 관련하여 레스터(Lester 1982)가 수학 문제해결 연구에 적합한 연구방법론에 대한 고찰에서 반드시 고려해야 할 다음 세 가지 사항을 제안하였는데, 이를 중심으로 수학 문제해결 연구방법론에 대하여 알아보고자 한다. — ✣ 문제해결에 대한 질적 연구방법론의 적용에 있어서 적정 적용 범주는 무엇인가? ✣ 문제해결 연구에 어떤 유형의 과제가 사용되어야 하는가? ✣ 문제해결 활동에 대한 평가는 어떻게 이루어져야 하는가? 등이다. —

질적 연구 방법론 적용의 적정 범주

인지심리학자들은 문제해결 활동이 다른 형태의 학습 활동보다 분명한 인지 구조의 습득을 요구한다고 보기 때문에 문제해결 활동이 대부분 내재적 지적 활동으로 연구에 있어 어려움이 잠재하고 있음에도 불구하고 문제해결의 인지적 과정이 체계적으로 연구되어야 하며 또한 그러한 연구가 가능하다고 생각한다. 특히, 문제해결 활동이 객관화시키기 어려운 속성을 가짐으로써 실험적이거나 정량적 자료 추출과 분석 방법의 적용을 적절치 못한 것으로 생각하고 있다. 수학교육 연구자들 사이에서도 비실험적 연구 방법과 학생의 프로토콜 분석과 같은 정성적 연구 방법론에 관심을 갖는 추세도 같은 맥락이라고 볼 수 있다.

특히, 문제해결 연구에서는 내재적이며 객관화가 어려운 문제해결 활동에 관한 자료를 추출하고 이를 분석하는 데 있어서 묘안을 구성하기 어렵다. 이러한 상황에서 그동안 가장 많이 사용해온 기법은 문제해결 활동이 종료된 후 연구자의 질문에 따른 문제해결자 자신의 문제해결 활동에 대한 회상이나, 문제해결자가 문제해결 과정에 기록으로 남긴 자료, 또는 문제해결자가 문제해결 과정에 '소리 내어 생각하기(thinking aloud)'를 녹음한 것이나 문제해결 활동을 녹화한 자료에 대한 분석의 방법이다. 특히, 문제해결자가 문제해결을 완료한 후 회상하거나 문제해결 도중에 소리 내어 생각하는 방법은 자료 수집에 있어 전적으로 문제해결자의 말에 의존할 수밖에 없다. 이 두 가지의 자료 수집 방법이 갖는 장·단점에 대하여 여러 학습심리 분야의 연구자들이 많은 의견을 제시하였다(Nisvett & Wilson 1977, Smith & Miller 1978, White 1980, Ericsson & Simon 1980). 특히, 니스벳과 윌슨(Nisvett & Wilson 1977)의 경우 문제해결자는 자신의 것이라 해도 문제해결과 같은 고등정신적 과정에 대해서 직접적인 접근이 불가능하다고 주장하며, 그 이유로는 문제해결자는 자신의 사고 과정을 말하고자 할 때 진실된 자기 성찰에 기초하여 말하지 않는 경향이 있음을 예로 들어 설명하고 있다. 즉, 당시 가지고 있었던 생각 그대로가 아니라 대답해야 할 당시의 생각에 작용했을 법한 원인 요소를 찾아 그 요소와 그럴 듯하게 어울릴 것 같은 생각으로 대체 또는 변형시켜서 답한다는 것이다. 특히, 문제해결자의 대답이 비교적 정확한 경우는 그들이 할 대답에 영향을 주었다고 생각하는 원인 요소가 그들이 당시 취했던 사고를 일으키는 것이 타당하다고 판단되는 경우이거나, 당시의 생각이 지금 생각해봐도 타당하면서 그러한 생각에 영향을 미쳤던 원인 요소가 따로 없을 때라고 한다.

니스벳과 윌슨(1977)은 문제해결자가 자신들이 갖고 있었던 생각을 부정확하게 보고하게 만드는 데 영향을 미칠만한 요소를 몇 가지로 정리하고 있다. 제일 중요한 요소는 시간 요소로 문제해결 과정에 생각의 발생 시점과 사후에 당시의 생각을 보고하는 시점 사이의 경과 시간이 길수록 당시의 생각에 대한 기억력이 떨어지는 현상 때문이다. 다음으로는 당시의 문제해결 과정에 있었던 생각을 보고할 때 문제해결 당시의 사고의 기제에 영향을 미쳤던 요인(예, 계열성 효과, 위상 효과, 대비 효과, 정착 효과)과 맥락 요인을 무시하거나 경시하는 현상 때문이다. 다음은 별다른 의미가 없는 것을 의미 있는 것으로 생각하는 경우로 영향력은 있지만 발생되지 않은 사태보다 영향력이 없으면서 발생한 사태를 보고할 때 중요도의 판단과 평가의 기준 설정의 오류이거나, 말로 표현된 행동을 말로 표현되지 않은 행동보다 판단을 하는 데 더 중요한 기준으로 여기는 경우이다. 끝으로, 작은 원인 요소가 큰 영향을 미칠 수 있음을 인식하지 못하는 경우이다.

이외에도 자신의 문제해결 과정에 대하여 사후 기억하여 구술한 자료 외에도 문제해결 당시에 사고활동과 동시에 소위 '소리 내어 생각하기' 방식으로 구술된 자료도 연구 자료로 택하는 방법론에 대하여 주의해야 할 점에 대한 지적이 여러 연구자에 의해서 제안되고 있다. 에릭슨과 사이먼(Ericsson & Simon 1980)의 연구에서도 수학교육에서의 문제해결 연구에 소리 내어 생각하기에 의한 자료를 분석하는 방법을 사용하는 것에 대해서 몇 가지 주의할 사항을 제시하고 있다. 우선, 기본적으로 문제해결 도중에 소리 내어 생각하기 방식으로 구술된 정보는 만일 그 정보를 구술하지 않았다면 그 정보에 관심을 안 가졌을 때만 문제해결자의 인지 과정에 영향을 미치는 것으로 보아야 한다는 점이다. 문제해결자에 의하여 구술된 자료를 수집하고 분석하는 방법을 받아들일 수 있는 기준과 이 자료에 대하여 문제해결에 대한 연구자의 성찰을 연구 자료로 받아들일 수 있기 위한 기준에 대해서는 충분한 합의나 연구가 이루어져 있지 않다는 점을 감안해야 한다는 것이다. 그리고 문제해결자가 구술 과정에 누락시킨 정보는 처음부터 없었던 것으로 생각해서는 곤란하다는 것이다. 끝으로, 에릭슨과 사이먼(1980)은 학습 심리학 연구에서 타당한 자료로 이용되기 위해서는 다음의 사항들이 고려되어야 함을 강조한다. — ✢ 구술 자료를 수집하기 위하여 구술 방법에 대한 설명이나 구술에 대한 요구 또는 질문 등이 인지 과정에 미치는 영향, ✢ 구술에 의해 보고된 자료의 연구 자료로서의 완성도, ✢ 다른 실험 자료와 구술 자료와의 일치성, ✢ 구술된 자료를 통한 연구 결과의 일반화 가능성과 타당성 문제, ✢ 소리 내어 생각하기를 통한 프로토콜의 기술 및 이에 대한 분석의 객관적 방법의 고안 문제 —

구술 자료를 통한 문제해결 연구

레스터(Lester 1982)는 문제해결자의 구술에 의한 자료를 통한 문제해결 연구 방법과 관련하여 다음과 같이 몇 가지 제안을 하고 있다. (1) 심리학에서 구술 보고 자료를 연구 자료로 사용해온 것은 꽤 오랜 시간 동안 이루어져 왔으며, 연구 자료로서의 정당성을 인정해야 된다. (2) 구술 보고 자료나 다른 질적 자료에 대한 연구 관심이 높아지는 것이 결코 기존의 양적 자료나 양적 분석 방법이 소홀히 취급되어져야 함을 의미하지는 않는다. (3) 구술 프로토콜의 분석 방법이 발달하기 위해서는 비록 시간이 오래 걸리고 지속적으로 이루어져야 하는 작업이지만 이는 필수적이며 따라서 계속적으로 연구되어야 한다. (4) 구술 프로토콜에 대한 질적인 분석에만 의존하는 구술 자료에 대한 유일한 접근 방법의 사용은 충실한 연구를 위해서는 지양해야 한다. (5) 구술 보고 자료를 활용하는 연구자는 구술 자료를 수집하고 분석하는 데 사용한 절차와 방법에 대하여 상세히 보고해야 한다.

문제해결 연구에 적절한 문제 유형

문제해결 연구에서 연구 목적에 따라 설계하고 필요한 자료를 얻어내기 위해서는 연구에 사용할 문제의 선택과 구성이 우선적으로 고려되어야 할 중요한 사항이다. 즉, 연구문제의 의도나 연구결과의 일반화 정도에 따라 연구에 투입할 수학 문제나 과제의 선정이나 구안은 섬세하게 이루어져야 한다. 기본적으로 문제해결 연구에 사용될 문제는 객관식과 같이 답을 선택하는 방식의 문제는 지양해야 한다. 데이비스(Davis 1966)에 의하면, 문제해결 연구에 사용할 문제는 문제의 해를 구하기 위해서 최소한 문제해결자의 직접적인 시행착오적 수행과정을 거쳐야 되는 문제이어야 된다는 것이다.

수학 문제해결 연구에서 수학교육학자와 인지심리학자들의 연구를 비교해보는 것은 수학 문제해결 연구에 도움이 될 수 있다. 일반적으로 문제해결에 대한 연구를 위해서 인지심리학자들이 과제나 문제를 선정할 때는 그들이 연구하고자 하는 문제해결 행동의 특정 측면에 대한 연구에 적합한 정도를 가장 중요한 기준으로 삼아서 과제를 선택하기 마련이다. 이는 문제해결 연구를 하는 인지심리학자들에게 과제란 단순히 인간의 문제해결 행위에 대한 연구의 답을 구하는 수단이기 때문이다. 반면에, 수학교육학자에게 수학 문제는 수학과 교육과정에 따라 실제 수학교실에서 사용될 수 있는 문제이어야 하며, 문제해결 연구가 실제 수학 교실의 여건이나 상황에 맞추어져야 하고, 연구결과가 수학교육에 미칠 수 있는 효과나 영향에 대하여 고려해야 되기 때문이다. 예를 들면, 수학과 교육과정에서 실생활을 반영한 응용문제의 해결을 다루도록 요구하고 있다면 문제해결 연구에서 부분적으로라도 실제 응용문제를 과제로 사용해야 된다. 즉, 수학교육자들의 입장에서 인지과학자들이 고안한 완전히 인위적인 과제를 사용한 문제해결 연구 결과를 그대로 도입, 적용할 수는 없다. 인지심리학자들이 인위적인 문제를 통해서 연구한 결과를 고려할 때는 이를 수학 교과에서 다루는 문제에서 유사한 연구과정을 거쳐서 확인, 검증한 후 수학교육에 적용하는 것이 중요하다(Lester 1982).

문제해결 활동의 평가 방법

학교수학에서 문제해결의 중요성이 증대하면서 학생의 문제해결을 어떻게 평가할 것인가가 주요 이슈가 되었다. 전통적으로 수학교육에서의 평가에서 사용해왔던 표준화된 문제의 해결 결과인 답의 정확성에 기초한 문제해결 능력의 평가 방법은 문제해결이 수학교육에서 갖는 취지에 적합지 않기에 이에 대한 최적의 평가 방법에 대한 연구가 많이 진행되었다. 그 결과 문제해결에 대한 다양한 평가 방법이 개발되었지만 평가의 초점은 대체로 문제의 해결과정에 맞추어져야 한다는 데 합의가 이루어져 있는 상태이다(Proudfit 1977, Romverg

& Wearne 1975, Vos 1976). 그 외에도 많은 연구자들이 문제해결 능력에 대한 평가를 위하여 활용할 수 있는 문제의 형태로는 지필 문제 유형에만 한정되지 않으며 시뮬레이션이나 프로젝트와 같은 다양한 형태의 과제를 통해 이를 해결하는 과정에 나타나는 창의력이나 발산적 사고 등의 평가를 중요시할 것을 강조하고 있다(Covington et al. 1972, Feldhusen & Houtz 1975, Torrance 1966).

문제해결 연구에서의 유의점

수학 문제해결에 대한 연구에 있어서 다음과 같은 슘웨이(Shumway 1982)의 제안을 유념할 필요가 있다. — (1) 연구자 나름대로 문제해결에 대한 정의를 내림으로써 자신의 문제해결 연구에서 논의하고자 하는 바를 정확히 파악할 수 있다. (2) 비록 문제해결이라고 언급되지는 않았더라도 다른 연구자들의 아이디어를 눈여겨 살펴볼 필요가 있다. (3) 심리학은 수학교육학과 관련이 깊으므로 심리학분야의 연구물을 참고할 필요가 있다. —

문제해결과 관련하여 이해와 기능 면에서 학생이 갖고 있는 능력에 대한 평가는 문제해결 활동을 구성하는 복잡 다양한 요소들로 인하여 쉽지 않다. 주어진 수학 문제에 대한 학생의 해결 활동은 문제의 수학적 상황에 대한 나름대로의 해석으로부터 출발한다. 일반적으로 복잡한 문제 상황은 성공적인 해결을 위해서 다단계나 다양한 종류의 해석의 활동 과정을 필요로 한다. 이 문제 상황을 해석하는 활동은 학생으로 하여금 적절한 해결 방법을 구안하는 데 직접적인 영향을 미친다. 즉, 학생이 주어진 문제의 상황에 대한 해석을 하고 있다는 것 자체가 문제해결의 방향과 방법에 대하여 선택이나 구상 활동을 초래하는 것이고, 이때 잠정적으로 채택된 해결책은 학생이 주어진 문제의 해결책 구상을 위하여 설정하게 되는 관련 개념들의 구조에 의해서뿐만 아니라, 현재 주어진 문제가 해석되고 있는 상황이 갖고 있는 구조와도 밀접히 연계되어 형성된다. 그러므로 연구자가 문제해결 활동을 제대로 평가하기 위하여 주목해야 할 것은 문제해결과 관련하여 문제해결자가 소지한 지식이나 기능을 구조화하는 활동과 그것을 문제의 구조와 관련지어 상호작용하는 능력이다(Lesh & Zawojewski 2007). 이러한 관찰을 통하여 수집한 자료는 학생의 문제해결 활동과 관련된 사고 과정을 나타내는 것으로 문제해결 활동 평가 시 해당 문제해결자가 생성한 증거 자료로 활용된다.

11.4 문제해결 연구 전망

21세기에 들어와 수학적 문제해결에 대한 연구는 문제해결이란 제한된 주제 안에서 이루어지기보다는 수학교육 분야의 다양한 주제와 통합되거나 융합되어 이루어지는 경향을 보인다. 이와 같은 현상은 20세기 후반의 수학교육에서는 문제해결의 주제가 수학교육의 실천이나 연구에 있어서 특유의 성격을 갖고 있는 것으로 다루어졌지만 이제는 수학교육의 실천이나 연구의 여러 측면과 잘 어울릴 수 있거나 어울리게 해야만 되는 종합적 성격을 가진 주제로 여기고 있음을 의미하기도 한다. 그러나 이와 같은 문제해결 연구 경향에 대하여 레스터(Lester 1994)와 레스터와 켈러(Lester & Kehle 2003)는 문제해결에 대한 수학교육적 관심과 연구 열의가 감소하고 있는 것으로 해석하고 있다. 즉, 이들 연구자는 특히 20세기 말에 NCTM(1989, 1991, 1995, 2000)에서 다양한 수학 교육과정의 표준(Standards)을 제시하면서 문제해결과 더불어 학교수학을 위해 중요한 세 가지 과정의 표준들(연결성, 의사소통, 추론)을 추가함으로써 문제해결 연구에 대한 집중의 정도가 분산되어 연구의 양이나 질적 측면에서 감소하게 될지도 모른다는 예측을 하였다. 이 외에도 문제해결 연구에 대한 관심을 저하시키는 또 다른 요인으로서 레스터(Lester 1994)는 소위 구성주의(Constructivism)적 연구 입장의 수학교육 연구에 있어서의 확산 현상을 거론하고 있다. 즉, 20세기 후반 구성주의가 수학교육 연구를 이끄는 지배적인 이데올로기로서 문제해결의 이슈를 대체하고 있다는 해석이다. 그는 많은 연구자들이 문제해결과 구성주의의 두 용어가 의미하는 바를 호환적으로 사용하고 있음을 지적하고 있으며, 그러한 입장에서 이루어지는 문제해결 연구의 타당성에 의문을 제기하고 있다.

수학 문제해결 연구의 방법

레스터와 켈러(Lester & Kehle 2003)는 수학 문제해결에 대한 연구가 진전됨에 따라 수학 문제해결에 대한 연구자들의 생각이 이전보다 더 복잡해졌다고 말한다. 이는 학습자에게 있어서의 수학적 개념이나 문제해결의 학습은 전통적인 학습 이론들이 가정했던 것보다 상당히 상호의존적이고, 사회적인 맥락으로 구성되며, 학습 내용의 특성과도 관련이 깊은 면을 두고 하는 말이다. 뿐만 아니라, 문제해결 학습은 복잡한 문제해결 양상과 관련된 학습자의 개인적 신념, 감정, 기질, 가치관 등에 대한 고려 없이는 충실한 연구가 되기 어렵다. 문제해결 학습은 더 이상 여타의 수학 학습 활동과 격리시켜 연구될 수 없으며, 과거의 단순한 연구 방식과는 다르게 복잡한 현상을 분석, 해석할 수 있는 연구방법이 고안될 필요가 있다. 즉, 수학 교과서나 교실과 같은 인위적으로 제한된 상황에서 벗어나 자연스럽고 실제적인 문제해결 상황이 포함하는 복잡성과 일반성을 염두에 둔 문제해결의 정의에 근거하여 최적화시킨 연구방법의 적용이 필요하다.

수학 문제해결 활동의 본질과 개인 학습자에 있어서 문제해결 능력의 발달에 대한 연구는 전통적으로 수행해왔던 연구 방식인 문제해결 숙련자의 전형적인 문제해결 활동을 묘사, 분석하는 것에서 나아가 그들이 주어진 문제적 상황을 어떻게 인식하고 국면에 따라 인식의 방식이 어떻게 변화하는지를 밝혀내기 위한 쪽으로 전환이 필요하다. 즉, 문제해결 숙련자는 주어진 문제적 상황에 대한 인식의 방식을 어떻게 변환시켜가면서 문제의 해에 최종 도달하게 되는지에 초점을 맞출 필요가 있다(Zawojewski & Lesh 2003). 실제로 문제해결을 할 때, 대부분의 학생은 주어진 문제적 상황을 수학화하거나, 그들이 편하게 느끼는 형태로 표현을 하거나, 수량화하거나, 조직화해서 각자가 해를 구하는 데 편리하게 느끼거나 선호하는 형태로 변환시키는 것을 볼 수 있다. 과거 문제해결 숙련자의 조건은 주어진 문제의 해결과 관련하여 필요한 내용적 지식에 대해서는 이미 학습을 통해 숙지하고 있으며, 그 위에 다양한 문제해결의 전략도 익혀서 활용할 준비가 되어 있어야 했다. 그러한 준비 상태에서 문제가 주어지면 이미 알고 있는 수학 내용 중에 필요한 것을 적절하게 선택하고 여기에 문제의 특성에 적합한 해결 전략을 선정, 결합하여 수학적 처리 과정을 거치면 해에 도달하게 된다는 단순화된 가정하에서 문제해결에 대한 연구가 이루어졌다. 그러나 제대로 된 문제해결의 연구를 위해서는 실제로 문제해결 과정에서 이루어지는 문제해결자의 인지, 정의적 기능이 서로 어떻게 관련되어 수행되는지를 밝혀서 자연스럽고 실제적인 문제해결 활동 과정에 충실한 연구가 필요하다.

실제로 복잡한 수학 문제적 상황에서 이루어지는 문제해결 활동에 대한 요즘의 연구에서는 학습자가 문제해결 과정에서 문제 자체나 문제에 주어진 정보 등을 “볼 줄 아는” 능력은 직접적인 문제해결 활동인 “할 줄 아는” 능력만큼 중요하다고 강조한다(Lesh & Doerr 2003b). 따라서 수학 문제해결의 교수·학습에 대한 연구는 숙련자가 문제해결 행위를 어떻게 수행하는지를 추출하여 이를 그대로 초보자에게 전수시키고자 하는 방식의 전통적인 문제해결 지도의 개념을 수정할 필요가 있다. 즉, 수학 문제해결을 단순한 학습 대상으로 보는 협의의 관점에서 이제는 학습해야 할 수학적 대상의 큰 범주들과 유기적 관련이 있는 것으로 보는 쪽으로 문제해결에 대한 관점이 변화하고 있다. 이쯤에서 학습자가 문제해결에 대하여 알아야 할 것이 기존의 문제해결 지도에서 강조해오던 수학적 규칙이나 전략 또는 신념은 물론이거니와 그 이상의 것이라고 하는 다크(Dark 2003)의 주장을 고려해볼 필요가 있다.

문제해결 연구와 상황 인지

문제해결 연구에서 '상황 인지'라는 개념의 설정은 실제 상황 안에서 이루어지는 수학 학습이나 문제해결 활동에 대한 논의를 위함이다. 상황 인지와 관련된 문제해결 연구는 일상적인 과제에서부터 정교화된 수학의 사용을 요구하는 높은 수준의 문제해결 수행까지 다양하다. 실제 문제 상황의 해결과 학교수학에서의 문제의 해결 사이에는 상호 보완적인 유기적 관계를 형성하고 있다. 즉, 물건의 판매나 구입과 같은 일상적인 상황에서 중요한 수학적 사고나 개념이 생성될 수 있고, 역으로 학교 수학에서 학습한 개념이나 사고는 실제의 문제 상황에 대처하는 데 활용될 수 있다. 그 동안 상황 인지 개념에 근접하여 이루어진 연구에서 갖고 있는 기본적인 생각은 학교수학이란 지엽적 수학의 맥락에서 학습된 문제해결 능력은 실제에서의 광범위한 문제 상황에 적용이나 활용이 가능한 수학적 개념이나 문제해결 도구로서 발전시킬 수 있다고 가정해왔다.

수학 문제해결의 정의적 측면 연구

그동안 수학 학습이나 문제해결에 대한 연구는 전통적으로 인지적 측면에 집중되었으며, 정의적 요소나 인지·정의적 요소 간의 상호 관계나 작용에 대해서는 상대적으로 관심을 덜 갖고 있었던 셈이다. 이러한 연구 경향에 대하여 드벨리스와 골딘(DeBellis & Goldin 2006)은 두 가지 중요한 이유를 들어 설명하고 있다. 우선, 전통적으로 수학에서의 이해는 인문과학이나 예술 분야와 다르게 정의적 요소와 유리된 채로 합리적 사고만으로 가능하다고 여겨왔기 때문이다. 때로는 학습동기를 자극하기 위하여 다양한 정의적 요소를 포함시켜 수학 학습 지도를 꾀하려는 연구 노력도 있었지만, 결국 수학 학습 지도의 본질은 인지적 측면에 귀결된다는 확신을 견지해왔던 것이다. 또 다른 이유로는 수학 학습에 정의적 요소가 의미 있게 작용한다는 인식의 증가와 함께 이에 대하여 시도된 기존의 연구들에 있어서 신뢰할 만한 실증적 연구를 설계하고 이를 수행하는 데는 여전히 극복하기 어려운 방법론적 한계성이 확인되고 있었음을 이유로 들어 설명하고 있다.

하지만 수학교육 연구자들은 정의적 영역에 대하여 연구 관심을 지속적으로 증가시켜오고 있다. 즉, 전통적으로 편협한 인지주의적 연구 경향에 회의적인 반응을 보이는 연구자들을 중심으로 인지적, 정서적, 동기적 요소를 종합적으로 다루는 데 기반이 될 수 있는 이론(McLeod & Adams 1989, Dai & Stemberg 2004)을 생성해오고 있다. 그리고 학생 개인의 수학적 문제해결 상황에서의 정의적 요인에 대한 이론을 바탕으로 정의적, 메타정의적 측면에 대한 연구(DeBellis 1996, 1998; DeBellis & Goldin 1997, 1999; Goldin 2000, 2002; SchÖglmann 2006)와 함께, 문제해결 활동 중에 일어나는 정의적 요소와 인지적 요소 사이의 상호작용에 대한 이해를 개선할 수 있는 연구로 발전시켜오고 있다(DeBellis & Goldin 2006; Malmivuori 2001, 2006).

수학 문제해결 활동의 정의적 영역에 대한 연구

수학 문제해결 연구에서의 정의적 영역이라 함은 학생의 문제해결 활동과 관련하여 나타나게 되는 정서적 감정 상태의 변화나 학생의 내부에 잠재하는 무의식적 감정 또는 전(前)의식적 감정 외에 의식적으로 인지하게 되는 감정 등을 포함한다(Damasio 1994). 이러한 문제해결의 정의적 영역에 대한 연구는 개별 학생의 자기-인식의 특징이나 결과의 관점에서 정의적인 학습 활동을 다루는 학습동기화에 대한 자아-개념 이론과 관련되어 있다(Bills 1976, Wylie 1974). 실제로, 학습동기화에 대한 최근의 많은 연구들은 일반적인 교과 교육에서는 물론 수학교육 연구에서도 학습동기화뿐만 아니라 정의를 자아개념, 자기존중감, 자기신뢰 또는 자기효능감과 같은 요소와 밀접하게 연결시켜 구조화하고 있는 추세이다. 이러한 접근은 학생들의 개인적 학습 과정에서의 정의와 인지 사이에 핵심적인 상호작용으로서뿐만 아니라 정의적 영역에 대한 이론적이고 설명적인 이해의 중심 기반이 되어주고 있다.

인지심리학자인 피아제(Piaget 1981)도 정의적 영역은 학습자 개인 지식의 구조화를 활성화시켜주는 맥락을 형성시키며, 인간의 정신 활동 과정에서 본질적인 부분을 차지한다고 보았다. 피아제(1981)는 이것을 '정의 스키마'라 지칭하면서 개인화된 지식이 구성되는 과정에 작동하는 감정이나 반응에 대한 연구에 비교적 안정된 모델을 제공할 수 있는 것으로 보았다. 한편, 마틱과 브리그스(Martic & Briggs 1980)의 연구에서는 정의적 영역을 감정적 요소와 인지적 요소를 포함하고 있는 행위의 또 다른 범주로 보고 있다. 그리고 교육심리 분야의 연구에서는 학생의 인지적인 면에서나 행동적인 면에서 보이는 정의적 특성에 대한 연구와 같이 인지적 요소와 정의적 요소를 연결, 통합시키려는 시도가 증가하고 있다.

수학 문제해결 연구로부터 얻어진 순수인지외적 요소의 중요성에 대한 인식은 수학 문제해결 활동 과정에 작용하는 학생들의 메타인지, 신념, 의지, 인내, 신뢰, 동기 등의 측면에서 중요한 연구 주제를 양산해오고 있다(Garofalo & Lester 1985, Lester 1980, Lester et al. 1989, McLeod 1988, Schoenfeld 1985, Silver 1987, Silver & Thomson 1984).

이와 같이 수학교육 분야에서의 정의적 영역에 대한 연구는 최근까지의 경향이나 앞으로의 연구 방향에 있어서도 수학 학습과 관련하여 신념이나 신념체계, 가치, 속성, 스키마, 메타인지, 메타정의 등과 같이 정의적 특성을 인지적 개념이나 구조와 연결시켜 통합적 방식으로 연구가 이어질 것으로 전망할 수 있다.

정의적 측면 연구의 모호성

말미부오리(Malmivuori 2001)에 의하면, 인간의 정의적 특성에 대한 모순적이거나 모호한 개념에 대한 원인은 다음 세 가지 면에서 설명된다. 첫째, 그동안 교육 분야의 연구에서는 정의적 변인에 대해서 별다른 관심을 기울이지 않아서 자세하거나 심화된 연구가 제대로 이루어지지 않았다(Bills 1976, Gable 1986. Nucci & Lee 1992, Oatley & Nundy 1996). 둘째, 인간의 정의적 현상의 복잡성과 본성의 다양성(Gebhart & Ingle 1976, Goldin 1993, McLeod 1992)에 기인한다. 셋째, 그동안 인간 본성과 행동에 대한 다양한 관점 — 행동주의, 정신분석, 생물학적, 인지적, 사회-인지적 관점 등 — 에서 나름대로의 연구가 이루어지면서 각 이론이 그 출발점이나 생성 패러다임 면에서 다양하기 때문이다.

11.5 문제해결 연구의 교육적 시사점

수학교육에서의 문제해결에 대한 연구자나 일반 수학교육 분야의 연구자들은 학습자의 수학적 사고, 이해, 추론, 문제해결 등의 능력을 발전시키기 위해서 연구와 교육적 실천에 관심과 노력을 집중한다. 이러한 연구자들(Lester 1994, Schoenfeld 1992, Silver 1985)의 대부분이 문제해결을 통한 수학 교수·학습에 대한 이론적 고찰과 경험적 분석을 바탕으로 문제해결식 수학 교수·학습 방법이 갖는 효과성에 상당한 신뢰감을 표하고 있다. 이론적으로, 문제해결의 학습 환경은 학생들로 하여금 소집단별 또는 학급 전체를 대상으로 다양한 해법을 제시하고, 해당 문제해결 활동이 포함하는 의미를 조율, 공유, 이해할 수 있는 자연스러운 환경을 제공하여 사회적 상호 작용을 통해 발전적인 학습을 유도코자 하는 것이다. 따라서 학생은 문제해결 활동을 통하여 자신의 생각을 명확히 할 수 있을 뿐 아니라, 자신과 다른 다양한 수학적 관점을 경험하게 된다. 그동안의 문제해결에 기반한 수학교실에서 이루어진 많은 연구들(Lester 1994, Hiebert et al. 1997, Stein et al. 1999)은 이와 같은 문제해결을 통한 수학 교수·학습의 가능성과 효과성을 확인시켜준다.

수학 학습부진 학생의 문제해결 교수·학습 가능성

문제해결을 통한 수학 교수·학습은 수학 문제로부터 시작되며 학습자는 문제적 상황에 대한 능동적인 탐구 과정을 통해 문제에 포함되어 있는 수학적 개념이나 기능의 핵심 내용을 충실히 이해하고 습득하게 된다. 이에 대한 많은 연구에 의하면 이와 같은 문제해결 기반 수학 교수·학습에서 필요로 하는 문제는 개방적이고 다양한 해결 과정과 해가 만들어질 수 있는 문제여야 됨을 강조한다. 이와 같은 문제에 기반한 문제해결식 수학 교수·학습에서 자연히 문제는 학생의 학습 호기심을 자극해 줄 뿐만 아니라 수학적 탐구심을 유도하게 된다. 학생은 주어진 문제 상황 안에서 교사의 안내에 따라 수학적 탐구 활동을 능동적으로 전개하고 자신만의 해결 방법을 찾아내기 위하여 적극적인 노력을 기울일 수 있게 지도되어야 한다. 학생들의 수학적 사고 활동에 대한 연구를 해온 연구자들(Carpenter et al. 1998, Kamii & Housman 1989, Maher & Martino 1996, Resnick 1989)에 의하면 이러한 문제 기반의 수학 학습을 통해서 어린 학생이나 학습 부진을 보이는 학생도 수학 문제 상황에 대하여 나름대로의 방법으로 탐구하고 해결 방안을 구성할 수 있다고 보고하고 있다.

학생 특유의 문제해결 전략 존중

카펜터 외(Carpenter et al. 1998)의 연구에 의하면, 많은 초등학교 저학년 학생이 38+26을 해결하는 데도 다양한 전략을 사용하고 있는 것으로 나타났다. 약 65%의 초등학생이 표준화된 알고리즘을 배우기 이전에 자신만의 전략을 고안하여 사용하고 있다고 한다. 또한, 이 연구에서 표준화된 알고리즘을 학습하기 이전에 자신만의 전략을 개발하여 사용한 학생이 십진수의 개념에 대하여 더 잘 이해하고 있고, 표준화된 알고리즘을 이미 배운 학생보다도 새로운 상황에 십진수의 개념을 적용하는 데 상대적으로 더 높은 성공률을 보인다고 보고하고 있다.

수학 문제해결에 초보적인 중학생도 나름대로의 해결 전략을 구성할 수 있다는 연구 결과를 내놓고 있다(Ben-Chaim et al. 1998, Cai 1995). 일단 주어진 문제를 자신의 문제로 받아들이게 되면 많은 학생이 자신만의 전략을 고안해 문제의 해결을 시도할 뿐 아니라, 전략을 고안해내는 활동이 다시 그들 자신의 수학적 이해나 다른 문제의 해결을 향상시킬 수 있게 만들어 준다. 일반적으로 문제해결 기반의 수학 교실에서 학생은 특정 전략을 학습하기 전에 주어진 문제의 해결을 위하여 여러 가능성 있는 전략에 대해 논의하고 시도해보는 활동을 거치게 된다(Carpenter et al. 1998, Cobb et al. 1991). 그 과정에 카미(Kamii 1989)의 주장처럼 초등학생이나 수학 학습부진을 보이는 학생도 주어진 문제에 대한 그들 자신의 직관과 본능적 사고 활동에서 출발한 나름대로의 전략을 시도할 수 있다는 것이다.

문제해결 교수·학습에 문제의 중요성

문제해결을 통해 수학을 배울 때 대체로 학습자는 능동적으로 지식을 구성하고 자신만의 방식으로 수학적 활동을 전개한다(Van de Walle & John 2001). 이와 같은 구성주의적 문제해결 학습 방식에 적절한 문제는 학습자로 하여금 그들이 알고 있는 지식을 강화, 확장시키며 발전적인 학습을 자극할 수 있어야 한다. 문제해결을 가르치는 교사의 역할 중 중요한 것은 이와 같은 학습 기능적 가치를 포함하고 있는 문제를 선택, 개발하는 것이다. 문제해결 학습의 중요한 매체인 문제는 특정 수학 내용의 측면에 주의를 집중하게 할 뿐 아니라 해결 과정의 정보처리 활동에도 영향을 미친다(Doyle 1988). 따라서 문제해결 교수·학습에 적절한 문제는 수학적인 탐구와 추측을 유도하는 맥락을 포함하면서도 학습자의 흥미와 의욕을 자극할 수 있어야 한다(NCTM 2000, p.19). 즉, 문제해결 기반의 수학 학습 지도에 적합한 문제는 목표하는 수학적 내용 요소는 물론, 학생의 수학 학습 발전을 위한 인지·정의적 맥락을 포함하는 특성을 갖추고 있어야 한다.

앞서 논의한 기능적 가치를 갖는 문제를 해결하는 활동에 학생을 참여시키는 것에 못지않게 학생의 참여 방식 또한 중요하다. 즉, 문제해결 기반의 수학 교실에서 학생과 교사를 구성원으로 갖는 소사회에서 이루어지는 교실 담화 방식이 갖는 기능적 특성은 중요한 부분이 된다. 문제해결을 통한 수학 교수·학습 과정에서는 학생이 자신의 아이디어를 표현하고 설명하는 데 많은 다양한 경험을 해야 할 뿐만 아니라 제시된 질문에 논리적으로 대응하고 그에 따른 자신의 학습을 구성하는 기회를 갖는 것이 중요하다. 이와 유사한 의미에서, 헤이베르트와 웨어른(Heibert & Wearne 1993)의 연구에 의하면 일반적인 수학 교실과 비교했을 때 문제해결 기반의 수학 교실에서는 더 적은 수의 문제를 사용하면서도 더 많은 시간을 필요로 한다. 그러면서도 문제해결 교실에서 상대적으로 더 많은 개념적이고 근원적인 질문을 주고받으며, 단순 상기를 필요로 하는 질문은 적게 사용하는 것으로 나타났다.

문제해결을 통한 교수 활동에서 수학적 과정을 안내하는 역할은 매우 복잡하다. 즉, 문제에 대한 토론을 위해 적절한 시간의 투자와 더불어 교사는 강조해야 할 과제의 측면, 학생의 활동을 조직하고 조화롭게 유도하는 방법, 수준이 다양한 학생 각각의 도전감을 자극할 수 있는 질문, 학생들의 사고 과정을 도울 수 있는 방법을 결정해야 한다(NCTM 2000). 교사는 학생의 수학적 탐구 활동을 충분히 지원해야 하지만 그들의 사고 과정을 강제하거나 조정해서는 안 된다. 교사는 학생이 각자의 역할을 어떻게 수행하게 만들 것인지에 대한 구체적인 계획이 필요할 뿐 아니라, 문제해결을 통한 교수·학습에 포함시킬 내용의 선정, 그러기 위해서 적절한 수학 문제의 선택, 그리고 교실에서의 담화가 학생의 문제해결 활동을 어떻게 안내할 수 있게 할지 등에 대한 결정을 해야 한다.

문제해결에 있어서의 학생의 신념

문제해결과 관련하여 학생들이 보이는 신념 중에 대표적인 것이 수학 문제는 단 하나의 해답을 갖는다는 것이다. 린드퀴스트(Lindquist 1989)의 연구에 의하면, 미국학생의 50% 정도가 수학을 거의 암기 방식으로 학습하고, 20% 정도는 수학 문제를 여러 가지 방식으로 풀 수 있다는 말에 수긍하지 않는다. 문제해결에 대한 학생이 가질 수 있는 신념으로는 문제를 해결하는 방법에만 국한되지 않고, 교사가 문제를 제시하면 그 문제의 타당성, 즉 문제가 성립하는가에 대해서는 전혀 의심의 여지없이 분명한 신뢰를 갖고 있는 것으로 나타났다. 예를 들어, 버셔펠과 코르테(Verschaffel & Corte 1997)의 연구에서 "26마리의 양과 10마리의 염소가 배에 있습니다. 선장은 몇 살일까요?"라는 문제를 제시했을 때 벨기에의 유치원과 1학년 학생의 10%는 덧셈으로 선장의 나이를 구했고, 3학년과 4학년은 60%, 5학년은 45%가 같은 방식으로 문제의 답을 구하였다고 한다. 버셔펠과 코르테(1997)가 제시한 문제와 유사한 문제를 중국의 4학년 학생의 90%, 7학년과 8학년 학생의 82%, 12학년 학생의 34%가 성립되지 않는 문제의 특성은 도외시하고 단순히 문제에 주어진 숫자의 결합만으로 문제를 해결하였다고 리 외(Lee et al. 1997)는 유사한 현상을 보고하고 있다. 학생은 교사가 제시하는 문제는 항상 정답이 있는 것으로, 즉 최소한 문제로서 성립한다는 데에 확신을 갖고 있다는 것으로 레스터 외(Lester et al. 1989)의 연구에서도 이와 유사한 결과가 보고되었다.

또한, 문제해결에 관한 학생의 신념은 그들이 대안적인 전략을 사용하여 문제를 해결할 때 쉽게 드러남을 알 수 있다. 예를 들어, 실버 외(Silver et al. 1995)의 연구에 따르면 일본과 미국의 4학년 학생들이 특정한 방법으로 배열된 구슬의 총 개수를 다양한 방법으로 구하도록 요구했다. 몇 학생은 대안적인 전략을 사용함에 따라 다른 답을 얻었는데 놀랍게도 그들은 답의 차이에 상관하지 않는 듯했다고 보고하고 있다.

많은 연구에서(Carpenter et al. 1998, Cobb et al. 1991, Verschaffel & Corte 1997) 문제해결 기반의 수학 교수·학습을 통해 학생의 수학이나 문제해결에 관한 그릇된 신념을 변화시킬 수 있다고 제안한다. 예를 들어, 코브 외(Cobb et al. 1991)는 연구에서 문제 중심 프로젝트 집단의 학생들이 수학 이해의 중요성에 대해 일반적인 수업 집단 학생에 비해 보다 긍정적인 신념을 갖고 있다고 보고하고 있다. 즉, 문제해결을 통한 수학 교수·학습은 학생이 수학이나 수학 학습에 대하여 부정적인 확신을 갖기 전에 수학 문제해결에 대한 긍정적인 확신을 형성시켜주는 학습 환경을 제공해줄 가능성이 높다고 생각한다.

문제해결 관련 학생의 신념

톰프슨(Thompson 1992)의 연구에 의하면, 수학에 관해 다른 신념을 가지고 있는 교사는 학생을 가르칠 때도 서로 다른 방식을 사용하는 것으로 나타난다. 그렇다면 문제해결에 대한 학생이 갖는 신념은 문제해결을 통한 수학 학습에서 어떻게 작용할 것인가? 예를 들어, 수학 문제는 한 가지 방법으로만 해결될 수 있다고 믿는 학생은 수학 학습의 방법은 대부분 암기 방식이라고 확신할 수 있다는 것이다(Lester et al. 1989, Schoenfeld 1992).

문제해결 학습에 있어서 기초 기능

문제해결 기반 수학 학습은 일반적으로 주어진 문제 상황을 분석하여 해를 찾는 데 필요한 해법이나 해결 전략을 탐색하고, 이를 적용하는 과정으로 이루어진다. 이와 같이 문제해결 활동을 통한 수학 교수·학습 방식이 갖는 목적은 절차적인 지식의 숙달은 물론이지만 심화된 수학의 개념적, 원리적 이해에도 무게를 둔다고 할 수 있다. 따라서 학생은 알고리즘과 같은 기본 수학적 기능을 습득할 수 있을 뿐만 아니라 문제의 해법 탐구를 위한 고등 사고 능력을 키울 수 있게 된다. 하지만 문제해결 이슈 이전의 수학 교수·학습의 경우와 비교하여 문제해결식의 수학 교수·학습에서 기본적인 수학적 기능 습득의 효율성이 상대적으로 저하될지 모른다는 우려가 있다. 그러나 이에 대한 많은 연구들(Carpenter et al. 1998, Cobb et al. 1991, Fuson et al. 2000, Hiebert & Wearne 1993, Ridgeway et al. 2002,

Romberg & Shafer 2002)에 의하면, 문제해결 기반의 수학 학습을 경험한 학생이 일상적인 비교 집단의 학생에 비해 일반적으로 수학의 이해와 문제해결 면에서 높은 수준의 능력을 보이고, 기본적인 수학적 기능면에서는 대등하게 소지하고 있는 것으로 보여준다. 한편, 퍼슨 외(Fuson et al. 2000)의 연구에 의하면, 문제해결 기반의 수학 교수·학습 과정을 경험한 학생이 계산 기능 면에서 기존의 일반적인 수학 교육과정을 경험한 학생보다 더 나은 결과가 나타남을 보여준다.

12 문제해결 교사교육

수학교육에서 문제해결이 갖는 교수학적 의의는 수학교과 내용의 학습과 지도 양면에 있어서 문제해결 기반의 방식이 일반적 수학 학습 지도 방식에서 얻지 못하는 충실성과 기능성을 가져다준다는 데서 찾아볼 수 있다. 문제해결에 기반하여 수학 학습 지도를 한다는 것은 학습자의 능동적이고 탐구적인 수학적 사고 활동을 숙련시키고자 함을 의미한다. 교사가 의도하는 학습 지도 목적과 방식에 따라 구성된 수학적 문제 상황에서의 능동적 해결 활동을 통하여 학습자는 수학 내용에 대한 의미충실한 학습은 물론이거니와 합리적인 수학적 사고의 단련을 받게 되는 것이고, 이를 통하여 생활 장면에서 부딪히게 되는 수학적 문제의 실제 상황을 해결할 수 있는 능력을 습득하게 되는 것으로 이는 결국 수학교육의 핵심적 목표에 근접함을 의미한다. 이와 같은 의미를 갖는 문제해결 교육이 학교수학에서 제대로 실행되기 위해서는 우선적으로 교사의 전문적인 수학 문제해결 수업 능력을 필요로 한다.

톰프슨(Thompson 1988)은 수학 문제해결 교사교육 관련 연구에서 수학 문제해결 교사로서 필요한 능력의 전수도 중요하지만, 보다 중요하면서도 어려운 부분이 다음과 같은 수학 문제해결 측면에 대한 인식에서 교사가 갖고 있는 신념을 올바르고 긍정적인 방향으로 정착시키는 것이라고 강조한다. — ✢ 수학 문제해결 교육에서 필요한 문제의 구성, ✢ 수학 문제해결의 본질에 대한 시각, ✢ 문제해결에 임하는 태도, ✢ 문제해결이 수학적 활동 측면에 갖는 의미 등이다. — 이것은 중등이나 초등의 교사 모두에게 해당되는 것으로, 중등교사는 초등교사보다 수학 내용 자체에 대한 지식량은 상대적으로 많은 반면 문제해결과 같은 수학교육에서의 변화 도입에 일반적으로 거부감을 갖거나 소극적이다(Thompson 1988). 한편, 초등교사는 대체로 새로운 기법에 열의를 갖고 반응하는 경향이 있지만, 중등교사와 비교하여 상대적으로 부족한 수학 배경이나 특히 문제해결을 다루는 데 있어서 어려움을 느끼는 점이 수학 문제해결 학습 지도 수행에 장애물이 된다.

수학 교사는 특히 문제해결 학습 지도를 성공적으로 이루어내기 위해서는 이러한 장애 요인을 스스로 제거할 수 있어야 된다. 그러기 위해서 수학 문제해결 학습 지도에 있어서 필요한 능력과 자신감을 늘려야 할 것이며, 수학 문제해결 자체나 이에 대한 교육의 측면에 대하여 잘못된 지식, 신념, 태도 등을 해소하고 옳은 방향으로 수정, 보완해야 된다.

본장에서는 '수학 문제해결 교사교육'이란 주제하에 '문제해결 교사교육의 방향', '문제해결 교사교육 프로그램', '문제해결 수업의 전문성 신장'에 대하여 알아보기로 한다.

12.1 문제해결 교사교육의 방향

수학 문제해결 교사를 위한 교사교육 프로그램의 방향이나 목표는 수학교실에서 보다 효과적인 문제해결 학습 지도를 위한 필수 요소를 익힐 수 있는 활동이나 체험을 할 수 있게 만드는 것이다. 20세기 후반 문제해결에 대한 이슈 등장 이후 수학 문제해결 교육에 관심을 갖는 대부분의 교사는 당시 문제해결을 도입, 강조하는 방향으로 만들어진 교육과정상의 지침을 수동적으로 받아들이는 방식으로 문제해결의 교육적 실천에 단순하게 대처해온 셈이다. 그러나 요즘은 교사가 수학 문제해결의 교육적 가치에 대한 능동적 인식과 함께 적극적으로 수학교육 현장에 문제해결 적용의 효과성을 확신하며 실천에 옮기려는 변화를 보이고 있다. 이러한 시점에서 필요한 것은 수학 문제해결의 학습 지도를 보다 체계적이며 효과적으로 수행케 하기 위한 방법론에 대한 교사교육이 제대로 이루어져야 하는 것이다.

문제해결을 지도하기 위해서 교사는 교사 입장에서의 문제해결에 대한 학습이 필요한데 그 이전에 문제해결자로서 일정 수준 이상의 능력을 갖추어야만 된다. 그렇다면, 수학 문제해결 학습 지도에 있어 유능한 교사가 되기 위해 교사 자신은 어느 정도 수준의 문제해결자가 되어야만 할 것인가? 교사 자신이 문제해결자로서 갖고 있는 능력에 비례하여 문제해결을 가르치는 행위도 발전함은 당연하다. 일반적으로 교사가 무언가를 잘 가르치기 위한 가장 좋은 방법은 그것을 교사 자신이 잘 배우는 것으로 이는 문제해결 교사교육에서도 동일하게 적용할 수 있는 원리가 된다.

수학 문제해결 교사교육 목표

셜먼(Shulman 1985)은 문제해결 교사교육 프로그램을 구성하는 핵심은 결국 수학 문제해결 교사가 알고 있어야 할 것과 할 수 있어야 할 것 두 가지가 요체임을 강조하고 있다. 담당 교사가 특정 교과의 특정 내용 지도를 위하여 알아야 할 것과 할 수 있어야 할 것을 추출하는 것은 교과나 내용 불문하고 쉬운 일은 아니지만, 특히 수학 문제해결에 있어서는 내용 구조 자체의 복잡성과 높은 수준의 이해력을 요구함으로써 어려움이 더욱 크다고 할 수 있다. 따라서 수학 문제해결 교육을 위한 교사교육 프로그램의 구성도 섬세하게 이루어져야 하는데, 이러한 프로그램 구성의 한 예로 찰스(Charles 1988)가 문제해결 교사교육 프로그램에 대한 연구에서 제안한 예를 들어보기로 한다. 문제해결 교사교육 프로그램 구성에 있어서 찰스(1988)는 유능한 문제해결 지도 교사가 되기 위해서는 기본적으로 다음과 같은 능력이 필요함을 주장하고 있다. — ✢ 교사 자신의 유능한 문제해결 능력, ✢ 문제해결과 학교 교육과정에 대한 이해, ✢ 문제해결 지도를 위한 효과적인 자료의 선택, 제작, 평가 능력, ✢ 학생의 문제해결 활동의 원활한 유도를 위한 방안, ✢ 다양한 형태의 수업 운영을 위한 방안, ✢ 학생의 문제해결 수행 상황에 대한 정밀한 평가를 위한 방안 등이다. —

문제해결 교사교육 프로그램의 구체적 목표

문제해결 교사교육 프로그램의 구체적 목표에 대하여 찰스(Charles 1988)는 다음의 사항을 제안하고 있다. — (1) 학생에게 제시할 문제를 교사가 충분히 해결할 수 있어야 한다. (2) 문제해결 지도와 관련하여 내용 지식("문제"의 의미, "문제해결"의 의미, 문제해결의 중요성, 문제해결의 성공 요인, 문제해결 관련 사고과정), 교육과정 지식(학년별 문제 유형과 문제해결 수준, 학년별 문제해결 전략 유형, 수학 교육과정에 문제해결 융합 방법, 수학 교육과정에서 문제해결의 역할), 교육과정 시행 능력(학생 수에 따라 적용할 문제해결 경험 방식 선정 또는 구안, 문제해결 교육 자료나 결과의 평가) 등을 갖추어야 한다. (3) 문제해결 교육 관련 교육학적 지식(문제해결 교실에서 필요한 교사의 다양한 역할, 문제해결 유도에 필요한 지도 활동, 문제해결 수업 운영 방법, 학습자의 성과, 태도, 신념에 대한 평가기법, 문제해결 교실 분위기 개선 요인 파악 능력)과 교육학적 수행 능력(교실 상황에서 지도 능력, 문제해결 유도를 위한 조언, 안내, 질문 사용 능력, 교실 상황의 관리 능력, 성과, 태도, 신념 등에 대한 평가 능력, 문제해결을 위한 긍정적 교실 분위기 조성) 등을 갖추어야 한다. —

문제해결 교육 관련 내용적, 교육과정적 지식

유능한 문제해결 교사는 문제해결에 대한 올바르면서도 분명한 시각을 필요로 한다. 문제해결 지도에 활용할 문제는 일반적으로 어떠한 조건이나 특성을 포함하고 있어야 하는지, 문제 적용 대상이 개인 또는 소집단, 학급 전체인가에 따라, 그리고 문제해결 학습자의 수준에 따라 문제의 속성을 어떻게 차별화하여 적용할 것인지 등에 대한 섬세한 대책을 준비할 수 있어야 한다.

또한 수학 교육과정에서 문제해결이 할 수 있는 역할이나 문제해결 활동을 구성하는 사고 과정에 대하여 체계적인 이해 또한 필요로 한다. 즉, 바람직한 수학 문제해결 학습 지도를 위해서는 문제해결 교육에서 문제, 문제해결이 갖는 의미나 수학 교육과정에서의 역할, 수학교육에서 문제해결을 중요하게 다루는 이유 등과 관련하여 올바른 식견과 함께 문제해결 학습 지도를 제대로 실행에 옮길 수 있는 능력을 갖추는 것이 필수적이다.

교육과정적 지식과 실천 능력 면에서의 문제해결 교사교육 프로그램의 초점은 교사로 하여금 다양한 종류의 문제해결 경험과 문제해결 지도 대상 학생이 보여주는 실제적인 문제해결 활동에 대하여 관찰해볼 수 있는 경험을 제공해주어야 한다. 그리고 이에 따라 교사가 계획하고 의도하는 수준이나 형태의 문제해결 활동을 학생이 수행할 수 있도록 적합한 문제나 문제해결 지도 활동을 구성, 실행할 수 있는 능력이나, 자신의 지도 활동과 그 결과를 교육과정에서 설정한 방향이나 기준에 맞추어 정확히 평가할 수 있는 능력 또한 터득케 해주어야 한다.

문제해결 관련 교수학적 지식

일반적으로 수학 교사는 자신이 수학 자체나 수학교육에 대하여 가지고 있는 신념에 터하여 수학 문제해결도 가르치게 된다. 찰스(Charles 1988)는 수학교사의 대부분이 수학교육에서 수학 교과는 기능적 측면이 중요하고, 문제해결 또한 기능의 측면에서 볼 필요가 있다고 한다. 이와 같은 문제해결에 대한 시각은 NCTM이 문제해결 교육 이슈의 시작부터 학교수학에서 필요한 10가지 기초기능 중 문제해결을 최우선으로 제시함에 따라 이후 문제해결에 대한 기능적 시각의 신념을 출발시킨 셈이다. 물론, 학생이 문제해결과 관련하여 일련의 수학적 기능을 학습하는 것은 당연히 중요하다. 문제해결은 더 나아가 기능 이상의 심화된 수학적 활동을 가능케 해주는 촉매제의 역할을 하며 그 자체로서 독특한 가치를 갖고 있다.

제대로 된 수학을 하기 위해서 필요한 인지적 기능은 고등 수준의 수학적 사고 자체로서는 물론, 그로 인해 발전적인 수학 학습을 가능케 함으로써 진정한 수학 학습과 지도에 있어서 필수적인 방법론이 된다. 따라서 문제해결 지도를 준비하는 교사에게 필요한 요소로서 고등 사고활동의 속성과 전개 구조에 대한 지식은 물론, 학습자로부터 이러한 사고 활동을 유도해내기 위하여 어떤 자료를 구성, 활용할 것이며, 그 사고 활동을 올바른 방향으로 진행되도록 어떻게 유도할 것인가 하는 교수학적 원리에 대한 지식과 경험이 필요하다. 이와 더불어, 문제해결 교수·학습이 이루어지는 교실 내에서 필요한 종합적 여건의 중요성을 강조하며 찰스(Charles 1988)는 문제해결을 위한 교실 환경 조성, 즉 바람직한 문제해결 교육에 대한 교실 생태학적 관점에서의 이해가 문제해결 지도 교사로서 해결해야 될 과제임을 덧붙이고 있다.

문제해결 교수 활동의 실제

학생의 문제해결 능력을 신장시키고자 한다면 무엇보다 교사 자신의 문제해결 능력을 발전시키고, 스스로 성공적인 문제해결 경험을 늘려야 할 것이다. 최소한 교사 자신이 유능한 문제해결자이어야 비로소 가르치는 학생에게 성공적인 문제해결의 지도 결과를 기대할 수 있기 때문이다. 그러나 가르치고자 하는 문제의 유형이나 관련 지식에 대하여 충분한 이해는 물론이거니와 해결 또한 잘할 수 있는 교사조차도 실제 학생의 문제해결을 성공적으로 이끄는 데는 또 다른 어려움을 느끼게 마련이다. 즉, 가르칠 내용에 관한 충분한 지식을 갖추는 것은 학생으로 하여금 문제해결에 있어서 성공적이거나 효과적인 수행을 할 수 있게 지도하는 데 있어서 필요조건일 뿐 충분조건은 되지 못하는 것이다.

문제해결과 관련된 학생의 사고과정을 보다 잘 이해하기 위해서는 실제 학생의 문제해결 활동을 관찰하고 나서 학생이 보여준 여러 형태의 사고 과정에 대하여 학생과 논의하는 시간을 갖는 것이 필요하다. 그러기 위해서 우선 교사는 학생이 소집단 협력 학습 방식으로 문제를 해결할 때 그들의 사고활동을 효율적으로 관찰할 수 있어야 된다. 이때 교사는 학생들의 사고 활동에 직접적으로 개입하거나 지도는 하지 않도록 유의하면서 집단별 문제해결 활동을 관찰하여 특이 사항을 기록해 두는 것이 차후 조치에 필요하다.

수학 문제해결 수업의 기본 방식

수학 문제해결 수업의 기본 방식에 대하여, 쉔펠드(Schoenfeld 1980)는 먼저 교사와 학생이 함께 토론하면서 문제해결 단계 및 전략을 익히고 난 다음, 학생을 소집단으로 나누어 각 집단별로 문제를 해결해 보도록 하는 수업 형태를 권고하고 있다. 또한, 토론식 수업에서는 수업 상황과 학생의 수준을 고려한 교사의 유도성 발문을 통하여 해결 과정을 거치도록 하면서 학습자 스스로의 문제를 해결하고자 하는 의욕을 고취시켜야 함을 강조하고 있다.

문제해결 지도에서 가장 중요한 요소는 교사로서, 교사 자신이 문제해결에 대한 체계적이며 유연한 대처를 할 수 있어야 한다. 즉 문제해결 지도 교사는 여러 측면에서 해당 학생에게 적합한 문제를 기존 문제 중에서 선정하거나, 때로는 문제를 의도하는 방향으로 변형시킬 수 있어야 하며 또한, 그렇게 준비한 문제는 먼저 직접 풀어 보는 과정을 통해서 학생이 실제 문제해결 과정에서 어려움에 부딪혔을 때 어떤 유도 발문이나 설명을 할 것인지에 대하여 사전에 충분히 생각해 보고 대책을 준비하는 것이 중요하다.

수학 문제해결 교사교육 프로그램 예

찰스(Charles 1988)가 초중등 수학 교사에게 적용했던 수학 문제해결 교사교육 프로그램에 의하면, 문제해결을 위한 교수 활동은 우선 교실 전체 학생이 주어진 문제에 대하여 함께 토론하되 다음과 같은 순서로 이루어지는 것이 바람직하다. — (1) 문제 이해하기(문제 읽기 ➜ 문제 이해를 위한 질문하기 ➜ 가능한 해결전략 토론하기), (2) 해결방법 계획하기(학생들을 관찰하기 ➜ 문제해결을 위해 필요한 힌트 주기 ➜ 학생이 답을 다시 체크하고 문제에 답하게 하기 ➜ 확장 문제 제시하기), (3) 답 찾기(해결 방법에 대해 토론하기 ➜ 사용한 전략 이름 붙이기 ➜ 관련문제나 확장문제 토론하기 ➜ 문제의 특징이나 특이점 토론하기) —

문제해결 지도에서의 유의점

문제해결 수업을 위한 문제의 선정이나 구성에 있어서는 우선 대상 학생의 문장제 독해력, 관련 수학 내용적 지식의 이해 수준, 문제에 내포된 논리성 등의 문제의 난이도를 해당 학생의 수준과 비교하여 적정 수준에 맞추는 것이 중요하며, 가급적 다양한 수준의 학생에게 적용 가능한 문제의 조건을 고려해야 한다. 그리고 학생으로 하여금 제시한 문제가 자신의 문제라는 생각을 가질 수 있도록 학생이 문제를 선택하거나 구성하는 과정에 다양한 형태로 참여하는 방식이 되어야 한다. 다음, 소집단별로 학생을 구성하여 그 안에서 각자의 아이디어나 해결을 위한 접근 방법을 내놓고 편한 분위기에서 자신의 의견의 타당성을 설명케 하는 협력학습 형태가 바람직하다.

문제의 구조가 복잡하거나 난도가 높은 경우나 이야기식 문제로 문장이 길고 복잡한 문제의 경우는 소집단 학습보다는 교사와 학급 전체가 함께 의논하여 해결해나가는 학습 형태가 적절하다. 어떠한 학습 형태가 되었든 문제해결 학습 지도 시에 실질적인 문제해결은 교사가 아닌 학생이 해야 됨을 유의할 필요가 있다. 교사는 학생 스스로 올바르게 문제를 해결할 수 있게 도와주는 안내자의 역할을 해야 한다. 즉, 학생에게 해결을 위한 문제의 표현과정에 필요한 전략이나 해결 방법 등을 학생이 선택, 평가, 사용하게 하여 문제해결의 전 과정을 통해서 학생 스스로 결정, 평가, 반성하는 경험을 쌓아가게 해야 된다. 교사는 단지 학생의 해결과정을 지켜보면서 중대한 오류의 발생이 예상되는 단계에서 올바른 방향으로 유도하는 조언이나 질문 등의 간접적인 지도의 역할을 수행하는 것임에 유의해야 한다. 학생의 문제해결 능력을 신장시키기 위한 정교한 지도가 되기 위해서는 교사 자신이 문제해결 경험은 물론, 학생이 보여주는 다양한 형태의 문제해결 행위에 대한 관찰과 이에 대처하는 경험을 축적시키는 일이 선행되어야 한다.

문제해결 수업 환경 구축

바람직한 문제해결 수업을 위한 우선적 환경 요소는 학생의 능동적인 사고를 유발할 수 있는 바람직한 문제 환경이다. 여기서의 바람직한 문제의 기본 조건은 학생으로 하여금 성공적인 문제해결 경험을 가능케 해주기 위하여 학생 수준에 맞추어진 비교적 쉽게 느껴지는 문제의 설정으로부터 시작된다. 이렇게 의도적으로 설정한 문제를 시작으로 학생의 성공적인 문제해결 경험이 이어짐에 따라 학생의 문제해결에 대한 호감과 도전감을 동시에 자극하며 지속적인 흥미를 갖게 하는 문제 구성이 되어야 한다. 다음, 문제는 교사에 의해서 항상 일방적으로 제시되는 것만이 아니라는 생각을 할 수 있게 학생을 해결할 문제의 구성 과정에 어떤 방식으로든 개입시켜 문제를 구성하는 데 신경 쓸 필요가 있다. 끝으로, 전형적인 문제의 형태만이 아니라 수학적 전략을 활용하는 실생활 문제 상황이나, 게임 형태의 문제 등을 도입할 필요가 있다. 즉, 실제적인 문제를 통하여 학생은 수학과 실생활과의 연계성을 체험할 수 있고, 자신이 선택하는 전략에 따라 게임 상황이 어떻게 변해가는지를 경험하기 위해서는 전략 게임 형태의 문제도 경험할 필요가 있는 것이다.

문제해결 수업에서 강조해야 할 부분은 해결의 결과가 아니라 그 결과에 도달하기까지 거치게 되는 인지-정의적 과정으로 찰스(Charles 1988)는 다음과 같은 문제해결 과정을 강조하면서 학생에게는 이를 중요시하는 학습 환경 조성이 중요함을 주장하고 있다. — ✣ 문제 자체가 포함하고 있는 발문 내용을 정확히 이해하고 필요한 경우 소집단 내에서 적절한 발문을 제기하여 논의하는 과정, ✣ 해법을 찾기 위해 문제에 포함된 조건이나 변인에 대한 이해를 개선하는 과정, ✣ 문제를 해결하기 위해 필요한 자료나 정보를 선택하거나 찾는 과정, ✣ 문제의 직접적인 해결 방법인 적절한 문제해결 전략을 선정, 평가하는 과정, ✣ 결정한 문제해결 전략을 올바르게 적용하여 문제를 해결하고, 이를 반성하는 과정, ✣ 문제의 조건에 맞는 답을 구성하고, 합리성을 점검하는 과정, ✣ 완료한 문제해결 활동을 종합적으로 반성하고, 문제제기 활동을 통하여 발전적으로 심화, 확장시키는 과정 등이다. —

문제해결 수업의 초점은 이미 학습한 지식과 기능을 종합하는 과정에 한정시켜야 한다. 즉, 문제해결 수업에서 새로운 수학 내용에 대한 지도를 하는 것은 지양해야 되고, 주어진 문제의 해결 활동에 주가 되지 않는 복잡한 계산은 계산기를 활용하도록 유도한다. 한편, 문제를 해결하는 동안의 자신의 사고 과정을 모니터하고 평가하는 활동을 습관화시킬 필요가 있다. 즉, 문제를 해결하는 동안 자신이 무엇을 하고 있고, 무엇을 해야 하는가에 대한 반성과 함께 적절한 처치를 스스로 할 수 있는 능력을 습득케 하는 것이 중요하다.

동료들과 문제를 해결하는 가운데 자신의 아이디어를 동료가 이해할 수 있게 설명하고, 다른 사람의 아이디어를 경청하고, 서로의 생각을 절충하는 합리적인 의사소통의 능력을 길러주어야 한다. 이를 위해서는 개인별로 문제를 해결하는 활동뿐만 아니라 소집단별로 문제를 해결하는 활동도 강조되어야 한다. 그리고 문제에 따라서 다양한 풀이 방법이 존재하거나 답이 여러 가지가 존재하는 경우도 있음을 인식시켜 주어야 한다. 문제해결에 대한 첫 번째 시도가 실패한 경우에도 포기하지 않고 다른 방법을 시도할 수 있는 특성을 갖춘 문제를 경험시킨다. 이를 위해서 프로젝트와 같이 오랜 시간과 여러 가지 다양한 해결 방법들이 필요한 과제의 해결을 다루는 경험을 시킬 필요가 있다.

12.2 문제해결 교사교육 프로그램

1980년대 수학 문제해결의 교육적 이슈가 본격화되면서부터 르블랑(LeBlanc 1982)은 문제해결 교사교육을 어떻게 할 것인가, 즉 교사로 하여금 제대로 된 문제해결 교육을 어떻게 받게 할 것인가를 최우선적으로 고려할 이슈로 강조하였다. 1980년대 초 문제해결에 대한 연구가 활성화되기 시작하던 시기부터 문제해결 교사교육의 프로그램 구성을 위한 연구의 필요성이 강조되어 왔지만 현재도 수학 문제해결에 대한 연구에서 여전히 많은 노력을 필요로 하는 분야가 문제해결 교사교육을 위한 프로그램이나 모델 구축에 대한 연구라고 할 수 있다.

일반적으로 문제해결 교사교육을 위한 프로그램이나 모델을 구성할 때 최소한 다음 내용 요소에 대한 고려가 필요하다. 첫째, 문제해결 학습 지도의 중요한 수단인 적절한 문제의 확보로, 이는 문제해결 지도 담당 교사가 기존의 문제 중에서 선정하거나 이를 변형 또는 새롭게 구성하는 과정에 문제해결 학습 지도와 관련하여 교사의 전문적인 판단이나 지식이 필요하기 때문이다. 둘째, 문제해결 교육의 핵심적 의의는 학생이 능동적인 문제해결 과정을 통하여 수학적 사고 활동을 체험하는 것으로, 해당 학생으로부터 교사가 의도하는 바의 사고활동 수행을 어떻게 유도해낼 것인가를 판단하고 계획하는 데는 담당 교사의 전문적인 교수학적 지식이 필요하다. 셋째, 교실 상황에서 앞서 준비한 문제와 지도 방법을 통하여 바람직한 문제해결 지도를 수행하기 위해 기본적으로 따라야 하는 절차나 과정으로, 이는 한편으로는 단위 문제해결 수업의 흐름을 의미하며, 학생에게는 그 수업의 전개 과정 자체가 체득해야 하는 수학적 사고 활동의 중요한 과정이 되는 것이다.

적절한 문제의 준비

문제해결 학습 지도에서 중요한 매체가 되는 문제는 대체적으로 다음과 같은 조건을 갖추고 있는 수학적 문제 상황이라고 할 수 있다. 첫째, 주어진 수학적 상황이 학생으로 하여금 그 문제적 상황에 대한 해결의 의지나 의욕을 자극, 활성화시킬 수 있어야 한다. 둘째, 문제적 상황을 해결하고자 하는 의지가 발동하여 해결을 시도했을 때 초기에는 쉽게 해결되지 않는 그러나 학생이 감당할 수 있을 정도의 장애 요소가 포함되어 있어야 한다. 즉, 전에 해결했던 경험이 있는 문제나, 아니면 특정 알고리즘을 바로 적용하여 해결이 되는 경우처럼 해결 과정의 초기 시도에 의해 바로 해를 구하게 되는 정도의 문제 상황은 소위 문제가 될 수 없다. 셋째, 초기 해결의 시도에 장애 요소가 있어도 이를 타개하기 위하여 탐구하고자 하는 의지와 노력이 더해질 수 있도록 유인할 때 즉, 학생의 도전감을 자극할 때 비로소 문제의 조건을 충족하게 된다.

문제해결 지도를 위한 문제의 개발

문제해결 지도를 위한 문제의 개발에 있어서 많은 연구자가 교과서 문제를 확장 또는 변환시켜 사용할 것을 제안하고 있다(LeBlanc 1982, Meiring 1979). 수이덤(Suydam 1982) 역시 교과서의 문제를 다음의 특성을 갖는 문제로 변환시켜 사용할 것을 제안하고 있다. — (1) 과잉 또는 과부족 정보를 갖고 있는 문제, (2) 어림산이 포함되어 있는 문제, (3) 학생이 문제에서 요구되는 정확도를 선택할 수 있는 문제, (4) 소비 활동이나 생활에 실제로 응용되고 있는 내용과 방식으로 구성된 문제, (5) 학생으로 하여금 매우 큰 수나 작은 수의 개념화를 유도하는 문제, (6) 학생의 흥미나 학생 주변에서 일어나는 실제 상황을 토대로 하는 문제, 또는 학생의 이름을 넣어 학생 개인을 결부시킨 문제, (7) 수학적 논리, 추론, 추측 등에 의한 검토과정이나 정보의 합리성을 다루는 문제, (8) 해가 존재하는 것처럼 보이나 실제로는 해가 정해지지 않은 문제, (9) 해를 얻기 위해 다단계의 과정을 요구하거나, 두 가지 이상의 전략 사용을 요구하는 문제, (10) 해로 요구하고 있는 답이 여러 개일 수도 있고, 없을 수도 있는 문제, (11) 단 하나의 정답을 가지고 있는 것이 아니라 접근방식에 따라 답이 달라질 수 있는 열린 문제 등이다.

문제는 문제해결의 교수·학습에 중요한 매체가 되며, 문제해결의 교육적 의미를 실현시키기 위해서는 문제가 갖추어야 될 특성이 일반 문제와는 다를 수밖에 없다. 즉, 주어진 문제를 해결하기 위하여 여러 관련 내용 분야의 수학적 지식을 연결하고, 그에 따른 다양한 형태의 사고와 전략적 사고를 자극하고 요구하는 문제가 되어야 문제해결이 수학교육에서 갖는 의미를 실현시킬 수 있다. 대체로 이런 문제들이 갖는 특성은 다음과 같다. — ✣ 반드시 문장제일 필요는 없다. 문제의 외형과는 상관없이 다양한 전략과 사고를 자극하고 필요로 하는 것이 문제의 조건이기 때문이다. ✣ 교과서 밖의 일상, 자연, 사회 등의 실제에서 벌어지는 수학적 문제 상황이 좋은 문제가 될 수 있다. ✣ 문제의 해를 구하기 위해서 이미 학습한 수학 내용을 조직하고 활용하는 사고 활동을 필요로 해야 한다. ✣ 문제의 해를 구하는 것으로 그치는 것이 아니라, 문제가 일반화나 다른 형태로의 변환성이 커서 그 문제를 발전적으로 다룰 수 있는 가능성이 커야 한다. ✣ 문제의 해에 도달하기 위하여 사용하는 방법이나 절차가 다양할 수 있어야 한다. —

문제해결 지도와 열린 문제

문제해결 지도 계획을 세울 때 레이스 외(Reys et al. 2002)는 열린 문제를 포함시킬 것을 강조한다. 열린 문제는 하나뿐인 정답을 가지고 있는 것이 아니라 어떤 접근방식으로 해결하는가에 따라

답이 다양하게 만들어질 수 있는 문제이다. 그러나 각각의 답은 나름대로의 합리성을 갖고 있다고 생각되어야 한다. 열린 문제는 소집단 협력 학습에 의해 토론과 함께 해결하는 것이 적당하다. 토론 시에는 여러 가지 수학적 아이디어와 해결 전략 등이 논의되어야 하며, 이 논의 과정을 통하여 자신의 사고를 분명케 하고 자신이 내린 결정을 확인, 평가할 수 있는 기회로 삼아야 한다.

문제는 문제해결 지도의 주요 매체가 되며, 문제의 유형에 따라 문제해결 지도 방법도 다양해질 필요가 있다. 기본적인 문제 유형의 구분 방법은 일상적, 비일상적 문제로 구분한다. 일상적 문제는 결국 번안 문제이며, 이들은 다시 다단계의 문제로 구분이 된다. 여기서 번안의 의미는 처음에 언어적 방식으로 제시된 문제를 모델링하고, 다시 이를 수학적 기호로 변환시킴으로써 문제의 해에 도달하게 되는 문제를 말한다. 문제를 해결하기 위해 비일상적 해결 방법이 사용된 경우 비일상적 문제로 간주하며, 이런 문제의 해결에는 다양한 전략, 발견술, 접근 방법을 필요로 하게 된다. 비일상적 문제를 유형화하면 다음과 같다. — ✢ 필요 이상의 자료가 들어있거나 자료가 부족한 문제, ✢ 자료를 직접 수집해야 되는 문제, ✢ 프로젝트형 문제, ✢ 문제의 문맥이 비일상적인 문제 등이다. —

문제해결 지도에서 교사의 역할

수학 문제해결 지도에 적합한 문제나 과제를 선택하는 데 있어서 교사의 역할은 중요하다. 즉, 문제를 분석, 수정, 보완함으로써 그 문제를 해결할 때 발생할 수 있는 생각에 대하여 예측해 봄으로써 특정 문제를 통해서 의도했던 수학교육 목표에 접근할 수 있는지의 여부를 판단할 수 있어야 한다. 따라서 문제를 현명하게 선택하고 여러 교수자료를 활용하여 문제를 수정, 보완하는 것은 문제해결을 지도하는 교사에게 필수적인 능력이다(NCTM 2000).

학생의 능동적 문제해결 활동 유도

학교수학에서 문제해결 교육을 통하여 학생으로 하여금 우선적으로 습득케 하고자 하는 것은 문제해결 능력이다. 일반적으로 수학 교과에서 문제해결 능력의 구성 요소로 거론되는 것은 다음과 같이 정리해볼 수 있다. — ✢ 수학적 지식으로, 일상적인 수학 시간에 학습하는 내용을 말하며 문제해결 과정에도 기본적으로 필요한 수학적 사실, 기능, 개념, 원리 등이 이에 해당한다. ✢ 문제해결 전략과 일반화된 문제해결의 접근 방법 즉 발견술로, 이에 대한 이해와 이를 주어진 문제에 따라 적절하게 취사선택하여 적용할 수 있는 능력이다. ✢ 메타인지적 활동으로, 자신의 사고를 모니터하거나, 제어, 평가하는 방식으로 자신의 문제해결 활동을 성공적으로 경영해갈 수 있는 능력이다. ✢ 문제해결에 대한 바람직한 정의적 요소로, 문제해결 자체나 문제해결자로서의 자신에 대한 올바른 신뢰감이나 태도, 자신감, 적극적 의도, 인내심 등이다.

문제해결 능력

문제해결 능력은 고등사고능력으로 단기간 내에 개발시키기는 어렵지만 특정 학년의 단계 즉 적정 시기를 기다려서 지도할 필요는 없다. 우리나라를 비롯한 미국 등의 수학과 교육과정에서도 전 학교급이나 전 학년에서 해당 학년에 적합한 형태로 다룰 것으로 되어 있다. 문제해결 능력의 지도를 문제해결 능력의 구성 요소별로 정리하면 다음과 같다.

첫째, 문제해결 전략의 지도로, 문제해결 활동에 있어서 적절한 전략의 취사선택은 가장 직접적인 영향을 미치는 활동이 되며 문제해결의 성패를 좌우하게 된다. 이와 같은 문제해결 전략에 대한 지도는 대체로 다음과 같은 능력의 개발에 초점을 맞추게 된다. — ✢ 다양한 문제해결 전략과 발견술을 개발한다. ✢ 생소한 문제의 분석력을 개발한다. ✢ 기지, 미지의 정보, 문제의 요구사항에 대하여 명료화하는 능력을 개발한다. ✢ 문제의 조건에 비추어 자신의 해결 과정을 검토하는 능력을 개발한다. ✢ 주어진 문제를 일반화, 변화, 확장시킬 수 있는 능력을 개발한다. —

둘째, 메타인지적 습관의 형성으로, 결국은 학생 스스로 문제해결을 해야 하므로 자신의 문제해결 과정을 모니터, 제어, 평가하는 메타인지적 능력의 습득이 필요하다. 이와 같은 메타인지적 능력은 자발적으로 획득하기엔 쉽지 않지만 효율적이고 성공적인 문제해결 활동을 좌우하는 중요한 문제해결 능력으로 크게 세 가지로 구분, 정리해 볼 수 있다. — ✢ 자신이 특정 문제해결 활동을 왜, 어떻게 하고 있는가에 대하여 모니터하는 행위이다. ✢ 자신의 사고 과정에 첨가나 변화를 주기 위한 무언가를 취사선택하는 제어 활동이다. ✢ 문제해결 과정에 자신의 사고 과정에 대한 가치 판단이나 평가를 하는 활동이다. —

셋째, 바람직한 정의적 요소의 체득화로, 문제해결 활동과 관련된 정의적 요소로는 문제해결, 수학, 수학 학습에 대한 개인적 신념이나 태도 등을 생각해볼 수 있는데 이러한 요소는 인지적인 요소에 못지않게 문제해결 행위에 중요한 영향을 미친다. 특히 문제해결에서의 태도 요소는 수학, 수학 학습에서의 특정적 좋아함, 싫어함, 선호도 등을 의미하는 것으로 다음과 같은 예를 들 수 있다. — ✢ 수학은 합리적 사고과정이며, 패턴과 규칙성 탐구의 영역이라는 생각을 인지케 한다. ✢ 수학 문제를 해결하는 활동에 자신감과 새로운 문제에 대한 도전적 성향을 개발한다. ✢ 생소한 문제의 해결에 대한 적극적 의지를 개발한다. ✢ 문제해결 과정의 사고 진행에 있어서 인내심을 개발한다. ✢ 문제해결 과정을 즐기고, 보람을 느낄 수 있게 한다. —

문제해결 교수·학습 관련 정의적 요소

문제해결 활동을 효과적으로 이끄는 데 필요한 정의적 요소로는 다음에 열거한 것들을 생각해볼 필요가 있다. — ✢ 학생의 적극적인 문제해결 태도를 개발한다. ✢ 문제해결에 대한 성공적 분위기를 조성한다. ✢ 학생의 문제해결 노력과 창의적인 시도를 칭찬한다. ✢ 학생의 문제해결 결과에 비평가적으로 반응한다. ✢ 가능한 많은 학생의 문제해결 활동에 귀를 기울인다. ✢ 학생 개개인의 특성에 맞춘 반응을 보인다. ✢ 교사 자신이 긍정적인 문제해결 분위기나 태도를 형성해 보인다. —

바람직한 문제해결 수행 과정

수학 문제해결 수업능력을 구성하는 요인으로서 '교사의 수학 문제해결 수업 실천의 능력'은 수학 문제해결 교수·학습이 갖는 교육적 의미, 가치, 방향성에 충실한 실제적으로 수학교실에서 교사가 구상한 문제해결 수업을 실천에 옮기는 능력을 말하며, 수학 문제해결 수업을 얼마나 구체적이고 실천적으로 수행하는가에 대한 것이다. 수학 문제해결 수업 실천을 위한 교사의 능력을 수업 설계, 학급환경 조성, 수업 실행의 세 가지 측면에서 정리하면 다음과 같다.

우선 문제해결 수업 설계에 대한 내용으로, 수학 문제해결 수업을 위한 학습목표 설정, 내용 선정 및 내용 조직의 적절성을 위해 다음의 사항에 주의할 필요가 있다. — ✢ 교육과정에 기초하여 학생의 다양한 특성과 요구를 분석하여 학습 목표를 적절하게 설정한다. ✢ 교육과정 및 교과서를 바탕으로 학급 특성과 학생의 다양한 요구를 분석하여 학습 내용을 적절하게 선정한다. ✢ 학습 목표 도달에 초점을 맞추어 학습 내용 및 학습활동을 구성한다. —

수학 문제해결 수업 설계의 구조화를 위해서는 다음의 사항에 유의한다. — ✣ 학생의 수준과 특성을 고려하여 학습 내용 및 학습 활동 전개 과정을 구성한다. ✣ 학습 내용의 특성을 고려하여 교수·학습 활동의 전개 과정을 구성한다. ✣ 수업 내용 및 교수·학습 전개 과정에 적합한 교구 및 자료 활용 계획을 수립한다. ✣ 교수·학습 활동에 적합한 학습 집단의 구성과 운영 계획을 수립한다. —

수학 문제해결 수업 후 학습 평가 계획의 적절성에 대한 평가 관점으로 다음의 사항에 유의한다. — ✣ 학생의 성취 결과를 확인하기 위해 학습 목표를 바탕으로 평가 내용, 평가 방법 및 기준을 적절하게 준비한다. ✣ 평가 결과를 학생들의 학습과 수업 개선의 정보 자료로 활용할 수 있는 계획을 수립한다. —

수학 문제해결 수업위한 교실 환경 조성

우선 다양한 문제해결 활동에 적합한 교구나 자료의 준비가 필요하다. 주어진 문제나 문제 상황에 따라 실질적인 문제해결을 위해서는 다양한 교구나 자료가 필요하기 때문에 해당 학교, 학년급에서 필요로 하는 학습 교구나 자료가 잘 구비되어야 한다. 다음, 성공적인 격려의 수업 분위기 조성이 필요한데, 교사와 학생, 학생과 학생 간의 상호작용이 활발하게 이루어지고, 상호 존중과 신뢰를 바탕으로 성공적인 격려의 수업 분위기를 조성한다. 그리고 문제해결 수업에 적합한 학습 집단 편성의 적절성이 고려되어야 한다. 모든 학생이 학습활동에 적극적으로 참여하여 학생 간에 상호작용이 활발하게 일어날 수 있도록 물리적 환경을 안전하고 효율적으로 조성한다. 그리고 수업이 효과적으로 이루어질 수 있도록 일정한 규칙과 절차를 준수하며 규칙을 통한 학생 관리가 이루어지고 학생의 기본 학습 훈련이 되어 있어야 한다.

문제해결 지도를 위한 학급 구성

문제해결을 지도할 때, 문제의 특성이나 학생의 수준 등에 따라 학생을 학급 전체, 소집단, 개별 등으로 지도 단위를 유연하게 편성, 활용할 필요가 있다. 학급 전체를 단위로 학습 활동이 필요한 경우는 새로운 문제해결 전략을 제시 또는 전개할 때나 동일한 문제를 해결하는 다양한 전략들을 검토해 보고자 할 때 효과적이다. 이 경우 교사는 학생의 관심을 문제의 각 구성 요소에 집중시킬 수 있고, 학생이 전략을 선택하거나 답을 산출해 내는 데 도움이 되는 유도 질문의 방법을 사용할 수 있다. 그리고 학생이 다양한 전략을 사용하거나 다양한 해를 찾을 수 있도록 지도할 수 있고, 제시한 문제를 일반화시키는 것에 대한 지도를 하는 데도 적합하다. 그러나 문제해결에 있어서의 학생의 개인차가 크고 미묘하기 때문에 문제해결에 대한 다양한 논의를 할 때는 학급 전체를 대상으로 가능하지만, 본격적인 문제해결의 활동은 개별적으로나 소집단 단위로 이루어지는 것이 바람직하다.

소집단 단위의 지도에서 학생은 자신의 문제해결 능력별로 그리고 흥미에 따라 몇 개의 집단으로 나눌 수 있기 때문에 학생은 각자가 속한 집단 내에서 적절한 난이도 수준에 따라 협력 학습을 할 수 있는 기회를 가질 수 있다. 학생이 학급 전체나 소집단 단위로 문제에 대해 논의하고 서로의 생각이나 아이디어를 공유하며, 대안에 대해 논의하고, 해의 타당성 등을 공개적으로 평가해봄에 따라 문제해결 활동에 대해 갖고 있던 불안감은 점차로 해소될 수 있다. 일반적으로 혼자서 문제해결을 할 때보다 소집단 내의 활동에서 더 많은 문제를 해결할 수 있다. 수이덤과 위버(Suydam & Weaver 1981)의 연구에 의하면, 학생은 누군가로부터 문제해결의 방법에 대한 설명을 들을 때보다는 집단 내의 동료와 함께 문제의 의미와 해를 구하는 과정에 대하여 논의할 때 더 나은 해와 답을 얻을 수 있음을 보여주고 있다.

수학 문제해결 수업 실행

수학 문제해결 수업에 적절한 수업 전략을 사용하기 위해 다음의 사항에 유념할 필요가 있다. — ✣ 새로운 학습 내용 제시에 앞서 선수 학습 내용에 대한 학생의 사전 지식과 경험을 점검하고 활성화한다. ✣ 학습내용과 관련된 적절한 동기유발 활동을 적용한다. ✣ 학습목표, 학습내용에 부합하는 다양하고 적절한 수업전략을 적용한다. ✣ 학생의 발달 수준과 다양한 개인차(학습방식, 학습속도, 흥미, 관심 등)를 고려하여 적절한 수업방법과 전략을 적용한다. ✣ 학생이 능동적으로 지식을 구성하고 이해와 사고를 확장할 수 있도록, 다양한 학습활동과 과제 수행에 적극적으로 참여하게 한다. ✣ 학습목표 및 학습내용과 학생의 특성 및 요구에 따라 학생 집단을 적절하게 구성하여 운영한다. ✣ 학생의 특성과 수준을 고려한 다양한 발문을 사용하여 학생의 이해와 고등 사고를 촉진하며 학생의 상호 작용을 활성화한다. ✣ 학생의 학습 의욕을 고취시키고 학습 효과를 증진시키기 위하여 적시에 정확하고 구체적이며 상황에 적절한 피드백을 제공한다. ✣ 학생에게 의미 있는 학습 기회를 제공하기 위해 적절한 교구나 매체 및 수업 자료를 활용한다. ✣ 학습 목표 및 내용과 학생의 특성에 알맞은 평가 기준, 평가 방법, 도구를 적절히 활용하여 평가하고 보상하며 향후 수업 개선에 활용한다. —

문제해결 수업에서 학생의 문제해결 활동 중 발생하는 돌발 상황에 학생의 수준에 맞춘 유연한 대처가 필요한데 이를 위해 다음 사항을 유념할 필요가 있다. — ✢ 문제해결의 초기 단계에서 학생의 수준에 대한 파악에 이어 제시하는 문제의 난이도나 복잡성의 정도를 신속히 조절한다. ✢ 문제해결의 각 상황별로 학생의 수준에 대한 파악에 이어 발문과 대답의 수준을 신속하게 조절한다. ✢ 문제해결의 각 상황별로 학생의 수준에 대한 파악에 이어 문제해결 과정에 대한 설명의 수준을 신속히 조절한다. —

12.3 문제해결 수업 전문성 신장

교사 자신의 수학 문제해결 수업의 전문성 신장을 위한 노력은 전술한 내용들이 교사의 문제해결 수업 능력을 극대화시키고 발전적으로 이끌게 하는 역할을 하게 된다. 이를 위해 문제해결 지도 교사는 자기 수업 반성, 전문성 신장, 자신의 문제해결 수업에 대한 타인의 의견 청취 노력 등을 생각해볼 수 있다.

자기 수업 반성

발전적인 문제해결 수업을 위하여 교사는 다음과 같은 자기 수업 반성이 필요하다. — ✢ 수업 전 설계 및 수업 중 실행한 자신의 교수 활동의 적절성에 대해 반성할 수 있어야 한다. 즉, 수업 중 의도한 학습목표 달성을 위해 실행한 수업의 효과성에 대해 점검할 수 있어야 한다. ✢ 수업에서 개선할 점이 무엇인지 알고 개선안에 대해 설명할 수 있어야 하며, 수업 실행 중 나타나는 학생과의 상호작용과 자신의 행동이 미칠 영향력에 대해 고려할 수 있어야 한다. ✢ 교사는 자신의 수업 태도 자체와 학습자를 대하고 지도하는 태도에 대하여 스스로 메타인지적으로 관찰하고, 학습자의 변화에 영향을 미치는 것에 대해 설명할 수 있어야 한다. —

전문성 신장

문제해결 수업의 전문성 신장을 위해서 우선적으로 자신의 문제해결 수업에 대한 객관적인 평가가 필요한데 이를 위해서는 자신의 문제해결 수업의 포트폴리오 작성이 필요하다. 문제해결 수업 포트폴리오에 포함시킬 필요가 있는 항목은 다음과 같다. — ✣ 문제해결 수업지도안, ✣ 문제해결 수업 동영상 파일, ✣ 수업용 저작물, ✣ 수업 성찰일지, ✣ 수준별 형성평가지, ✣ 학생산출물과 피드백처리 결과물 등이다. —

이렇게 작성된 문제해결 수업의 포트폴리오에 대한 평가로, 우선 수업지도안에 대한 자가 평가를 위해 다음의 사항에 대한 평가가 이루어져야 된다. — ✣ 교육과정에 근거하여 학습 목표를 설정하고 학생들의 다양한 특성을 분석하여 학습 내용을 선정하였는가? ✣ 학습 내용을 충분히 숙지하고 복잡성, 난이도, 추상성을 고려하여 적절한 수업 모형을 제시하고 있는가? ✣ 수업 내용 및 교수·학습 전개 과정에 적합한 교구 및 자료 활용 계획을 수립하였는가? ✣ 학생의 수준과 특성을 고려하여 학습 내용 및 학습 활동을 잘 구성하였는가? 등이다. —

다음, 자신의 문제해결 수업 녹화 파일에 대한 자가 평가는 다음의 항목에 대하여 이루어져야 한다. — ✣ 설계한 수업지도안에 의하여 수업을 조직적으로 전개해 나가는가? ✣ 학생의 다양한 개인차를 고려하고, 이에 따라 학생이 능동적으로 지식을 구성하고 이해와 사고를 확장해 나갈 수 있도록 적절한 수업 방법과 전략을 적용하는가? ✣ 학생의 특성과 수준을 고려한 발문과 학습 의욕을 고취시키기 위한 적절한 피드백을 제공하는가? ✣ 학생과의 상호작용이 활발히 일어나도록 상호 존중을 바탕으로 성공적인 학습 분위기를 조성하는가? ✣ 학생이 문제해결 과정에서 다양한 문제해결 전략을 활용하고 문제해결 과정의 타당성을 검토하도록 학생을 격려하는가? 등이다. —

수업용 저작물에 대한 자가 평가 시에는 다음의 사항을 고려해야 한다. — ✣ 학습자의 수준과 특성을 고려하여 적절한 수업 자료를 제작하였는가? ✣ 학습 내용을 충분히 숙지하고 수업 내용 및 교수 학습 전개 과정에 적합한 교구 및 자료를 활용하는가? ✣ 직접 제작한 조작물이나 테크놀로지 자료를 학생의 개념 이해나 문제해결을 도울 수 있도록 효과적으로 사용할 수 있는가? 등이다. —

수업 성찰일지 작성에 대한 자가 평가 시에는 두 가지에 대한 평가가 이루어져야 한다. — ✣ 수업 계획 및 실행에 대한 전체적인 과정을 조망하고 이를 조직적으로 점검할 수 있는가? ✣ 수업 과정에서 발생하는 유의미한 활동을 관찰하고 이를 근거로 다른 수업에 환원할 수 있도록 반성할 수 있는가? 등이다. —

끝으로, 수준별 형성평가지 작성에 대한 자가 평가로 학습 목표 및 내용과 학생의 특성에 맞는 평가 기준, 평가 방법, 도구를 적절히 활용하여 평가지를 구성할 수 있는지에 대하여 평가가 이루어져야 한다.

문제해결 지도와 테크놀로지

요즘은 테크놀로지의 발전으로 인하여 수학교실에서도 인위적으로 만들어진 수치가 아니라 실제 생활 장면에서 등장하는 수치라 하더라도 계산기의 도움으로 초등수학에서도 실제적인 문제 상황을 다룰 수 있게 되었다. 즉, 계산기는 초등 수학에서 다룰 수 있는 수치의 한계에 대한 고민을 버리고 문제해결에 집중할 수 있게 해준다. 그러나 연구(Rays et al. 2012)에 의하면 계산기의 사용이 반드시 문제해결력을 증대시키는 것은 아니라고 지적하고 있다. 학생은 해를 얻기 위해 계산기를 사용하기 전에 여전히 주어진 문제를 해결하는 방법에 대한 결정을 할 수 있어야 되기 때문이다. 한편으로는 학생이 계산기를 사용할 때, 보다 많은 문제해결 전략을 사용하는 경향이 있음을 보고하는 연구(Wheatley 1980)도 있다. 그 이유는 학생이 계산을 하는 데 소비하는 시간을 문제해결 전략을 사용하는 데로 전환할 수 있기 때문이다. 이제 계산을 하는 것이 부담스런 일이 되지 않는다면 여력을 더 많은 문제를 다루는 데 활용할 수 있는 것이다.

레이스 외(Reys et al. 2012)는 문제해결 지도에 다양한 테크놀로지 사용을 권장하면서 특히 계산기를 활용하는 경우에 대하여 다음과 같은 제안을 하고 있다. — (1) 계산기가 아동의 문제해결력을 신장시킨다고 판단될 때, (2) 계산기가 지루한 계산의 부담을 덜어주고, 계산 오류에 대한 불안을 해소시켜줄 때, (3) 계산기가 더 많은 문제를 다룰 수 있는 시간을 벌어주거나, 문제에 더 많은 관심을 쏟을 수 있게 해줄 때, (4) 계산기가 더 복잡한 문제나 실제적인 수치를 다루는 문제를 다룰 수 있게 해줄 때, (5) 계산기가 문제해결을 위한 동기를 부여하고, 문제해결에 대한 자신감을 줄 때 등이다. —

자신의 문제해결 수업에 대한 타인의 의견 청취

자신의 문제해결 수업에 대한 동료나 학생, 학부모의 객관적인 평가 의견을 청취하는 것은 수학 문제해결 수업의 개선을 위한 연구의 가장 좋은 방법이 된다. 즉, 자신의 문제해결 수업에 대한 공개 및 동료 교사로부터의 수업 평가 의견을 수렴하는 노력은 자신의 수학과 문제해결 수업 개선에 효과적으로 작용한다. 한편, 자신의 수학과 문제해결 수업의 대상자인 학생의 소감을 청취하는 노력은 자신의 수학과 문제해결 수업을 학생의 수준이나 요구사항에 맞추어가는 소위 맞춤 수업과 같이 문제해결 수업의 구체적인 개선에 효과가 있다. 그리고 자신의 문제해결 수업에 대한 공개 및 학부모로부터의 수업에 대한 의견을 청취하는 노력은 자신의 수학 문제해결 수업 개선에 중요한 정보를 얻는 기회로 작용할 수 있다.

문제해결 지도 자료의 다양화

대부분의 교과서가 많은 문장제를 다루고 있기는 하지만 교사는 학생에게 자극을 주고 그들에게 도전의 기회를 주기 위해서는 다음과 같은 다양한 형태의 보조 문제를 다루는 것이 도움이 될 것이라고 생각한다(Rays et al. 2012). — ✣ 신문이나 잡지 등에서 문제가 될 만한 자료, ✣ 신문이나 주변에서 일어나는 사건에서 아이디어를 얻어 직접 제작한 문제, ✣ 학생이 일상생활에서 자연스럽게 제기하는 문제 상황, ✣ 전문적인 교사 모임으로 이루어지는 문제해결 세미나의 자료, ✣ 다른 교사와 공유하는 문제, ✣ 학생이 분담해서 직접 만든 문제(Kilman & Richard 1992; Silverman et al. 1992), ✣ 실생활 문제를 교실 수업에서 다루기 위해 비디오테이프 활용(Kelly & Wiebe 1993; Cognitive and Technology Group 1993). —

이상의 과정에서 만들어진 문제 중에 필요한 문제를 즉시 찾아내어 사용하기 위해서는 문제를 파일로 정리해둘 필요가 있다. 예를 들어, 각 문제별로 수학적 내용, 해결 전략 또는 파일을 사용할 방법 등에 따라 유형별로 구별하여 정리하는 것이 편리하다.

적정 형태의 문제해결 수업 운영

문제해결을 지도할 때, 교사는 때때로 전체 학급을 대상으로 문제해결을 지도하는 것이 적절할 때도 있고, 학급을 소집단으로 나누어 지도하는 것이 적절할 때도 있고, 개별학습으로 지도하거나, 소수의 학생을 데리고 지도하는 것이 적절할 때도 있다는 것을 알게 된다. 많은 수의 학생이 한 집단 내에서 활동하는 것은 새로운 문제해결 전략을 제시 또는 전개할 때 그리고 동일한 문제를 해결하는 다양한 전략들을 검토해볼 때 효과적이다. 교사는 학생의 관심을 문제의 구성요소에 집중시킬 수 있고 학생이 전략을 선택하거나 답을 산출하는 데 도움을 주는 질문을 제공할 수 있다. 그리고 학생이 다른 전략을 사용하거나, 다른 해를 찾을 수 있도록 지도해나갈 수 있고 현재 학생에게 제시된 문제를 다른 문제로 일반화할 수 있도록 지도할 수 있다. 그러나 민첩한 학생은 다른 학생이 문제를 주의 깊게 살펴볼 기회를 갖기도 전에 해답을 내는 경향이 있기 때문에 때로는 몇몇 학생이 심리적 압박을 받을 수도 있다. 게다가 어떤 학생에게는 해결을 시도해볼 만한 문제로 여겨지는 것도 다른 학생에게는 너무나 자명한 것으로 여겨질 수도 있고, 때로는 너무 어려워 해결할 수 없는 것으로 여겨질 수도 있다. 문제해결에 대한 논의는 큰 집단에서 실행 가능하지만 문제해결의 과정은 개별적으로 혹은 소집단으로 행해질 필요가 있다.

소집단 지도에서는 학생은 문제해결 능력별로 그리고 학생의 흥미에 따라 몇 개의 집단으로 나눌 수 있기 때문에 학생은 각자가 속한 집단 내에서 적절한 난이도 수준에 따라 동료 학생과 협력하여 공부할 수 있는 기회를 가질 수 있다. 학생이 모두 함께 공부하며 문제에 대해 토의하고 서로의 아이디어들을 공유하며 대안에 대해 논의하고 해를 증명해봄에 따라 그들의 불안감은 점차로 해소될 수 있다. 일반적으로 학생은 혼자서 공부할 때보다 소집단 내의 활동에서 더 많은 문제를(비록 한 문제를 해결하는 데 걸리는 시간은 더 많이 소비된다 하더라도) 해결할 수 있다. 연구에 의하면 학생은 누군가로부터 문제해결의 방법을 들을 때보다는 소집단 내의 학생과 함께 문제의 의미와 해를 구하는 과정에 대해 논의할 때 더 훌륭한 해답을 얻는다는 것을 보여주고 있다(Suydam & Weaver 1981).

참고문헌

백석윤. (1992). "수학 문제해결 과정의 "純粹認知外的" 분석." 대한수학교육학회 논문집 제2권, 제2호: pp.35-52.

백석윤. (1993). "수학 문제해결 교육과 연구에 대한 반성적 일고." 대한수학교육학회 논문집 제3권, 제2호: pp.59-68.

백석윤. (1994). 메타인지적 문제해결력의 지도와 평가를 위한 메타문제 유형의 개발. 한국수학교육학회지 시리즈A <수학교육> **33(2):** pp.177-188.

우정호 (역). (1986). 어떻게 문제를 풀 것인가. 서울: 천재교육. (원저: G. Polya. **How to Solve It: A New Aspect of Mathematical Method**, 2nd ed.; Princeton: Princeton University Press, 1957.).

이홍우. (역). (1992). 죤 듀이 민주주의와 교육(원저: J. Dewey. **Democracy and Education**). 서울: 교육과학사.

이용률, 성현경, 정동권, 박영배. (공역). (1992). 수학적인 생각의 구체화. (원저: 片桐重男. 数学的思考の具体化.) 서울: 도서출판 경문사.

정은실. (1995). **Polya의** 수학적 발견술 연구. 서울대학교 박사학위 논문.

Anderson, J. R., J. G. Greeno, P. J. Kline, & D. M. Neves (1981). "Aquisition of Problem Solving Skill." In J. R. Anderson(Ed.), **Cognitive Skills and Their Aquisition**. Hillsdale, NJ: Lawrence Erlbaum Associates Inc.

Ashlock, R., M. Johnson, J. Wilson, & W. Jones (1983). **Guiding Each Child's Learning of Mathematics: A Diagnostic Approach to Instruction**. Columbus, OH: Merrill.

Baxter, J. A. (2005). "Some Reflections on Problem Posing: A Conversation with Marion Walter." **Teaching Children Mathematics, 12 (3)**, p.122.

Begle, E. G. (1979). **Critical Variables in Mathematics Education.** Washington, D.C.: Mathematical Association of America and the National Council of Teachers of Mathematics.

Ben-Chaim, D., J. T. Fey, W. M. Fitzgerald, C. Benedetto, & J. Miller (1998). "Proportional Reasoning among Seventh-Grade Students with Different Curricular Experiences." **Educational Studies in Mathematics, 36,** pp.247-273.

Benhow, C. P. (1998). "Grouping Intellectually Advanced Students for Instruction." In Joee Van-Tassel-Baska(Ed.), **Excellence in Educating Gifted and Talented Learners**, pp.261-278. Denver, CO: Love Publishing Co.

Bereiter, C., & M. Scardamalia (1989). "International Learning As a Goal of Instruction." In B. Resnick(Ed.), **Knowing and Learning: Issues for a Cognitive Science of Instruction**. Hilsdale,

NJ: Erlbaum.

Biggs, E. E. (1972). **Mathematics for Older Children**. N.Y.: Citation Press.

Bills, R. E. (1976). "Affect and Its Measurement." In W. J. Gebhart, R. B. Ingle & F. J. Marshall (Eds.), **Evaluation in the Affective Domain. Proceedings of the National Symposium for Professors of Educational Research**, pp.7-54, A CEDR Monograph. Bloomington, IN: Phi Delta Kappa.

Bley, N., & C. A. Thornton (2001). **Teaching Mathematics to Students with Learning Disabilities**. Austin, TX.: Pro Ed.

Blum, W., & D. Leiss (2005). "Modellieren im Unterricht mit der 'Taken'-Aufgabe." **Mathemaik Lehren, 128**, pp.18-21.

Branca, N. A. (1980). "Problem As a Goal, Process, and Basic Skill." In S. Krulik, and R. E. Reys (Eds.), **Problem Solving in School Mathematics** (1980 National Council of Teachers of Mathematics(NCTM) Yearbook). Reston, VA: The NCTM.

Bransford, J. D., Ann L. Brown, & Rodney R. Cocking(Eds.) (1999). **How People Learn: Brain, Mind, Experience, and School.** Washington, D.C.: National Academic Press.

Braunfeld, P. (1975). "Basic Skills and Learning in Mathematics." In **Conference on Basic Skills and Learning in Mathematics, 1**, pp.23-32. Washington National Institute of Education.

Bridge, R. G., C. M. Judd, & P. R. Moock (1979). **The Determination of Educational Outcomes: The Impact of Families, Peers, Teachers, and Schools.** Cambridge, MA: Ballinger.

Brown, A. L. (1974). "The Role of Strategic Behaviour in Retardate Memory." In N. R. Ellis(Ed.), **International Review of Research in Mental Retardation, 7**, pp.55-111. New York: Academic Press.

Brown, A. L. (1975). "The Development of Memory: Knowing, Knowing about Knowing, and Knowing How to Know." In H. W. Reese (Ed.), **Advances in Child Development and Behaviour, 10**, (pp.103-152). New York Academic Press.

Brown, A. L. (1978). "Knowing When, Where, and How to Remember: A Problem of Metacognition." In R. Glaser (Ed.), **Advances in Instructional Psychology, 1**, pp.77-165. Hillsdale, NJ: Erlbaum.

Brown, S. I. (1984). "The Logic of Problem Generation: From Morality and Solving to De-Posing and Rebellion." **For the Learning of Mathematics 4 (1)**, (Feb.), p.15.

Brown, S. I., & M. I. Walter (1990). **The Art of Problem Posing.** 2nd ed. Hillsdale, NJ: Lawrence Erlbaum Associates.

Brown, S. I., & M. I. Walter (1993). **Reflections and Applications**. Hillsdale, NJ: Lawrence Erlbaum Associates.

Brown, J. S., A. Collins, & G. Harris (1978). "Artificial Intelligence and Learning Strategies." In H. O'Neill (Ed.), **Learning Strategies**. New York: Academic Press Inc.

Brown, A. L., J. C. Campione, & J. D. Day (1981). "Learning to Learn: On Training Students to Learn from Texts." **Educational Researcher, 10**, pp.14-21.

Brown, A. L., J. D. Bransford, R. A. Ferrara, & J. C. Campione (1982). "Learning Remembering, and Understanding." In J. H. Flavell, & E. M. Markman (Eds.), **Handbook of Child Psychology, 3**, (pp.77-166). New York: Wiley.

Brown, S. I., & M. I. Walter (1993). "Problem Posing in Mathematics Education." In. S. I. Brown, & M. I. Walter (Eds.), **Problem Posing: Reflection and Applications**, (pp.16-27). Hillsdale, NJ: Lawrence Erlbaum Associates.

Brown, S. I., & M. I. Walter (2005). **The Art of Problem Posing.** Lawrence Erlbaum Associates, Publishers.

Bruner, J. (1960). **The Process of Education**. New York: Vantage Books.

Bruner, J. S. (1964). "The Course of Cognitive Growth." **American Psychologist, 19**: pp.1-15.

Bundy, A. (1975). "Analyzing Mathematical Proofs." Edinburgh: University of Edinburgh, Department of Artificial Intelligence, Research Report No. 2.

Butts, T. (1980). "Posing Problems Property." In S. Krulik & R. E. Reys (Eds.), **Problem Solving in School Mathematics, 1980 Yearbook**, (pp.23-33). Reston, VA: National Council of Teachers of Mathematics.

Cai, J. (1995). "A cognitive Analysis of U.S. and Chinese Students' Mathematical Performance on Tasks Involving Computation, Simple Problem Solving, and Complex Problem Solving." Monograph 7 of the **Journal for Research in Mathematics Education.** Reston, VA: National Council of Teachers of Mathematics.

Campione, J. C., & A. L. Brown (1987). "Linking Dynamic Assessment with School Achievement." In C. Lidz (Ed.), **Dynamic Assessment: An Interactional Approach to Evaluating Learning Potential**, (pp.82-115). New York: Guilford.

Campione, J. C., A. L. Brown, & M. L. Connell (1989). "Metacognition: On the Importance of Understanding What You are Doing." In R. I. Charles & E. A. Silver (Eds.), **The Teaching and Assessing of Mathematical Problem Solving** (pp.93-114). Restone, VA: National Council of Teachers of Mathematics.

Carpenter, T. P., & J. M. Moser (1983). "The Acquisition of Addition and Subtraction Concepts." In R. Lesh., & M. Landan (Eds.), **The Acquisition of Mathematical Concepts and Processes**, NY: Academic Press.

Carpenter, T. P. (1988). "Teaching As Problem Solving." In R. I. Charles, & E. A. Silver (Eds.), **The Teaching and Assessing of Mathematical Problem Solving**, pp.187-202.

Carpenter, T P., M. L. Franke, V. R. Jacops, E. Fennema, & S. B. Empson (1998). "A Longitudinal Study of Invention and Understanding in Children's Multidigit Addition and Subtraction." **Journal for Research in Mathematics Education, 29** (January), (pp.3-20).

Carraher, D. W., & A. D. Schliemann (1985). "Mathematics in the Streets and in Schools." **British Journal of Developmental Psychology, 3(1)**, pp.21-29.

Carraher, D. W., & A. D. Schliemann (2002). "Is Everyday Mathematics Truly Relevant to Mathematics Education?" In M. Brenner, & J. Moschkovich (Eds.), Everyday and Academic Mathematics and in the Classroom. **Journal for Research in Mthematics Education Monograph, 11**, pp.131-153.

Charles, R. I. (1988). "Teacher Education and Mathematical Problem Solving: Some Issues and Directions." In R. I. Charles, & E. A. Silver (Eds.), **The Teaching and Assessing of Mathematical Problem Solving**, pp.259-272.

Charles, R. I., & F. Lester (1982). **Teaching Problem Solving What, Why & How.** Palo Alto, CA: Dale Seymour Publications.

Charles, R., F. K. Lester, & P. O'Daffer (1987). **How to Evaluate Progress in Problem Solving**. Reston, VA: National Council of Teachers of Mathematics.

Charles, R. I., F. Lester, & P. O'Daffer (1996). **How to Evaluate Progress in Problem Solving**. Restone, VA: National Council of Teachers of Mathematics.

Ciompi, L. (1999). **Die emoionalen Grundlagen des Denkens**. Göttingen: Vanddenhoeck & Ruprecht.

Clark, K. K., & R. Lesh (2003). "A Modelimg Approach to Describe Teacher Knowledge." In R. Lesh, & H. M. Doerr (Eds.), **Beyond Constructivism: Models and Modeling Perspectives on Mathematics Problem Solving, Learning, and Teaching** (pp.175-190). Mahwah, NJ: Erlbaum.

Clement, J., J. Lochhead, & E. Soloway (1979). "Translating between Symbol Systems: Isolating a Common Difficulty in Solving Algebra Word Problems." (**COINS Technical Report**, pp.79-19) Amherst, MA: University of Massachusetts, Department of Computer and Information Sciences, March.

Clement, J., J. Lochhead, & E. Soloway (1980). "Positive Effects of Computer Programming on Students; Understanding of Variables and Equations." Paper presented at National Conference of the Association for Computing Machinery.

Cobb, P., T. Wood, E. Yackel, J. Nicholls, G. Wheatley, B. Trigatti, & M. Perlwitz (1991). "Assessment of a Problem-Centered Second-Grade Mathematics Project." **Journal for Research in Mthematics Education 22** (January), pp.3-29.

Cobb, P. & J. Bowers (1998). "Cognitive and + - Situated Learning Perspectives in Theory and Practice." **Educational Researcher 28** (March), pp.4-15.

Cognitive and Technology Group at Vanderbilt University (1993). "The Jasper Experiment: Using Video to Furnish Real-World Problem-Solving Contexts." **Arithmetic Teacher, 40,** (April), pp.474-478.

Covington, M. V., R. S. Crutchfield, L. Davis, & R. M. Olton (1972). **The Productive Thing Program.** Columbus, OH: Charles E. Merrill Publishing Co.

Crown, W. d. (2003). "Using Technology to Enhance a Problem-Based Approach to Teaching: What Will and What Will Not Work." In F. K. Lester Jr., & R. I. Charles (Eds.), **Teaching Mathematics through Problem Solving: Prekindergarten-Grade 6,** pp.217-228.

Dai, D. & R. Stemberg (2004). **Motivation, Emotion, and Cognition: Intergrative Perspectives on Intellectual Functioning and Development.** Mahwah, NJ: Lawrence Erlbaum Associates.

Damasio, A. R. (1994). **Descartes' Error: Emotion, Reason, and the Human Brain.** New York, NY: Avon Books.

Dark, M. (2003). "A Models and Modeling Perspective on Skills for the High Performance Workplace." In R. Lesh, & H. Doerr (Eds.), **Beyond Constructivism: Models and Modeling Perspectives on Mathematics Problem Solving, Learning and Teaching** (pp.297-316). Mahwah, NJ: Erlbaum.

Davis, G. A. (1966). "Current Status of Research and Theory in Human Problem Solving." **Psychological Bulletin, 66(1),** (pp.36-54).

Davis, R. B., E. Jockusch & C. McKnight (1978). "Cognitive Processes in Learning Algebra." **The Journal of Children's Mathematical Behavior, 2,** pp.10-320.

Descartes R. (1961). **Rules for the Direction of the Mind.** The Bobbs-Merill Co., Inc.

DeBellis, V. A. (1996). **Interactions between Affect and Cognition during Mathematical Problem Solving: A Two-year Case Study of Four Elementary School Children,** Doctoral Dissertation, Ann Arbor, MI: University Microfilms No. 96-30716, Rutgers University, New Brunswick, NJ.

DeBellis, V. A. (1998). "Mathematical Intimacy: Local Affect in Powerful Problem Solvers'." In S. Berenson et al.(Eds.), **Proceedings of the Twentieth Annual Meeting of PME-NA, Vol.2,** pp.435-440. Columbus, OH: ERIC.

DeBellis V. A. & G. A. Goldin (1997). "The Affective Domain in Mathematical Problem Solving." In Pekhonen, E. (Ed.), **Proceedings of the PME 21. 2,** pp.209-216.

DeBellis V. A. & G. A. Goldin (1999). "Aspects of Affect: Mathematical Intimacy, Mathematical Integrity." In O. Zaslavsky(Ed.), **Proceedings of the Twenty-third Annual Meeting of PME, Vol.2,** pp.249-256. Haifa, Israel: Technion Printing Center.

DeBellis, V. A. & G. A. Goldin (2006). "Affect and Meta-affect in Mathematical Problem Solving: A Representational Perspective." **Educational Studies in Mathematics, 63(2),** pp.131-147.

Dewey, J. (1910). **How We Think.** Boston: Heath.

Dewey, J. (1933). **How We Think.** Washington D.C.: Heath and Company.

Dewey, J. (1960). **How We Think.** D.C. Heath & Co.

Dewey, J. (1964). "The Child and the Curriculum." In R. D. Archambault (Ed.), **John Dewey on Education: Selected Writings** (pp.339-358). Chicago: University of Chicago Press.

Diezmann, C. M., & J. J. Watters (2001). "The Collaboration of Mathematical Gifted Students on Challenging Tasks." **Journal for the Education of the Gifted, 25(1)**, pp.7-31.

Doyle, W. (1988). "Work in Mathematics Classes: The Context of Students' Thinking during Instruction." **Educational Psychologist, 23**, pp.167-180.

Duncker, K. (1945). "On Problem Solving." **Psychological Monographs, 58(5)**.

Ellerton, N. F. (1984). "Children's Made-up Mathematics Problems: A New Perspective on Talented Mathematicians." **Educational Studies in Mathematics**, 17, pp.261-271.

Elstein, A. S., L. Shulman & S. A. Sprafka (1978). **Medical Problem Solving: Analysis of Clinical Reasoning**. Cambridge, MA: Havard University Press.

English, L. (1999). "Reasoning by Analogy: A Fundamental Process in Children's Mathematical Learning." In Lee Stiff (Ed.), **Developing Mathematical Reasoning in Grades K-12**, 1999 Yearbook of the National Council of Teachers of Mathematics (NCTM), pp.22-36. Reston, VA: NCTM.

English, L., & R. Lesh (2003). "Ends-in-view problems." In R. Lesh, & H. Doerr (Eds.), **Beyond Constructivism: Models and Modeling Perspectives on Mathematics Problem Solving, Learning and Teaching** (pp.297-316). Mahwah, NJ: Erlbaum.

Ericsson, K. A., & H. A. Simon (1980). "Verbal Reports as Data." **Psychological Review, 87(3)**, pp.215-251.

Feldhusen, J., & J. Houtz (1975). "Problem Solving and the Concrete Abstract Dimension." **The Gifted Child Quarterly. 19(2)**, pp.122-129.

Flavell, J. H. (1976). "Metacognitive Aspects of Problem Solving." In L. Resnick (Ed.), **THe Nature of Learning** (pp.231-236). Hillsdale, NJ: Erlbaum.

Fontana, D. (1990). "Personality and Cognitive Style." In N. Entwistle (Ed.), **Handbook of Educational Ideas and Practices**, pp.981-991, New York: Routledge.

Freudenthal, H. (1973). **Mathematics As an Educational Task**. Dordrecht Holland, D. Reidel Publishing Co.

Fuson, K. C., W. M. Carroll, & J. V. Drueck (2000). "Achievement Results for Second and Third Graders Using the Standards-Based Curriculum Everyday Mathematics." **Journal for Research in Mathematics Education 31** (May 2000): pp.277-295.

Gainsburg, J. (2003). **The Mathematical Behavior of Structural Engineers**. (Doctoral Dissertation, Stanford University). Dissertation Abstracts International, A 64, 5.

Gable, R. K. (1986). **Instrument Development in the Affective Domain**. Boston: Kluwer-Nijhoff Pub.

Galbraith, P. l., & N. J. Clatworthy (1990). "Beyond Standard Models-Meeting the Challenge of Modelling." **Educational Studies in Mathematics, 21**, pp.137-163.

Garofalo, J., & F. K. Lester (1985). "Metacognition, Cognitive Monitoring, and Mathematical Performance." **Journal for Research in Mathematics Education, 16(3)**, pp.163-176.

Garofalo, J. (1987). "Metacognition and School Mathematics." **Arithmetic Teacher, 35**, pp.22-23.

Glaser, R. (1987). "The Integration of Instruction and Testing." In D. C. Berliner & B. V. Rosenshine (Eds.), **Talks to Teachers** (pp.329-341). New York: Basic Books.

Gödel, K. (1931). "Uber Formal Unentscheidbare Satze der Principia Mathematica and Verwandter Systeme I." **Monatshefte fur Mathematik und Physik, 38,** (pp.173-198), translated in Heijenoort, J. von (1967), pp.592-617.

Goldenberg, E. P., & M. I. Walter (2003). "Problem Posing As a Tool for Teaching Mathematics." In H. L. Schoen, & R. I. Charles (Eds.), **Teaching Mathematics through Problem Solving: Grade 6-12**, Reston, VA: National Council of Teachers of Mathematics.

Goldin, G. A., & C. E McClintock (1984). **Task Variables in Mathematical Problem Solving.** Philadelphia: The Franklin Institute Press.

Goldin, G. A. (1993). "On Developing a Unified Model for the Psychology of Mathematical Learning and Problem Solving." In W. Greesling & K. Graham (Eds.), **Proceedings of the PME-16 Conference, Vol.3**, pp.235-261. Durhan, NH: University of New Hampshire.

Goldin, G. (1998). "Representational Systems, Learning, and Problem Solving in Mathematics." **Journal of Mathematical Behavior 17(2)**, pp.137-165.

Goldin, G. A. (2000). "Affective Pathways and Representations in Mathematical Problem Solving." **Mathematical Thinking and Learning, 17(2)**, pp.209-219.

Goldin, G. A. (2002). "Affect, Meta-affect, and Mathematical Belief Structures." In G. C. Leder, E. Pehkonen, & G. Törner, **Beliefs: A Hidden Variable in Mathematics Education?** Dordrecht, Boston, London, Kluwer Academic Publishers. pp.59-72.

Goldin, G. A. (2004). "Characteristics of Affect as a System of Representation." In M. J. Hoines & A. B. Fuglestad(Eds.), **Proceedings of the PME 28, Vol.I,** pp.109-114. Bergen: Bergen University College.

Goldin, G. A. & J. Kaput (1996). "A Joint Perspective on the Idea of Representation in Learning and Doing Mathematics." In L. Steffe, P. Nesher, P. Cobb, G. Goldin, & B. Greer (Eds.), **Theories of Mathematical Learning**, pp.397-430. Erlbaum, Hillsdale, NJ.

Goodlad, J. I., & M. F. Klein (1974). **Looking behind the Classroom Door**. Second Edition. Worthington, OH: Chales A. Tones Publishing Co.

Greeno, J. G. (1988). "For the Study of Mathematics Epistemology." In R. I. Charles, & E. A. Silver (Eds.), In R. I. Charles, & E. A. Silver (Eds.), **The Teaching and Assessing of Mathematical Problem Solving**, (pp.23-31). Hillsdale, NJ: Lawrence Erlbaum Associates.

Greeno, J. G. (1977). "Process of Understanding in Problem Solving." In N. J. Castellan, D. B. Pisoni, & G. R. Potts (Eds.), **Cognitive Theory, Vol.2**. Hillsdale, NJ: Lawrence Erlbaum Associates Inc., pp.43-83.

Greeno, J. G. (1978). "Natures of Problem Solving Abilities." In W. K. Estes (Ed.), **Handbook od**

Learning and Cognitive Processes: Vol. 5. Human Information Processing. Hillsdale, NJ: Lawrence Erlbaum Associates Inc., pp.239-270.

Greeno, J. G., & D. E. Egan (1973). "Acquiring Cognitive Structure by Discovery and Rule Learning. **Journal of Educational Psychology, 73:** pp.85-97.

Greenwood, J. (1984). "My Anxiety about Math Anxiety." **Mathematics Teacher,. 77(9).**

Hadamard, J. (1945). **An Essay on the Psychology of Invention in the Mathematical Field**. Ney york: Dover Publication.

Hall, R. (1999a). "Following Mathematical Practices in Design-Oriented Work." In C. Hoyles, C. Morgan, & G. Woodhouse (Eds.), **Studies in Mathematics Education Series: No.10. Rethinking the Mathematics Curriculum**. Philadelphia: Falmer Press.

Hall, R. (1999b). **Case Studies of Math at Work: Exploring Design-Oriented Mathematical Practices in School and Work settings**. (NSF Rep. No. RED-9553648).)

Hamilton, E., R. Lesh, F. Lester, & C. Yoon (2008). "The Use of Reflective Tools in Building Personal Models of Problem Solving." In R. Lesh, E. Hamilton & J. Kaput (Eds.), **Models and Modeling as Foundations for the Future in Mathematics Education**. Mahwah, NJ: Erlbaum.

Hannula, M. S. (1998). "Changes of Belief and Attitudes." In E. Pekhonen & G. Törner (Eds.), **The State-of-Art in Mathematics-related Belief Research: Results of the MAVI Activities. Research Report 184**, pp.198-222. University of Helsinki.

Hannula, M. S. (2002). "Ettitude towards Mathematics: Emotion, Expectations, and Values." **Educational Studies in Mathematics, 49(1)**, pp.25-46.

Hart, K.(Ed.) (1981). **Children's Understanding of Mathematics**: (pp.11-16). London: John Murray.

Hayes, J. R., & H. A. Simon (1977). "Psychological Differences among Problem Isomorphs." In N. J. Castellan, D. B. Pisoni, & G. R. Potts (Eds.), **Cognitive Theory, 2**. Hillsdale, NJ: Lawrence Erlbaum Associates Inc., pp.21-41.

Henderson, K. B., & R. E. Pingry (1953). **Problem Solving in Mathematics: The Learning of Mathematics, Its Theory and Practice**. Thirty-First Yearbook of the National Council of Teachers of Mathematics (NCTM). Washington D.C.: NCTM.

Hiebert, J. (2003). "Signposts for Teaching Mathematics through Problem Solving." In F. K. Lester Jr.(Ed.), **Teaching Mathematics through Problem Solving**, (pp.54-61). Reston, VA.: National Council of Teachers of Mathematics.

Hiebert, J., & T. P. Carpenter (1992). "Learning and Teaching with Understanding." In D. A. Grouws (Ed.), **Handbook of Research on Mathematics Teaching and Learning**, (pp.65-97). New York: Macmillan.

Heibert, J., & D. Wearne (1993). "International Task, Classroom Discourse, and Students' Learning in Second Grade." **American Educational Research Journal, 30**: pp.393-425.

Hiebert, J., T. P. Carpenter, E. Fennema, K. Fuson, D. Wearne, H. Murray, A. Olivier, & P. Human (1997). **Making Sense: Teaching and Learning Mathematics with Understanding.** Portsmouth, NH: Heinemann.

Hunt, E. (1994). "Problem Solving." In R. J. Sternberg (Ed.), **Thinking and Problem Solving**, New York: Academic Press.

Johnson, D. T. (1994). "Mathematics Curriculum for the Gifted." In J. VanTassel-Baska (Ed.), **Comprehensive Curriculum for the Gifted Learners,** (pp.231-261). Needham Heights, MA: Longwood.

Kamii, C. K., & L. B. Housman (1989). **Young Children Reinvent Arithmetic: Implications of Piaget's Theory**. New York: Teachers College Press.

Katona, G. (1967). **Organizing and Memorizing: Studies in the Psychology of Learning and Teaching**. New York: Hafner.

Kelly, M. G., & J. H. Wiebe (1993). "Using the Video Camera in Mathematical Problem Solving." **Arithmetic Teacher, 41** (September). pp.41-43.

Kilman, M., & J. Richard (1992). "Writing, Sharing, and Discussing Mathematics Stories." **Arithmetic Teacher, 40** (November), pp.138-141.

Kilpatrick, J. (1969). "Problem Solving in Mathematics." **Review of Educational Research, 39(4),** pp.523-533.

Kilpatrick, J. (1985). "Reflection and Recursion." **Educational Studies in Mathematics, 16,** pp.1-26.

Kilpatrick, J. (1987). "Problem Formulating: Where Do Good Problem Come From?" In A. H. Schenfeld (Ed.), **Cognitive Science and Mathematics Education,** Lawrence Erlbaum Associates, Publishers, pp.123-147.

Kramarski, B., Z. R. Mevarech, & M. Arami (2002). "The Effects of Metacognitive Instruction on Solving Mathematical Authentic Tasks." **Educational Studies in Mathematics, 49,** pp.225-250.

Krulik, S., & R. E. Reys (1980). **Problem Solving in School Mathematics.** 1980 Yearbook of the National Council of Teachers of Mathematics (NCTM). Reston, VA: NCTM.

Krulik, S., & J. A. Rudnick (1984). **A Sourcebook for Teaching Problem Solving.** New York: Allyn and Bacon, Inc.

Krulik, S., & J. A. Rudnick (1987). **Problem Solving: A Handbook for Teachers.** New York: Allyn and Bacon, Inc.

Krulik, S., & J. A. Rudnick (1989). **Problem solving: A Handbook for Teachers.** New York: Allyn and Bacon, Inc.

Krulik, S., & J. A. Rudnick (1995). **The New Sourcebook for Teaching Reasoning and Problem Solving in Elementary School**. Boston: Allyn and Bacon, Inc.

Krutetskii, V. (1976). **The Psychology of Mathematical Abilities in School Children**. Chicago, IL:

University of Chicago Press.

Kuhn, D. (1999). "A Developmental Model of Critical Thinking." **Educational Researchers, 28**, pp.16-25.

Lampert, M. (1990). "When the Problem Is Not the Question and the Solution Is Not the Answer: Mathematical Knowing And Teaching." **American Educational Research Journal, 27**, pp.29-63.

Lave, J. (1988). **Cognition in Practice: Mind, Mathematics And Culture in Everyday Life**. Cambridge, MA: Cambridge University Press.

Lave, J., & E. Wenger (1991). **Situated Learning: Legitimate Peripheral Participation**. Cambridge, UK: Cambridge University Press.

Lavy, I., & I. Bershadsky (2003). "Problem Posing via 'What if not?' Strategy in Solid Geometry - a case study." **Journal of mathematical behavior, 22(4)**, pp.369-387.

LeBanc, J. H. (1977). "You Can Teach Problem Solving." **Arithmetic Teacher**, 17.

LeBlanc, J. F. (1982). "Teaching Textbook Story Problems." **Arithmetic Teacher, 29** (February), pp.52-54.

Lee, B., D. Zhang, & Z. Zhengyao (1997). "Examination Culture and Mathematics Education." **Edumath, 4**, pp.96-103.

Lesh, R., & H. Doerr (Eds.). (2003a). **Beyond Constructivism: Models and Modeling Perspectives on Mathematics Problem Solving, Learning and Teaching**. Mahwah, NJ: Erlbaum.

Lesh, R., & H. Doerr (2003b). "Foundations of a Models and Modeling Perspective on Mathematics Teaching, Learning, and Problem Solving." In R. Lesh & H. Doerr (Eds.), **Beyond Constructivism: Models and Modeling Perspectives on Mathematics Problem Solving, Learning and Teaching** (pp.3-34). Mahwah, NJ: Erlbaum.

Lesh, R., & C. Yoon (2004). Evolving Communities of Mind—in Which Development Involves Several Interacting and Simultaneously Developing Strands. **Mathematical Thinking and Learning. 6** (2), pp.205-226.

Lesh, R., & J. Zawojewski (2007). "Problem Solving and Modeling." In Frank K. Lester (Ed.), **Second Handbook of Research on Mathematics Teaching and Learning** (pp.763-804). National Council of Teachers of Mathematics (NCTM). Reston, VA: NCTM.

Lester, F. K. (1977). "Ideas about Problem Solving: A Look at Some Psychological Research." **Arithmetic Teacher 25** (November): pp.12-15.

Lester, F. K. (1980). "Research on Mathematical Problem Solving." In R. J. Shumway (Ed.), **Research in Mathematics Education**. National Council of Teachers of Mathematics (NCTM). Reston, VA: NCTM.

Lester, F. K. (1982). "Building Bridges between Psychological and Mathematics Education Research on Problem Solving." In F. K. Lester, & J. Galofalo (Eds.) **Mathematical**

Problem Solving: Issues in Research. The Franklin Institute Press, pp.55-85.

Lester, F. K. (1983). "Trends and Issues in Mathematical Problem-Solving Research." In R. Lesh, & M. Landau (Eds.), **Aquisition of Mathematical Concepts and Processes**. New York: Academic Press, Inc.

Lester, F. K. (1985). "Methodological Considerations in Research on Mathematical Problem-Solving Instruction." In E. A. Silver (Ed.), **Teaching and Learning Mathematical Problem Solving: Multiple Research Perspectives**. Hillsdale, NJ: Lawrence Erlbaum.

Lester, F. K. (1989). "Reflection about Mathematical Problem-Solving Research." In R. I. Charles, & E. A. Silver(Eds.), **The Teaching and Assessing of Mathematical Problem Solving,** 3, (pp.115-124). Hillsdale, NJ: Erlbaum.

Lester, F. K. (1994), "Musings about Mathematical Problem-Solving Research: 1970-1994." **Journal for Research in Mathematics Education, 25(6)**: pp.660-675.

Lester, F. K., J. Garofalo, & D. Kroll (1989). **The Role of Metacognition in Mathematical Problem Solving: A Study of Two Grade Seven Classes**. NSF Project MDR 85-50346.

Lester, F. K., & P. E. Kehle (2003). "From Problem Solving to Modeling: The Evolution of Thinking about Research on Complex Mathematical Activity." In R. Lesh, & H. Doerr (Eds.), **Beyond Constructivism: Models and Modeling Perspectives on Mathematics Problem Solving, Learning and Teaching** (pp.501-518). Mahwah, NJ: Erlbaum.

Leung, S. S. (1993). "Mathematical Problem Posing: The Influence of Task Formats, Mathematical Knowledge, and Creative Thinking." **Proceedings of the Seventeenth international Conference for the Psychology of Mathematics Education Ⅲ,** NJ: Lawrence Erlbaum, 56-58, 65, pp.269-261.

Levasseur, K., & A. Cuoco (2003). "Mathematical Habits of Mind," In H. L. Schoen (Ed.), **Teaching Mathematics Through Problem Solving**. Reston, Va.: National Council of Teachers of Mathematics.

Levin, H. (1976). "Educational Reform: Its Learning?" In M. Carnoy, & H. M. Levin (Eds.), **The Limits of Educational Reform**. New York: David Mckay Co.

Lewis, C. (1981). "Skill in Algebra." In J. R. Anderson (Ed.), **Cognitive Skills and Their Aquisition.** Hillsdale, NJ: Lawrence Erlbaum Associates, Inc.

Lindquist, M. M. (1989). **Results from the Fourth Mathematics Assessment of the National Assessment of Educational Progress**. Reston, VA: National Council of Teachers of Mathematics,.

Maher, C. A., & A. M. Martino (1996). "The Development of the Idea of Mathematical Proof: A Five-Year Case Study." **Journal for Research in Mathematics Education, 27** (March): pp.194-214.

Maki, D., & M. Thompson (1973). **Mathematical Models and Application, with Emphasis on the Social, Life, and Management Sciences** (2nd ed.). Englewood Cliffs, NJ: Prentice-Hall.

Malmivuori, M, L. (2001). **The Dynamics of Affect, Cognition, and Social Environment in the Regulation of Personal Learning Processes: The Case of Mathematics**. Research Report 172, Helsinki University Press, Helsinki, Finland.

Malmivuori, M, L. (2006). "Affect and Self-regulation." **Educational Studies in Mathematics, 63**, pp.149-164.

Mandler, J. M., & N. S. Johnson (1977). "Remembrance of Things Passed: Story Structure and Recall." **Cognitive Psychology, 9**, pp.111-151.

Marshall, S. P. (1988). "Assessing Knowledge Structures in Mathematics: A Cognitive Science Perspective." In R. Freedle (Ed.), **Advances in Discourses Processes.** New York: Ablex.

Matz, M. (1980). "Towards a Computationa Theory of Algebraic Competence." **Journal of Mathematical Behavior, 3**, pp.93-166.

Mayer, R. E. (1981). "Frequency Norms and Structural Analysis of Algebra Story Problem into Families, Categories, and Templates." **Instructional Science, 10** pp.135-175.

Mayer, R. E. (1982). "Memory for Algebra Story Problems." **Journal of Educational Psychology, 74**. pp.27-34.

Mayer, R. E. (1983). **Thinking, Problem Solving and Cognition**. New York: Freeman.

McConville, R. (1974). **The History of Board Games**. Palo Alto, CA: Creative Publications.

McLeod, D. B. (1988). "Affective Issues in Mathematical Problem Solving: Some Theoretical Considerations. **Journal for Research in Mathematics Education, 19**, pp.134-141.

Mcleod, D. B. (1989). "The Role of Affect in Mathematical Problem Solving." In D. B. Mcleod, & V. M. Adrams (Eds.), **Affect and Mathematical Problem Solving,** pp.20-36. Springer-Verlag.

McLeod, D. B. (1992). "Reserach on Affect in Mathematics Education: A Recommendation." In D. A. Grouws (Ed.), **Handbook of Research on Mathematics Teaching and Learning.** Macmillan, New York, pp.575-596.

McLeod, D. B. & V. Adams (1989). **Affect and Mathematical Problem Solving: A New Perspective.** Springer-Verlag New York Inc.

Meggie B. M., & L. J. Sheffield (2006). "Mighty Mathematicians: Using Problem Posing and Problem Solving to Develop Mathematical Power." **Teaching Children Mathematics**, NCTM.

Meiring, S. P. (1979). **Problem Solving … A Basic Mathematics Goal**. Columbus, Ohio: Ohio Department of Education, White Plains, N. Y.: Dale Seymour Publications.

Montague, M. (1998). "Cognitive Strategy Instruction in Mathematics for Students with Learning Disabilities." In D. P. Rivera (Ed.), **Mathematics Education for Students with Learning Disabilities: Theory to Practice**, pp.177-200. Austin, TX: Pro Ed.

Morris, J. (1981). "Math Anxiety: Teaching to Avoid It." **Mathematics Teacher,** pp.413-417,

NCTM.

Moses, B., E. Bjork, & E. P. Goldenberg (1990). "Beyond Problem Solving: Problem Posing." In T. J. Cooney, & C. R. Hirsh (Eds.), **Teaching and Learning Mathematics in the 1990s,** NCTM, 1990 Yearbook, p.90.

Musser, G. L., & J. M. Shaughnessy (1980). "Problem-Solving Strategies in School Mathematics." In **NCTM 1980 Yearbook, Problem Solving in School Mathematics.** pp.136-145, NCTM.

National Council of Supervisors of Mathematics(NCSM) (1977). "Position Paper on Basic Skills." **Arithmetic Teacher, 25**: pp.19-22.

National Council of Teachers of Mathematics(NCTM) (1980). **An Agenda for Action: Recommendation for School Mathematics of the 1980s**. Reston, VA: NCTM.

National Council of Teachers of Mathematics(NCTM) (1989). **The Curriculum and Evaluation Standards for School Mathematics.** Reston, VA: NCTM.

National Council of Teachers of Mathematics(NCTM) (1991). **Professional standards for teaching mathematics.** Reston, VA: NCTM.

National Council of Teachers of Mathematics(NCTM) (2000). **Principles and Standards for School Mathematics.** Reston, VA: NCTM.

Newell, A., & H. A. Simon (1972). **Human Problem Solving.** Englewood Cliffs, NJ: Prentice Hall.

Nisvett, R. E., & T. D. Wilson (1977). "Telling More Than We Can Know: Verbal Reports on Mental Processes." **Psychological Review, 84(3)**, pp.231-259.

Nucci, L. & J. Lee (1992). "Affective Education." In M. C. Alkin (Ed.), **Encyclopedia of Educational Research, 6th Ed., Vol.1**, pp.42-45. New York: Macmillan Pub.

Oatley, K. & S. Nundy (1996). "Rethinking the role of Emotions in Education." In D. R. Olson & N. Torrance (Eds.), **The Handbook of Education and Human Development: New Models of Learning, Teaching, and Schooling,** pp.257-274. Malden: Blackwell.

Olive, J., & L. O. Steffe (1994). **TIMA: Bars** [Computer software]. Acton, MA: William K. Bradford.

Piaget, J. (1970). **Genetic Epistemology**. New York: W. W. Norton & Company.

Piaget, J. (1981). **Intelligence and Affectivity: Their Relationships during Child Development**. Palo Alto, CA: Annual Reviews Monographs.

Piaget, J., & E. Beth (1966). **Mathematical Epistemology and Psychology**. Dordrecht, The Netherlands: D. Reidel.

Pintrich, P. R. (2002). "The Role of Metacognitive Knowledge in Learning, Teaching and Assessing." **Theory into Practice, 41(4)**, pp.219-225.

Poincaré, H. (1908). **Science and Method.** Dover Publications, Inc.

Polya, G. (1945). **How to Solve It**. New York: Doubleday Anchor Books.

Polya, G. (1957). **How to Solve It. 2nd ed.**, New York: Doubleday.

Polya, G. (1962). **Mathematical Discovery. v.** Ⅰ, New York: John Wiley & Sons, Inc.

Polya, G. (1968). **Mathematical Discovery.** New York: John Wiley & Sons, Inc.

Polya, G. (1973). **How to Sove It: A New Aspect of Mathematical Method,** Princeton University Press, NJ: Princeton.

Polya, G. (1981). **Mathematical Discovery: On Understanding, Learning, and Teaching Problem Solving** (Combined ed.). New York: Wiley.

Polya, G. (1984). "Fundamental Ideas and Objectives of Mathematical Education." In G. C. Rota (Ed.), **George Polya: Collected papers: Vol. 4. Probability; Combinatorics; Teaching and Learning in Mathematics** (pp.569-578). Cambridge, MA: Mit Press.

Proudfit, L. (1977). **The Development of a Process Evaluation Instrument(Technical Report V).** Mathematical Problem Solving Project. Bloomington, IN: Mathematics Education Development Center.

Putt, I. J. (1978). **An Exploratory Investigation of Two Methods of Instruction In Mathematical Problem Solving of the Fifth Grade Level**. Doctoral Dissertation, Indiana University.

Radford, J. K., & A. Burton (1974). **Thinking: Its Nature and Development.** London: Wiley.

Resnick, L. B., & W. W. Ford (1981). **The Psychology of Mathematics for Instruction.** Hillsdale, NJ: Learence Erlbaum Associates.

Resnick, L. B. (1982). Syntax and Semantics in Learning to Subtract." In T. Carpenter, J. Moser, & T. Romberg (Eds.), **Addition and Subtraction: A Cognitive Perspective** (pp.136-155). Hillsdale, NJ: Erlbaum.

Resnick, L. B. (1989). "Developing Mathematical Knowledge." **American Psychologist, 44,** pp.162-169.

Reys, R. E., M. Lindquist, D. V. Lambdin, & N. L. Smith (2012). **Helping Children Learn Mathematics.** John Wiley & Sons, Inc., Hoboken.

Richardson, F. C., & R. L. Woolfolk (1980). Mathematic anxiety. In I. G. Sarason(Ed.), **Test Anxiety: Theory Research and Applications** (pp.271-288). Hillsdale, NJ: Lawrence Erlbaum Associates.

Ridgeway, J., J. S. Zawojewski, M. N. Hoover, & D. Lambdin (2002). "Student Attainment in the Connected Mathematics Curriculum." In S. Senk, & D. Thompson (Eds.), **Standards-Oriented school Mathematics Curricula: Waht Are They? What Do Students Learn?** Mahwah, NJ: Lawrence Erlbaum Associates.

Rogers, K. B. (2002). **Re-forming Gifted Education: Matching the Program to the Child**. Scottsdale, AZ: Great Potential Press.

Romberg, T. A., & M. Shafer (2002). "Mathematics in Context(MiC): Preliminary Evidence about Student Outcomes." In S. Senk, & D. Thompson (Eds.), **Standards-Oriented School**

Mathematics Curricula: What Are They? What Do Students Learn? NJ: Lawrence Erlbaum Associates.

Romberg, T. A., & D. Wearne (1975). **Mathematical Problem-Solving Test**. Madison, WI: Research and Development Center for Cognitive Learning. The University of Wisconsin.

Russell, S. J., R. Eston, J. Rook, M. Scott, & L. Sweeney (2003). "How to Focus the Mathematics Curriculum on Solving Problems." In F. K. Lester Jr.(Ed.), **Teaching Mathematics through Problem Solving**, (pp.85-100). Reston, Va.: National Council of Teachers of Mathematics.

Saxe, G. B. (1988a). "The Mathematics of Child Street Vendors." **Child Development, 5(59)**, pp.1415-1425.

Saxe, G. B. (1988b). "Candy Selling and Math Learning." **Educational Researcher, 6(14)**, pp.14-21.

Saxe, S. G. (1991). **Culture and Cognitive Development: Studies in Mathematical Understandings**. Hillsdale, NJ: Erlbaum.

Schank, R. C. (1972). "Conceptual Dependency: A Theory of Natural Language Understanding." **Cognitive Psychology, 3**, pp.552-631.

Schlöglmann, W. (2006). **Meta-affect and Strategies in Mathematics Learning**. University of Linza, Austria.

Schoenfeld, A. H. (1980). "Heuristics in the Classroom." In **NCTM 1980 Yearbook, Chap.3**, Reston, Va.: National Council of Teachers of Mathematics.

Schoenfeld, A. H. (1982). "Some Thoughts on Problem-solving Research and Mathematics Education." In F. K. Lester, & J. Garofalo (Eds.), **Mathematical Problem Solving: Issues in Research**. Philadelphia, PA: The Franklin Institut Press.

Schoenfeld, A. H. (1983). "Beyond the Purely Cognitive: Belief Systems, Social Cognitions, and Metacognitions as Driving Forces in Intellectual Performance." **Cognitive Science, 1**: pp.329-363.

Schoenfeld, A. H. (1985). **Mathematical Problem Solving**. New York: Academic Press, Inc.

Schoenfeld, A. H. (1985). **Mathematical Problem Solving.** Academic Press, Inc.

Schoenfeld, A. H. (Ed.). (1987). **Cognitive Science and Mathematics Education**, Hillsdale, NJ: Lawrence Erlbaum Associates.

Schoenfeld, A. H. (1987). "What's all the Fuss about Metacognition?" In A. H. Schoenfeld (Ed.), **Cognitive Science and Mathematics Education**. Hillsdale, NJ: Lawrence Erlbaum Associates.

Schoenfeld, A. H. (1988). "When Good Teaching Leads to Bad Results: The Disasters of 'Well-Taught' Mathematics Courses." **Educational Psychologist**.

Schoenfeld, A. H. (1992). "Learning to Think Mathematically: Problem Solving, Metacognition, and Sense Making in Mathematics." In D. A. Grouws (Ed.), **Handbook of Research on Mathematics Teaching and Learning** (pp.334-370). New York: Macmillan.

Schroeder, T. L., & F. K. Lester Jr. (1989). "Developing Understanding in Mathematics via Problem Solving." In P. R. Trafton (Ed.), **New Directions for Elementary School Mathematics**, 1989 Yearbook of the National Council of Teachers of Mathematics(NCTM), (pp.31-42). Reston, VA: NCTM.

Sheffield, L. J. (1999). **Developing Mathematically Promising Students.** Reston, VA: National Council of Teachers of Mathematics.

Sherard, W. H. (1981). "Math Anxiety in the Classroom." **Clearning House, 55(3)**: pp.106-110.

Shimizu, Y. (2003). "Problem Solving as a Vehicle for Teaching Mathematics: A Japanese Perspective." In F. K. Lester Jr. (Ed.), **Teaching Mathematics through Problem Solving**, (pp.205-214). Reston, VA: National Council of Teachers of Mathematics.

Shulman, L. (1985). "On Teaching Problem Solving and Solving the Problems of Teaching." In E. Silver (Ed.), **Teaching and Learning Mathematical Problem Solving: Multiple Research Perspectives** (pp.439-450). Hillsdale, NJ: Lawrence Erlbaum Associates.

Shumway, R. J. (1982). "Problem-solving Research: A Concept Learning Perspective." In F. K. Lester Jr., & J. Garofalo (Eds.), **Mathematical Problem Solving: Issues in Research,** pp.131-139.

Silver, E. (1982). **Assessment and Mathematics Education Reform in the United States**, Pittsburgh, PA: LRDC, 1992.

Silver, E. A. (1982). "Knowledge Organization and Mathematical Problem Solving." In F. K. Lester Jr. & J. Garofalo (Eds.), **Mathematical Problem Solving: Issues in Research,** pp.15-25.

Silver, E. A. (Ed.). (1985). **Teaching and Learning Mathematical Problem Solving: Multiple Research Perspectives**. Hillsdale, NJ: Lawrence Erlbaum Associates.

Silver, E. A. (1987). "Foundations of Cognitive Theory and Research for Mathematics Problem-Solving Instruction." In A. Schoenfeld (Ed.), **Cognitive Science and Mathematics Education,** pp.33-60. Hillsdale, NJ: Erlbaum.

Silver, E. A. (1993). "On Mathematical Problem Posing." In I. Hirabayashi, N. Nohda, K. Shigematsu, & F. Lin (Eds.), **Proceeding of the Seventeenth International Conference for the Psychology of Mathematics Education**, Vol.I, pp.66-85.

Silver, E. A. (1994). "On Mathematical Problem Posing." **For the Learning of Mathematics 14** (February): pp.19-28.

Silver, E. A. (1995). "A Study on the Mathematical Problem Posing." **The Journal of the Institute of Science Education, 16.**

Silver, E. (1996). "The Nature and Use of Open-Ended Problems in Mathematics Education: Mathematical and Pedagogical Perspectives." **Zentralblatt Fű Didaktik der Mathematik,** 95(2), pp.67-72.

Silver, E. A. & A. G. Thomson (1984). "Research Perspectives on Problem Solving in Elementary School Mathematics." **The Elementary School Journal, 84**, pp.529-545.

Silver, E. A., S. S. Leung, & J. Cai (1995). "Generating Multiple Solutions for a Problem: A Composition of the Responses of U.S. and Japanese Students." **Educational Studies in Mathematics, 28**: pp.35-54.

Silver, E. A., J. Mamona-Downs, S. S. Leung, & P. A. Kenney (1996). "Posing Mathematical Problems: An Exploratory Study." **Journal for Research in Mathematics Education, 27(3)**, pp.293-309. NCTM.

Silver E. A., & J. Cai (2005). "Assessing Students' Mathematical Problem Posing." **Teaching Children Mathematics**.

Silverman, F. L., K. Winograd, & D. Strohauer (1992). "Student-Generated Story Problems." **Arithmetic Teacher, 39** (April), pp.6-12.

Simon, H. A. (1980). "Problem Solving and Education." In D. t. Tuma, & F. Rief (Eds.), **Problem Solving and Education: Issues In Teaching and Research**. Hillsdale, NJ: Lawrence Erlbaum Associates.

Skinner, B. F. (1966). "An Operant Analysis of Problem Solving." In B. Kleinmuntz (Ed.), **Problem Solving Research, Method and Theory**. New York: John Wiley & Sons Inc., pp.225-257.

Smith, E. R., & F. S. Miller (1978). "Limits on Perception of Cognitive Processes: A Reply to Nisbett and Wilson." **Psychological Review, 85(4)**, pp.355-362.

Stanic, G. M. A., & J. Kilpatrick (1988). "Historical Perspectives on Problem Solving in the Mathematical Curriculum." In R. I. Charles, & E. A. Silver (Eds.), **The Teaching and Assessing of Mathematical Problem Solving**, (pp.1-22). Hillsdale, NJ: Lawrence Erlbaum Associates.

Stein, M. K., M. S. Smith, & E. A. Silver (1999). "The Development of Professional Developers." **Harvard Educational Review, 69**: pp.237-269.

Stephan, M, & J. Whitenack (2003). "Establishing Classroom Social and Sociomathematical Norms for Problem Solving." In F. K. Lester Jr.(Ed.) **Teaching Mathematics through Problem Solving**, (pp.149-162). Reston, VA: National Council of Teachers of Mathematics.

Suydam, M. N., & J. F. Weaver (1981). **Using Research: A Keys to Elementary School Mathematics**. Columbus, OH: ERIC Clearinghouse for Science, Mathematics and Environmental Education.

Suydam, M. N. (1982). "Update on Research on Problem Solving: Implications for Classroom Teaching." **Arithmetic Teacher, 29** (Feb.), pp.56-60.

Swetz, F., & J. S. Hartzler (1991). **Mathematical Modeling in the Secondary School Curriculum**. Reston, VA.: National Council of Teachers of Mathematics.

Thompson, A. G. (1988). "Learning to Teach Mathematical Problem Solving: Changes in Teachers' Conceptions and Beliefs." In R. I. Charles & E. A. Silver (Eds.), **The Teaching and Assessing of Mathematical Problem Solving**, (pp.232-243). Hillsdale, NJ: Lawrence Erlbaum Associates.

Thompson, P. W. (1992). "To Experience Is to Conceptualize: A Discussion of Epistemology and Mathematical Experience." In L. P. Steffe(Ed.), **Epistemological Foundations of Mathematical Experience,** (pp.260-281). New York: Springer-Verlag.

Thorndike, P. W., & B. Hayes-Roth (1979). "The Use of Schemeta in the Aquisition and Transfer of Knowledge." **Cognitive Psychology, 11**, pp.82-106.

Thorndike, P. W., & F. R. Yekovich (1980). "A Critique of Schema-based Theories of Human Story Memory." **Poetics, 9**, pp.23-49.

Tobias, S. (1980). "Mathematics Anxiety: What You Can Do about It." **Today's Education**, Sep-Oct.

Torrance, E, P. (1966). **Torrance Tests of Creative Thinking**. Princeton, NJ: Princeton Press.

Troutman, A. P., & B. P. Lichtenberg (1974). "Problem Solving in the General Mathematics Classroom." **Mathematics Teacher, 67**, pp.590-97.

Tulving, E., & S. A. Madigan (1970). "Memory and Verbal Learning." **Annual Review of Psychology, 21**, pp.437-484.

Tyack, D. B., M. W. Kirst, & E. Hansot (1980). "Educational Reform: Retrospect and Prospect." **Teachers College Record 81(3)** (Spring): pp.253-269.

Van de Walle, & A. John (2001). **Elementary and Middle School School Mathematics: Teaching Developmentally.** 4th ed. New York: Longman.

Verschaffel, L., & Erik De Corte (1997). "Teaching Realistic Mathematical Modeling in the Elementary School: A Teaching Experiments with Fifth Graders." **Journal for Research in Mathematics Education, 28**: pp.577-601.

Vos, K. (1976). "The Effects of Three Instructional Strategies on Problem Solving Behavior in Secondary School Mathematics." **Journal for Research in Mathematics Education, 7 (5)**, pp.264-275.

Vygotsky, L. S. (1978). **Mind in Society: The Development of Higher Psychological Processes.** Cambridge, MA: Harvard University Press.

Wallas, G. (1926). **The Art of Thought**. New York: Harcourt, Brace.

Walter, M., & P. Goldenberg (2003). "Problem Posing As a Tool for Teaching Mathematics." In H. Schoen, & R. Charles (Eds.), **Teaching Mathematics through Problem Solving,** (pp.69-84). Reston, VA: National Council of Teachers of Mathematics.

Weinstein, C. E., V. L. Underwood, F. W. Wicker, & W. E. Cubberly (1979). "Cognitive Learning Strategies: Verbal and Imaginal Elaboration." In H. F. O'neil, & C. D.

Spielberger (Eds.), **Cognitive and Affective Learning Strategies**. New York: Academic Press Inc.

Wheatley, C. L. (1980). "Calculators Use and Problem Solving Performance." **Journal for Research in Mathematics Education**, 11 (Nov.), pp.323-334.

White, P. (1980). "Limitations on Verbal Reports of Internal Events: A Refutation of Nisbett and Wilson and of Bem." **Psychological Review, 87(1)**, pp.105-112.

Wickelgren, W. A. (1974). **How to Solve Problems: Element of a Theory of Problems and Problem Solving.** W. H. Freeman and Company.

William, P. C., & T. R. Cannings (1981). "The Dilemma of American Educational Reform." In J. Price, & J. D. Gawronski (Eds.), **Changing School Mathematics: A Responsive Process**. Reston, Va.: National Council of Teachers of Mathematics.

Wills, H. (1971). "Diffy." **Arithmetic Teacher, 18** (October), pp.402-405.

Wilson, J., & D. Clark (2004). "Towards the Modeling of Mathematical Metacognition." **Mathematics Education Research Journal, 16(2)**, pp.25-48.

Wilson, J. W., M. L. Fernandez, & N. Hadaway (1993). "Mathematical Problem Solving" In Patricia S. Wilson (Ed.), **Research Ideas for the Classroom; High School Mathematics**. New York: MacMillan Publishing Company.

Winne, P. H., & R. W. Marx (1980). "Matching Students' Cognitive Responses to Teaching Skills." **Journal of Educational Psychology, 72**, pp.257-264.

Winograd, T. (1972). "Understanding Natural Language." **Cognitive Psychology, 3**, pp.1-191.

Wylie, R. C. (1974). **The Self-Concept: A Review of Methodological Considerations and Measuring Instruments. Rev. Ed. Vol.1**. Lincoln: University of Nebraska Press.

Yackle, E., & P. Cobb (1996). "Sociomathematical Norms, Argumentation, and Autonomy in Mathematics." **Journal for Research in Mathematics Education, 27:** pp.458-477.

Zawojewski, J., & R. Lesh (2003). "A Models and Modeling Perspective on Problem Solving." In R. Lesh, & H. Doerr (Eds.), **Beyond Constructivism: Models and Modeling Pespectives on Mathematics Problem Solving, Learning and Teaching**. (pp.317-336). Mahwah, NJ: Erlbaum.

Zbiek, R. M. (1998). "Prospective Teachers' Use of Computing Tools to Develop and Validate Functions as Mathematical Models." **Journal for Research in Mathematics Education, 29(2)**, pp.184-201.

찾아보기

인명

H

J

K

L

M

N

P

R

S

T

V

W

Y

Z

내용

ㅅ

ㅇ

ㅈ

ㅊ

■ **백석윤**
서울교육대학교 수학교육과 교수

수학 문제해결 교육

지은이 백석윤
펴낸이 조경희
펴낸곳 경문사
펴낸날 2016년 1월 25일 1판 1쇄
2023년 3월 2일 1판 2쇄
등 록 1979년 11월 9일 제 313-1979-23호
주 소 121-818, 서울특별시 마포구 와우산로 174
전 화 (02)332-2004 팩스 (02)336-5193
이메일 kyungmoon@kyungmoon.com

값 22,000원

ISBN 978-89-6105-947-3